ERICH KUBY

Deutsche Schattenspiele

Dazu Interviews zur nationalen Frage mit:

Rudolf Augstein · Egon Bahr
Willy Brandt · Günter Gaus
Walther Leisler Kiep
Hans-Ulrich Klose
Elisabeth Noelle-Neumann
Otto Schily · Jürgen Schmude
Franz Josef Strauß
Horst Teltschik

KNESEBECK & SCHULER

Kuby, Erich:
Deutsche Schattenspiele / Erich Kuby. Dazu Interviews zur nationalen Frage mit: Rudolf Augstein ... – München : Knesebeck u. Schuler, 1988
ISBN 3-926901-12-8

Umschlaggestaltung Hanno Rink & Team 86, München
Gesetzt aus der Aldus bei der
Utesch Satztechnik GmbH, Hamburg
Druck und buchbinderische Verarbeitung
Clausen & Bosse, Leck/Schleswig
Printed in Germany

Inhalt

Es war einmal ...
Stationen deutscher Nationalgeschichte

Ein Märchen aus uralten Zeiten
kommt so manchen nicht aus dem Sinn...

Das Heilige Römische Reich Deutscher Nation bestand nicht nur aus Grundgesetzen, Reichsverfassung, Rechtsvorschriften – jedoch ein politisches Gebilde, innerhalb dessen sich eine deutschsprechende Bevölkerung als ein Volk, eine Nation empfunden hätte, war es nicht. Nur für politische und intellektuelle Eliten gab es eine »teutsche Nation«: »[...] so sind es wir, die das werte Teutschland bewohnen. Ich will nicht ausführen, daß ihm der Himmel gewogen, der es weder mit übermäßiger Hitze brennet noch zu einer unerträglichen Kälte verdammet, daß ansteckende Krankheiten bei uns seltsam, daß wir von Erdbeben fast nichts wissen, so Asien und Welschland erschrecken, daß unser Erdreich mit Metallen durchzogen, mit Früchten bedecket, mit Tieren angefüllet und, da wir unser Glück erkennen wollten, uns fast alles zu Hause gibt, was nicht nur zur Notdurft, sondern auch zur Bequemlichkeit und Wollust dienet. Wachsen bei uns die Oranienäpfel nicht von sich selbsten, so haben wir auch keine Skorpionen zu fürchten. Und unsere Borsdorfer laben mehr, als was uns Indien schicket. Warum sollte man bei uns nicht sowohl gute Seide und Zucker als herrliche Weine zeugen können, die nicht weniger der Sonne bedürftig? Wenn unsere Leinwand wohl verarbeitet, können wir des schädlichen Kattuns wohl entbehren. Mit Metallen haben wir den Vorzug in Europa, und sind die metallischen Künste bei uns aufs höchste gestiegen. Wir haben zuerst Eisen in Stahl verwandelt und Kupfer in Messing; wir haben das Eisen zu überzinnen erfunden und viele andere nützliche Wissenschaften entdeckt, also daß unsere Künstler in der edlen

Chemie und Bergwerkssachen der ganzen Welt Lehrmeister worden. Wir haben reiche Salzquellen und unvergleichliche Sauerbrunnen [...] unsere Seeküste ist mit ansehnlichen Städten und herrlichen Einfahrten bemerket; das Innere unseres Landes wird von schiffreichen Wassern durchkreuzet.«[1]

In heutiges Deutsch übertragen, könnten diese Sätze in einem Werbeprospekt für die Bundesrepublik Deutschland stehen. Sie wurden gegen Ende des 17. Jahrhunderts von Gottfried Wilhelm Leibniz in einer »Ermahnung an die Teutsche, ihren Verstand und Sprache besser zu üben« geschrieben. Es gab »Teutsche«, ein »Teutschland« gab es nicht. Als der letzte Kaiser dieses Heiligen Reiches auf Geheiß Napoleons auf diesen Titel verzichtete, sich aus Franz II. in Franz I. von Österreich verwandelte, war das ein Vorgang, den niemand bedauerte oder gar betrauerte, obschon es in den Jahren zuvor nicht an Bemühungen gefehlt hatte, durch Reformen eine tradierte übernationale Schutz- und Rechtsordnung vor den gierigen Reichserben Österreich und Preußen zu retten. Aber gegen den großen Vernichter aus Korsika, der zugleich der große Erneuerer gewesen ist, war da nichts mehr auszurichten. Im Kampf gegen ihn und französische Vorherrschaft erwachten die Deutschen zu sich selbst:

> Heran, heran! – Die Kriegstrompeten schmettern!
> Heran! Der Donner braust! –
> Die Rache ruft in zack'gen Flammenwettern
> Der deutschen Rächerfaust!
> Heran, heran zum wilden Furientanze!
> Noch lebt und glüht der Molch!
> Drauf, Brüder, drauf mit Büchse, Schwert und Lanze,
> Drauf, drauf mit Gift und Dolch![2]

So geht es noch acht Strophen weiter. Den miserablen Schlagetot-Dichter ließ bald darauf, am 26. August 1813, eine Kugel vom Pferd fallen: Theodor Körner, einer der volkstümlichsten Einpeitscher des Franzosenhasses. Es sind die Befreiungskriege, gegen Napoleon geführt, der das russische Desaster hinter sich hat, in denen sich die Deutschen in ihren breiten Schichten zum erstenmal als Angehörige eines Volkes entdecken. Gegen einen Feind, in der Vorbereitung auf einen Krieg und schließlich auf Schlachtfeldern entstand deutsches Nationalgefühl, Zusammengehörigkeitsgefühl, und es wurde diesen Makel seiner Geburt nie mehr los.

Indem es entstand, schälte sich zum erstenmal heraus, daß es zwei Sorten von Deutschen gab und gibt: jene, die ich die Mehrheitsdeutschen nennen will, das Volk in seiner ganzen Breite, und jene Minderheit, für die in der Ära Bismarck der Begriff »das andere Deutschland« aufgekommen ist. Indes die kämpfenden Mehrheitsdeutschen, kaum hatten sie als Sieger französischen Boden betreten, einer Zerstörungswut, einem Barbarismus anheimfielen, mit denen sie in drei weiteren Kriegen bis 1945 ihrem Ruf, ein unzurechnungsfähiges Volk zu sein, Nahrung gaben, fand das »andere Deutschland« wortgewaltige Sprecher. Unter ihnen Goethe und Heine. Jenen besuchte im Dezember 1813 ein preußischer Artillerieoffizier, der ihn schon aus gemeinsamen Lagern im Feldzug von 1792 kannte. Goethe lud ihn zu Tisch, bei gutem Rheinwein verplauderten die alten Kriegskameraden ein paar Stunden. »Was mir aber, offen gestanden, jetzt an Goethe gar nicht recht gefallen wollte«, schrieb der Gast, »war seine geringe patriotische Freude über unsere letzten glänzenden Siege und die Vertreibung Napoleons aus Deutschland. Er verhielt sich auffallend kühl und kritisierend dagegen und pries sogar die vielen glänzenden Eigenschaften des Kaisers Napoleon auf eine sehr beredte Weise [. . .] Ich konnte ihm nur erwidern, daß wir preußischen Soldaten glücklichweise eine ganz andere Gesinnung hegten, Napoleon als den Unterdrücker unseres Vaterlandes haßten und freudig unser Blut vergießen wollten [. . .]«[3]

In jenen Wintertagen des Jahres 1813 empfing Goethe auch den Historiker Luden, der ihn für die Mitarbeit bei einer Zeitschrift gewinnen wollte, und führte mit ihm das berühmte Gespräch über die Zeitläufte, in dem er sagte: »Sie sprechen von dem Erwachen, von der Erhebung des deutschen Volkes und meinen, dieses Volk werde sich nicht wieder entreißen lassen, was es errungen und mit Glut und Blut teuer erkauft hat, nämlich die Freiheit. Ist denn wirklich das Volk erwacht? Weiß es, was es will und was es vermag? [...] Der Schlaf ist zu tief gewesen, als daß auch die stärkste Rüttelung so schnell zur Besinnung zurückzuführen vermöchte. Und ist denn jede Bewegung eine Erhebung? Erhebt sich, wer gewaltsam aufgestöbert wird [...] Was ist denn errungen oder gewonnen worden? Sie sagen: die Freiheit; vielleicht aber würden wir es richtiger Befreiung nennen [...]«[4]

1813 schickte Freiherr vom und zum Stein, der Organisator der politischen Vorbereitung der Befreiungskriege, eine umfangreiche Denkschrift an den Zaren mit Vorschlägen zur russischen Beteiligung am Kampf gegen Napoleon. Darin regte er unter anderem an, führende Patrioten aus dem Kulturleben Preußens mit hohen Orden auszuzeichnen, um sie in ihrem Eifer für die gute Sache noch weiter anzuspornen: »Der Minister des Öffentlichen Unterrichts würde für die genannten Gelehrten Auszeichnungen vorschlagen; um den Grund der Wahl zu verdecken, könnte man andere, nur durch ihre wissenschaftlichen Eigenschaften Ausgezeichnete, in Rücksicht der politischen Gesinnung Gleichgültige hinzufügen, zum Beispiel den großen Philologen Wolf in Berlin, Goethe, Wieland [...]«[5]

Zwanzig Jahre später, als klargeworden ist, daß aus Befreiung keine Freiheit geworden, sagt Heine: »Wir hätten auch den Napoleon ganz ruhig ertragen. Aber unsere Fürsten: während sie hofften, durch Gott von ihm befreit zu werden, gaben sie auch zugleich dem Gedanken Raum, daß die zusammengefaßten Kräfte ihrer Völker dabei sehr mit wirksam sein möchten; man suchte in dieser Absicht den Gemeinsinn der Deutschen zu wekken, und sogar die allerhöchsten Personen sprachen jetzt von deutscher Volkstümlichkeit, vom gemeinsamen deutschen Vaterland, von der Vereinigung der christlichgermanischen Stämme, von der Einheit Deutschlands. Man befahl uns den Patriotismus, und wir wurden Patrioten; denn wir tun alles, was uns unsere Fürsten befehlen.«[6]

Hundertfünfzig Jahre später heißen unsere Fürsten unter anderem Weizsäcker, Kohl, Dregger, Strauß, Hupka. Der Erstgenannte geht die Sache vorsichtig an, das hat die Familie seit Generationen so an sich, und spricht von einem »vernünftigen Nationalgefühl«, als hätten die Mehrheitsdeutschen ab 1812 jemals dergleichen zustande gebracht. Wie sah es aus, dieses Nationalgefühl? Heine fährt fort: »Man muß sich aber unter diesem Patriotismus nicht dasselbe Gefühl denken, das hier in Frankreich diesen Namen führt. Der Patriotismus der Franzosen – der Engländer, der Italiener, der Schweden, der Russen usw., setze ich hinzu – besteht darin, daß sein Herz erwärmt wird, durch diese Wärme sich ausdehnt, sich erweitert, daß es nicht mehr bloß die nächsten Angehörigen, sondern ganz Frankreich, das ganze Land der Zivilisation, mit seiner Liebe umfaßt; der Patriotismus des Deutschen hingegen besteht darin, daß sein Herz enger wird, daß es sich zusammenzieht wie Leder in der Kälte, daß er das Fremdländische haßt, daß er nicht mehr Weltbürger, nicht mehr Europäer, sondern nur ein enger Deutscher sein will. Da sahen wir nun das idealistische Flegeltum, das Herr Jahn [der ›Turnvater‹] in System gebracht hat; es begann die schäbige, plumpe, ungewaschene Opposition gegen eine Gesinnung, die eben das Herrlichste und Heiligste ist, was Deutschland hervorgebracht hat, nämlich gegen jene Humanität, gegen jene allgemeine Menschenverbrüderung, gegen jenen Kosmopolitismus, dem unsere Großen Geister [...], dem alle Gebildeten in Deutschland immer gehuldigt haben.«[7]

Ob sich der französische Nationalismus heute noch so freundlich charakterisieren ließe, wie durch Heine geschehen, ja, ob Heine sein Gastland, gemessen an Deutschland, nicht schon damals mit einem positiven Vorurteil betrachtete, stehe dahin – erschreckend ist die Aktualität seiner Beschreibung deutschen Patriotismus. Dabei gehörten die Jahrzehnte zwischen 1814 und 1848 zu jenen in der so überaus kurzen deutschen Nationalgeschichte, in denen die »anderen Deutschen« – nämlich jene, die wirklich nach Freiheit und demokratischen Verhältnissen strebten, sich humanen Idealen verpflichtet fühlten, mit einem Wort: die Europäer sein wollten – zahlreicher waren als jemals danach, sehen wir einmal von den ersten Jahrzehnten nach dem Zweiten Weltkrieg ab, als die Westdeutschen versuchten, aus Opportunismus sich ihrer Einbindung in die eigene Geschichte zu entledigen.

Napoleons Maßnahmen, die deutsche Kleinstaaterei zu beenden, versuchten die auf ihre Thrönchen zurückkehrenden Fürsten rückgängig zu machen. So betrachtete beispielsweise der Kurfürst von Hessen-Kassel, im November 1806 vor den Franzosen geflohen, die sieben Jahre seiner Abwesenheit »bloß wie einen langen Schlaf und behandelten alle Menschen und Dinge ebenso, wie er sie 1806 verlassen hatte. [...] Der ehemalige Schweizer seines Palais hatte sich, um ihm zu gefallen, in seine alte Livree gesteckt und so wieder an die Tür gestellt. Der Kurfürst, als er es sah, fragte ihn verwundert, was wäre? ›Nun‹, sagte der Mensch, ›ich stehe auf meinem Posten.‹ Der Kurfürst drehte sich mitleidig um und sagte: ›Gott, der arme Mensch ist seit 1806 nicht abgelöst worden.‹«[8]

Opfer und Leiden scheinen für nichts gewesen zu sein, die Ära Metternich bricht an, aber der Schein trügt: Unter der Oberfläche gärt es. Die Fürsten hatten Freiheitsversprechungen gemacht, und die Kämpfe, die Siege, das Erlebnis der »Deutschheit« jenseits der Grenzen hatten in zweifacher Hinsicht Wirkung gezeigt: Zu Millionen waren die Menschen, ob nun auf Befehl oder als begeisterte Freiwillige, aus dem Gefängnis ihrer Privatheit ausgebrochen, hatten sich nicht nur mit der Waffe in der Hand als politische Kraft erlebt und zudem ihre Obrigkeit als eine Bande privilegierter Betrüger durchschaut.

In der Situation nach Waterloo, ein Vierteljahrhundert nach der Französischen Revolution, nach den Reformen des Freiherrn vom Stein mit dem Ziel, den Kräften der Nation eine freie Tätigkeit zu erlauben und eine Richtung auf das Gemeinnützige zu geben; nach Scharnhorsts Heeresreform in Preußen hätte sich kein anderes Volk in die feudalistischen Machtstrukturen zurücktreiben lassen. Die deutschen Stämme ließen es sich gefallen, als seien sie einem Naturgesetz unterworfen, doch zeigten nicht alle Schichten die gleiche Schwäche.

Sozusagen unter Goethes Augen, unter anderem einst Minister für Kultur und Erziehung im nahen Weimar, hatten im Juni 1815 143 Studenten der Jenaer Universität die Urburschenschaft gegründet, und diese beschloß – keineswegs zum Wohlgefallen des Dichters –, auf der Wartburg ein Nationalfest zu feiern. Es fand am 18. und 19. Oktober 1817 statt und wurde dank der Teilnahme von Studenten aus allen deutschen Gauen für die Veranstalter und ihre »gesamtdeutschen« Ziele, wie wir heute sagen würden, ein spektakulärer Erfolg.

In der Geschichte der deutschen Einigung steht das Wartburgfest als das früheste Ereignis mit nachhaltiger Wirkung im Sinne von »Deutschland, erwache!« Daß zu seinen Inspiratoren auch jener holzgeschnitzte, antiintellektuelle »Turnvater« gehörte und überhaupt die politische Turnerei ein Kernstück der Festrituale gewesen ist, macht deutlich, daß die deutsche Nationalbewegung auch nach dem Verebben der rauschhaften Zustände der Befreiungskriege nicht in demselben human-europäischen Grund wurzelte, auf dem ein Lessing, ein Goethe, ein Jean Paul standen.

Die zündendste Rede hielt auf der Wartburg der Jenaer Philosophiestudent Ludwig Rödiger. Er sagte: »In der Not versprach man uns ein Vaterland zu geben [sich ein Vaterland von der Obrigkeit ›geben‹ zu lassen, einer solchen Formulierung bediente sich ein junger aufrührerischer Patriot!] [...] ein einiges Vaterland der Gerechtigkeit, aber [...] fast will es scheinen, als sei das Volk glühend erwacht, die Herrlichen gefallen, damit hochmüthige Ideelosigkeit ein Freudenmahl halte [...]« Im Abwehrkampf gegen fremde Unterdrückung sei das deutsche Volk mündig geworden, eines habe es gewonnen, »die Kraft des Selbstvertrauens [...] Wer bluten darf für das Vaterland, der darf auch davon reden, wie er ihm am besten diene im Frieden [...] Denn die Zeit ist gottlob gekommen, wo sich der Deutsche nicht mehr fürchten soll vor den Schlangenzungen der Lauscher und dem Henkerbeil der Tyrannen.«[9]

Rödigers Rede – anschließend im Druck verbreitet von Königsberg bis München – hatte die Gemüter erhitzt. Vermutlich angestiftet von Jahn, kam es zu einer Bücherverbrennung; und da dieses Brennmaterial vorhanden war, mußte die Aktion insgeheim vorbereitet gewesen sein, die im Programm nicht erwähnt worden war. Den Büchern folgten Uniformstücke, wogegen die ehemaligen Kriegsfreiwilligen unter den Studenten nicht protestierten. Sie waren für eine nationale Miliz, aber gegen die Söldnertruppen der Fürsten. In die Flammen wurde auch die »Bundesakte« des 1814 gegründeten reaktionären Deutschen Bundes geworfen.

Den Konsequenzen des Wartburgfestes nachzugehen ist hier nicht der Ort. Es sei nur erwähnt, daß die Ermordung des berühmten Theaterschriftstellers und Polizeispitzels (im Dienste des Zaren) August von Kotzebue durch den Burschenschafter Karl Ludwig Sand am 23. März 1819 in Mannheim – Sand erdolchte sein Opfer und hatte dafür anatomische Studien getrieben – sich geradlinig auf die durch das Fest aufgerührten Emotionen zurückführen läßt.

Desgleichen leiten sich hiervon unmittelbar die Sicherheits- und Verfolgungsmaßnahmen gegen die sogenannten Demagogen her, die in Karlsbad unter dem Vorsitz Metternichs mit den Regierungsvertretern von zehn deutschen Ländern abgesprochen wurden. Für Metternich war das Attentat Sands (»der vortreffliche Sand«, schrieb er von Rom aus an Friedrich von Gentz) nicht minder ein gefundenes Fressen wie in unseren Tagen die »Terroristen« für jene, die aus der vor vierzig Jahren liberal konzipierten Bundesrepublik den total überwachten Polizeistaat machen. Die »Verhältnismäßigkeit der Mittel« spielte auch damals keine Rolle. Aberhunderte von Studenten und Dutzende von Professoren wurden 1819/20 verhaftet, verurteilt, über Jahre eingesperrt – die längste Strafe lautete auf fünfzehn Jahre. Viele flüchteten und emigrierten in freiere Länder. Ein erster Schub deutscher Demokraten, dem nach der »Revolution« von 1848 ein noch viel größerer folgte, schleppte revolutionäre Ideen in die USA ein.

Das Verfahren gegen den körperlich schwer geschädigten Sand – er hatte unmittelbar nach der Tat einen Selbstmordversuch unternommen – wurde über ein Jahr hinausgezögert. Was er wieder und wieder zu Protokoll gab – sein Fall sei ein politischer, kein krimineller; er habe recht getan, denn er wünsche einen »wahrhaft menschlichen« deutschen Staat –, kann wie eine Vorwegnahme der Stammheim-Protokolle gelesen werden. Sand wurde nach seiner Hinrichtung (1820) ein deutscher, ein europäischer Mythos.

Puschkin dichtete:

> O edler Jüngling Sand, den das Geschick erkor!
> Dem Richtbeil ward dein Haupt zum Raube,
> Doch deiner heiligen Tugend Spur verlor
> sich nicht mit deinem Leib im Staube.
> Dein Geist irrt ohne Ruh durch deines Deutschlands Gaue [. . .][10]

Es gab »sein Deutschland« nicht. Die reaktionären Mächte kämpften mit Polizeiterror zur falschen Zeit mit falschen Mitteln. Nicht das deutsche Volk war erwacht, wohl aber Teile der deutschen Intelligenz.

Deutsche Wunschträume wurden 1832 auf dem Hambacher Fest zum andern Male artikuliert, das zwar auch, aber nicht hauptsächlich ein Werk von Studenten war. Die Burschenschafter auf der Wartburg waren Demokraten gewesen und insoweit eine revolutionäre Opposition gegen die absoluten Regime der Fürsten, aber sie waren nicht das, was wir heute unter radikalen Linken verstehen, sofern wir darunter überhaupt noch etwas zu verstehen haben. Auf dem Hambacher Schloß waren die »Linken« die treibenden Kräfte; von dem Initiator der Veranstaltung, er hieß Johann Philipp Becker, hat Friedrich Engels in einem Nachruf gesagt (Becker starb 1886), mit ihm »haben wir den einzigen deutschen Revolutionsgeneral verloren, den wir hatten«. Zum Rang eines Generals der badischen Revolutionsarmee stieg Becker allerdings erst 1849 auf; er wurde hernach Mitbegründer der Ersten Internationale und der Sozialdemokratischen Partei.

Das Fest wurde im Stadium der Vorplanung angemeldet, von den Behörden verboten und dann doch erlaubt, weil das Verbot eine breite bürgerliche Protestwelle in der Pfalz ausgelöst hatte. Was ein aus der Pfalz stammender Bundeskanzler Kohl allzu leicht vergessen läßt, soll in Erinnerung gerufen werden: An freiheitlich gesinnten, politisch risikobereiten Bürgern hat es in der Pfalz sogar noch in den zwanziger Jahren unseres Jahrhunderts mehr gegeben als in irgendeinem anderen Land des Reiches.

Aus allen Ecken und Winkeln des noch nicht existierenden Vaterlandes waren die Festgäste bereits am 26. Mai 1832 im nahen Städtchen Neustadt zu Füßen der Hambacher Schloßruine zusammengeströmt, von Glokkenläuten und Böllerschüssen empfangen. »Die Brüderstämme der Deutschen«, erfüllt von »hoffendem und freudigem Vertrauen«, verhandelten lebhaft »die großen Interessen des gemeinsamen Vaterlandes mit tiefer Sachkenntnis und durchdringendem Scharfsinn«.[11] Am Vorabend brannten auf den höchsten Punkten der Haardthügel Freudenfeuer. In aller Herrgottsfrühe des 27. Mai formierte sich der Festzug zum Schloß, in dem eine Frauengruppe eine polnische Fahne trug, eine polnische Delegation wieder und wieder gefeiert wurde: Teilnehmer am niedergeschlagenen Nationalaufstand der Polen von 1830/31. Festordner trugen Schärpen in den Farben Schwarz-Rot-Gold, eine riesige Fahne mit der aufgemalten Losung: »Deutschlands Wiedergeburt«. Sie sangen:

Hinauf, Patrioten! zum Schloß, zum Schloß!
Hoch flattern die deutschen Farben.
Es keimet die Saat, und die Hoffnung ist groß,
Schon binden im Geiste wir Garben:
Es reifet die Ähre mit goldnem Rand,
Und die goldne Erndt' ist das Vaterland.

Wir sahen die Polen, sie zogen aus,
Als des Schicksals Würfel gefallen;
Sie ließen die Heimath, das Vaterhaus,
In der Barbaren Räuberkrallen:
Vor des Tzaren finsterem Angesicht
Beugt der Freiheit liebende Pole sich nicht.

Auch wir, Patrioten, wir ziehen aus
In festgeschlossenen Reihen;
Wir wollen uns gründen ein Vaterhaus
Und wollen der Freiheit es weihen:
Denn vor der Tyrannen Angesicht
Beugt länger der freie Deutsche sich nicht.[12]

Und jener Johann Philipp Becker sagte, was im später gedruckten Redetext wohlweislich unterschlagen wurde: »Hinter den Verfügungen der Regierungen stehen Bajonette und Kanonen, hinter unseren Protestationen aber steht nichts, darum werden die Verfügungen der Regierungen vollzogen und bleiben die Prostestationen des Volkes lächerliche Vorstellungen; wollen wir daher mit Erfolg protestieren, so müssen hinter unsern Protestationen ebenfalls Bajonette und Kanonen stehen.«[13]

Nach dieser Einsicht handelte nicht nur Becker in der sogenannten Revolution von 1848, dem nächsten Versuch, ein deutsches Vaterland auch staatsrechtlich zur formieren. In den Jahren zuvor hatten die Regierungen das Ihre dazugetan, die demokratischen Kräfte zu radikalisieren. Als sie am ersten Jahrestag, also Pfingsten 1833, wieder auf dem Hambacher Schloßberg sich waffenlos versammelten, wurden sie von Soldaten unter dem Befehl des Fürsten Wrede empfangen; er und ein General Horn ließen den Versammlungsort räumen, und es ging dabei so zu wie heutzutage vor dem Bauplatz von Wakkersdorf. »Es ist schwer, sich einen Begriff davon zu machen, mit welchem Eifer, ja mit welcher Wut, dieser Befehl vollzogen wurde.« Ohne jede Vorwarnung »fielen die Soldaten und Gensdarmen über die noch gegenwärtigen Bürger, die sich dessen gar nicht versahen, her und trieben sie, (es mögen noch einige hundert gewesen seyn) den steilen Berg hinab. Mit dem Gewehrkolben, dem Säbel und dem Bajonette wurden Männer, Weiber, Jünglinge, Mädchen, Greise und Kinder gräßlich mißhandelt; ja man sah Soldaten ihre unbegreifliche Wut an leblosen Gegenständen, an Hüten, Mützen, Körben und dgl., die sie zerstörten, abkühlen [...] Während jener Verfolgung brüllten die Soldaten: ›Ihr liberalen Hunde, ihr Franzosengesindel, ihr müßt alle sterben.‹«[14] Kurz, es handelte sich um bewaffnete Deutsche, die in einer Situation, die ihnen erlaubte anzunehmen, daß sie ungestraft vom »Gewaltmonopol« des Staates Gebrauch machen durften, diese Chance zum Mord mit jener Wollust ergriffen, mit der sie in den Befreiungskriegen in Frankreich gehaust haben, 1870/71 bei der Belagerung von Paris, 1914 in Belgien, 1917 in Rußland, 1939 in Polen und dann so fort in ganz Europa bis Frühjahr 1945, und damit hat es sein Ende nicht gefunden. Heute liefert der befohlene Schutz weltzerstörerischer Energie- und Giftfabriken die ersehnten Vorwände, »mit Eifer, ja mit Wut« gegen Minderheiten vorzugehen.

1848 lassen sich die Demokraten nicht mehr ganz waffenlos zusammenschießen, so ganz ohne Gegenwehr. Die Anzeichen, daß die Entwicklung einer Explosion der Gewalt entgegentreibt, mehren sich in der zweiten Hälfte der vierziger Jahre des vorigen Jahrhunderts. Die Ereignisse haben in dem Berliner Karl August Varnhagen von Ense einen scharfsichtigen, meist hervorragend informierten Chronisten gefunden. Von den 23 Jahrgängen seines vorwiegend politischen Tagebuches sind jüngst die Aufzeichnungen von 1848/49 als *Journal einer Revolution*[15] veröffentlicht worden.

Schon im Herbst 1846 steigt Varnhagen »die wachsende Ahnung auf, daß das Leben in dem Striche, den es seither gehalten, nun nicht mehr lange fortgehen könne, sondern eine Wendung werde machen müssen. Unser ganzer Boden ist unterhöhlt, tausend Gänge sind hindurchgetrieben, endlich werden sie in ein großes Loch zusammenbrechen.«[16]

Ein Jahr später: »Das deutsche Vaterland, das ich noch als abgelebtes Kaiserreich, dann in seiner schmachvollsten Zerrissenheit gesehen, darauf in seiner kriegerischen Befreiung, auf welche wiederum eine traurige Versunkenheit gefolgt – das deutsche Vaterland ist in emsiger, angestrengter Arbeit zu neuer Erhebung. Dies Schauspiel ist herzzerreißend; die Arbeit ist ungeheuer, allgemein, mit den größten Opfern verbunden, durch die großmütigsten Gesinnungen unterstützt und der Erfolg dabei höchst ungewiß.«[17]

Ob sich die revolutionären Erhebungen einem Flächenbrand gleich über das westliche Europa 1848 ausgebreitet hätten, wäre Frankreich mit der Februarrevolution in diesem Jahr nicht vorausgegangen, stehe dahin. Aber es war eben so, und die deutschen Länder wurden davon erfaßt, einschließlich Preußens: »Eines kränkt und beschämt mich immerfort, daß wir Deutschen nichts aus uns selbst, daß wir alles aus Frankreich bekommen, als Nebenwirkung und Nachtrag der dortigen Ereignisse. Jedes Zugeständnis der bestürzten Regierungen ist mir ein Stich ins Herz, Schande über Schande, daß sie alle jetzt eilig geben, was sie mehr als dreißig Jahre mit dünkelvollem Trotz verweigert haben.«[18]

König Friedrich Wilhelm IV. überkam gleich anderen Fürsten das große Zittern. Die aus allen Gegenden Deutschlands eintreffenden Berichte von mehr oder minder stürmischen Nachbildungen der Pariser Vorgänge erhöhten deren Bedeutung, in jedem neuen Ereignis lag die Mahnung, nicht zurückzubleiben in dem allgemeinen Drang, sondern ebenfalls tatkräftig aufzutreten.

Dazu kam es. Es wurde geschossen, es wurde gekämpft. Metternich emigrierte nach England, in München trat Ludwig I. vom Königsamt zurück, Österreich mußte Mailand und Venetien räumen, in Baden und in der Pfalz kam es zu schweren bürgerkriegsähnlichen Auseinandersetzungen, in Frankfurts Paulskirche trat ein »gesamtdeutsches« Vorparlament zusammen. Doch ich habe hier nicht einen Volkshochschulkurs über 1848 zu repetieren, sondern daran zu erinnern, daß alles nichts nützte.

Das deutsche Volk, uneinig in seinen Stämmen,

brachte nicht die Kraft auf, mit seinen Fürsten fertig zu werden. Obgleich: »Aus Westphalen, vom Rhein, aus Landau, lauter Aufstand. Baierische und badische Soldaten empören sich gegen die Offiziere und gehen zum Volk über, die preußische Landwehr weigert sich, sich zu stellen, oder versammelt sich, um dem Volke beizutreten.« (14. Mai 1849)[19] Aber im August desselben Jahres: »Die Gegenrevolution geht Schritt für Schritt weiter, sie hegt die stolzesten Hoffnungen, nicht nur die politische Freiheit soll unterdrückt werden, auch die geistige, man sinnt schon auf Kirchenzwang, die Jesuiten rechnen auf Herrschaft.«[20] Im Juli 1850: »Es ist merkwürdig zu beobachten, wie die Fluth der Reaktion höher und höher steigt, da hilft kein Wehren und Vertheidigen, Schritt für Schritt verdrängt sie den Gegner, in seiner letzten Zuflucht läßt sie ihn nicht, er kann nirgends Stand halten, als nur allein in seiner Gesinnung. Die aber ist eine nicht einnehmbare Burg.«[21] Schon zuvor, Ende Dezember 1849, hatte Varnhagen notiert: »Das deutsche Volk vermag auf die Dauer nicht so zusammenzuleben, wie es jetzt gemischt ist; ein Theil muß ausscheiden, entweder die selbstsüchtige, günstiggestellte Minderheit, oder der bewußte und kräftige Theil der Volkspartei. Man ist jetzt bemüht, letzteren Bestandteil durch Pulver und Blei, durch Verfolgung, Einkerkerung, Bedrängung jeder Art zu vernichten, zu unterdrücken; allein es gelingt nicht vollständig, es wachsen immer neue Kräfte nach und das Volk selbst kann man doch nicht töten!«[22]

Nein, das konnte man nicht, und es war auch nicht nötig, es zu versuchen. Es mußte nur einer kommen, der von oben her die Volkskraft kanalisierte, sie uniformierte, sie wie zu Anfang des Jahrhunderts auf Schlachtfeldern sich austoben ließ; einer, der sich dem mächtigsten deutschen Fürsten, dem König von Preußen, andiente mit der Versicherung, daß künftige, unvermeindbare demokratische Institutionen der Institution Monarchie niemals gefährlich werden würden. Die Hohenzollern fanden diesen Mann.

Schon 1852 hatte Friedrich Wilhelm IV. von Preußen an den österreichischen Kaiser Franz Joseph I. geschrieben: »Euer Kaiserliche Majestät wollen es mir gütigst gestatten, daß ich den Überbringer dieses Blattes mit einigen eigenhändigen Schriftzügen an Ihrem Hoflager introduziere. Es ist der Herr von Bismarck-Schönhausen. Er gehört einem Rittergeschlecht an, welches länger als mein Haus in unseren Marken seßhaft, von jeher und besonders in ihm seine alten Tugenden bewährt hat. Die Erhaltung und Stärkung der erfreulichen Zustände unseres platten Landes verdanken wir mit seinem furchtlosen und energischen Mühen in den bösen Tagen der jüngst verflossenen Jahre.«[23]

1852 war Bismarck 37 Jahre alt, war noch, kaum kaschiert, der »wilde Bismarck«, ein Säufer und Schürzenjäger. Am 2. Januar 1861 wurde Wilhelm I., der bereits seit drei Jahren die Regentschaft für seinen erkrankten Vorgänger führte, König von Preußen; mit ihm begann die »Neue Ära«. Mit einem Heeres- und Verfassungskonflikt brachte sich die Monarchie in große Bedrängnis; Ende September 1862 rief der König Bismarck, zu der Zeit preußischer Gesandter in Paris (bei Napoleon III.), zu sich, gab sich den Anschein, als wolle er abdanken, aber Bismarck wußte ihn davon zu überzeugen, er sei der Mann, die königliche Sache durchzustehen.

Am 8. Oktober 1862 wird Bismarck preußischer Ministerpräsident und beginnt eine Revolution von oben, die mit drei vom Zaun gebrochenen Kriegen das kleindeutsche Reich realisiert, dessen Gründung 1871 in Frankreich im Stil einer Kasinofeier stattfindet, abgehalten im Schloß von Versailles, im Weichbild von Paris, dessen Bewohner, von preußischen Truppen belagert und beschossen, die Erfahrung machen, daß auch Ratten vor dem Verhungern bewahren können. Es ist jenes Reich, dessen Regierungen zwei Weltkriege zwecks Vergrößerung und europäischer Vorherrschaft entfacht haben und dessen Wiederherstellung die politische Substanz dessen ausmacht, was mit der »offenen deutschen Frage« gemeint ist, sofern etwas damit gemeint werden kann.

Von dieser »deutschen Frage« hatte Bismarck bereits Ende 1849 geschrieben: »Die deutsche Frage wird überhaupt nicht in unseren Kammern, sondern in der Diplomatie und im Felde entschieden, und alles, was wir darüber schwatzen und beschließen, hat nicht mehr Wert als die Mondscheinbetrachtungen eines sentimentalen Jünglings, der Luftschlösser baut und denkt, daß irgendein unverhofftes Ereignis ihn zum großen Mann machen werde.«[24]

Da am Endc unseres Jahrhunderts die »deutsche Frage« nicht mehr im Feld entschieden werden kann, hat alles, was darüber geschwatzt wird, nicht mehr Wert als eben die Mondscheinbetrachtungen jener, die uns Sonntagspredigen über die »Wiedervereinigung« halten.

Damals war es anders. Mit dem Sieg bei Sedan am 2. September 1870 war erreicht, daß sich die Kluft zwischen der »selbstsüchtigen, günstiggestellten Minderheit« und dem »bewußten und kräftigen Theil der Volkspartei« für eine Weile schloß und in deutschen Gehirnen der Wahn einzog, Deutschen sei nichts mehr unmöglich, wenn sie auf Waffen vertrauten und sie anwendeten. Die Bedingungen, unter denen, und die Mittel, mit denen dieses kleindeutsche Reich zusammengezimmert wurde, waren schmachvoll und schändlich, aber seine Gründung war überfällig gewesen. Als Nationalstaat erfüllte es eine Sehnsucht der Deutschen, als Zentralstaat schuf es die Voraussetzungen der nunmehr sich frei entwickelnden industriellen Revolution. Nicht von ungefähr lautet Lenins Urteil: Bismarck habe in seiner Art eine historisch fortschrittliche Sache vollbracht.

Versailles, 18. Januar 1871
An das deutsche Volk!
Wir, Wilhelm,
von Gottes Gnaden König von Preußen
nachdem die deutschen Fürsten und Freien Städte den einmütigen Ruf an Uns gerichtet haben, mit Herstellung des Deutschen Reiches die seit mehr denn sechzig Jahren ruhende deutsche Kaiserwürde zu erneuern und zu übernehmen, [...] bekunden wir hiermit, daß Wir es als eine Pflicht gegen das gemeinsame Vaterland betrachtet haben, diesem Rufe [...] Folge zu leisten und die deutsche Kaiserwürde anzunehmen. Wir [...] hoffen zu Gott, daß

es der deutschen Nation gegeben sein werde, unter dem Wahrzeichen ihrer alten Herrlichkeit das Vaterland einer segensreichen Zukunft entgegenzuführen.[25]

Die vielgebrauchte Formel »Revolution von oben« und der ganze Bismarck-Mythos, von dem wir immer noch nicht genesen sind, trugen dazu bei, daß man im ersten Reichskanzler nur allzu leicht einen Politiker sah, der die deutsche Katze gegen den Strich gebürstet hat, so daß der Anschein erweckt wurde, ohne Bismarck kein deutscher Nationalstaat, er sei ausschließlich sein Werk. Bismarck aber war nur in den Details der Reichsgründung und sozusagen in ihrer Datierung der autonome Macher, in Wahrheit aber war er ein Erfüller, als den man ihn erkennt, wenn man beispielsweise seinem wilden Streit mit dem Heerführer Moltke über Sinn und Zweck der Kapitulation von Paris nachgeht oder, allgemein gesagt, über sein Beharren auf der Vorherrschaft der Politik über die Kriegführung, erstmals durchgesetzt im Friedensschluß mit Österreich 1866. Und nicht weniger steht er geradezu als der Vollender der Paulskirchen-Ideen in der Geschichte, indem er überhaupt einen Kaiser für unabdingbar hielt, einen König als Kaiser, der kein Kaiser werden wollte und den er nicht Kaiser von Deutschland, sondern Deutschen Kaiser werden ließ (obschon er wahrheitswidrig alsbald behauptet hat, die Titelfrage sei ihm »Wurst« gewesen); und erst recht zeigt ihn die Bismarcksche Reichsverfassung mit ihrer starken Stellung des Parlaments als Vollzugsorgan der Zeitströmung unbeschadet dessen, wie er dann dreißig Jahre lang mit dem Parlament und den Parteien umgesprungen ist.

An »Blut und Eisen« als Instrument der Politik hat er nur geglaubt, wenn er sich des Sieges auf dem Schlachtfeld sicher fühlte; und diese Situation wiederholte sich nach 1871 zu seinen Lebzeiten, zu seinen Amtszeiten, nicht mehr. Gleichwohl hat das Reich die ekelhaften Umstände seiner Geburt, solange es existierte, und es existierte mindestens dem Namen nach bis 1945, nie überwunden; ist eine reichsdeutsche Kultur nie entstanden, haben Macht und Geist, Macht und Künstlertum immer im Clinch gelegen; ist nichts wahrer geblieben als das prophetische Wort Nietzsches: »[...] ein großer Sieg ist eine große Gefahr. Die menschliche Natur erträgt ihn schwerer als eine Niederlage [...] Von allen schlimmen Folgen aber, die der letzte mit Frankreich geführte Krieg hinter sich dreinzieht, ist vielleicht die schlimmste ein weitverbreiteter, ja allgemeiner Irrtum: [...] daß auch die deutsche Kultur in jenem Kampfe gesiegt habe [...] Dieser Wahn ist höchst verderblich [...] weil er imstande ist, unseren Sieg in eine völlige Niederlage zu verwandeln: *in die Niederlage, ja Exstirpation des deutschen Geistes zugunsten des ›deutschen Reiches‹.*«[26]

Daß zu der Zeit, als die entscheidenden Erfahrungen mit dem, was 1871 in die europäische Welt gesetzt worden ist, noch in der Zukunft lagen (auch wenn sie von einigen wenigen schon erahnt wurden), selbst bedeutende Köpfe zu nichts anderem fähig waren, als das Bismarcksche Werk zu verherrlichen, dafür kann uns der erste Reichshistoriker Heinrich von Treitschke, für den das Reich nichts anderes als ein vergrößertes Preußen war, als Beispiel mit seiner Rede dienen, die er zum Gedächtnis an den Deutsch-Französischen Krieg im Juli 1895 an der Berliner Universität hielt, als eigentlich schon ein Blinder mit dem Krückstock hätte sehen müssen, wohin die deutsche Reise unter Wilhelm II. ging. Treitschke sagte unter anderem: »Dem Volke war Bismarck nie etwas anderes als der reckenhafte Kriegsmann mit dem erzenen Helm und dem gelben Kragen der Kürassiere von Mars-la-Tour, so wie ihn die Maler auf seinem Ritte durch die Pappelallee bei Sedan darstellen. Er hatte einst das rettende Wort gesprochen: Los von Österreich! Er hatte durch die Verträge mit den Südstaaten [gemeint sind Bayern, Württemberg, Baden] den unausbleiblichen neuen Krieg umsichtig vorbereitet. Als er heute vor fünfundzwanzig Jahren dem Reichstage die Kriegserklärung Frankreichs vorlas, da war allen zumute, als ob er zuerst den Ruf erhöbe: Alldeutschland nach Frankreich hinein! Und allen schien es, als ob er wie ein Herold den deutschen Geschwadern in Feindesland voranritte. Nunmehr zog er die Summe aus den großen

Kämpfen, er brachte Metz und Straßburg ihrem Vaterlande wieder und vereinbarte in mühseligen Unterhandlungen die Verfassung für das neue Reich. Sie schien ganz neu und rief doch die altheiligen, unvergessenen Empfindungen deutscher Kaisertreue wieder wach.«[27]

Gesprochen nicht von Goebbels, sondern von einem Professor der Geschichte in einem Universitätshörsaal – deutscher Geist in seiner reinsten Erscheinungsform. Wer wollte den Mut haben zu sagen, er sei in einem Jahrhundert verdampft, verschwunden? Wenn Kohl zu einer schimärischen »Geburtstagsfeier« in Berlin redet, wo er nichts verloren hat und von der Schutzmacht dort nur geduldet wird, weil ihre Raketen auf dem Kohlschen Staatsgebiet stehen, dann fehlt ihm zwar die Wortgewalt eines Treitschke, aber das macht die Sache nicht besser. Die Wiederkunft des Deutschen Reiches mit der Reichshauptstadt Berlin in Basisdeutsch zu beschwören ist 1987 nicht minder verrückt, wenn vielleicht auch minder gefährlich, als wenn jener Nationapostel Treitschke 1895, zwanzig Jahre vor dem Ersten Weltkrieg, auf den sich das Reich bereits zielbewußt vorbereitete, ausführte:

»In meiner Jugend sagte man oft:
Wenn die Deutschen Deutsche werden,
Gründen sie das Reich auf Erden,
Das der Welt den Frieden bringt.

So harmlos empfinden wir nicht mehr. Wir wissen längst: das Schwert muß behaupten, was das Schwert gewann, [...] durch Gewalt wird Gewalt überwältigt.« Das Reich habe Frieden geboten »nicht durch das Heilmittel der Friedensschwärmer, die Abrüstung, sondern durch das genaue Gegenteil, die allgemeine Rüstung«.[28] So erbt sich politischer Schwachsinn fort und wird nahezu wortübereinstimmend im Abstand fast eines Jahrhunderts artikuliert.

Dem Reich hat die Hochrüstung nicht Frieden beschert, sondern den Ersten Weltkrieg herbeigeführt. Ob dabei der Flottenbau, den für den in Panzerkreuzer vernarrten Kaiser ein gewisser Alfred von Tirpitz in zunehmender Unabhängigkeit von der Reichspolitik durchzog, für die Engländer wirklich das ausschlaggebende Motiv dafür wurde, sich mit Frankreich militärisch zu verbünden, wird heute nicht mehr als so sicher angesehen wie in dem Jahrzehnt nach dem Ersten Weltkrieg, in dem sich das teure Kaiser- und Tirpitz-Spielzeug als unnütz erwiesen hatte. Es war aber der deutsche Marineattaché in London, der ausgesprochen hat, in den Jahren vor 1914 hätten sich Deutschland und England in einem latenten Kriegszustand befunden, heute würden wir sagen: einen kalten Krieg geführt.

Mögen also die außenpolitischen Wirkungen des deutschen Flottenbaues in Konkurrenz zu England zeitweilig überschätzt worden sein, so kann nicht der mindeste Zweifel darüber bestehen, daß die Bild- und Wortpropaganda mit der Flotte den entscheidenden Beitrag zur Militarisierung und Kriegsorientierung der deutschen Öffentlichkeit in den ersten eineinhalb Jahrzehnten unseres Jahrhunderts geliefert hat.

Der Abgeordnete Friedrich Naumann, politischer Ziehvater unseres ersten Bundespräsidenten Theodor Heuss, wie dieser gewiß kein Militarist, durfte 1910 an einer Flottenpropagandafahrt der Reichstagsabgeordneten teilnehmen und sagte darüber: »Wer wollte sich dem Eindruck entziehen, wenn die hellgrauen großen Schiffe der Linienschiffsgeschwader durch die Nordsee stampften, gefechtsklar mit hochgereckten schweren Geschützrohren und qualmenden Schornsteinen, während die schwarzen Torpedoboote die lange Kiellinie durchbrachen, in rasender Fahrt in dichten Rauch gehüllt, Back und Brücke vom weißen Gischt der aufgewühlten See übersprüht, mit dem roten Doppelstander an der Rah ihrem Ziel zujagten – wer wollte dies vergessen von denen, die es erlebt haben.«[29]

Erlebt haben es wenige, in Bildern vorgeführt bekamen es alle, der »Flottenkalender« hing in jedem Bürgerhaus. Das Moltke-Wort, es gebe etwas Schlimmeres als den Krieg, nämlich den ewigen Frieden, drückte präzis aus, in welcher Stimmung sich die Deutschen befanden, mehr oder weniger schon seit 1870: in einem zwischen Angst und Aggression pendelnden Zustand. Bismarcks Vorstellung, mit dem Gelände- und Machtgewinn von

1871 hätten die Deutschen das Haus gebaut, in dem sie künftig wohnen wollten und sollten, war eine Fehlprognose. »Wir müssen begreifen, daß die Einigung Deutschlands ein Jugendstreich war, den die Nation auf ihre alten Tage beging und seiner Kostspieligkeit halber besser unterlassen hätte, wenn sie der Abschluß und nicht der Ausgangspunkt einer deutschen Weltmachtpolitik sein sollte«[30] – so Max Weber in seiner Freiburger Antrittsvorlesung 1895, gesprochen neunzehn Jahre vor Kriegsausbruch, als der nachmals berühmte politisierende Professor schon wußte, daß das Reich sich am Ausgangspunkt seiner Weltmachtpolitik befand, es nicht nur wußte, sondern auch wünschte. Kontinentalmacht oder Weltmacht hieß die Alternative, und die letztere war ohne Krieg nicht zu haben, das war die Einsicht, nach der politisch gehandelt wurde.

1913 war Kaiser Wilhelm II. seit 25 Jahren auf dem Thron, das Jubiläum wurde gebührend gefeiert. Zufällig wiederum in Freiburg hielt ein anderer Professor, der zu den bedeutenderen deutschen Intellektuellen unseres Jahrhunderts gehört, Friedrich Meinecke, eine Festrede, in der folgende Sätze vorkommen: »Unsere Herzen umfassen das ganze geschichtliche Geflecht des deutschen National- und Staatslebens und die kostbaren Werte der Treue zwischen Fürst und Volk, die zu diesen Wurzeln gehören. Wir folgen unserem Kaiser auf dem steilen Wege zu den umwölkten Höhen unserer Zukunft. Gott segne und schirme Deutschland und seinen Herrscher!«[31]

Neun Tage nach Kriegsausbruch formuliert Reichskanzler Bethmann Hollweg die deutschen Kriegsziele, die jenen der nationalsozialistischen Regierung in nichts nachstanden, sieht man davon ab, daß deren sämtliche konkreten, konkretisierbaren Aussagen nur Hitlers wirkliches Ziel der Weltvernichtung kaschierten.

Für das kaiserliche Deutschland gesellte sich in dem Streben nach innerer Einheit von Jahr zu Jahr mehr das Streben nach äußerer Macht – das letztere und die Vorbereitung auf ihre Erringung mit militärischen Mitteln geradezu als Ersatz für die nicht gelungene Herstellung des inneren Friedens, was der Erlaubnis zur Formierung einer modernen Industriegesellschaft gleichgekommen wäre.

Von 1873 stammt ein Buch, dessen erste Sätze lauten: »Der Kampf des deutschen Volkes um seine nationale Wiedergeburt« – man fragt sich vergeblich, wann und wie zuvor eine nationale Geburt des deutschen Volkes schon einmal stattgefunden habe – »hat zwar nach Außen durch die Erfolge des Jahres 1870/71 seinen vorläufigen Abschluß gefunden. [›Vorläufig‹ schon damals!] Nach Innen tobt aber dieser Kampf um so intensiver und energischer weiter. Sieht auch der weitaus größte Teil des deutschen Volkes in der Wiederaufrichtung des deutschen Kaiserthrones ein segensvolles Faktum, ein Symbol der wiedererrungenen nationalen Machtstellung, so hat es doch auch bei uns gar viele Elemente, welche in der Neugestaltung der Dinge eine Schädigung ihrer bisherigen Interessen erblicken. [...] Die alte und die neue Zeit ringen miteinander.«[32]

Dieses Ringen nahm nicht ab, sondern zu, und es ist ein Märchen, der junge Kaiser habe mutwillig einen alten Bismarck entlassen, der noch fähig gewesen sei, die innenpolitischen Gegensätze in einem Kompromiß auszugleichen. Bismarck verfügte über kein Konzept mehr und auch nicht mehr über eine zuverlässige Legitimation, die Reichspolitik zu führen, als er gehen mußte. Das hat er selbst nie eingesehen, und das haben weite Kreise der Bevölkerung noch bei seinen Lebzeiten nicht eingesehen in dem Irrglauben, er habe die Dinge immer noch besser gemacht als seine schwächlichen Nachfolger, denen zur Herstellung eines inneren Scheinfriedens, einer brüchigen Legitimation ihrer Herrschaftsausübung nichts anderes einfiel, als die nationalistischen Emotionen hochzuputschen, da sie an den Stützen der Monarchie, etwa am preußischen Dreiklassenwahlrecht, nicht zu rütteln wagten. Bis 1914 aus Worten Krieg wurde.

Die 118 Millionen der Mittelmächte standen gegen 258 Millionen der Entente. Diese verfügte bei Kriegsbeginn über nahezu sechs Millionen Soldaten, Deutschland und Österreich zusammen über 3,5 Millionen. Natürlich waren diese Massen nicht bereits bei Kriegsausbruch in Kampfhandlungen verwickelt. Am 1. August 1914 befahl Frankreich um 16.30 Uhr die Mobilmachung, Deutschland um 17 Uhr, am 4. August, 16 Uhr kam es zu ersten Kampfhandlungen an der Westfront. Der deutsche Gott scheint daran beteiligt gewesen zu sein, der ein anderer als der russische war, der nur »Eroberung und Unterdrückung« kannte, »Mord und Aufruhr, Tücke und Verrat«, er war der »Gott der Despoten und der Knechte«.

Der deutsche Gott, der von 1914, »in dessen Namen Deutschlands Heere in den Krieg gezogen sind, ist ein anderer Gott. Er ist der Gott, der Eisen wachsen ließ und keine Knechte wollte. Vor ihn, den Gerechten, sind wir, als der Kaiser rief, betend getreten. Zu ihm, dem Allmächtigen, dringt unter dem Brüllen der Geschütze empor unser ›Vater, ich rufe dich!‹ [...] Und jauchzend, als ginge es zum Feste, stellt sich unsere Jugend dem Gottesurteil der Schlachten.

[...] Selig aber preisen wir uns, daß wir auch diese Zeit noch sehen durften. Selig selbst dann, wenn alles vergebens wäre, wenn der Schwall der Feinde unser mächtig werden und die deutsche Nation ausgelöscht werden sollte. [...] Denn Gott würde uns dann dargestellt haben als ein ewiges Beispiel für das, was Treue ist; eine Predigt würde unser Todeskampf sein, die durch die Jahrtausende hallen würde.«[33] So schrieb Max Lenz, Professor der Geschichte an der Hamburgischen Wissenschaftlichen Stiftung, gedruckt im September 1914 als Broschüre, zusammen mit einem Dutzend anderer »Nationaler Kundgebungen« deutscher und österreichischer Historiker.

Sich dem Streben nach äußerer Macht verschreiben hieß Macht im Sinne von Kolonialmacht, die nur durch eine hegemoniale Stellung auf dem Kontinent erreicht und gesichert werden konnte, und dies bedurfte einer territorialen Vergrößerung des Reiches mittels eines gewonnenen Krieges.

Alle Programme für des Reiches Aufstieg zur Weltmacht, die den Entschluß zum Krieg zur Voraussetzung hatten, lagen vor, noch ehe der erste Schuß fiel. Sie als Hirngespinste böswilliger Nestbeschmutzer hinzustellen, sahen sich deutsche Geschichtsschreibung und Publizistik sogar noch nach dem Zweiten Weltkrieg veranlaßt, bis dann 1961 mit *Griff nach der Weltmacht* von Fritz Fischer die Positionen der nationalen Weißwäscher ins Wanken kamen. Fischers »Entdeckung«, die Reichsregierung habe den Krieg vorbereitet und gewollt, führte unter anderem zu einem Streit darüber, inwieweit der Reichskanzler Bethmann Hollweg die Kriegspolitik mitgetragen habe oder nicht. Darüber kam es unter anderem zwischen dem Historiker Karl Dietrich Erdmann und dem Publizisten Rudolf Augstein zu einer öffentlich geführten Auseinandersetzung, die Augstein mit einem Leserbrief an die *Zeit* am 2. Oktober 1964 abschloß, den das Blatt in prominenter Darbietung druckte unter dem Titel: »Augstein kontra Erdmann«. Darin führte der *Spiegel*-Herausgeber aus: »Bislang konnte man darauf verzichten, sich über präzise Kalkulationen Bethmann Hollwegs Gedanken zu machen, da er ja angeblich in den Krieg ›geschlittert‹ war. Anders wird das, wenn man überlegtes Handeln annehmen muß. Die erreichbaren Gründe nehmen sich dann so dürftig aus, daß man hilfsweise doch wohl besser einen Konsensus in den herrschenden Schichten für möglich hält, ›die Waffen sprechen‹ zu lassen. [. . .] Wir ungehobelten Laien haben uns in die Diskussion um Fischer nur eingeschaltet, weil es vor einem Jahr kaum einen deutschen Historiker gegeben hat, der die Vorgänge um den Ausbruch des Ersten Weltkriegs nicht für seit langem und abschließend geklärt gehalten hätte. Der Durchbruch zu offener Auseinandersetzung ist gelungen [. . .]«

Erdmann war nur einer von vielen, die gegen Fischer antraten und der Kriegsschuldthese entschieden widersprachen. Die hoch emotionalisierten Bemühungen derer, die Ehre und Ruf des Reiches retten wollten, hatten keinen anderen Erfolg als den, daß die belastenden Dokumente immer vollständiger erfaßt und publiziert wurden. Was sich an gehässigen Verdächtigungen in der zeitgeschichtlichen Forschung in den sechziger Jahren um das Problem der Kriegsschuld des kaiserlichen Deutschland abspielte, läßt sich nur vergleichen mit dem in den achtziger Jahren neuentfachten Streit, ob die Stalin-Note von 1952 ernst gemeint, ihre Zurückweisung durch das Adenauer-Regime das schuldhafte Versäumnis, Wiedervereinigungspolitik zu treiben, gewesen ist.

Noch 1917 hielt die Regierung, von der es zu diesem Zeitpunkt bereits fraglich geworden war, ob sie noch vom Reichskanzler Bethmann Hollweg in Berlin oder von Ludendorff und der Obersten Heeresleitung im Hauptquartier geführt wurde, an expansiven Kriegszielen fest. Diese wurden sogar noch einmal erweitert, als der »uneingeschränkte U-Boot-Krieg«, von Sebastian Haffner eine der sieben Todsünden des Deutschen Reiches im Ersten Weltkrieg genannt, in den ersten Monaten, nur in den ersten Monaten, über Erwarten große Erfolge in Gestalt steigender Versenkungsziffern erbrachte – zugleich aber den Kriegseintritt der USA herbeiführte und damit die Kriegsgegner »um weit mehr als 10 Millionen Mann und weit mehr als 100 000 Geschütze« (Haffner)[34] verstärkte. Es war der Anfang vom Ende, aber niemand wollte es wahrhaben. Einer der finstersten Kriegs- und Durchhalteprediger, der in Bayreuth wohnende Schwiegersohn Richard Wagners, Houston Stewart Chamberlain, sonderte im Abstand von Monaten patriotische Hetzschriften ab. Im Auftrag der Reichsbank schrieb er zwei Aufrufe, daß die Leute Kriegsanleihe zeichnen sollten. Der zweite stammt vom 4. September 1917: »Nicht um Geld handelt es sich bei einer Kriegsanleihe, sondern um Werkzeuge: Werkzeuge, durch die erst der Mann sich als Mann, der Held sich als Held zu bewähren vermag. Wer Werkzeuge denen da draußen reicht, der hat an ihren Heldentaten Anteil; wer es nicht tut, ist ein Schädling, unwert, deutsche Luft zu atmen. Darum: zeichnet die 7. Kriegsanleihe.“[35] (Eine der Großmütter des Verfassers wollte offenbar weiterhin deutsche Luft atmen und zeichnete unter anderem rund 100 000 Mark Kriegsanleihe auf den Namen ihres damals siebenjährigen Enkels. Diesem wurde etwa um 1927 – genau läßt sich das Datum nicht mehr feststellen – als verbliebener

Gegenwert für diese Summe ein Betrag unter hundert Reichsmark ausbezahlt.)

Das Reich, in Versailles gegründet, bekam den Versailler Vertrag aufgepreßt. Eines Weltkrieges hatte es bedurft, daß es den Kaiser, die Hohenzollern im ganzen und seine übrigen Fürsten losgeworden ist. »Daß Wilhelm II. die Monarchie selbst auf so unnachahmbare Weise persiflierte, wie es kein noch so boshaftes Kabarett hätte tun können, daß er ihr selbst den Todesstoß versetzte, sollte ihm ein stilles Gedenken im Herzen aller überzeugten Republikaner und Demokraten Deutschlands sichern«, mit diesem Satz beendet Imanuel Geiss sein Buch *Das Deutsche Reich und der Erste Weltkrieg*[36].

Daß aus der Niederlage von 1918 sich keine Auflösung des Reichsgebietes, sondern nur dessen Verkleinerung an seinen bisherigen Landesgrenzen ergeben hat, 1945 das Reich aber real untergegangen ist, woran gegenteilige, in westdeutschen Deklarationen enthaltene Behauptungen nichts ändern, scheint zu bestätigen, was Churchill gesagt hat, als er in die Lage kam, über die Zukunft Deutschlands mit Roosevelt und Stalin zu verhandeln: So dumm wie 1918 werden wir kein zweites Mal sein. Nun ja, ein nochmaliges Erwachen Deutschlands mit dem Ziel der Wiederherstellung eines Deutschen Reiches wird es nicht geben; insofern war die Teilung in der Tat eine weit klügere Maßnahme als der Versailler Vertrag und die übrigen Abkommen, die damals eine neue europäische Landkarte schufen, aber der Teufel hat eben verschiedene Gesichter und kommt durch verschiedene Türen herein: Es gibt kein Beispiel in der Geschichte dafür, daß Beschlüsse, die aus weltverändernden Fakten hervorgegangen sind, sich über weite Zeiträume hinweg, sagen wir bescheiden wenigstens für ein halbes Jahrhundert, als vernünftig und glückbringend für die Menschen erwiesen hätten.

Freilich ist festzustellen, daß die Deutschen 1918 mit einem blauen Auge davongekommen sind, verglichen mit 1945. Doch wer so urteilt, geht davon aus, daß die auf 1871 zu datierende Vereinigung einer Mehrheit der deutsch sprechenden Bevölkerung unter einem gemeinsamen staatlichen Dach ein Wert an sich ist, um dessen Erhaltung oder Wiederherstellung man sich bemühen soll. Ich werde noch Gelegenheit haben, meiner tiefen Verwunderung darüber Ausdruck zu geben, daß diese Auffassung, die wohl nie völlig untergegangen war, neuerdings wieder zunehmend Anhänger zu finden scheint, will aber jetzt nur darauf hinweisen, daß einzig ein ideologisches Festhalten an der staatlichen Improvisation von 1871 Ursache sein kann, daß das Ergebnis des Zweiten Weltkrieges für die Kriegsverursacher von diesen als so viel schlimmer angesehen wird als das Ergebnis des Ersten Weltkrieges für die gleichen Adressaten.

Wer mit diesem Ansatz an die Kriegführung im Ersten und im Zweiten Weltkrieg herangeht, der ist in der Gefahr zu übersehen, daß der Unterschied zwischen dem Feldherrn Ludendorff und dem Feldherrn Hitler geringfügig war, der, wenn man ihn überhaupt geltend machen will, für Hitler und gegen Ludendorff spricht. Ihr Verhalten in der Spätphase ihrer militärischen Unternehmungen, als an einen Sieg nicht mehr zu denken war (sie beginnt für Ludendorff Mitte 1917, für Hitler Ende 1941, als die Deutschen vor Moskau liegengeblieben sind), stimmt völlig überein. Beide gestanden sich nicht ein, daß sie verloren hatten, und sie wußten ihren Armeen und dem ganzen Volk die Überzeugung beizubringen, der Endsieg sei sicher. Daraus leitet sich nun allerdings ab, daß wir es nicht nur mit individuellen Parallelfällen, sondern auch mit kollektiven zu tun haben, das heißt, diese beiden vergotteten Nationalhelden – der eine hatte noch einen zweiten neben sich hochgepäppelt, den deutschen Eichbaum Hindenburg –, wahnbesessen, wie sie waren, hatten es mit demselben wahnbesessenen Volk zu tun, das ihnen gestattete, es in die Katastrophe zu führen. (Als Ludendorff am 20. September 1918 erstmals zugemutet wurde, den Ernst der Lage zur Kenntnis zu nehmen und Konsequenzen daraus zu ziehen, sagte er: »Drängen Sie mich nicht, ich habe den Ruhm Hindenburgs geschaffen, und der Feldmarschall weiß dienstlich noch von nichts.«[37] Niemand könnte einen derartigen Satz erfinden, mit dem gesagt wird, der Chef der Obersten Heeresleitung wisse »dienstlich« nicht, daß der Krieg verloren sei.)

Daß Hitler noch den Endsieg verkündete, als die Rote Armee an der Oder stand, schwindet bei den nachwachsenden Generationen aus dem Gedächtnis, obwohl es für sie und das ihnen wieder abgeforderte Nationalgefühl mindestens so wichtig wäre, sich ständig vor Augen zu halten, daß ihre Großeltern und Eltern in Küstrin und Essen, ja selbst noch in Berlin für den Endsieg kämpften, wie sich stets daran zu erinnern, daß diesen zuvor das Verschwinden der Juden aus den Städten und Dörfern nichts ausgemacht hatte. Aber darf man heute wirklich davon ausgehen, daß wenigstens letzteres nicht völlig aus dem Gedächtnis der Lebenden getilgt ist?

Daß sich außer ein paar Historikern niemand mehr mit den Vorgängen im Ersten Weltkrieg beschäftigt, ist zu verstehen, aber es ist zu bedauern, weil es zu dem phänomenalen Nationalschwindel beiträgt, Hitler sei ein Ausnahmefall gewesen, womit auch gesagt wird, der Nationalsozialismus desgleichen, und des zum Beweis muß immer Auschwitz herhalten. Es ist wahr, daß Kaiser Wilhelm II. und seine Oberste Heeresleitung keine Gaskammern eingerichtet haben; in dieser Hinsicht sind die Deutschen über ihre bis dahin gezeigten Möglichkeiten nach 1941 hinausgegangen – was übrigens die Frage nicht überflüssig macht, über welche nicht minder extreme Möglichkeiten sie außerdem verfügen, nachdem sie mit solcher Beharrlichkeit an Regierungen festhalten, die das ganze Staatsgebiet mit amerikanischen Atomwaffen und mit hausgemachten Atomfabriken anzufüllen erlaubten. Es wäre schon nützlich, sich mit dem Feldherrn und Siegesidol des Ersten Weltkrieges zu beschäftigen, um sich der Unannehmlichkeit bewußter zu werden, einem unzurechnungsfähigen Volk anzugehören, ob es nun von einem forschen Kaiser oder von Hitler regiert wird.

Dieser Verbrecher Ludendorff hatte nämlich im Frühjahr 1918 an der Westfront eine letzte große Durchbruchsoffensive gestartet, von der er und der ganze Generalstab wußten, daß, wenn sie mißlinge, der Krieg verloren sei. Sie mißlang. Doch der eigenen Einsicht wurde nicht Folge geleistet, in den nächsten Monaten jeder kleinste lokale Erfolg als Schritt zum Sieg propagiert und jeder Versuch, politische Vorstellungen zur Geltung zu bringen, verbissen abgewehrt. Nur bei den Linken verbreiteten sich während des Sommers 1918 allmählich Zweifel, ob die deutsche Sache nicht schiefgehen könne, das Bürgertum und das Heer glaubten dagegen der Obersten Heeresleitung.

Insoweit haben wir es mit zwei Durchhaltegimpeln zu tun, die über das Reich mit diktatorischen Vollmachten herrschten. Erst vom 1. Oktober 1918 an ist Ludendorff nicht mehr als der Zwillingsbruder Hitlers anzusehen, denn an diesem Tag telegrafierte er vom Hauptquartier in Spa aus ein paarmal nach Berlin (wo total verstörte Politiker gerade dabei waren, den Kronprinzen von Baden, Max, einen Reaktionär erster Güte und zudem einen kranken Mann, zum »demokratischen Reichskanzler« zu machen): Den Feindmächten, vorab dem amerikanischen Präsidenten Wilson, müsse sofort, sofort, sofort das Friedensangebot beziehungsweise das Waffenstillstandsangebot unterbreitet werden. In dem Augenblick, in dem Hitler anerkannte und aussprach, der Krieg sei verloren, hat er sich erschossen. Ludendorff ließ sich entlassen, emigrierte dann vorübergehend nach Schweden, wo er unter der Tarnung einer Sonnenbrille gesehen worden sein soll. Dann kehrte er zurück, bezichtigte die Linken, am Verlust des Krieges schuld zu sein, und verbündete sich im Münchner Putsch mit Hitler. (Ungefähr zu der Zeit sah der Verfasser, damals dreizehn Jahre alt, den General in Zivil mit dem Vater im elterlichen Garten auf und ab gehen. Die Herren sprachen über die bereits weitgediehene Organisation der – nichtnationalsozialistischen – Wehrverbände in Bayern. In der Nähe knallte es: Als Schützenfest getarnt war eine paramilitärische Schießübung im Gang.)

Warum hier diese Reminiszenz? Weil die sogenannte Revolution vom November 1918 kein durch nichts abwendbares Ereignis gewesen ist, sondern sich aus dem verantwortungslosen, zynischen Verhalten der Obersten

Heeresleitung entwickelt hat. Diese hat durch eine Strategie, die den Aufbau einer rückwärtigen Verteidigungsfront unterließ, Hunderttausende in den letzten Kriegsmonaten sinnlos hingeopfert und alles unterbunden, was eine allmähliche Vorbereitung auf die Niederlage möglich gemacht hätte. Daß der Befehl an die Hochseeflotte, die Anker zu lichten und auszulaufen, schließlich die Meuterei der Kieler Matrosen zur Folge hatte, von wo aus der Aufstand der Massen seinen Anfang nahm, ist nur der Punkt auf dem i. Nichtsdestoweniger hatten die Hauptschuldigen in Generals- und Feldmarschalluniformen die Sache nicht auszubaden, denn es gelang ihnen, den in die Bresche springenden Politikern den Schwarzen Peter zuzuschanzen. Die »Dolchstoßlegende« wurde geboren.

Das hätte sich dennoch so nicht entwickeln müssen, und das heißt im Klartext: Aus der Weimarer Republik hätte sich das Dritte Reich nicht entwickeln können, hätten sich die Machterben der Monarchie, die Sozialdemokraten mit ihrem Repräsentanten Ebert, nicht vor der Revolution gefürchtet und deshalb geglaubt, sich mit eben jenen Kräften zwecks Chaosverhinderung verbinden zu müssen, die sich zu den Sachwaltern der Nationalinteressen aufschwangen, bereits in den entscheidenden Monaten um die Jahreswende 1918/19 der Republik innerlich die Gefolgschaft versagten und gegen sie arbeiteten.

Der Ruhm Eberts und der Sozialdemokratie, sie hätten das Reich, den Reichszusammenhalt unter widrigsten Umständen gerettet, den reichsweiten Bürgerkrieg verhindert, hat sogar das Dritte Reich überdauert und noch im neuen Teilstaat seine Verkünder gefunden, wenn nunmehr auch vorwiegend nur noch in der sozialdemokratischen Parteimythologie.

Die Geschichte vom Übergang der kaiserlichen Militärdiktatur im Krieg in den Staat von Weimar ist nur einer von den Fällen, wenn vielleicht auch der folgenschwerste, an dem zu erkennen ist, daß der nationale Weg der Deutschen weniger von zutreffenden Analysen der realen Situation als von selbstgeschaffenen Gespenstern bestimmt wird. Die Vorgeschichte des Ersten Weltkriegs läßt sich von dem Gespenst »Einkreisung« herleiten, der Klassenverrat der Sozialdemokratie 1918/19 von »Bolschewisierung«, während bei der Politik des nationalsozialistischen Reiches von einem ganzen Gespensterkonvent gesprochen werden muß mit Namen »arische Rasse«, »jüdische Weltgefahr«, »Entartung« und so weiter. Wir haben es 1918 vor allem mit der angeblich drohenden »Bolschewisierung« zu tun, das heißt mit dem sozialdemokratischen Wahn, SPD plus USPD (Unabhängige Sozialdemokratische Partei Deutschlands, die sich 1916/17 wegen der Zustimmung der SPD zu den Kriegskrediten gebildet hatte) seien zu schwach, diese zu verhindern, und deshalb müßten sie sich mit den tradierten Mächten verbünden, dem Militär und dem Kapital.

Die politische Ebert-Demontage, die bis heute nicht stattfand, müßte den Nachweis führen, daß die staatsbedrohende Gefahr seitens eines zum Kampf entschlossenen, militant organisierten linksradikalen, vom Beispiel Rußlands infizierten Proletariats nichts als die Projektion der eigenen Feigheit war, eine neue sozialistische Ordnung dank der Macht aufzubauen, die der Sozialdemokratie verdienstlos in den Schoß gefallen war.

In der nach 1945 anbrechenden Epoche (west)deutscher Geschichte, in der ein neues Gespenst in Gestalt einer zum Überfall auf Westeuropa bereiten Sowjetunion auf den Plan trat, machte wiederum ein Sozialdemokrat, Schumacher, damit sein politisches Geschäft, Hand in Hand, Arm in Arm mit Adenauer. An dem Mythos, die SPD habe 1918 keine Alternative gehabt, die Reichsinteressen dienlich gewesen wäre, war nun nicht mehr zu rütteln – auch nicht mehr, nebenbei gesagt, an der Kriegsschuldlüge, bezogen auf 1914/18, denn es wäre so nahe nach dem neuen Zusammenbruch doch allzu peinlich gewesen, bekennen zu müssen, daß bereits eine kaiserlich-junkerlich-bürgerliche Koalition auf einen Weltkrieg hingearbeitet hatte.

Nach meiner Kenntnis war es der Historiker Erich Matthias, der 1956 erstmals den Mut fand, sich damit quellenkritisch zu beschäftigen, wie es denn nach dem

Ersten Weltkrieg zur staatlichen Neuordnung gekommen sei.[38] Ergebnisse erster Forschungen haben ihn offenbar dahin gebracht, sich in diese Thematik zu verbeißen. In *Der Weg in die Diktatur* ist Matthias mit dem Beitrag vertreten: »Die Sozialdemokratie und die Macht im Staate«.[39] Je mehr er wußte, die Quellen flossen lebhafter, desto kritischer wurde er, und 1972 findet man ihn schließlich in einem Sammelband *Vom Kaiserreich zur Weimarer Republik* mit: »Der Rat der Volksbeauftragten. Zu Ausgangsbasis und Handlungsspielraum der Revolutionsregierung.«[40] Armer Ebert, arme Sozialdemokratie! Der Herausgeber dieses Bandes, Eberhard Kolb, faßt in einer Einleitung das Ergebnis der einschlägigen Untersuchungen zusammen: »Die sozialdemokratische Revolutionsregierung [hatte] vielmehr zu wählen zwischen einem Bündnis mit der konservativen Machtelite und damit der konservativen Republik – kurzfristig gesehen die risikolosere und bequemere Lösung, längerfristig gesehen aber eine höchst problematische Entscheidung – und einer Politik einschneidender Veränderungen der bestehenden Machtstrukturen des wilhelminischen Obrigkeitsstaates zugunsten einer in den breiten Massen der eigenen Anhängerschaft zuverlässig verankerten demokratischen und sozialen Republik, ein fürs erste gewiß risikoreicher, aber auf längere Sicht zukunftsträchtigerer Weg der staatlichen Neuordnung.« Es sei, meint der Verfasser, zu »voraussehbaren und in der Tat schnell sichtbar werdenden Konsequenzen für die innere Stabilität der ersten deutschen Republik« gekommen.[41]

Dabei nur an den Nationalsozialismus denken hieße zu eng argumentieren. Er war zwar der Nutznießer deutscher Angst, die ja kein Privileg der Sozialdemokratie war und ist, aber mit Hitler hatte sich Ebert doch nicht verbündet, dafür aber mit dem bürgerlichen Deutschland, dem Sätze wie die folgenden aus dem Herzen gesprochen waren, so daß es zu nichts unfähiger war, als den Nationalsozialisten den Weg zur Macht zu verbauen:

Denn diese Zeit [der Republik] ist eine Zeit des Geschäftes und der völligen Verantwortungslosigkeit und der gänzlichen Belanglosigkeit. Diese Zeit ist eine Zeit der Parteifunktionäre und der Bankiers, der Gewerkschaftssekretäre und der konzilianten Vermittler auf eigene Rechnung. Diese Zeit ist die Zeit der Verfälschung aller Werte, eine Zeit der gewissenlosen Agitation, eine Zeit, welche alle Entscheidungen durch Lüge, Verschweigung, Leitartikel, Wahlpropaganda, Phrasen und bezahlte Dienste erzielt. Diese Zeit ist eine Zeit, in der alles Deutsche geknebelt und alles Nicht-Deutsche freigelassen wird. Es ist eine Zeit, in der alles verraten und alles verkauft wird. [...]

Wenden wir uns weg von dieser durchschauten Zeit und kehren wir uns zu uns selber. Denn Wir sind Wir.

Die Nation kennt nicht eine addierte Summe der einzelnen, sondern die Einheit aller.

Wenn in Geschichte, Kultur, Landschaft und Sprache ein Volk sich im Staat Gestalt gibt, entsteht Nation. Der Staat des deutschen Volkes ist das Reich.

Nur innerhalb der Nation und durch die Nation kann der einzelne zu seiner höchsten Entfaltung gelangen. Persönlichkeit ist nur möglich durch die Nation.

Das Selbstbewußtsein eines Volkes erkennt in der Nation das Schöpferische. [...]
Das ist das, was die ganze Nation bestimmt: Gläubigkeit und Deutschheit. [...]
Das Reich der Deutschen ist Gottes.[42]

Das Buch, aus dem hier zitiert wird, hat Franz Schauwekker geschrieben, der einst hoch in der Gunst deutscher Leser stand. Das ist der geistige Unflat, der nicht hochgekocht wäre, hätte die Sozialdemokratie die Zeichen der Zeit verstanden, wozu es noch im Januar 1919 nicht zu spät gewesen wäre.

Das Reich der Deutschen, das nicht Gottes, sondern Hitlers war, schufen sie sich 1933: »Was ganze Geschlechter als sehnsüchtige Erfüllung erhofften, was die besten Deutschen, Staatsmänner und Denker, kaum auszusprechen wagten, ist nun Wirklichkeit geworden: das in Parteien, Klassen und Konfessionen zerrissene deutsche Volk ist zu einer unzertrennlichen Einheit aufs neue erstanden. Der Weg zur deutschen Auferstehung führte nicht über parlamentarische Abstimmungen und zwecklose Völkerbundsverhandlungen, sondern der Weg zur deutschen Freiheit ist durch unerhörte Opfer an Gut und Blut gebahnt worden. Die nationalsozialistische Revolution, meisterhaft vorbereitet und vollendet durchgeführt durch Adolf Hitler und seine Getreuen, fand einen Staat vor, der von dem internationalen pazifistischen Geist durchdrungen war. Dieser Geist – der Geist ewiger Verneinung – mußte mit Stumpf und Stil ausgerottet werden.«[43]

Als Ministerpräsident Hermann Göring diese Sätze in einer Einleitung zu dem Buch *Das Jahr I* von Wulf Bley schrieb (1934), war die »unzertrennliche Einheit« des deutschen Volkes zwar noch nicht erreicht, aber um 1936 traf zu, was Hitler bereits auf dem Nürnberger Parteitag am 1. September 1933 festgestellt hatte: »Das heutige Deutsche Reich baut sich nicht mehr auf den deutschen Ländern auf, auch nicht auf den deutschen Stämmen, sondern auf dem deutschen Volk und auf der das ganze deutsche Volk erfassenden und umschließenden nationalsozialistischen Partei. Das Wesen des kommenden Reiches wird daher nicht mehr bestimmt von den Interessen und Auffassungen der Bausteine des Vergangenen, sondern durch die Interessen der Bausteine, die das heutige Dritte Reich geschaffen hat. Es ist daher weder Preußen noch Bayern, noch irgendein anderes Land ein Pfeiler des heutigen Reiches, sondern die einzigen Pfeiler sind das deutsche Volk und die nationalsozialistische Bewegung.«[44]

Was Hitler hier eingrenzt und inhaltlich definiert, ist die neuerdings wieder diskutierte »Identität der Deutschen«. 1983 ist sogar ein Buch unter diesem Titel erschienen.[45]

Man kann sich darüber wundern. Doch wenn man sich mit den Motiven des Opportunismus in der zeitgeschichtlichen Analyse ein bißchen beschäftigt hat, wundert man sich nicht, daß über die Problematik der deutschen Identität nachgedacht und geschrieben werden kann, ohne herauszustellen, ja ohne auch nur darauf einzugehen, daß die Deutschen in ihrer übergroßen Mehrheit nur ein einziges Mal eine kollektive Identität (»sie bedarf also der gemeinsamen Überzeugungen, Zuschreibungen und Einordnungen«) erreicht und sich darin und eben deshalb pudelwohl gefühlt haben – nämlich unter der nationalsozialistischen Herrschaft, solange sie erfolgreich war. Das reicht bis tief ins Jahr 1944 hinein. War doch diese Identität ein sozusagen wasserdichter, nämlich katastrophenfester Schutzmantel, der selbst durch Stalingrad kein Loch bekommen hatte. Die Identitätsschnüffler von heute würden gut daran tun, nicht an den neuen demokratischen Menschen zu glauben, der plötzlich als Bürger der Bundesrepublik Deutschland vom Himmel in die Demoskopie gefallen ist; sie sollten sich einmal etwas gründlicher anschauen, wie denn diese perfekte Identität zustande gekommen ist, statt sich auf die aberwitzige These zu versteifen, das Charisma dieses Herrn von der Inngrenze habe das Wunder vollbracht, an das in der Tat, da hatte Göring nur zu recht, die »besten Deutschen« nicht zu glauben wagten und das sie auch nicht herbeizuführen vermochten, weder vor 1933 noch erst recht nicht nach 1945.

Es bedurfte eines Weltkrieges, um 1918 die Ziele von 1848 zwar äußerst fehlerhaft, aber immerhin zu verwirklichen; es bedurfte eines zweiten Weltkrieges und einer glücklicherweise noch viel vollständigeren Niederlage als der von 1918, um die Deutschen aus ihrer Identität nicht herauszulösen, sondern herauszuschießen.

Damit war eine Situation entstanden, in der sich drei fremde Regierungschefs zusammensetzten, um sich Gedanken zu machen, wie es denn nun mit diesen siebzig oder achtzig Millionen Deutschen weitergehen sollte, mit denen man denn doch nicht so umgehen wollte, wie jene mit den europäischen Juden umgegangen waren – ach, einen Augenblick: Da gab es zu Zeiten der Reichsgründung einen katholischen Kirchenfürsten, den Bischof Ketteler von Mainz, der mischte sich hemdsärmelig in die Innenpolitik ein, verfaßte eine Schrift *Die Cen-*

trumsfraktion und schrieb darin, er habe aufmerksam zu machen »auf die Erscheinung, welche dem Nachdenken nicht genug empfohlen werden könnte, daß ein Hauptvertreter des angeblich liberalen Germanentums das Judentum sei. Das deutsche Volk geht jetzt zu den Juden und läßt sich von ihnen belehren, was deutsches Wesen sei.«[46] Ketteler stellte für das neue Reich einen Katalog der Grundprinzipien auf, nach denen es seine staatliche Organisation zu gestalten habe, nämlich: Religion, Sittlichkeit und Gerechtigkeit. Es fehlte nicht, damals noch nicht, an Deutschen, die sich tatsächlich auf das Prinzip der Sittlichkeit und Gerechtigkeit festgelegt fühlten und deshalb fähig waren, den Bischof zu durchschauen: »Wenn er aber den Juden das Recht bestreiten will, in deutschen Dingen mitzureden, so will er ja Rom Herr in Deutschland werden lassen, von diesem das Leben der Deutschen reguliert wissen. Die Juden sind deutsche Staatsbürger, erfüllen getreulich ihre staatliche Pflichten, haben das neue deutsche Kaiserthum mit erringen helfen.«[47] Ende der Abschweifung.

Da saßen sie also zusammen, Truman, Stalin, Churchill, in Cecilienhof, dem ehemaligen, nach englischen Vorbildern erbauten Wohnsitz des deutschen Kronprinzen, benannt nach seiner Frau, und beratschlagten vom 17. Juli bis 2. August 1945, was sie aus ihrem gemeinsamen Sieg machen wollten. Sie redeten über vieles, häufig auch über Deutschland. Am zweiten Verhandlungstag wurde um 16.18 Uhr die zweite Sitzung der Regierungschefs eröffnet, der ab 11 Uhr eine Sitzung der Außenminister vorangegangen war, die eine Tagesordnung vorbereitet hatten. Die Chefs müssen guter Laune gewesen sein, denn auf Churchills Mitteilung, nach Berlin seien etwa 180 Korrespondenten gekommen, die »in der Umgebung grimmig und entrüstet umherstreichen«, sagte Stalin: »Das ist ja eine ganze Kompanie. Wer hat ihnen hier Zutritt gewährt?« Na ja, sagte Churchill, hier unmittelbar beim Schloß sind sie nicht, aber in Berlin, und »wenn meine beiden Kollegen mir darin zustimmen, so könnte ich, als alter Journalist, mit ihnen sprechen, ihnen die Geheimhaltung unseres Treffens erklären und ihnen sagen, daß wir ihnen zwar gewogen sind, aber nicht erzählen können, was hier geschieht. Ich meine, daß man sie etwas streicheln sollte, um sie zu beruhigen.«

Stalin: »Was wollen sie, was sind ihre Forderungen?«

Truman meinte, jede Delegation habe einen Experten für Pressefragen, die sollten sich der Journalisten annehmen, aber Churchill scheint der Ansicht gewesen zu sein, das besser erledigen zu können, und sagte: »Ich möchte natürlich nicht das Opferlamm abgeben. Ich kann mit ihnen sprechen, wenn der Generalissimus garantiert, mich notfalls durch Truppeneinsatz freizukämpfen.«

Dann geht man auf die Themenliste ein, die von den Außenministern vorbereitet worden ist. Darin ist wiederholt von »Deutschland« die Rede.

Churchill: Ich möchte nur eine Frage stellen. Ich bemerke, daß hier das Wort »Deutschland« gebraucht wird. Was bedeutet jetzt »Deutschland«? Kann man es in dem Sinne auffassen, wie es vor dem Krieg war?

Truman: Wie faßt die sowjetische Delegation diese Frage auf?

Stalin: Deutschland ist das, was es nach dem Krieg geworden ist. Ein anderes Deutschland gibt es heute nicht. So verstehe ich diese Frage.

Truman: Kann man von Deutschland sprechen, wie es vor dem Kriege im Jahre 1937 war?

Stalin: Wie es im Jahre 1945 ist.

Truman: Es hat im Jahre 1945 alles verloren, Deutschland besteht heute faktisch nicht.

Stalin: Deutschland ist, wie man bei uns sagt, ein geographischer Begriff. Fassen wir es erst einmal so auf. Man kann nicht von den Ergebnissen des Krieges abstrahieren.

Truman: Ja, aber es muß irgendeine Bestimmung des Begriffes »Deutschland« gegeben werden. Ich meine, Deutschland von 1886 und 1937, das ist nicht das Deutschland von heute, von 1945.

Stalin: Es hat sich im Ergebnis des Krieges verändert, und so fassen wir es auf.

Truman: Ich bin damit völlig einverstanden, aber den-

noch muß irgendeine Bestimmung des Begriffs »Deutschland« gegeben werden.

Stalin: Würde man beispielsweise daran denken, eine deutsche Verwaltung im Sudetenteil der Tschechoslowakei zu errichten? Das ist das Gebiet, aus dem die Deutschen die Tschechen vertrieben haben.

Truman: Vielleicht wollen wir doch von Deutschland sprechen, wie es vor dem Krieg im Jahre 1937 war?

Stalin: Formal kann man es so auffassen, dem Wesen der Sache nach ist es nicht so. Sollte in Königsberg eine deutsche Verwaltung auftauchen, so werden wir sie davonjagen. Unbedingt davonjagen.

Truman: Auf der Krimkonferenz wurde vereinbart, territoriale Fragen auf der Friedenskonferenz zu entscheiden. Wie wollen wir nun den Begriff »Deutschland« bestimmen?

Stalin: Laßt uns die Westgrenzen Polens bestimmen, dann wird die Frage über Deutschland klarer. Es fällt mir sehr schwer zu sagen, was jetzt Deutschland ist. Das ist ein Land, das keine Regierung hat, das keine bestimmten Grenzen hat, da die Grenzen nicht von unseren Truppen festgelegt werden. Deutschland hat keine Streitkräfte, auch keine Grenztruppen, es ist aufgeteilt in Besatzungszonen. Und nun bestimmen Sie, was Deutschland ist. Es ist ein zerschlagenes Land.

Truman: Vielleicht nehmen wir als Ausgangspunkt die Grenzen Deutschlands von 1937?

Stalin: Ausgehen kann man von allem. Von irgend etwas muß man ausgehen. In diesem Sinne kann man auch das Jahr 1937 nehmen.

Truman: Das war Deutschland nach dem Versailler Vertrag.

Stalin: Ja, man kann Deutschland von 1937 nehmen, aber nur als Ausgangspunkt. Das ist einfach eine Arbeitshypothese, um unsere Arbeit zu erleichtern.

Churchill: Nur als Ausgangspunkt. Das bedeutet nicht, daß wir uns darauf beschränken [im Sinne von: darauf festlegen].

Truman: Wir sind einverstanden, Deutschland von 1937 als Ausgangspunkt zu nehmen.[48]

1945: Reichstrauer wurde nicht getragen

Es sei der 8. Mai 1940, schreibt ein Leser der *Süddeutschen Zeitung,* dort veröffentlicht am 30. Mai 1987, »eines der einschneidendsten und folgenschwersten Ereignisse für die Deutschen und Deutschland« gewesen. Gemeint ist die den Krieg beendende bedingungslose Kapitulation an diesem Tag. Ereignis sei etwas, so steht es im Duden von 1976, »was den normalen, alltäglichen Ablauf in bemerkenswerter Weise unterbricht und durch seine Ungewöhnlichkeit auffällt«. Was da unterbrochen oder sogar abgebrochen worden ist, war das denkbar Unnormalste, der Krieg in seinem Endstadium, und was sich ereignete, war, mit allen selbstverständlichen Vorbehalten gesagt, der jähe Ausbruch einer gewissen Normalität. Wie wurde er erlebt?

Vermutlich von sehr vielen so oder ähnlich: »Als am 8. Mai 1945 in Deutschland fast alle Waffen schwiegen [...] war trotz des Siegestaumels der Alliierten der vorherrschende Eindruck die plötzliche Stille. Es waren keine Flugzeuge mehr in der Luft. Nirgends krachte es. Die Menschen [...] atmeten auf. Man sprach mit dem anderen nur das Nötigste. Mir ist, als wären wir fast lautlos in die Gefangenschaft marschiert.«[1]

Oder so (am Bodensee in der französischen Zone): »Abends treffe ich einen jungen Franzosen. Er stammt aus Nice. Ich schenke ihm drei Bände meiner prächtigten Erstausgabe von Walter Scott. Er strahlt und schüttelt mir die Hände. O ihr meine französischen Brüder! / Der Krieg ist zu Ende! Endlich zu Ende! Euer Tag des Sieges ist unser Tag der Freiheit! / Habt Dank! / Wir haben mit unserer Niederlage, mit eurem Sieg unsere Freiheit erkauft. Sie ist teuer bezahlt. Sie ist das kostbarste Gut der Erde. / Wir wollen die Freiheit hüten wie unseren höchsten Schatz.«[2]

Äußerungen wie diese sind selten. Sich befreit fühlen im politischen Sinn kam nur in der minimal dünnen Schicht derjenigen vor, die sich im Dritten Reich nicht wohl gefühlt hatte. Nur bei Emigranten und Häftlingen war die politische Reaktion der Normalfall. Wer in der Masse der Bevölkerung über des Alltags Last und Not hinaus an Zukunft denken konnte, wurde eher von Befürchtungen als von Hoffnungen heimgesucht; und wer die alliierten Dokumente gekannt hätte, in denen den Militärgouverneuren die Behandlung der Besiegten vorgeschrieben worden war, hätte daraus erfahren, daß seine Furcht vor Strafe ursprünglich nicht grundlos war. Wie rasch sich das ändern würde, war noch nicht zu erkennen – auch von den Siegern nicht. Sie gingen davon aus, alle Deutschen seien schuldig geworden.

Wäre es auch unzutreffend, von Mittäterschaft des ganzen Volkes zu sprechen, so muß doch von der Mitwisserschaft aller ausgegangen werden. Das ist wiederum ein zu schwacher Ausdruck, weil der Krieg, dieser Krieg, bis zum Frühjahr 1945 fortgesetzt werden konnte. Millionen wußten ja nicht nur vom Hörensagen, wie er geführt wurde an der Ostfront, in Italien, in den anderen besetzten Ländern, sie waren daran unmittelbar beteiligt. Desgleichen verhindert die heute übliche Verengung der Schuldfrage (sofern sie überhaupt noch aufgeworfen wird) auf Teilnahme oder Mitwisserschaft an der »Endlösung«, sich mit deren Voraussetzungen zu beschäftigen. Von niemandem, auch von einem Reichskanzler Adolf Hitler nicht, hätten Todesfabriken eingerichtet und mit Millionen Opfern beliefert werden können, wären die Deutschen noch jenes Volk gewesen, das der Kaiser in den Ersten Weltkrieg geführt hatte. Die Jahre der Einübung auf die nationalsozialistische Herrschaft und diese selbst hatten die Nation, wie sie sich im 19. Jahrhundert strukturiert und den ersten Krieg nahezu unverändert überstanden hatte, auf einen inneren Weg gestoßen, der nach herrschender Überzeugung zu einer inzwischen rückgängig gemachten Selbstentfremdung geführt habe. Darüber sei nun nachgedacht, geleitet von dem Verdacht, es könne sich möglicherweise um

Selbstfindung gehandelt haben, da es ja unbestreitbar ist, daß die Zustimmung, deren sich das NS-Regime erfreuen und die es vorhaltlos für seine Zwecke benützen konnte, selbst jene weit übertraf, die der Sieg von 1870/71 und die Reichsgründung gefunden hatte. Die Beziehung zwischen Volk und Staat, zwischen Führung und Geführten hatte sich intensiviert, und zwar nicht durch Zwangsmaßnahmen, wie oft leichthin behauptet worden ist. Die nationalsozialistische Propaganda weckte in der Bevölkerung des Reiches die Vorstellung, ihr sei ein Tor in eine schönere Welt aufgetan worden, und nichts trifft weniger zu als die Annahme, sie habe die Diktatur als Freiheitsverlust erlebt. Wenn das nationalsozialistische Großdeutsche Reich eine Fortsetzung des Bismarckschen kleindeutschen Reiches in dem Sinne gewesen wäre, daß es dessen nationalistische Ideologie übernommen und nur verfestigt habe, dann hätte der »Zusammenbruch« von 1945 dieselbe Wirkung haben müssen wie der vom November 1918, nämlich eine Entfesselung der nationalistischen Kräfte, ein Zusammenrücken des Volkes in der Not, ein wildes Aufbegehren zur Verteidigung der Reichsidee, was nach dem Ersten Weltkrieg zu den Mordaktionen gegen Linke, zu dem reaktionären Putsch führte, der nach dem ostpreußischen Generallandschaftsdirektor Wolfgang Kapp benannt ist, zum Hitler-Putsch in Bayern und zum Aufstieg der NSDAP.

Nichts Vergleichbares hat sich 1945 ereignet, und deshalb kann das Dritte Reich, so wie es mit der Besetzung seines Gebietes durch die siegreichen fremden Armeen endete, keine ideologisch bestimmte Ähnlichkeit mehr mit jenem Staatsgebilde besessen haben, von dem der revolutionäre Lyriker Georg Herwegh nach 1871 gereimt hatte: »Vereinigt stehen Süden und Norden; Du bist im ruhmgekrönten Norden das erste Land der Welt geworden.«

Mit anderen Worten: Da aus den Bismarck-Deutschen, die sich mehrheitlich der Weimarer Republik versagt hatten, die Hitler-Deutschen geworden waren, muß mit ihnen etwas geschehen sein, was sie innerlich aus den nationalen Traditionen herauslöste.

Schon in *Mein Kampf* hatte Hitler der »deutschen Frage« einen Inhalt gegeben, der mit deutschnationalen Vorstellungen unvereinbar war. Während diese in der Forderung der Wiederherstellung der Reichsgrenzen von 1914 gipfelten, hatte Hitler darin »politischen Unsinn von Ausmaßen und Folgen, die ihn als Verbrechen erscheinen lassen«, gesehen und statt dessen die »Bodenpolitik der Zukunft« proklamiert: die Umorientierung des »ewigen Germanenzuges nach dem Süden und Westen« nach dem »Land im Osten«, also hin zur Sowjetunion, die der Kommunismus »reif zum Zusammenbruch« gemacht habe. Solche Sätze lassen sich lesen, als seien sie nur ein neues außenpolitisches Konzept gewesen, mit dem die kriegerische Eroberung programmiert war. Doch es war viel mehr. Es bedeutete die Absage an ein Jahrhundert halbherziger Versuche der Deutschen, sich zu europäisieren. Es war die Ankündigung einer revolutionären Umgestaltung, die den deutschen Menschen meinte und ergriff und deren Veranlasser es sich deshalb leisten konnte, die Säulen des kapitalistischen Wirtschaftens formal stehenzulassen, so daß später sogar die Frage diskutiert werden konnte, ob der Nationalsozialismus überhaupt eine revolutionäre Bewegung gewesen sei. Und ob er es war!

Hitler hatte es um so weniger nötig, mit einem nationalen Sozialismus Ernst zu machen, als sich die Eliten der Großindustrie, des Bankenwesens und der Finanzwelt ihm rückhaltlos zur Verfügung stellten. Es waren die moralischen und organisatorischen Grundlagen gesellschaftlichen Zusammenlebens unter dem beibehaltenen Firmennamen »das deutsche Volk«, die eine irreversible Veränderung erfuhren. Sie wurde von demselben Volk nicht nur widerstandslos hingenommen, sondern jubelnd begrüßt, dessen mehrheitliche Grundentscheidungen vor und nach dem Nationalsozialismus von der Angst vor Veränderungen bestimmt worden sind. Im Rückblick wird dem Umstand zu wenig Rechnung getragen, daß im »Führerstaat« die schicht- beziehungsweise klassenspezifische Gliederung der Gesellschaft, wie sie bis 1933 bestanden hatte, zwar nicht aufgelöst, aber doch überwölbt worden war durch die »Volksgemeinschaft«, ebensowenig eine Propagandaerfindung wie »Ein Volk, ein Reich, ein Führer«. Selbst eine NS-Wortschöpfung wie »Arbeiter der Stirn und der Faust« drückte einen tatsächlichen Bewußtseinswandel aus, die weitgehende Einebnung von Standesgrenzen.

Damit hatte der Nationalsozialismus tradierte bürgerliche Ordnungsvorstellungen außer Kraft gesetzt, ein Vorgang, der nicht mehr ungeschehen gemacht werden konnte, auch nicht von der sogenannten Restauration im Weststaat. Was gesellschaftspolitisch schon vor 1933 aufgebrochen und nach 1933 zerbrochen wurde, bildete die Vorstufe, die Einleitung zu einem ganz allgemeinen Zersetzungsprozeß bürgerlich-christlicher Bindungen, von dem nicht ohne weiteres zu sagen ist, ob er als Verirrung oder als die fällige Freisetzung spezifisch deutscher Sehnsüchte gedeutet werden muß.

Der Nationalsozialismus hat sowenig wie der Kommunismus einen neuen (deutschen) Menschen hervorgebracht – lassen wir die Frage offen, ob der Mensch überhaupt veränderbar ist! –, aber er hat uns, die Deutschen, erfahren lassen, daß wir unsere Möglichkeiten nicht ausgeschöpft hatten. Der Schrei »Deutschland, erwache!« meinte nichts anderes. Der Wünschelrutengänger Hitler hatte entdeckt, daß er nicht der Außenseiter war, für den er sich bis Kriegsende hatte halten müssen. Er war bei seinen Anhängern auf eine Bereitschaft zum Aufbruch in Wahnwelten gestoßen, die nur von einigen wenigen, tief beunruhigten, ja verstörten Hellsehern wie Goethe, Hölderlin, Heine, Nietzsche – um nur die bedeutendsten zu nennen – erahnt worden war. Zu bestreiten, in anderen Völkern hätte ein Hitler nicht zur Macht kommen können, wäre schierer Unsinn; wohl aber ist es unvorstellbar und kann durch kein historisches Beispiel belegt werden, daß andere Völker einem anderen Hitler schließlich zur Durchführung eines irrationalen Vernichtungsprogrammes zur Verfügung gestanden hätten, sei es, wie geschehen, durch Zustimmung, als Schreibtischtäter oder als Mörder an den Tatorten. Dem »Führer« bis dorthin nicht folgen zu wollen hätte nicht bedeutet, gegen ihn massenhaft aufzustehen und ihn in einer Revolution zu stürzen, was einerseits deutsche Mentalität schon im Ansatz unterbunden, was andererseits der NS-Sicherheitsapparat erstickt hätte – nein, die passive Weigerung des Mitmachens, im stillschweigenden Einverständnis ungreifbar praktiziert, hätte genügt, um die Durchführung der »Endlösung«, die in Wahrheit eine Mehrzahl von »Endlösungen« gewesen ist, unmöglich zu machen. In diesem Falle stünde Hitler in der Geschichte nur als ein anderer Stalin, anderer Mussolini, anderer Pinochet, anderer Franco da. Das heißt, er wäre nur ein »gewöhnlicher« Diktator gewesen, der sich sein Volk gefügig machen konnte, indem er ihm versprach, es zu neuer Größe und Macht emporzuführen. In diesem Fall wäre unser Volk Hitler gefolgt wie die Italiener Mussolini, nämlich nur so lange, als die Versprechen eingelöst zu werden schienen. (Was Stalins Mordaktionen der dreißiger Jahre betrifft, so war er, um sie durchführen zu können, nicht einmal jenes Grades von Zustimmung der in der UdSSR zusammengeschlossenen Völkerschaften bedürftig, dessen sich Mussolini seitens der Italiener erfreuen durfte – eine Zustimmung, die von diesem Volk aufgebracht wurde, ohne daß es durch den Faschismus seine Identität eingebüßt hätte, indem ein Element des Komödienhaften nie zu übersehen war.) Hitler aber und wir, sein Volk – das seine, wie wir nie so im tiefsten einer anderen, aus unserer Mitte aufgestiegenen Führergestalt zu eigen waren –, haben einer staunenden, erschrockenen, zuweilen auch fassungslosen Welt vor Augen geführt, daß es uns nicht um Sieg, Machtzuwachs, Gebietserweiterung ging, was alles schon im Winter 1941/42 nicht mehr erreichbar war, sondern um was?

Viel früher, praktisch mit dem Tag der sogenannten Machtübernahme war die Reichspolitik nach außen wie im Inneren zu einer kriminellen Veranstaltung geworden – bei gleichzeitiger enormer Zunahme der Zustimmung, die sie im Volk fand. Wäre das ein einmaliges, demnach auch erstmaliges Ereignis in der deutschen Nationalgeschichte gewesen, so hätte die These von der Verirrung, vorübergehender Selbstentfremdung oder, wie man auch sagt, vom historischen »Betriebsunfall« einiges für sich. Aber dem war nicht so. Die deutsche Geschichte verzeichnet seit dem in den Befreiungskriegen aufdämmernden Indentitätsbewußtsein schon drei Ausbrüche ins rein Kriminelle unter Kriegsbedingungen. Ein Vernichtungsrausch tobte sich zum erstenmal in den Befreiungskriegen aus, als Deutsche die französische Grenze überschritten hatten; zum zweitenmal um die Jahreswende 1870/71 mit der militärisch sinnlosen Beschießung von Paris – von Bismarck dringlicher gefordert als von Moltke – und der Aushungerung der Stadtbevölkerung. Der dritte Fall ereignete sich 1914 in Belgien, und stets fehlte eine militärische, vom Kriegsziel abzuleitende Rechtfertigung.

Wir hatten uns auf dem verspätet eingeschlagenen Weg zur Bildung einer modernen Staatsnation gewisse moralische und zivilisatorische Korsettstangen eingezogen, vor allem vor 1848, aber sie bewährten sich nicht in Kriegszeiten, und nach der Reichsgründung vor allem auch deshalb nicht, weil der Reichsdirigent Bismarck eine durch und durch kulturlose Figur gewesen ist, diesbezüglich ein Parallelfall zu einem späteren gleichfalls enorm erfolgreich deutschen Regierungschef.

Im Ersten Weltkrieg zeigte sich dann, daß die nur fragmentarisch gelungene Europäisierung der Deutschen vorwiegend ein großartiger Beitrag der Künste und der Literatur, politisch aber eine Art opportunistischer Maskerade der politischen und ökonomischen Eliten gewesen war (wozu sich bei Rathenau allerlei Einschlägiges aus kritischer Sicht nachlesen läßt, aus unkritischer bei Thomas Mann).

In der ersten Republik vertiefte sich dann der Gegensatz zwischen politischem Wollen und Handeln einerseits, europaintegrierter Kulturproduktivität andererseits, wobei die letztere mit ihrem Zentrum Berlin ihre Blüte vorwiegend dem deutschen, dem eingedeutschten Judentum zu verdanken hatte.

Mit diesen Überlegungen, die den Anschein erwecken könnten, wir hätten aus dem Auge verloren, worauf wir eigentlich hinauswollen, nämlich, wie es um die »deutsche Frage« 1945 stand, nähern wir uns dem Versuch, eine Antwort darauf zu finden, warum wir Deutsche mit dem Zusammenbruch die Reichsidee auf den angerichteten Trümmerhaufen geworfen haben, die wir keine hundert Jahre zuvor von Schlachtfeldern aufgelesen hatten. Für sie waren wir 1914 jubelnd in den Ersten Weltkrieg gezogen; um sie besorgt, hatten ein Ebert und Genossen die Revolution sabotiert, hatte Hitler von des Reiches Macht und Herrlichkeit, die es wiederherzustellen gelten, getönt. Und nun – 1945? Es war, als habe es nie ein Reich gegeben.

Die landläufige Erklärung, die hierfür gegeben wird, der Sturz sei zu tief, die Not zu groß gewesen, das Flüchtlingselend von Millionen erlitten worden, so daß jeder nur daran gedacht habe, wie er den nächsten Tag noch erleben könne, ist nicht falsch, aber ganz unzulänglich. Die Geschichte kennt Gegenbeispiele zuhauf. Im 19. Jahrhundert hatten die Franzosen nach ihrer fürchterlichen Niederlage die Reihen fester geschlossen denn je zuvor; und auf den aufbrandenden Nationalismus, der im Reich die Reaktion auf den November 1918 gewesen war, haben wir bereits hingewiesen.

Die Feststellung: Nichts davon 1945! darf nicht dahin verstanden werden, als klänge dabei ein bedauerndes »leider« an. Aber ist es nicht überaus seltsam, erkennen zu müssen, daß die Niederlage von einem nationalen Offenbarungseid begleitet war? Was war noch der Inhalt dessen, was wir mit einem derzeit wieder hochgespielten Begriff »nationale Identität« nennen? War sie im Krieg, in diesem Krieg, aufgezehrt oder vielleicht durch eine Bindekraft ersetzt worden, die mit herkömmlichen Kriterien wie Stolz, ein Deutscher zu sein, oder Vaterlandsliebe nicht mehr zu fassen war?

Hatten Millionen Deutsche im Osten noch als Patrioten für die Rettung des Vaterlandes, für die Erhaltung seiner Größe und Macht gekämpft, oder waren sie zu Mitverschworenen einer Führung geworden, die zwar vom »Endsieg« brüllte, darunter aber Vernichtung und ein Ende schlechthin verstanden hatte?

Es wäre doch völlig ausgeschlossen gewesen, daß dem »Führer« bei der Anwendung seiner vergleichsweise noch begrenzten Zerstörungsmittel, deren Produktion und Einsatz der Mitwirkung aller bedurfte, ein derartiger Erfolg in der Verwirklichung seiner Vernichtungsmission beschieden gewesen wäre, hätte er sich darin nicht in tiefer Übereinstimmung mit seinem Volk befunden, die dem Begriff »Volksgemeinschaft« eine Dimension verleiht, die alle politischen Kriterien, mit denen er in der offiziellen Sprachregelung in Verbindung gebracht worden ist, belanglos, ja obsolet macht. Ein Volk, ein Führer, angewendet auf diesen »Führer«, gibt den Blick auf das Abgründige in uns Deutschen frei. Wenn wir ganz tief hinabblicken, nehmen wir unser Nationalepos, das Nibelungenlied, wahr.

In den überlieferten Fassungen, die auf das verlorene Original eines Autors zurückgehen, um 1200 nach Christus entstanden, stellt es eine Kombination von älteren Mythen, Sagen und historischen Vorgängen dar. Aus der Urgeschichte vieler Völker sind Mythen überliefert, die von Götterkämpfen und Menschengrausamkeiten geradezu überquellen. Das Nibelungenlied leistet darin allerdings Einzigartiges. Es ist aber nicht das Nibelungenlied als ein Stück Literatur, das hier in Anschlag zu bringen ist, sondern seine Rolle in der politischen und moralischen Aufrüstung schon der Schulkinder, seitdem die Deutschen eine nationalstaatliche Vorstellung und sodann auch Form gewonnen haben.

Erste Bemühung, das Nibelungenlied wieder bekannt zu machen, fand im 18. Jahrhundert statt. Ein gewisser Myller publizierte den vollständigen Text und widmete seine Arbeit 1783 Friedrich II. von Preußen. Das Echo war Null. Erst seit in den Befreiungskriegen gegen Napoleon der Begriff »deutsche Nation« eine politische Verbindlichkeit gewann und ihren Wurzeln nachgeforscht wurde, konnte das Nibelungenlied zum deutschen Nationalepos aufgewertet werden. Seither hat die Dichtung Aberhunderten, wenn nicht Tausenden von Germanisten, Historikern, Schriftstellern, nationalistischen Einpeitschern keine Ruhe gelassen; ganze Bibliotheken von Nibelungenlied-Interpretationen sind in Buchform erschienen, Berge von Zeitschriftenveröffentlichungen sind in den Staatsbibliotheken gesammelt worden. Die Sache hat kein Ende.

Bei kühler Bewertung des Inhaltes, dieses Konzentrats von Verrat und Mord, wäre es im nationalen Interesse klug gewesen, die Dichtung Sache der Germanistik und der Kulturgeschichte sein zu lassen, beerdigt in Doktorarbeiten, eingesargt in Seminaren. Nichts weniger ist geschehen! Friedrich Hebbel hat aus dem Nibelungenlied drei Dramen gemacht, Richard Wagner vier Opern – wobei er allerdings mit dem Urstoff umgegangen ist wie Goethe mit der Faust-Sage, frei schaltend und waltend nach eigenem Plan. Generationen sind mit dem blutrünstigen Stoff vergiftet worden, und wenn das heute vorübergehend nicht mehr der Fall sein sollte, so läge es allenfalls daran, daß wir, was unser Nationalbewußtsein angeht, derzeit durchhängen.

Personenbestands- und Totenlisten hat der anonyme Verfasser seinem Poem nicht mitgegeben, es lassen sich jedoch anhand der geschilderten Ereignisse Schätzungen anstellen, wonach etwa zehn Prozent der Beteiligten das Morden überlebt haben, in absoluter Zahl rund fünfzig Krieger. In vergleichbaren Relationen ist der Krieg im Osten von den Nachfahren Siegfrieds und Hagens geführt worden, und man ist dabei an Gunther erinnert, der zu Hagen sagt, nachdem dieser gelegentlich auch einen Fährmann sinnlos erschlagen hat: Du bist nur vergnügt, wenn du Böses tust.

»Feindesliebe, Demut und Selbstentsagung sind Eigenschaften, die der Germane nicht kannte und nicht verstand, die ihm im tiefsten wesensfremd waren. Desgleichen stammen die Werturteile ›gut‹ und ›böse‹ nicht aus dem germanischen Fühlen, sondern sind erst durch das Christentum eingeführt worden. Dem Germanen [. . .] ging es vor allem um seine Ehre als Held. [. . .] Die germanischen Tugenden sind keine Glaubenslehren [. . .] sondern vollenden sich in der mutigen Tat. Germanische Treue [. . .] wurde bestimmt durch den freien Willen zu handeln, wie es die Treue dem Freunde und die Achtung vor sich selber gebot. Die Tat, die aus dieser Treue heraus geboren wurde, war immer gut, selbst der Mord war geheiligt, sofern es diese sittliche Notwendigkeit verlangte.«[3]

Am 29. März 1909 hatte der damalige Reichskanzler Fürst Bülow für das deutsch-österreichische Verhältnis den Ausdruck gebraucht, der sich als unverweslich erweisen sollte: Nibelungentreue. Er »traf die Deutschen mitten ins Herz«. Als 1914 Wilhelm II. das Wort wieder benützte, begann »die vier Jahre lange Saalschlacht, in der wir dann als letzter Rocher de bronze untergingen. Da wußten wir es: Hagen – das sind wir. Wie im Nibelungenlied: der letzte, der aufrecht stehend fällt. (Wir sind inzwischen noch einmal aufrecht stehend gefallen, was die Sache erhärtete.)«[4]

»Die Treue ist das Mark der Ehre«, so lautete einer der meistverwendeten Propagandaphrasen des Nationalsozialismus. Ihre Erfinder hatten das Nibelungenlied gelesen und sich irrtümlich darauf festgelegt, es mit einem Preislied auf die germanische Treue und Tapferkeit zu tun zu haben. Es gibt neue seriöse Auslassungen über das Nibelungenlied, in denen auf zweihundert Seiten das Wort »Mord« nicht vorkommt, vielmehr sei das große Thema Glück und Leid und heldischer Untergang.[5] Wenn ein Untergang, der dadurch herbeigeführt wird, daß ein Saalgebäude, in dem sich Gäste befinden, an allen vier Ecken angezündet wird, noch unter den Begriff »Heldentum« rubriziert werden kann, dann wird ausgeblendet, was ein unvoreingenommener Leser der Lektüre abgewinnt: der »Nibelungen Not«, praktiziert als Blut- und Vernichtungsrausch.

Das ist kein Märchen aus uralten Zeiten. »Doch wir haben genügend Beweise dafür genannt, daß er [Hitler] die Wahrheit über sich selber kannte: nicht Eroberung, sondern blinde Vernichtung war sein Ziel. Dies [. . .] war das Geheimnis, das seine Anhänger an ihn band; und nicht nur seine Anhänger. Auf diesem heimlichen Einverständnis beruhte seine Karriere.«[6]

Wenn Hitler, wie bezeugt ist, bereits Ende 1941 wußte, der Krieg sei verloren, warum beendete er ihn nicht? Er selbst ist die Antwort, es ging ihm nicht um Sieg, sondern um Vernichtung. Und seine Heerführer? Waren sie noch vom Schlag der Moltkes und Hindenburgs, die den Krieg als Mittel nationaler Politik betrieben hatten? Hätten sie sich noch als militärische Befehlshaber begriffen, die im Dienst der Würde, der Größe, des Ansehens des Vaterlandes ihren fatalen Beruf ausübten, so waren sie spätestens nach Stalingrad bereit gewesen, Mittel und Wege zu finden, wirkungsvollere Bomben als die Stauffenbergs unter dem Kartentisch einzusetzen, das Ende herbeizuführen. Sich 1943 auf den Eid hinauszureden und sich nach 1945 auf ihn noch entschuldigend zu beziehen signalisiert den moralischen Zusammenbruch dieser Kaste, die sich das »Führer«-Konzept der Vernichtung zu eigen gemacht hatte. Hier wurde nicht Gehorsam praktiziert, sondern in innerster Übereinstimmung mit dem obersten Chef gehandelt.

Und die Millionen, die nicht einmal mehr die an sich barbarischen Rituale der Kriegführung gegen einen bewaffneten Feind einhielten, sondern dem Mordgeschäft an wehrlosen Zivilisten oblagen? Taten das die feindlichen Bomberflotten nicht auch? Ohne Zweifel, sie vernichteten das Leben von Wehrlosen und ihre Wohnstätten. Sie handelten so im Vollzug eines Kampfes gegen eine Macht, die zur Vernichtung Europas aufgebrochen gewesen war; und ihre politische und militärische Führung glaubte, auf dieses Mittel, den Sieg über diese Macht zu erringen, nicht verzichten zu können. Nicht von ungefähr steht die Zerstörung Dresdens, die für die Erreichung des Kriegszieles bedeutungslos war, in der Geschichte des Zweiten Weltkrieges als ein Verbrechen verzeichnet. Als *ein* Verbrechen! Die deutsche Kriegführung muß im ganzen als verbrecherisch eingestuft werden und läßt sich gerade deshalb nicht wie die Zerstörung Dresdens auf ein datierbares Ereignis reduzieren; sie war verbrecherisch als Methode, die nur funktionierte, wenn der sie anwendende Mensch seine den Menschen ausmachenden Qualitäten preisgegeben hatte.

Ich zitiere mich selbst aus meinen veröffentlichten Kriegsaufzeichnungen, indem ich an einen Unteroffizier der Infanterie, im Zivilberuf Gastwirt im Saarland, erinnere, der, in einem Städtchen nahe Witebsk Wache schiebend, spätnachts in die Regimentsschreibstube kam, wo ich bei angenehmerem Dienst als er am Telefon saß, und sagte: »Morgen ist wieder Schlachtefest.«

Darunter verstand er die Hinrichtung von ein paar Dutzend jüdischen Bewohnern. War er einer von den Millionen der tapferen Sodaten, die das Vaterland verteidigten und denen nichts für sie Abträgliches nachgesagt werden sollte, will man das eigene Volk nicht zu hassen anfangen? Er war einer von ihnen. Vielleicht hat er überlebt, ist nach wie vor Gastwirt irgendwo an der Saar, heute ein alter Mann, unbescholten und ehrsam. Hätte ich damals erkennen lassen, wie ich über das »Schlachtefest« dachte, er hätte mich »gemeldet«, und ein paar Wochen später wäre ich erschossen worden. Denn »Volksgemeinschaft« war Mordgemeinschaft!

Hätte Hitler seiner Mission, im Weltmaßstab Menschen, Kulturen, ganze Völker zu vernichten, gerecht werden können, ohne sich dabei der begeisterten Zustimmung und aktiven Mitwirkung des Volkes bis hin zur Selbstvernichtung sicher sein zu können – was möglich gewesen wäre, hätte er bereits über Atombomben verfügt! –, dann, nur dann, wären jene nicht so unbezweifelbar als Geschichtsfälscher auszumachen, die im Nationalsozialismus einen einmaligen, unwiederholbaren »Ausrutscher« sehen möchten, verursacht von diesem einen Mann namens Hitler und seinen Gehilfen.

Wäre dem so gewesen, wie hätte es nicht zu einer Abrechnung kommen können, die Stalin vorschwebte, als er von 30 000 Deutschen sprach, die zum Tode zu verurteilen seien, während alle anderen, das Volk also im ganzen, ungeschoren zu bleiben hätten. Daß er sich in dieser Vorstellung ergehen konnte, bedeutete, daß er sich seiner eigenen Herrschaftsausübung aus den dreißiger Jahren erinnerte, als er Gruppen liquidierte, die in seinen Augen sich an Idee und Praxis des von ihm autokratisch beherrschten Regimes schuldhaft vergangen hatten. Von diesen 30000 waren in den Nürnberger Prozessen ein paar Dutzend übriggeblieben, aber im Grunde gingen auch diese Strafverfahren von derselben total falschen Vorstellung Stalins aus, die Angeklagten seien Zwingherrn gewesen, die das Volk unterjocht hätten. In Wahrheit waren sie dessen Repräsentanten gewesen und in einem tieferen Sinn sogar dessen Beauftragte, beauftragt von allen minus einer Mini-Opposition, die verfolgt und vernichtet wurde, soweit man ihrer hatte habhaft werden können. Der ersatzweise durchgeführte »Reinigungsprozeß« vollzog sich in Form einer von den Militärregierungen durchgeführten Selektion von Übriggebliebenen demokratischer Eliten der Weimarer Zeit, denen zur Abrechnung nicht nur die Legitimation, sondern vor allem die politische Entschlossenheit fehlte. (An ihr hätte es Adenauer nicht gefehlt, wohl aber hatte er nicht die Absicht, davon einen politischen reinigenden Gebrauch zu machen.)

Mit einem Wort: Ein »Reinigungsprozeß« hat weder juristisch noch politisch stattgefunden. »Nürnberg« war ein die Klärung der »deutschen Frage« verfehlender Notbehelf, eine Veranstaltung, mit der die Siegermächte ihre eigene Kollektivschuldthese ad absurdum führten.

Nichts ist verständlicher, als daß die deutsche Öffentlichkeit den Prozeß, seine Todesurteile, seine Haftstrafen mit der Begründung, bestraft sei worden, was zuvor nicht strafwürdig gewesen sei, als groben Machtmißbrauch eingeschätzt hatte und nach wie vor so einschätzt, denn diese waren ihre verehrten Führer gewesen; und was sie ihnen allenfalls ankreiden wollte, nämlich daß Deutschland den Krieg verloren hatte, war eben kein Verbrechen gewesen, sondern »Schicksal«. Als nur noch einer der »Nürnberger« übriggeblieben war in seinem Spandauer Weckglas, war genug Zeit vergangen, waren die Besiegten längst zu Siegerkomplizen im Antikommunismus geworden, denen nicht mehr verboten werden konnte und für die es nicht mehr gefährlich war, dem tiefen Mitleid mit dem armen Heß nunmehr offen Ausdruck zu geben, das sie 1946 für Göring und Co ingsgeheim empfunden hatten.

Fazit: Der Verlust des Krieges bedeutete nicht mehr den Verlust der Reichsidee oder nationaler Identität, sondern das Scheitern einer, objektiv betrachtet, grandiosen Überanstrengung des ganzen Volks, um die Welt in eine rein deutsche zu verwandeln. Die Durchführung dieses quasi idealistischen Programms hat uns zu einem Mördervolk werden lassen. Das Massengeschäft Massenmord, das nicht erst auf den Entladerampen der Vernichtungslager begonnen wurde, das mit den Aktionen von Truppen und Polizisten gegen die Zivilbevölkerung besetzter Länder eine nicht einmal mehr rassistisch motivierte Realisierung gefunden hatte und zu dem schon das Einfangen und der Abtransport der rechtlosen und beraubten Juden zu rechnen ist – zumal sich diese Aktionen in aller Öffentlichkeit vollzogen hatten –, ja, diese legalisierten Verbrechen wurde nicht einmal vom ausführenden Personal als kriminelles Handeln begriffen.

Daß man in radikaler Ausnützung der Chance, die »deutsche Frage« ein für allemal zu lösen, auf das Mittel der Vergasung der »Fremden« – keineswegs nur der Juden! – verfiel, ist eine logische Konsequenz der Vorstellung von ethnischer Reinigung. Es war bitter, an ihrer Vollendung gehindert zu werden. Die harten Begleitumstände des Machtverlustes – Hunger, Obdachlosigkeit, Vertreibung, Kälte – waren dessen private Dimension. Dem allen wußten Männer und Frauen, insbesondere diese, einen bewunderungswürdigen Überlebenswillen, eine nicht minder großartige Fähigkeit zur Improvisation entgegenzusetzen. Der private Kampf um das physische Überleben überdeckte den politischen Jammer derart, daß es den Anschein machte, als habe über Nacht eine totale Bewußtseinsveränderung stattgefunden, als sei jäh vergessen worden, was so herrlich gewesen war, solange es mit militärischer Übermacht hatte praktiziert werden können. Es hatte jedoch keine Wandlung gegeben, das nationalsozialistisch wetterfest, ja katastrophenfest imprägnierte deutsche Volk kehrte nicht, von der Überzeugung geleitet, in die Irre gegangen zu sein, in seine Normalität zurück, eine Feststellung, die zum wiederholten Male mit dem Problem konfrontiert, das andere Völker nicht kennen und ein ausschließlich deutsches ist: Was heißt, angewendet auf uns Deutsche, normal? Anders gefragt: Wie müssen die politischen und gesellschaftlichen Bedingungen beschaffen sein, daß sich die Deutschen darin so wohl fühlen, um darin verbleiben zu wollen?

Die Friedenszeiten vor dem Ersten Weltkrieg hatten sie satt und stürzten sich in diesen Krieg wie in einen Jungbrunnen. Die Zumutungen, die sie hätten erfüllen müssen, damit die Weimarer Republik Stabilität hätte gewinnen können, als da waren: Anerkennung der Realitäten, wie sie durch den Verlust des Krieges entstanden sind; Friedfertigkeit, Toleranz, Freiheitsliebe und so weiter, waren ihnen zutiefst zuwider. Der 30. Januar 1933 war eine Art Wiederholung des 1. August 1914 unter veränderten Bedingungen, aber mit gleichen Verheißungen. Das Beste an dem neuen Regime war die Erlaubnis, zunächst eigene Minderheiten unterdrücken, entrechten, quälen und umbringen zu dürfen, später mit anderen Völkern ebenso zu verfahren.

Ab Mai 1945 beginnen die Jahre des politischen Schwindels, der opportunistischen Duckmäuserei, die aber nichts weniger als die Bereitschaft zeitigte, sich der jüngsten Vergangenheit kritisch, und das heißt selbstkritisch, zu stellen. Angesichts des drastischen Mißerfolges waren vorübergehend Zweifel aufgekommen, ob es eigentlich sonderlich klug gewesen sei, sich für Weltvernichtung derart fanatisch zu engagieren. Es gab einen kleinen Kreis von Männern und Frauen, die entweder das Programm der nationalsozialistischen Deutschen von Anfang an verworfen oder eine solche Haltung wenigstens glaubhaft hatten machen können. Auf sie ist zurückzuführen, daß die Frage der Schuld nicht allein von den Siegern aufgeworfen worden ist. Auch Deutsche, einige wenige zum Ärger aller anderen, fragten: Wer war eigentlich schuld daran, daß alles so gekommen ist? Mußte die Antwort nicht doch lauten: Alle!?

Provoziert von der ziemlich rasch aufgegebenen These der Sieger, es gebe eine Kollektivschuld, fand zwischen 1945 und 1949 eine leidenschaftlich geführte Auseinandersetzung über die Schuldfrage statt, eine Art erster »Historikerstreit«. Hitler ging aus dieser Diskussion zwar nicht mehr als der Alleinverantwortliche hervor, den man so liebend gern in ihm gesehen hätte, aber man scheute doch weiterhin davor zurück, in ihm zu sehen, was er gewesen war: der Erfüller deutscher Träume von einer deutschen Welt. Wäre man seinem Wirken mit diesem Ansatz konsequent nachgegangen, so wäre auch nicht mehr zu bestreiten gewesen, daß ihm nichts, was durch ihn und unter ihm geschehen war, verübelt wurde außer seinem Machtverlust, der verhinderte, es weiter geschehen zu lassen. Das gilt bis heute und für immer. Oder gibt es jemand, der zu behaupten wagte, ein gewonnener Krieg, also eine unvorstellbare Zunahme an Terror und Vernichtung, hätte uns Deutsche auf die Barrikaden getrieben? Hätte es einen 20. Juli gegeben, wenn die großdeutsche Wehrmacht noch im Siegen begriffen gewesen wäre?

Die Zuspitzung der Schuldfrage auf die »Endlösung« ist eine historisch unhaltbare Spezialisierung. Zu fragen wäre: Wer ist schuld an Hitlers und seiner Partei Aufstieg zur absoluten Macht? Damit ginge in die Schuldfrage eine Schuld ein, die nicht mehr als juristisch-moralisches Versagen allein definiert werden könnte, sie statt dessen vor allem zu einem sozialpsychologischen Phänomen machte.

Von einem Sonderwesen der Deutschen sind vor allem C. G. Jung und Karl Jaspers ausgegangen. Wenn letzterer jedoch 1946 schrieb, ein ganzes Volk als anzuklagendes Subjekt gebe es nicht, zugleich aber von einer politischen Schuld aller Deutschen spricht, dann läßt er das Volk als Subjekt, das er gerade vorne hinausgeworfen hatte, durch die Hintertür wieder herein.

Wird eine Masse Menschen gleicher Sprache, gleicher Geschichte, gleichen Wohngebietes politisch in einem bestimmten Sinne geprägt, im gegebenen Fall so, daß es in einem Psychopathen sich wiedererkennen konnte, dann bildet sie eben doch ein Ganzes, unterscheidbar von anderen Massen anderer Sprache, anderer Geschichte und so weiter.

Als Goethe am 10. Tag seiner Italienreise, es war der 13. September 1786, in Verona angekommen war und in der römischen Arena herumlief, notierte er: »Eigentlich ist so ein Amphitheater recht gemacht, dem Volk mit sich selbst zu imponieren.« Nach dieser Einsicht entwickelte Hitler seine Propaganda. Es tat nicht not, das Volk »umzuerziehen«, sondern es sich selbst bemerkbar und in Großräumen konkret erfahrbar zu machen, angefangen mit dem Zirkus Krone bis zum Berliner Sportpalast und dem Nürnberger Parteitagsgelände. Darin stellte er verdichtete, übersichtliche Realisierungen von »Volk« dem Volk vor, damit es sich selbst imponiere. Zum beabsichtigten Zweck verwendet, nahmen diese und viele ähnliche Versammlungsräume, in denen eine quasi militärische Aufgliederung der Massen und die Reduktion ihrer Lebensäußerungen auf Gesten und Schreie individualistische Grundmuster austilgte, den Charakter von geschlossenen Anstalten an, von ausverkauften Irrenhäusern.

Um es denn auf die einfachste Formel zu bringen: Sieht man von gewissen im Nationalsozialismus integrierten Großgruppen ab, die für die Durchführung von kollektiven Verbrechen erzogen worden waren, so waren die NS-Deutschen im ganzen keine Verbrecher, sondern Kranke, deren Krankheit darin bestand, nicht mehr erkennen zu können, daß sie entweder unmittelbar an Verbrechen beteiligt waren oder ihnen zumindest Vorschub leisteten. Als die verbrecherische Praxis nicht mehr fortgesetzt werden konnte, wurde die Krankheit als erloschen, wird seitdem der demokratische Deutsche als »geheilt« angesehen, obschon nicht einmal die Diagnose der Krankheit stattgefunden hat, ganz zu schweigen von ihrer therapeutischen Behandlung. Die bestürzend zahlreichen Symptome für die Fortdauer der »Krankheit« werden, wie gesagt, nicht gebündelt. Sie reichen vom Verfolgungswahn, der in ein paar Dutzend Gewalttätern eine revolutionäre Kraft sehen läßt, die den Staat in Gefahr bringe, bis zum neu aufflammenden Fremdenhaß. Mit jedem Jahr mehr, das uns von 1945 trennt, gewinnt das Irrationale wieder Macht über unser Fühlen,

Urteilen und Handeln. Um es an einem konkreten Fall plausibel zu machen: Es hat bereits wieder derart die Oberhand gewonnen, daß ein veritabler Gauner wie der vorige Ministerpräsident von Schleswig-Holstein unter Beteiligung höchster politischer Prominenz zu Grabe getragen werden konnte. Hätte sich dieser Vorgang in Haiti oder in Kuba zu einer Zeit ereignet, als dort Verbrecher regierten, so hätte er als milieugerecht, als normal angesehen werden können. Er lief aber in einem Staat ab, der, seiner »Ordnung« die Freiheit opfernd, unentwegt den Anschein zu erwecken versucht, er sei an Ehrpusseligkeit gar nicht zu übertreffen, und der in jenem Fall des illustren Selbstmörders zur Signalisierung partieller Betroffenheit durchaus fähig war. Dieses Nebeneinander, ja Miteinander vorgetäuschter Verpflichtung auf Ehrbarkeit einerseits, Nutzen ziehen aus politischer Korruption andererseits ist es, was allein mit jenem Veitstanz um die Macht nicht mehr zu erklären ist, den uns Urvater Adenauer als erster mit betrügerischen Machenschaften vorgetanzt hat. Die SPD sei Deutschlands Untergang, in Wahlkämpfen hinausgeplärrt, ist so verschieden nicht von: Der SPD-Chef hat Aids! Nicht Aids, sondern Schizophrenie tritt bei uns endemisch auf, die Ratio wird allenfalls noch zur Bewältigung von Randproblemen bemüht, nicht mehr für Entscheidungen über Grundsätzliches. Die Wahrnehmungsfähigkeit für die Widersprüche eigenen Handelns schwindet dahin – schon wieder!

Immerhin hat Hitler fast ein Jahrzehnt benötigt, um die Öffentlichkeit davon zu überzeugen, daß die Fähigkeit zu kriminellem Handeln den großen Politiker ausmache. Darin wurden vierzig Jahre später erst vergleichsweise bescheidene Fortschritte erzielt, die jedoch schon mit der »gekauften Republik« eine nur allzu bekannte Generaltendenz erkennen ließen: »Das Streben nach politischem Erfolg und das Bemühen, sich so zu verhalten, daß die gestrengen Sittenrichter nichts auszusetzen finden, gehen oft auseinander. Wo der Erfolg den Verstoß gegen die Moral rechtfertigt, ist alles in Ordnung«. So zu lesen auf Seite 1 der *Frankfurter Allgemeinen* vom 24. Dezember 1987.

1933 hatten wir uns in die Irrationalität anscheinend von einem Tag auf den andern hinauskatapultiert. Was sich jedoch im gleißenden Licht der Inszenierung der »Machtübernahme« blitzartig zu ereignen schien, war in Wahrheit das Resultat eines stetigen, langen Prozesses, der von der NS-Führer-Propaganda zwar beschleunigt, nicht aber ursächlich herbeigeführt worden ist. (»Der quasselnde Hanswurst an der Spitze«, schrieb 1934 Thomas Mann an seinen Bruder. Und: »Aberglaube und Begeisterung [seien] im vollen Verfall begriffen.« Was für eine absurde Fehleinschätzung des »Führers« wie der Geführten in einem Atemzug!)

Derart beharren wir auf der Annahme einer vorgegebenen Disposition und sind uns dennoch darüber klar, daß die Beweislage für diese wie für die von der »Entfremdung« unsicher ist und daß es darauf anzukommen scheint, wie der Urteilende in Person zu seinem eigenen Deutschsein steht: Fühlt er sich in einem Rechtfertigungszwang, weil er sich nicht ausnehmen kann, oder ist er imstande, das eigene Volk und damit sich selbst sozusagen unters Mikroskop zu legen, ganz gleich, was die Beobachtung zeitigen wird? Man könnte an den Versuch der Physiker denken, die, als sie der Materie ihre letzten Geheimnisse entlocken wollten, dabei zu der bestürzenden Einsicht gelangt sind, der Vorgang der Beobachtung beeinflusse deren Ergebnis.

Wer, wie der Verfasser, der Überzeugung ist, eine Erklärung für Werden und Wirken des Nationalsozialismus sei nicht beizubringen, die zugleich auf eine Verharmlosung der NS-Praktiken und letztendlich auf eine Art Generalpardon des Volkes hinausliefe, wird dennoch nicht umhinkönnen, auf das Argument einzugehen, die Rädelsführer unter Hitler hätten es fertiggebracht, das Volk hinsichtlich ihrer Ziele und der Methoden, sie zu erreichen, zu täuschen. Damit sei nun nicht auf die spezielle Frage abgehoben, wer wußte was über die »Endlösung«, vielmehr auf das Problem ganz allgemein, ob das Volk in seiner überwiegenden Mehrheit und nach Kriegsbeginn vor allem die Millionen Soldaten an den Fronten und in den Kasernen glauben konnten, die NS-

Führung habe beabsichtigt (und sei demnach nicht von anerkannten völkerrechtlichen Konventionen abgewichen), dem Deutschen Reich neues Ansehen, neue Größe, seinen Bürgern vermehrten Wohlstand zu verschaffen. Sie habe trotz ihrer Friedensbereitschaft, ja -sehnsucht zu den Waffen greifen müssen, weil das Reich von seinen Feinden mit Vernichtung bedroht worden sei.

Lassen wir einmal außer acht, daß es früh genug Anzeichen gegeben hatte, die, wären sie zur Kenntnis genommen worden, eine konventionell patriotische Reichspolitik als propagandistische Erfindung, als Lug und Trug entlarvt hätten; gestehen wir zu, daß es angesichts überzeugender Erfolge der NS-Führung einer derart stringenten Verpflichtung auf politische Moral bedurft hätte, einer zutiefst skeptischen Beurteilung der Chancen dieser Politik, was beides auch von anderen Völkern in vergleichbarer Situation höchstwahrscheinlich nicht aufgebracht worden wäre, dann könnte der Täuschungsthese allenfalls mit begrenzter zeitlicher Gültigkeit zugestimmt werden, nämlich bis zum Überfall auf Polen.

Wie aber dort der Krieg vom ersten Tag an geführt worden ist (die Wochenschauen überschlugen sich in blutrünstigen Informationen; das Volk jubelte über die Zerstörung Warschaus aus der Luft), schloß den Irrtum aus, es werde kein Eroberungs- und Vernichtungskrieg geführt. Das aber tat der nur erotisch deutbaren Hingabe der Massen an die Führung keinen Abbruch. Ganz im Gegenteil, mit diesem »Erfolg« und den nächsten Siegen wurde die Hingabe zum rauschhaften Erlebnis. Und als dann endlich das »Reich des Bösen« im Juni 1941 heimgesucht wurde und Millionen Soldaten zu Hause berichten konnten, nun werde mit jeder Humanitätsduselei Schluß gemacht, die Dörfer brennten und die Massengräber füllten sich, da ging ein Erschauern nicht des Erschreckens, sondern der Bewunderung heldischer Leistungen durch das Volk.

Gehen wir trotzdem in unserer Bereitschaft, Entschuldigungsmotive zu suchen, noch einen Schritt weiter, als wir es guten Gewissens tun dürften, unterstellen wir, das propagandistische Blendwerk habe zwar nach Kriegsausbruch nicht mehr vermocht, Friedensbereitschaft der Öffentlichkeit zum Nennwert anzudrehen, erblicken wir statt dessen dahinter eine zweite Propagandathese, die gerade durch die Eroberungen Überzeugungskraft gewann: Wir schaffen eine deutsche Welt. Mit unserem, mit eurem Sieg gelangen wir endgültig »ins Freie« unumstrittener Vorherrschaft, eine Bedrohung unserer Führungsposition durch den Kommunismus, eine Vergiftung unserer herrlichen Kultur durch das »jüdische Untermenschentum« wird fürderhin unmöglich sein! Das rechtfertigt alles, was wir tun, alles, was wir tun können, weil ihr es für gerechtfertigt anseht, wie eine über jeden Zweifel erhabene Solidarität in der Gesinnung wie im Handeln tagtäglich beweist. »Die in den Sondermeldungen mitgeteilten Erfolge auf dem russischen Kriegsschauplatz haben nach den bisher vorliegenden Meldungen aus den verschiedenen Teilen des Reiches außerordentlichen Eindruck gemacht. Insbesondere haben die als ›fast unglaublich‹ bezeichneten Abschußzahlen der deutschen Luftwaffe [...] Freude und Bewunderung ausgelöst. [...] Der größte Teil der Volksgenossen glaubt, daß das OKW die Meldungen über den tatsächlichen Stand zurückhalte [...] in Wirklichkeit seien die deutschen Truppen bereits viel weiter auf russischem Boden. [...] Die stimmungsmäßige Auswirkung des Kampfes gegen die Sowjets in den Ländern Spanien, Dänemark, Schweden und sogar in Frankreich wird allgemein als Bestätigung empfunden, daß der Führer auch in diesen Staaten als der Befreier von der bolschewistischen Gefahr angesehen werde und somit auch Deutschlands Führungsanspruch in Europa von diesen Ländern anerkannt worden sei.«[7] »Hinter dieser Front des Opfers, des Todesmutes, Lebenseinsatzes steht die Front der Heimat. [...] Wir können wirklich sagen, zum ersten Mal in der Geschichte ist ein ganzes Volk jetzt im Kampfe, teils an der Front und teils in der Heimat.«[8]

So war es.

Aber dann ...?

Die Armee bleibt vor Moskau liegen.

Und dann...?

Stalingrad.

Werden jetzt noch die Endsiegparolen geglaubt? An Hand militärischer, politischer und privater Dokumente kann die Antwort nur ein klares Nein sein! Kehrte das Volk, der Täuschung ledig, nach diesem Ausbruch ins Irrationale, angeblich aus einem Zustand der Selbstentfremdung jetzt zu sich selbst zurück, zurück in die Gehege der Gesittung eines europäischen Volkes und der Vernunft? Unterwarf es sich endlich jetzt dem Gebot der Selbsterhaltung?

Wir wissen es anders. Die Vernichtungsmaschine, zu der im engen Verbund Militär und »Heimat« geworden waren, lief auf vollen Touren weiter. In Frankreich, in Italien, auf dem Balkan begann sie erst jetzt ihre höchste Effizienz zu entwickeln. Dem völkischen Auftrag, »Ungeziefervernichtung« alles Undeutschen, wurde die Treue gehalten, obschon nun weit mehr zu fürchten war als ein undatiertes »Weltgericht«. Um das eigentliche Kernstück deutscher Politik, die Judenvernichtung, kreiste der bereits verlorene Krieg weiter. Vor den Augen aller verschwanden die Juden in Güterzügen aus den Gebieten deutscher Oberherrschaft. Goebbels sagte in einer Radiorede, von Millionen gehört, die sich in ihrem Herrenrassenstolz daran aufgeilten: »Es ist unser Ziel, die Juden auszurotten. [Juden und Russen, Juden und Sowjets, Juden und Kommunisten waren praktisch Synonyme.] Ob wir siegen oder geschlagen werden, wir müssen und werden dieses Ziel erreichen. Sollten die deutschen Heere zum Rückzug gezwungen sein, so werden sie auf ihrem Wege den letzten Juden von der Erde vertilgen.«[9]

Thomas Mann kommentiert diesen Satz: »Ich glaube ja freilich, daß die zurückflutenden Heere an anderes zu denken haben werden als an Pogrome.« Obschon er sich alles in allem während des Krieges keinen Illusionen über sein Volk mehr hingegeben hat, hier irrte er sich zum x-ten Male zu dessen Gunsten. Nichts anderes hatten die zurückflutenden Heere im Sinn, als die vordringenden sowjetischen Armeen aufzuhalten, um das Geschäft des Massenmordes an Juden und an der Zivilbevölkerung schlechthin weiter betreiben zu können.

Das stimmt überhaupt nicht – höre ich diesen Einwand? Sie kämpften doch für die Heimat! Ich würde ihn ernster nehmen, wäre ich nicht als Soldat auf diesem Rückzug über 2000 Kilometer dabeigewesen, hätte ich nicht von Dorf zu Dorf erlebt, daß die Kampfkraft zugunsten der Mordkraft vernachlässigt worden ist. Wüßte ich nicht aus der offiziellen Kriegsliteratur, daß die Züge mit Judenfracht, Reiseziel Vernichtungslager, Priorität genossen vor den für die Fronten bestimmten Versorgungszügen. Und hätte ich nicht in Urlauben erfahren, wie die Menschen unverändert davon überzeugt waren, mit dem Gesindel müsse aufgeräumt werden – Menschen, die einmal den Eindruck erweckt hatten, sie seien brave Familienväter und pflichttreue Staatsbürger gewesen. Nun, das waren sie noch immer. Und war es nicht persönlich erlebt worden, wie jedes politisch deutbare Wort auf die Goldwaage gelegt werden mußte, weil sich der Vernichtungswahn als manischer Denunziationstrieb äußerte?

Heldenhafter Einsatz, um die Heimat zu schützen? Soldaten in vorderster Stellung mögen so gedacht haben, alle nicht, aber viele. Meine Erinnerung jedoch hat festgehalten, daß sich hinter dünnen Schützenlinien eine bestialische Mordlust austobte, keineswegs beschränkt auf Spezialeinheiten, die darauf ideologisch und handwerklich gedrillt waren. Dieselben Soldaten, die eben noch unter Einsatz ihres Lebens versucht hatten, eine Grabenstellung zu halten, beteiligten sich, abgelöst, an der Ausmordung der Dörfer, an deren Vernichtung durch Feuer und Dynamit. War das die Auswirkung der durch Jahrhunderte gezüchteten Russenangst, umgeschlagen in Russenhaß? Es gab sie – und also auch ihn. Kann er zur Begründung von Mordaktionen in anderen Ländern, in frontfernen Regionen herhalten? Natürlich nicht!

Da sollte nichts mehr gerettet, nichts mehr von Deutschland bewahrt werden. Im Reich wurde die Verwandlung der Städte in Trümmerwüsten auf eine Art hingenommen, die zwar im Krieg und nach dem Krieg als die »heroische Haltung« der Zivilbevölkerung gefeiert wurde, was in Wahrheit aber deren konformes Rollenverhalten in einer genial zu nennenden Inszenierung des Stückes »Untergang« gewesen ist. Auch der Gestapo wäre es ganz unmöglich gewesen, die Bevölkerung von Millionenstädten gegen ihr innerstes Streben, all dem ein Ende zu machen, zu zwingen, durch Hinnahme des Bombenkrieges, wie geschehen, den Krieg fortzusetzen, bis in den Ruinen fremde Soldaten auftauchten.

Nein, für die letzten Kriegsjahre ist nicht mehr anzunehmen, unser Verhalten erkläre sich aus der verbliebenen Hoffnung, eine herrliche, weil nur deutsche Welt zu schaffen. Vielmehr war der »Endsieg« als das Ende begriffen worden. Soldaten in allen Truppenteilen ergötzten sich an der Vorstellung, am letzten Kriegstag werde sich der Rest des Volkes unter einer Eiche versammeln; der Verfasser war dessen in Rußland oft genug Ohrenzeuge. Nur wer keinerlei Ahnung von psychischen Zusammenhängen gehabt hätte, dem wäre dabei der Gedanke gekommen, hier werde Todesfurcht in einem Symbolbild ausgedrückt. Das Gegenteil war der Fall. Zuletzt wurde Vernichtung mit dem Risiko der Selbtvernichtung betrieben.

Mit dem Risiko oder mit der Absicht? Es läßt sich kaum vermeiden, hier des Propheten Friedrich Nietzsche zu gedenken, der die Botschaft vom Untergang am klarsten formuliert hat, die wörtlich zu nehmen ist, von ihm nicht mehr metaphorisch gemeint. Eine derartige Bereitschaft zur Selbstvernichtung hatte mit dem nationalistischen Ethos japanischer Kamikazeflieger des Zweiten Weltkrieges nicht das mindeste zu tun, die sich für die Größe der Nation opferten, woran unter Deutschen allenfalls der patriotische Selbstvernichtungsrausch der Studenten von Langemarck im Ersten Weltkrieg erinnert. Er ist bezeichnenderweise zum nationalen Mythos geworden.

Spätestens nach Stalingrad ist die patriotische Motivation für die Führung des Krieges im Osten nur noch eine gegenüber der Weltöffentlichkeit und für die Durchhalteparolen vorgetäuschte Ausrede.

Daß es nach 1945 keine Nationalsozialisten mehr gab, ist der Beweis, daß es fast nur Nationalsozialisten gegeben hatte. Und weil die Nationalsozialisten keine Nationalsozialisten mehr sein durften, waren sie gar nichts mehr, was erlaubt hätte, sie noch als ein Ganzes wahrzunehmen oder dieses Ganze mittels einer Identitätsthese zu definieren. Gegenüber dieser in der Tat heimatlosen Mehrheit, die allenfalls eine von den äußeren Umständen formierte Schicksalsgemeinschaft bildete, befand sich das Häuflein der »anderen Deutschen« in der ihnen nur allzu vertrauten Situation der Alibilieferanten.

Die Zeitgeschichtler nahezu jeglicher Observanz gehen um den heißen Brei herum im verständlichen Bemühen, uns Deutsche als Nationalsozialisten nicht auf den Seelengrund zu kommen – was im Vorfeld steckenbleiben muß, wenn man darauf beharrt, in Hitler einen gescheiterten Politiker zu sehen. In Wahrheit hat seit Alexander dem Großen keine Persönlichkeit der Geschichte, von der wir annehmen, diese hätte ohne sie einen anderen Verlauf genommen, sein Ziel ästhetisch so vollendet erreicht wie er. Er erschoß *und* vergiftete sich im Triumph, dafür war er im Berliner Bunker unter seiner Reichskanzlei geblieben, nur dort konnte er seine ihm vorgezeichnete, von ihm makellos durchlaufene Lebensbahn grandios inszeniert beenden.

Die ihm im Mai 1945 durch Selbstmord in den Tod folgten, waren nur ein paar hundert. Darf daraus, daß es nicht Tausende waren, geschlossen werden, es habe über Nacht eine Art Heilungsprozeß stattgefunden – ein Erwachen aus dem deutschen Wahn, der fälschlicherweise als NS-Wahn etikettiert wird –, der, hätte es ihn gegeben, Einleitung zur Trauerarbeit gewesen wäre? Ach, so war es nicht! Die fürchterliche politisch-militärische Überanstrengung hatte ein ermattetes Volk zurückgelassen, sich selbst und seiner Geschichte entfremdet.

Wir haben versucht, die Motive dafür zu benennen, um nicht zu sagen, sie aus dem Schuttberg einer allzu schonend vorgenommenen zeitgeschichtlichen Aufbereitung – zu der die irrige Annahme einer »Stunde Null« gehört – auszugraben, auf die zurückzuführen ist, daß es in der allerersten Nachkriegszeit eine national zu interpretierende »deutsche Frage«, die der Bevölkerung wichtig gewesen wäre, nicht mehr gegeben hat. Nur ganz fanatische Nationalisten wie der SPD-Führer Kurt Schumacher schrieben schon im Sommer 1945 Sätze wie diese: »Im übrigen geht unsere Politik auf die Neugliederung des deutschen Raumes unter stärkster Betonung der Reichseinheit als des kardinalen Problems für uns als Nation und Klasse«[10] – mit keiner anderen Wirkung als der, wenig später von Adenauer spielend überfahren zu werden.

Um die Erhaltung der Einheit zu kämpfen, schien in diesem Sommer 1945 kein objektiv auszumachender Anlaß zu bestehen, denn auf nichts anderes als die Erhaltung der Einheit hatten sich die »Großen Drei« in Potsdam geeinigt. Was deutsche Einheit 1945 in Potsdam bis Anfang 1946 genannt werden kann, setzte die Einheit voraus, einen deutschen Staat, in dem nichts »wieder«, sondern alles neu gemacht werden sollte. Ein anderes, ein neues Deutschland hätte nur ein sozialistisches sein können.

Die Preisgabe der Einheit

Die staatliche Einheit des Territoriums, das heute von der BRD, der DDR und West-Berlin eingenommen wird, als preisgegeben, ich könnte auch sagen, als verspielt anzusehen, setzt voraus anzunehmen, es habe nach dem 8. Mai 1945 eine Chance bestanden, die Einheit zu bewahren. Thesenhaft formuliert: Für ein knappes Jahr zwischen Mai 1945 und (etwa) Februar 1946 hätte ein Bündnis der SPD und der KPD die Voraussetzungen für ein sozialistisches Deutschland schaffen und gegen die Besatzungsmächte durchsetzen können, sofern es zu gemeinsamem deutschem Handeln in allen vier Besatzungszonen gekommen wäre. Daß die transzonale Zusammenarbeit nicht funktionierte, einseitig den Militärregierungen anzulasten gehört bereits zu den Entschuldigungen für deutsches Versagen.

Da es nicht dazu gekommen ist und fast ein halbes Jahrhundert später unter dem, was noch immer die »deutsche Frage« zu nennen ist, eine Problemstellung verstanden wird, die zwar mit jener der ersten Nachkriegsmonate durchaus etwas zu tun hat, als sie sich von dort herleitet, aber einen völlig anderen Inhalt angenommen hat, könnte es als ein müßiges Beginnen angesehen werden, sich mit den Startbedingungen zu beschäftigen, unter denen zwei deutsche Staaten entstanden sind; um so überflüssiger, als die Analysen und Beschreibungen des Weges zur Teilung Legion sind, die allerdings mit ganz wenigen Ausnahmen darin übereinstimmen, daß sie entweder auf eine Alternative überhaupt nicht eingehen – sieht man von dem Streit über die Stalin-Note von 1952 ab – oder sie mit ein paar Sätzen abtun, die besagen, die Annahme, ein sozialistisches Gesamtdeutschland hätte entstehen können, sei nie etwas anderes gewesen als Spekulation und Illusion.

Im vorhergehenden Abschnitt haben wir dargelegt, daß und warum ein nationales Aufbäumen der geschlagenen Deutschen nicht stattgefunden hat, zugleich aber darauf hingewiesen, daß noch nicht befürchtet werden mußte, zwei Staaten entstünden. Daß eine empfindliche Beschneidung des Reichsgebietes stattfinden würde, ja im Osten bereits stattgefunden hatte, war klar, nicht aber, daß das verkleinerte Reich auf die Herrschaftsgebiete der beiden Großmächte aufgeteilt würde, die in der Anti-Hitler-Koalition verbunden gewesen waren.

Es wäre deshalb falsch anzunehmen, die Bemühungen um eine gesellschaftspolitische Neugestaltung seien dem Zweck untergeordnet gewesen, die Einheit zu erhalten; es war umgekehrt: Eine die vier Zonen umspannende konstruktive Zusammenarbeit der beiden linken Parteien wäre die einzig vorstellbare deutsche Initiative gewesen, die den Erfolg späterer Teilungsabsichten in Frage gestellt hätte.

Um die These zu erhärten, es habe diese Möglichkeit der Erhaltung der Einheit kraft deutschen Handelns gegeben – woraus sich die Schlußfolgerung ergibt, sie sei durch deutsches Handeln verspielt worden –, muß der Sachverhalt von verschiedenen Seiten her beleuchtet werden:

1. War in der Bevölkerung überhaupt eine Bereitschaft vorhanden, einen neuen Anfang zu setzen?
2. Gab es bei den linken Parteien, SPD und KPD, Bereitschaft zur Zusammenarbeit und inwieweit wurde sie praktiziert?
3. Hätten die Besatzungsmächte es zugelassen, daß aus dieser Zusammenarbeit ein sozialistisches Deutschland entstanden wäre?
4. Weshalb kam es nicht dazu?

Zu 1.: Es gab noch keine demoskopischen Erhebungen. Schätzungen liegen vor, inwieweit die Bevölkerung der vier (!) Besatzungszonen bereit gewesen wäre, eine Politik des sozialen Neubaus mitzutragen. Es wurde seinerzeit von siebzig Prozent ausgegangen. »Als mit der Kapitulation der Wehrmacht das ›Dritte Reich‹ sein Ende gefunden hatte; war der größte Teil derjenigen Deutschen, die [. . .] über ihre tägliche Not hinauszudenken wagten, sich darüber klar, daß dieses Dritte Reich als Endprodukt jener schweren Wirtschaftskrise der kapitalistischen Ordnung entstanden war. [Das ist eine einseitige Motivation.] [. . .] Jene Deutschen erinnerten sich [. . .] sehr deutlich, daß dieses Regime, das uns ins Unglück gestürzt hatte, durch ein Bündnis der obersten Führungsschichten dieser kapitalistischen Wirtschaft (vor allem des Managements der Großbanken und industriellen Konzerne), des Großgrundbesitzes und der Spitzen der bürokratischen und militärischen Staatsapparate mit jener Gruppe deklassierter Abenteurer an der Spitze der NSDAP entstanden war. [. . .] Noch hatten die Rechtfertigungslegenden zugunsten der Restauration der früheren Sozialstruktur Deutschlands keinen Einfluß gewinnen können [. . .]«[1]

Wenn die Mehrheit für eine Veränderung der gesellschaftspolitischen Verhältnisse war, dann mußten, anders als 1918, die sozialistischen Tendenzen bis tief ins Bürgertum hineinreichen; zum Beweis wird häufig auf das Ahlener Programm abgehoben, das der Zonenausschuß der CDU der britischen Zone mit Ächzen und Stöhnen Anfang Februar 1947 verabschiedet hatte. Schlüsselsätze darin lauten: »Das kapitalistische Wirtschaftssystem ist den staatlichen und sozialen Lebensinteressen des deutschen Volkes nicht gerecht geworden.« Und: »[. . .] die Zeit der unumschränkten Herrschaft des privaten Kapitalismus [ist] vorbei.«[2] Die einer beschränkten Herrschaft nicht? So war es gemeint, ein sozialistisches Programm hat die CDU auch 1947 nicht vorgelegt, und selbst wenn sie sich aus taktischen Gründen dazu hätte durchringen können, hätte sie sich sagen dürfen, es sei ganz gleich, wie weit sie sich nach links vorwage, denn die Chancen für einen sozialistischen Neubau bestanden bereits nicht mehr.

In die Zeit, in der noch nichts entschieden war, gehören die »Kölner Leitsätze der Christlichen Demokraten« vom Juni 1945. Darin heißt es: »Das Gemeineigentum darf so weit erweitert werden, wie das Allgemeinwohl es erfordert; Post, Eisenbahn, Kohlenbergbau und Energieerzeugung sind grundsätzlich Angelegenheiten des öffentlichen Dienstes. Das Bank- und Versicherungswesen unterliegt der staatlichen Kontrolle.«[3]

Da und dort formierten sich Gruppen von nicht parteigebundenen Intellektuellen, für die die »deutsche Frage« vorrangig zu einer sozialen Frage geworden war. So beispielsweise ein »Frankfurter Kreis« – von seinen Mitgliedern kennt man vielleicht noch die Namen Eugen Kogon und Walter Dirks –, der im September 1945 seine »Leitsätze« publizierte, die eben deshalb, weil keine Partei dahinterstand, mit ihren Sozialisierungsideen auch auf Zukunftsvorstellungen der im Entstehen begriffenen CDU einwirkte: »[...] wir bekennen uns zu einem wirtschaftlichen Sozialismus auf demokratischer Grundlage [...] Sinn und Zweck aller sozialistischen Maßnahmen ist nicht die Verstärkung der Macht des Staates [...] Wir wollen ferner, daß die Wirtschaft im großen einheitlich und planvoll gelenkt wird [...]«[4]

Wie Planwirtschaft und schwacher Staat hätten zusammengehen können, brauchten die Verfasser nicht mit operativen Maßnahmen zu beweisen; einerseits ist hier eine gehörige Portion Neubau-Idealismus zu erkennen, andererseits das emsige Bemühen, Sozialismus gegen Kommunismus abzuschirmen.

Eine Art Fortsetzung der NS-Volksgemeinschaft, umgewandelt in antifaschistische Notgemeinschaft, waren die Antifa-Komitees, die ohne Lenkung von oben, ohne eine übergreifende Organisation in allen vier Zonen auf lokaler Ebene aus dem verwüsteten Boden schossen. Sie leisteten »Erste Hilfe«, indem sie Dächer flickten, zerbrochene Fenster abdichteten, Straßen passierbar machten, für eine gerechte Lebensmittelverteilung und für die Unterbringung von Flüchtlingen sorgten; waren aber auch politisch tätig, indem sie ganz ohne Spruchkammern NS-Funktionäre entmachteten. Sie waren nichts weniger, als was ihnen alsbald nachgesagt wurde: Kader der KPD, vertraten aber unmißverständlich eine linke Position. Innerhalb ihres beschränkten Wirkungskreises erwarben sie sich über Nacht Autorität. Die Initiatoren der Ausschüsse waren vorwiegend Antifaschisten, die für ihre Gesinnung bestraft worden waren und aus Konzentrationslagern kamen. Evolutionäre Dynamik wurde für ein paar Monate von befreiten politischen KZ-Häftlingen entwickelt, die vor 1933 zumeist einer der beiden linken Parteien angehört, darin aber keine höheren Funktionen ausgeübt hatten. Weder Marx noch Lenin hätten an den Ausschüssen Gefallen gefunden, weil diese es »nicht verstanden, die revolutionäre Arbeit mit der Arbeiterbewegung im ganzen zu verbinden«.[5]

Das hätte auch für notgeborene, nicht befohlene Aktivitäten gegolten, die von deutschen Arbeitern in vielen Großfirmen entwickelt wurden. Dabei sollte man sich klarmachen, daß die rund zehn Millionen ausländischer Sklavenarbeiter, Frauen und Männer zwischen fünfzehn und vierzig, die in den meisten Betrieben die rechtlose Majorität der Belegschaft gebildet hatten, mit dem Zusammenbruch der Macht ihrer Zwingherren ausgefallen waren. Die sogar noch im letzten Kriegsjahr nicht eingezogenen deutschen Männer waren wegen überdurchschnittlicher Leistungen und Fähigkeiten »uk« (unabkömmlich) gestellt gewesen, waren also eine qualifizierte Auswahl, hatten ein besonderes Treueverhältnis zu ihren Unternehmen entwickelt, weil sie durch sie vom Fronteinsatz verschont geblieben waren.

Diese Arbeiter kehrten in ihre Betriebe zurück und wählten aus ihrer Mitte Betriebsräte und Arbeiterräte zwecks Wiederaufnahme der Produktion, ohne daß es zur Mitwirkung oder gar zu Einsprüchen der Eigentümer gekommen wäre, die verängstigt waren, soweit sie nicht überhaupt in Anhaltelagern hinter Stacheldraht auf der grünen Sommerwiese saßen. Maschinen wurden aus dem Trümmerschutt ausgebuddelt und repariert. Der Reichsadler wurde durch den Reichsphönix ersetzt. Für miserables Essen und nahezu wertlosen Lohn schindeten sich diese Männer ab. »Vor allem in den Konzernbetrieben ergriffen Arbeiter und Angestellte die Initiative, bildeten Betriebsausschüsse, die dem Chaos zu Leibe gingen [. . .] ›Am 16. April 1945 (also sechs Tage nach dem Einmarsch der Alliierten) war bereits der größte Teil der Belegschaft wieder an den Arbeitsplätzen; aber ohne

Brot, ohne Arbeitskleidung, ohne Wohnungen‹, heißt es rückblickend in der konzerneigenen ›Hüttenzeitung‹ des Bochumer Vereins. Durch das selbständige Eingreifen der Vertrauensleute der Bergarbeiter wurden die Kohlengruben des Ruhrgebietes vor dem Absaufen bewahrt. [Die Söhne dieser Arbeiter verlieren jetzt ihre Arbeitsplätze!] Während sich die meisten Monopolherren und andere Eigentümer verkrochen, ihre Betriebe im Stich ließen, sich den Aufbaupflichten entzogen, vollbrachte die Mehrheit der Arbeiterklasse aufopferungsvolle Aufbautaten.«[6]

Daß dergleichen in einer Firmenzeitung veröffentlicht wurde, ist weiter nicht verwunderlich, denn zwischen den Zeilen wird nichts anderes gesagt, als daß der deutsche Arbeiter im Dritten Reich sein schon vorher schwach ausgebildetes Klassenbewußtsein vollends eingebüßt und die Chance gar nicht gesehen habe, das Verhältnis zu seinen Ausbeutern auf neue Füße zu stellen, und sternenweit davon entfernt gewesen sei, in seinen Konzernherrn Ausbeuter zu sehen, nämlich so weit, wie er heute davon entfernt ist. Für 1945 trifft das einschränkungslos nicht zu:

»Die Bergarbeiter sind durch die Tatsache beunruhigt, daß auf ihren Schachtanlagen [...] heute noch aktive Nazis tätig sind. [...] Große Besorgnisse erfüllten die Bergarbeiter bei der Feststellung, daß sich die Schachtanlagen auch weiterhin im Besitz der Kohlebarone befinden. Die Bergarbeiter wissen, daß der Bergbauverein, die Thyssen, Klöckner, Krupp und alle Aktionäre die Geldgeber der NSDAP waren.

Die Bergarbeiter wissen, daß diese deutschen Grubenbarone mit der Ruhrkohle zwei Kriege vorbereitet und geführt haben. Die deutschen Kohlebarone sind Kriegsverbrecher. Um einen neuen Krieg zu verhindern, verlangen die Bergarbeiter die Überführung der Schachtanlagen in die Hände der Provinzialregierung in Münster.«[7]

Die Bergarbeiter wußten, wovon sie sprachen, wenn sie die »Grubenbarone« Kriegsverbrecher nannten. Im Krieg arbeiteten 42 Prozent aller in der Großindustrie

Beschäftigten in 0,5 Prozent aller Firmen. Von sieben Millionen arbeitete ein Drittel bei AEG, Reichswerke Hermann Göring, IG Farben, Krupp, Siemens und Vereinigte Stahlwerke. Die Reichswerke, der Flick-Konzern, Krupp und die Vereinigten Stahlwerke förderten rund sechzig Prozent Ruhrkohle und produzierten siebzig Prozent des Stahls. Daß der Reingewinn der IG Farben 1939 363 Millionen Mark betrug, gehört in dieses Zahlenbild.

In summa: Die Niederlage, die Besetzung durch fremde Heere, die weitgehende Zerstörung der Reichsorganisation, die Auslöschung der Staatsmacht hatten Probleme geschaffen, die nur politisch zu lösen waren. Aus der Sicht der Bevölkerung war das Chaos vor allem ein materielles; das Überleben war in Frage gestellt, obschon die Waffen schwiegen, keine Bomben mehr fielen. Der Begriff »das Proletariat«, der uns heute außer Kurs gesetzt erscheint, soll hier nicht ausgespart bleiben: Vom Verhalten der Arbeiterschaft, von deren Leistung hing es primär ab, ob die Produktion wieder in Gang kam, wann und in welchem Umfang. Niemals zuvor war in einem hochtechnisierten Staat das Proletariat in diesem existentiellen Sinn in eine Schlüsselstellung gelangt, von der abzusehen war, daß es sie nur für eine beschränkte Zeit innehaben würde. In dem Maße, in dem es das materielle Chaos besiegte, sägte es den Ast ab, auf dem es im Mai 1945 saß. Doch unzweifelhaft war die Lage, sozialpolitisch gesehen, offen wie nie zuvor seit der Reichsgründung, waren die politischen Gewichte derart verschoben, daß in manchen linken Köpfen sich der Wahn einnisten konnte, der Kapitalismus sei erledigt. So war das Gelände beschaffen, auf dem die SPD und die KPD zu operieren begannen. Nebeneinander, miteinander, gegeneinander?

Zu 2.: Die kurze Geschichte des Versuchs, auf dem Reichstrümmerfeld einen neuen Staat von unten nach oben zu errichten, statt am Gängelband der westlichen Sieger die Ruinen auszuflicken, beginnt auf deutschem Boden in den Konzentrationslagern.

Im Lager Buchenwald über Weimar wurden der Widerstand und die Kameradschaftshilfe zunächst im wesentlichen von Mitgliedern der KPD getragen. Ende 1943 war das ehemalige SPD-Reichstagsmitglied (1932/33) Dr. Hermann Brill (1938 verhaftet) aus dem Zuchthaus Brandenburg-Görden nach Buchenwald verlegt worden und hatte sofort Verbindung zu den kommunistischen Führern im Untergrund aufgenommen. Brill kannte in jener Phase seines politischen Lebens keine Berührungsängste nach links. Er war überzeugt, nur eine Volksfrontkoalition könne die Kraft aufbringen, den Nationalsozialismus aus den Köpfen und Herzen der Deutschen zu vertreiben, nachdem sein Machtgebäude eingestürzt war, und einen neuen Staat aufzubauen, der von der Bevölkerungsmehrheit legitimiert würde. In wenigen Wochen gelang es ihm, die Kommunisten für seine weitgreifenden Vorstellungen zu gewinnen und ein Volksfrontkomitee zu formieren. Dessen Mitglieder übernahmen nach der Befreiung wichtige politische Funktionen. Brill wurde der erste Ministerpräsident von Thüringen bis Juli 1945. (Warum nicht länger, wird noch auszuführen sein.) Ernst Thape (SPD) wurde Vizepräsident der Provinz Sachsen. Walter Wolf, KPD, wurde Volksbildungsminister in Thüringen. Werner Hilpert, vom Zentrum herkommend, dann CDU, wurde stellvertretender Ministerpräsident in Hessen. Federführend bei der Abfassung der verschiedenen Buchenwalder Proklamationen war der zum Vorsitzenden des Komitees gewählte Dr. Brill.

Im Buchenwalder Manifest (13. April 1945) heißt es:

Punkt 2: Aufbau der Volksrepublik. Diese riesenhafte Arbeit kann nur geleistet werden, wenn sich alle antifaschistischen Kräfte zu einem unverbrüchlichen Bündnis zusammenschließen. Zu diesem Zweck erstreben wir einen neuen Typ Demokratie, die sich nicht in einem leeren, formelhaften Parlamentarismus erschöpft, sondern den breiten Massen in Stadt und Land eine effektive Betätigung in Politik und Verwaltung ermöglicht.

Punkt 4: Überzeugt, daß die letzte Ursache zu diesem ungeheuerlichen aller Kriege in der Raubtiernatur der kapitalistischen Wirtschaft, des finanzkapitalistischen Imperialismus und der von beiden erzeugten moralischen und politischen Verwahrlosung des Lumpenproletariats und Kleinbürgertums liegt, fordern wir, daß den Gesellschaftskrisen durch eine sozialistische Wirtschaft ein absolutes Ende gesetzt wird.

Punkt 7: Zu all diesem ist die Einheit der sozialistischen Bewegung unerläßlich. [...] Zur Vollendung der Einheit des Weltproletariats fordern wir die Aufrichtung einer alle sozialistischen Parteien umfassenden arbeitenden und kämpfenden internationalen politischen und gewerkschaftlichen Organisation.[8]

»Überall in Deutschland bildete es [das Manifest] in den Monaten April, Mai und Juni 1945 die Grundlage zielbewußter demokratischer und sozialistischer Arbeit [...] Beseelt von diesem Geist machten seine Urheber der KPD den Antrag auf Herstellung der völligen organisatorischen Einheit.«[9] Was Brill »seine Urheber« nennt, meint ihn selbst, den Sozialdemokraten, läßt außer acht, daß an der Abfassung des Manifestes auch Kommunisten im Lager beteiligt gewesen waren (das Original trägt 42 Unterschriften), und besagt zudem, daß die geplante »organisatorische Einheit« nach den Vorstellungen jener Sozialdemokraten, die (noch!) für ein Volksfrontmodell eintraten, ein politisches Gebilde werden sollte, in dem die Kommunisten den Juniorpartner zu spielen hatten.

Warum mit dieser politischen Strategie nicht erreicht wurde, was erreicht werden wollte, ist noch aufzuzeigen, zuvor aber auf die ganze Breite der Ansätze für die Formierung eines gemeinsam agierenden linken Lagers hinzuweisen. Daß diese Tendenz in der sowjetischen Besatzungszone dominant war und die volle Unterstützung der Besatzungsmacht fand, versteht sich von selbst, ist aber noch keineswegs mit dem organisatorischen Aufgaben der SPD und KPD in der SED gleichzusetzen. Es kam aber auch in allen Ländern der westlichen Besatzungszonen spontan zu lokalen Absprachen und gemeinsamem Handeln von SPD und KPD. Bei Badstübner/Thomas (vgl. Anm. 6), einer der ganz wenigen Publikationen, die überhaupt auf die Problematik eines Neubaus statt eines Wiederaufbaus konkret eingehen, findet sich, geschrieben 1975, der Hinweis, die Erforschung der Geschichte der Aktionsvereinbarungen zwischen KPD und SPD stecke noch in den Kinderschuhen. Dort steckt sie zehn Jahre später noch immer, und es liegt auch nicht im eigentlichen Thema dieses Buches, diese Lücke aufzufüllen.

Immerhin können bei Badstübner/Thomas bereits 47 Städte, von München bis Bremen, von Köln bis Braunschweig genannt werden, in denen es zur überparteilichen Zusammenarbeit zwischen SPD und KPD gekommen ist. Sie nahm keine organisatorische Form an und ist nicht identisch mit den Antifa-Ausschüssen.[10]

Vom 8. August 1945 datiert eine Vereinbarung zwischen Vertretern der KPD und der SPD Münchens. Sie verlangt von den Parteien »eine neue Politik«, eben die Politik gemeinsamen Handelns von SPD und KPD. Das Dokument ist dafür auch insofern ein Beweis, als die darin aufgeführten zehn »Sofortaufgaben« nahezu identisch sind mit Forderungen und Formulierungen im Gründungsaufruf der KPD vom 11. Juni 1945. Punkt 8 hätte wörtlich später auch im Programm der SED stehen können: »Übergabe aller Betriebe, die lebenswichtigen, öffentlichen Bedürfnissen dienen, und aller Betriebe, die sich bisher im Besitz von Kriegsverbrechern und aktiven Nazis befanden, in die Hände demokratischer Organe der Gemeinde oder des Landes! Enteignung des Großgrundbesitzes zugunsten der arbeitenden Bauern oder der Landarbeiter!« Und: »Schluß mit der Spaltung des arbeitenden Volkes!«[11]

Nichts wäre abwegiger, als aus diesen Dokumenten und Daten den Schluß zu ziehen, Antikommunismus und Antimarxismus, woraus der Nationalsozialismus eine Säule seiner Herrschaftsausübung gemacht, die er jedoch keineswegs erfunden hatte, seien über Nacht verschwunden gewesen gleich den Nationalsozialisten, die es offenbar nie gegeben hatte. Was hier proklamiert wurde, sind Bestrebungen, Ideen, Tendenzen von politisch aktiven Minderheiten. Ihnen zuzurechnen sind gewerkschaftliche Aktivitäten, die auf eine Einheitsgewerkschaft gerichtet waren (zu der es nicht kam), für die eine linke Einheitspartei der ideale Partner gewesen wäre.

Ungeachtet solcher Bestrebungen hätte eine übergroße Mehrheit der Bevölkerung die Frage, ob sie einen Staat wolle, eine Regierung, ein Parteiengefüge, darin die Kommunisten eine mitbestimmende Kraft seien, mit einem eindeutigen Nein beantwortet. Wenn gleichwohl hier die zeitgenössische Angabe, siebzig Prozent der Bevölkerung seien unmittelbar nach Kriegsende für ein sozialistisches Deutschland gewesen, zitiert wurde, ohne sie in Frage zu stellen, so deshalb, weil der Begriff »Sozialisierung« als Antithese zum Kapitalismus wie gehabt verstanden und in diesem Sinn angenommen wurde – nach allem, was im NS-Kapitalismus möglich geworden war, und ohne daß sich die breiten Schichten groß Gedanken gemacht hätten, welche Parteienkoalition real die Staatsmacht ausüben würde. Sie verhielten sich dabei ganz ähnlich wie heute in bezug auf die Wiedervereinigung. Auf die Frage: Wollen Sie die Wiedervereinigung? würden vermutlich neunzig Prozent der bundesdeutschen Bevölkerung antworten: Aber gewiß doch! Würden aber die Bedingungen genannt, unter denen überhaupt eine Wiedervereinigung denkbar ist, würde klar, daß ein neues Gesamtdeutschland nur eine vage Ähnlichkeit mit der Bundesrepublik aufwiese und wie leicht es in politische Stürme geraten könnte, dann schwände diese Majorität dahin wie Schnee an der Sonne.

Die Prämisse ist eine Erfindung, mit der uns vorgemacht wird, eine Mehrheit der von grundlegenden politischen Entscheidungen Betroffenen müßten diese herbeisehnen, damit sie in einem demokratischen Prozeß gefaßt und durchgeführt werden könnten. Wäre dem so, der Staat, in dem wir leben, sähe völlig anders aus, es hätte nicht *diese* Währungsreform, keine Aufrüstung gegeben, und es gäbe keine deutsche Atomindustrie. Alles, was das Ergebnis eines angeblich in Freiheit sich entwickelnden Zustimmungsprozesses zu sein scheint, beruht auf Propaganda, Manipulation und parteipolitischen Machenschaften. Und das heute so beliebte Schielen auf demoskopisch ermittelte Zustimmungswerte ist nichts anderes als die Überprüfung, inwieweit Propaganda, Manipulation und Machenschaften erfolgreich waren und es gelungen ist, der Bevölkerung ein X für ein U vorzumachen.

Die seltene Situation, daß die von oben nach unten wirkende Massenbeeinflussung die breiten Schichten noch nicht zu bestimmten Zwecken her- und abgerichtet hat, nennen wir »offen«, und genau dies trifft für die zweite Hälfte des Jahres 1945 hinsichtlich der »deutschen Frage« als »sozialer Frage« zu. Hinter jenen siebzig Prozent steht eine Stimmung, entstanden als Reflex durchaus nicht auf das Dritte Reich als solches, sondern auf die letzten Kriegsjahre; sie konnte für einen Neuanfang benutzt werden.

Um die Neubaustimmung der Massen in politische Neubaukraft umzuwandeln gemäß den Intentionen der frühesten, spontan entstandenen linken Parteigründungen, die infolge des Mangels an Zug- und Telefonverbindungen und ohne zonenübergreifende Post lokal begrenzt blieben, wäre es notwendig gewesen, der Bevölkerung klarzumachen, daß die KPD von 1945 auf deutschem Boden keine stalinistische Partei gewesen ist. Auch nicht in der sowjetischen Zone, wo die aus Moskau eingeflogene Ulbricht-Gruppe am Werk war, die Partei neu aufzubauen. Das ist bis zum heutigen Tage nicht gelungen. Der (Rück-)Blick reicht selbst Ende der achtziger Jahre nicht über die in der Tat stalinistische SED etwa des Jahres 1950 und der folgenden Jahre hinweg auf 1945, in welchem Jahr die Proklamationen der KPD so demokratisch waren, daß deren Erzfeind Schumacher sich zu der falschen Aussage veranlaßt sah, das alles sei nur Tarnung und der Wolf habe sich allein zum Zwecke der Überlistung einen Schafpelz übergezogen.

Hier ist wenigstens mit ein paar Sätzen darauf einzugehen, daß die linken Parteiorganisationen, die sich bemühten, den Wildwuchs antifaschistischer Aktivitäten, deren Initiatoren vorwiegend aus den befreiten Konzentrationslagern kamen und dort erste illegale Gruppen organisiert hatten, unter Kontrolle zu bekommen, nicht mit Kriegsende vom Himmel gefallen waren. Sie hatten sich vielmehr in der Emigration unter den mißtrauischen Augen der Regierungen, in deren Staaten sie sich gerettet hatten, vielfach gehemmt, irgendeine politische Tätigkeit auszuüben, durch die Kriegsjahre geschlagen. Sie waren vom Verlauf des Krieges, insbesondere durch den deutschen Überfall auf die Sowjetunion und die sich daraus formierende Anti-Hitler-Koalition, unmittelbar in ihren Programmen, ihrer Koalitionsbereitschaft und in ihren Vorstellungen, wie das Nachkriegsdeutschland aussehen solle, gelenkt und bestimmt.

Dem komplizierten Neben- und Durcheinander der politisch tätigen deutschen Emigration in allen Ländern von Mexiko über die Schweiz und England bis Schweden kann hier nicht nachgegangen werden. Auf eine zuweilen allzu detailliert dokumentierte einschlägige Arbeit des DDR-Historikers Klaus Mammach[12] sei hingewiesen. Die tragende Kraft des Widerstandes in der Emigration war die KPD, die sich mit wechselndem Erfolg bemühte, um ihre Kader herum eine nationale antifaschistische Bewegung aufzubauen. Der sowjetische Sieg von Stalingrad und die sinnlose, die verbrecherische Opferung einer ganzen Armee bildeten die Voraussetzung, daß es den Kommunisten gelang, im Juli 1943 in Krasnogorsk das Nationalkomitee Freies Deutschland zu gründen, unter dessen 38 Mitgliedern nur dreizehn kommunistische Schriftsteller und Politiker waren (unter ihnen Johannes R. Becher, Willi Bredel, Wilhelm Pieck, Friedrich Wolf und Walter Ulbricht) neben 25 Offizieren und Soldaten, die keiner Partei angehörten. Das Manifest des NKFD bildete auch das programmatische Fundament der sich jetzt bildenden Bewegung Freies Deutschland. Von da an stieg auch die Zahl ehemaliger Wehrmachtsangehöriger an, die sich als Freiwillige am bewaffneten Kampf gegen ihre ehemaligen Kameraden beteiligten. Solche die Front wechselnden deutsche Antifaschisten gab es nicht nur in der Sowjetunion. Als in Frankreich die Résistance zu bewaffneten Aktionen und Sabotageakten fähig geworden war, schlossen sich ihr deutsche Emigranten an, unter ihnen ehemalige Spanienkämpfer, die auch in Führungspositionen aufrückten.

Die kommunistischen Kader, die Organisationen der Bewegung Freies Deutschland und des Nationalkomitees arbeiteten außerhalb der nicht besetzten UdSSR unter sehr verschiedenen Bedingungen (in der Schweiz wurden ihre Mitglieder eingesperrt). Erst im Jahr 1944, als der Sieg der Alliierten nur noch eine Frage der Zeit war, wurde ihnen ein gewisser Freiraum für ihre politische Arbeit zugestanden. Im großen und ganzen verfolgten sie ein international übergreifendes Volksfrontprogramm, offen für eine Zusammenarbeit mit den Sozialdemokraten. Diese aber zersplitterten, als sie einer Entscheidung, ob sie mit den Kommunisten zusammenarbeiten sollten, nicht mehr ausweichen konnten.

Die Problematik, mit dem sich dieser Abschnitt beschäftigt, nämlich warum und durch wen die fundamentalistische Bereitschaft der Linken, gemeinsam ein sozialistisches Deutschland zu schaffen, abgefangen wurde, verlor durch den Krieg und die Zerstörung Europas durch die Deutschen nichts an ihrer ideologischen Spaltkraft. Im Gegenteil, in dem Maße, in dem die Rote Armee über die Wehrmacht Herr wurde, sie zum Rückzug zwang und sich immer klarer abzeichnete, daß Stalin in der Anti-Hitler-Koalition eine beherrschende Rolle in der Nachkriegsregelung spielen würde, sahen die rechten Sozialdemokraten, insbesondere in der Londoner Exilparteileitung unter Erich Ollenhauer (hernach Schumachers Schatten und dessen Nachfolger als Parteivorsitzender), Verräter in jenen ihrer Genossen, die sich für eine Zusammenarbeit mit den Kommunisten aussprachen. Das Ollenhauer-Lager spekulierte ganz offen auf den bevorstehenden Zerfall der Koalition und erwartete, daß die westlichen Siegermächte mit Unterstützung der in der Ostkriegführung so erfahrenen Wehrmacht die Sowjetmacht in die Knie zwingen würde. Ganz ähnlichen Vorstellungen gaben sich die deutschen Sozialdemokraten unter Otto Braun und Wilhelm Hoegner in der Schweiz hin – der letztere wurde der erste bayerische Ministerpräsident von US-Gnaden und wird in der Zeitgeschichte und in der SPD-Geschichte als eine Leitfigur der BRD-Demokratie gefeiert.

Während in nahezu allen SPD-Emigrantengruppen die antisowjetischen und antikommunistischen SPD-Funktionäre die Mehrheit bildeten, lag es in Schweden anders. Das innerparteiliche Zerwürfnis in der SAP (Sozialistische Arbeiterpartei) begann im Sommer 1943 und erreichte Anfang Januar 1944 einen ersten Höhepunkt, als die Mehrheit der deutschen Sozialdemokraten, unter denen Willy Brandt bereits eine herausragende Figur war, auf einem Kongreß in Stockholm sich für die Zusammenarbeit mit den Kommunisten aussprach. Die SPA-Linken traten im Spätsommer 1944 mit einer programmatischen Schrift hervor: *Zur Nachkriegspolitik der deutschen Sozialisten* (zu den Verfassern gehörte Brandt); darin gingen sie so weit zu prophezeien, es sei nicht ausgeschlossen, daß es zu einer neuen, das ganze linke Lager umfassenden Partei kommen könne: »[. . .] die Einheit der politischen Arbeiterklasse nach dem Sturze Hitlers [ist] die Voraussetzung eines erfolgreichen Kampfes. Die Schaffung einer einheitlichen deutschen Arbeiterbewegung kann nur in Deutschland selbst erfolgen.«[13]

Stalins Erklärung, die Sowjetunion wolle Deutschland nicht zerstückeln, wurde unmittelbar nach der bedingungslosen Kapitulation abgegeben. Ihr Adressat waren nicht die Koalitionspartner des Krieges, sondern die deutsche Bevölkerung. Ihr sollte Hilfe geboten werden, von der NS-Propaganda loszukommen, nach der die Sowjets nichts anderes planten, als die Deutschen als eigenständige Kulturnation auszulöschen. Diese Erklärung besagte überdies, daß er, Stalin, indem er an der Einheit festhielt und damit den noch nicht endgültig aufgegebenen Teilungsplänen der Amerikaner und Briten entgegentrat, auch nicht die Absicht haben könne, aus dem Reich einen Sowjetstaat zu machen, was in der dann unumgänglichen Zusammenarbeit mit den westlichen Alliierten ein Ding der Unmöglichkeit gewesen wäre. In welcher Richtung sich Stalins Pläne für Deutschland bewegten, lange vor der Potsdamer Konferenz und vor der

Verhaftung der Regierung Dönitz, läßt sich beispielsweise auch daran erkennen, daß bei den Sowjets kurzfristig die Idee ventiliert wurde, ob diese noch von Hitler eingesetzte Reichsregierung nicht von Flensburg nach Berlin umgesiedelt werden sollte.

Nachdem am 10. Juni 1945 der SMAD-Befehl Nr. 2 die Bildung politischer Parteien und Gewerkschaften in der sowjetischen Besatzungszone erlaubt hatte, veröffentlichte das Zentralkomitee der KPD sein Programm für die Behandlung Deutschlands. Darin heißt es: »Wir sind der Auffassung, daß der Weg, Deutschland das Sowjetsystem aufzuzwingen, falsch wäre, denn dieser Weg entspricht nicht den gegenwärtigen Entwicklungsbedingungen in Deutschland.« Statt dessen soll ein »antifaschistisches, demokratisches Regime, eine parlamentarisch-demokratische Republik mit allen demokratischen Rechten und Freiheit für das Volk« errichtet werden.

Es war das Programm einer Volksfrontkoalition, zu der sich die KPD mit einem Schuldbekenntnis bereit fand: »Wir deutschen Kommunisten erklären, daß auch wir uns schuldig fühlen, indem wie es trotz der Blutopfer unserer besten Kämpfer infolge einer Reihe unserer Fehler nicht vermocht haben, die antifaschistische Einheit der Arbeiter, Bauern und Intelligenz entgegen allen Widersachern zu schmieden, im werktätigen Volk die Kräfte für den Sturz Hitlers zu sammeln, in den erfolgreichen Kampf zu führen und jene Lage zu vermeiden, in der das deutsche Volk geschichtlich versagte.« Und schließlich: »Jetzt gilt es, gründlich und für immer die Lehren aus der Vergangenheit zu ziehen. Ein ganz neuer Weg muß beschritten werden! Werde sich jeder Deutsche bewußt, daß der Weg, den unser Volk bisher ging, ein falscher Weg, ein Irrweg war, der in Schuld und Schande, Krieg und Verderben mündete.«

Die politische Strategie dieses Programms benannte der KPD-Sekretär für Sachsen am 11. Juni: »Der Aufruf der Partei ist so gehalten, daß die Möglichkeit besteht, die Partei auch in den Gebieten, die von den Engländern und Amerikanern besetzt sind, neu entstehen zu lassen. Das Aktionsprogramm der Partei ist in der politischen Problemstellung der gegenwärtigen inneren und äußeren Lage angemessen«, es gehe von einer einheitlichen Politik in ganz Deutschland aus.

Daß dieses Programm nur zu erfüllen sei, wenn die Sozialdemokraten mitzögen, war den Kommunisten klar, und nichts fürchteten sie mehr zu diesem Zeitpunkt als das, was dann tatsächlich eingetreten ist: daß sich die SPD aufspalte in ein linkes Lager, das zur Zusammenarbeit mit den Kommunisten bereit sei, und in ein rechtes, das sich auf einer schroff antikommunistischen Grundposition stabilisiere, was eine Rückkehr zu den Weimarer Verhältnissen bedeuten würde.[14]

Im Juli 1945 schien, was hier anvisiert wurde, noch machbar zu sein. Die vier in der Sowjetzone bereits zugelassenen Parteien KPD, SPD, CDU und LDPD (Liberal-Demokratische Partei Deutschlands) formierten einen Block der antifaschistisch-demokratischen Parteien. Im Gründungskommuniqué heißt es, ein gemeinsamer Ausschuß werde gebildet, in den jede Partei fünf Vertreter entsendet, er werde monatlich zweimal unter wechselndem Vorsitz zusammentreten. Politische Säuberung (die bereits voll im Gange war) und der Wiederaufbau der Wirtschaft seien die Hauptaufgaben. Sodann: »3. Herstellung voller Rechtssicherheit auf der Grundlage eines demokratischen Rechtsstaates. 4. Sicherung der Freiheit des Geistes und des Gewissens sowie der Achtung vor jeder religiösen Überzeugung und sittlichen Weltanschauung.«[15]

Das ist nur ein Text von vielen, die in diesem Sinne von der KPD in allen vier Zonen bereits zu einem Zeitpunkt, in dem sie noch nicht lizensiert war, veröffentlicht wurden. In der sowjetischen Zone, wo sich die KPD des Schutzes der Besatzungsmacht sicher sein und dank dessen rasch eine solide Organisation schaffen konnte, war sie schon im Juli in der Lage, Koalitionen einzugehen, und nur dort waren die bürgerlichen Parteien bereit, auf ein solches Angebot einzugehen. In den westlichen Zonen zögerten die Kommunisten (die meisten kamen aus den Konzentrationslagern, nur wenige hatten die zwölf Jahre der Verfolgung und Ausrottung im Untergrund überlebt; dazu stießen in geringer Zahl Remigranten), auf Bündnisangebote einzugehen – wie sie ihnen beispielsweise von der SPD-Gruppe um Brill gemacht wurden (vgl. Seite 86f) –, um zunächst disziplinierte Kader aufzubauen. Der noch in Buchenwald so kooperationsfreudig gestimmte Brill gehörte zu den einflußreichen progressiven Sozialdemokraten, die aus diesem Zögern schlossen, die KPD beabsichtige, die Sozialdemokraten zu vereinnahmen, was zur Folge hatte, daß diese nun ihrerseits auf die noch vor Jahresende eingehenden Bündnisangebote der KPD mit Jein reagierten, aus dem rasch ein eindeutiges Nein wurde.

Bevor wir darauf eingehen, wie durch das Verhalten der SPD der Versuch eines Reichsneubaus nach sozialistischen Grundsätzen Episode geblieben und damit der verschlungene Weg zur Teilung hin eine Einbahnstraße geworden ist, seien die Bedingungen zusammengefaßt, die hätten erfüllt sein müssen, damit, was die Aktivität der deutschen Seite angeht, überhaupt eine Erfolgsaussicht bestanden hätte.

Erste Bedingung: KPD und SPD mußten zonenumfassende Parteiorganisationen schaffen, was von ihrer Zulassung durch die zuständige Besatzungsmacht abhing. Diese erfolgte am frühesten in der sowjetischen Zone zwischen dem 11. Juni und 5. Juli 1945. (Blockbildung am 14. Juli.) Am 15. Juni wurde in der Ostzone der Zentralausschuß der SPD gebildet. Am 17. Juni bestätigte eine erste »Basisversammlung« von rund 2000 SPD-Mitgliedern (nahezu sämtliche stammten aus dem noch ungeteilten Berlin und aus der Besatzungszone) den Zentralausschuß als Institution und in seiner personellen Zusammensetzung, desgleichen, es bestehe eine grundsätzliche Übereinstimmung mit dem Aktionsprogramm der KPD. Die Parteigründungen in Berlin unter dem Protektorat der Sowjets erfolgte in dem Bewußtsein, hiermit seien Reichsparteien gegründet worden. In ihrer operativen Arbeit waren sie indes auf ihre Zone beschränkt.

Erst im August 1945 erlaubte die amerikanische, einen Monat später die britische Militärregierung den im

Wildwuchs gewachsenen lokalen Partgeigrüppchen den Zusammenschluß auf Zonenebene. Die Franzosen waren erst im Dezember 1945 dazu bereit.

Unter diesen Gründungen war nur die CDU eine wirklich neue Partei, christlich und konservativ. Im katholischen Zentrum der Weimarer Republik hatte sie eine historische Wurzel, sich von ihr jedoch mit dem Anspruch, eine Volkspartei zu sein, gelöst, nicht eingeengt auf eine katholische Gefolgschaft. Vorsichtige Bekundungen fortschrittlicher Tendenzen, wie sie noch in den Kölner Leitsätzen vom Juni 1945 zu finden sind (»Die Vorherrschaft des Großkapitals, der privaten Monopole und Konzerne wird gebrochen«[16]), hielten Adenauer noch vom Eintritt ab, aber binnen weniger Monate wurde sie zu jener Partei, über der das Dreigestirn Adenauer, Bankier Pferdmenges, Kardinal Frings leuchtete: antikommunistisch, kapitalistisch, westlich, von Amerika das Heil erwartend und wenn nicht antinational, so doch anational. Ihr Schwergewicht lag zunächst im Gebiet, auf dem das Land Nordrhein-Westfalen entstand, über eine beherrschende Stellung verfügte sie 1945 noch in keiner der westlichen Zonen.

Einen überzonalen organisatorischen Zusammenschluß ließen die Besatzungsmächte noch lange nicht zu, aber die Entwicklung in der SPD, für die die Auseinandersetzung zwischen dem Berliner Zentralausschuß und dem Büro Schumacher in Hannover entscheidend wurde, zeigt, daß die Politiker zur persönlichen Kontaktaufnahme die Zonengrenze unterlaufen konnten. Die Vierteilung hätte kein unüberwindliches Hindernis sein müssen, eine reichsweite Zusammenarbeit zu praktizieren. Das will besagen, es hätte die Möglichkeit bestanden, daß sich die Parteien auf Grund entsprechender Beschlüsse den Besatzungsmächten mit dem politischen Gewicht nicht nur auf dem Papier existierender Reichsparteien präsentierten, ohne über einen entsprechenden organisatorischen Apparat zu verfügen. Damit ist die Vorbedingung Nummer eins angesprochen, die aus einer Episode die Grundsteinlegung eines neuen Deutschland – nein, nicht gemacht hätte, wenn sie erfüllt worden wäre, sondern:

ohne deren Erfüllung, das heißt ohne gesamtdeutsche Legitimation, den westlichen Besatzungsmächten ein sozialistisches Deutschland auf keinen Fall abzutrotzen war. Die beiden linken Parteien hätten sich im Schnellverfahren zu nationalen Parteien mausern müssen.

Zweite Bedingung: KPD und SPD einigen sich im Grundsätzlichen auf ein Programm der Sozialisierung und kämpfen Schulter an Schulter für dessen Verwirklichung. Dieses Programm hätte eine Variation dessen sein müssen, das in der Sowjetzone bereits in ersten Ansätzen durchgeführt wurde mit den Hauptanliegen: Entnazifizierung, Chancengleichheit aller Schichten, Bodenreform. Daran arbeitete die Gruppe Ulbricht von Berlin aus, die Gruppe Ackermann in Sachsen, die Gruppe Sobottka in Mecklenburg nach den Intentionen der Besatzungsmacht – damals hätte man gesagt: von Karlshorst, wo die sowjetische Militäradministration ihren Sitz hatte –, die mit den eigenen Intentionen nahezu deckungsgleich waren.

Mit Sicherheit wird an dieser Stelle aus einem Rückblick, dessen Faktenaufbereitung die Gesinnungsorientierung des Verfassers nicht verbirgt, die Herausforderung verinnerlichter Ressentiments der Leser, für die mehrheitlich Ulbricht nie etwas anderes war und sein wird als der Erfüllungsgehilfe Stalins – als solcher freilich neben Adenauer der erfolgreichste deutsche Politiker der Nachkriegszeit, jenem in vielem nicht unähnlich – und ein sozialisiertes Deutschland nie etwas anderes als ein SED-Staat, wie er vor etwa zwanzig Jahren gewesen ist, was er aber im Status der Besatzungszone von 1945 bis 1948 nicht gewesen war. Verglichen selbst mit dem heutigen Honecker-Staat und der heutigen SED, war die Sowjetzone zwischen 1945 und 1948 relativ liberaler; und zu den sowjetischen Anstrengungen, ein deutsches kulturelles Leben wieder in Gang zu setzen, fehlt die Parallele in der damaligen amerikanischen Zone. In dieser Richtung weiter zu argumentieren wäre eitel Zeilenvergeudung, denn nichts läßt erkennen, daß gegen antikommunistische, antirussische Wahnvorstellungen in der BRD erfolgreich anzukämpfen ist.

»Für die demokratischen Kräfte der Bundesrepublik, die in ihrem politischen Kampf die ökonomische Macht und den ideologischen Widerschein der Gesellschaftsrealität als gleichsam naturbedingte Realität wider sich haben, ist die genauere Kenntnis der Faktoren und Mechanismen von evidenter Bedeutung, aufgrund derer massenhafte Falsifikationsprozesse des politischen Interessenbewußtseins in der Geschichte der Bundesrepublik gelungen sind und sie zu einer Geschichte des überwiegenden Triumphes der Reaktion statt des Fortschritts, des Rüstungs- und Expansionsgeistes statt des Friedensgeistes, der Hyänenmoral des Geldes statt der brüderlichen Gesinnung, der quer durch die gesamte weltpolitische Arena ausnahmslos antifreiheitlichen Parteinahmen statt der Solidarität mit den nationalen Befreiungs- und sozialen Egalitätsbewegungen der Völker gemacht haben.«[17] Das wurde Ende der siebziger Jahre geschrieben, und nichts davon ist überholt.

Zu 3.: Wir würden KPD und SPD gewissermaßen im luftleeren Raum agieren lassen, wenn wir uns nunmehr nicht damit beschäftigten, wie sich denn die westlichen Besatzungsmächte zur Erhaltung der deutschen Einheit unter sozialistischen Vorzeichen verhalten hätten und sich andeutungsweise bereits verhalten haben. Wenn wir dabei zum Beispiel dem angesehenen Zeitgeschichtler Rolf Steininger folgen würden (er ist nur einer unter anderen), der die Deutschen im Jahr 1945 im Zustand totaler Machtlosigkeit sieht und somit doch auch von einer »Stunde Null« ausgeht – dann erledigte sich jede Überlegung, ob die maßgebende Besatzungsmacht, die amerikanische, Arm in Arm mit der britischen, die alleinige Verantwortung dafür trägt, daß aus linken Deutschland-Plänen nichts wurde.

Steininger schreibt: »Für den Neuaufbau nach 1945 galt nun einmal jene Rahmenbedingung, die ebenso treffend wie knapp in der Antwort eines Majors der Militärregierung im Ruhrgebiet zum Ausdruck kommt, mit der dieser am 15. 4. 1945 die Zechenvertreter der Gelsenkirchener Bergwerks-AG beschieden hatte: ›Revolution wird nicht geduldet.‹« Diesen Standpunkt macht sich

Steininger derart zu eigen, daß er den Satz in Anführungszeichen zur Überschrift eines zwanzig Seiten langen Abschnittes in seiner *Deutschen Geschichte 1945–1961* werden ließ.[18]

Der Ausdruck »Revolution« ist auf jeden Fall überzogen; Revolution heißt Einsatz materieller Machtmittel zwecks Herbeiführung sozialpolitischer Veränderungen, wenn nicht gar wie jene von 1789 einer neuen Epoche, und dazu fehlte unserem geschlagenen Volk nicht nur 1945 die Kraft. Von evolutionären Plänen, Absichten, Stimmungen, Tendenzen zu sprechen träfe die Sache besser, die eines Neubaus in Gestalt eines sozialistischen Deutschland. Die Dokumente erlauben nicht, davon auszugehen, es habe einen ausgearbeiteten Entwurf für dieses politische Gebilde gegeben. Soweit ist es nicht gekommen, mehr als Rahmenbedingungen sind ihnen nicht zu entnehmen. Darauf sich zu einigen, waren SPD und KPD ersichtlich so lange bereit, als zentrale, weisungsfähige Parteileitungen noch nicht aufgebaut waren. Mit anderen Worten, die Dinge waren im Werden, waren flexibel; und womit sich die Amerikaner und die Briten schließlich hätten einverstanden erklären sollen, wäre höchstwahrscheinlich nicht einmal so etwas gewesen wie das ursprüngliche »jugoslawische Modell«. Nie ist dabei zu vergessen, daß die Voraussetzung eines gesellschaftspolitischen Neubaus – die Voraussetzung und zugleich die Konsequenz – die Erhaltung der Einheit gewesen wäre.

Deshalb ist bei der Erkundung des Spielraums linker Initiativen unter Militärherrschaft eine doppelte Spur zu verfolgen: Wie stellten sich die Besatzungsmächte Deutschland geographisch und wie in seinem inneren Aufbau vor? Es bietet sich an, sich dabei auf die Amerikaner und die Briten zu beschränken; nur bei ihnen sind Schwankungen und Unsicherheit bezüglich ihrer Deutschlandpolitik festzustellen, während die Sowjets wußten, was sie wollten, entschlossen waren, es durchzusetzen, und überdies selbstverständlich ein sozialistisches Gesamtdeutschland nicht nur anerkannt, sondern auch begrüßt hätten. Die Franzosen waren hingegen in der Zeit, die hier zur Debatte steht, manisch fixiert auf ihre Sicherheit und hatten nichts anderes im Sinn, als das Reich in möglichst kleine Stücke zu zerschlagen, womit sie freilich nicht durchgekommen sind.

Wir haben von den Potsdamer Willenserklärungen der »Großen Drei« auszugehen – einen Potsdamer Vertrag gibt es nicht! – und betreten damit bereits ein Sumpfgebiet, weil nicht einmal das angeblich so eindeutige Ergebnis der Verhandlungen (Deutschland minus der den Polen ausgehändigten Ostgebiete als ein Ganzes zu erhalten) so absolut, wie es hingestellt wird, hingenommen werden darf.

Die Konferenz fand im Schloß Cecilienhof bei Potsdam statt. Wenn man den Landsitz, den sich der Kronprinz während des Ersten Weltkriegs hatte erbauen lassen, in der DDR besuchte, bevor daraus ein teures Hotel wurde, wurde der Gast im Sitzungsraum mit dem berühmten runden Tisch mit Täfelchen konfrontiert, denen er entnehmen sollte, daß die Westmächte, nur sie, Deutschland teilen wollten, und bekam auch den vom Bodensee bis zum Plattensee reichenden Südstaat vorgeführt, lange eine Lieblingsidee Churchills. Wer es nicht besser wußte, mußte vermuten, die »Großen Drei« seien noch mit Teilungsabsichten nach Potsdam gekommen. Diese hatten sie in Teheran verfolgt, und selbst in Jalta waren sie noch nicht ganz vom Tisch. Gerade diese konfuse Konferenz offenbarte, daß die Sieger nicht ausreichend darüber nachgedacht hatten, was sie in schöner Verbundenheit aus ihrem Sieg machen wollten. In Jalta war noch ein Ausschuß beschlossen worden, der über die Teilung Klarheit schaffen sollte, aber er brauchte nicht mehr zu arbeiten – die sich in Cecilienhof zusammensetzten, traten nunmehr unisono für die Erhaltung der Einheit ein. Bereits am 9. Mai hatte sich Stalin als Reichsretter zur Schau gestellt, was er nicht war, und verkündet: »Die Sowjetunion feiert den Sieg, wenn sie sich auch nicht anschickt, Deutschland zu zerstückeln und zu vernichten«.[19]

So war diese Frage geklärt? Formal ja, politisch überhaupt nicht. Die Amerikaner und Briten hatten in den zwei Monaten zwischen Waffenstillstand und Konferenz von Potsdam den Eindruck gewonnen, daß die in Jalta ausgehandelte Reparationsvereinbarung von den Sowjets durch übersteigerte Forderungen nicht eingehalten würde, wohingegen Stalin Anlaß zu dem Verdacht zu haben glaubte, seine Koalitionspartner hätten nichts anderes im Sinn, als den Deutschen so rasch wie möglich wieder auf die eigenen Beine zu helfen, um die Versorgungslast loszuwerden. Das war gewiß nicht die einzige Differenz, mit der sich jene Aufspaltung ankündigte, die aus der Anti-Hitler-Koalition zwei feindliche Weltlager werden ließ. Dazu kam, daß Moskau entgegen den Jalta-Beschlüssen aus der Oder-Neiße-Linie die endgültige Westgrenze Polens machte durch Austreibung der Deutschen und Errichtung einer polnischen Verwaltung und anderes mehr. Zuletzt aber drohte die Reparationsfrage die Konferenz insbesondere deshalb zu sprengen, weil Stalin nicht bereit war, das Prinzip anzuerkennen, daß die deutsche Industrieproduktion erst nach Befriedigung des Inlandsbedarfs und nach Finanzierung notwendiger Importe für Reparationszwecke herangezogen werden dürfe.[20]

Amerikaner und Briten dachten, Stalin wolle Deutschland ausnehmen wie eine geschlachtete Gans, vor allem das Ruhrgebiet. Stalin dachte, die beiden anderen wollten Deutschland so fair und sanft behandeln, daß es auch im Zustand der Neutralität – der angepeilt, aber nicht verifiziert wurde – ihr treuer Parteigänger werde und bliebe. Die Gegensätze verhärteten sich, die Jalta-Deklaration über die Neuordnung Europas unter der Voraussetzung freier Wahlen in den ehemaligen Satellitenstaaten des Großdeutschen Reiches erwies sich angesichts der von Moskau bereits dort geschaffenen Fakten als undurchführbar – kurz, die Herren hätten aufstehen und den kalten Krieg beginnen können. Aber soweit war es noch lange nicht. Wenn das auch nirgends geschrieben steht, so ist nach dem Verhalten aller doch anzunehmen, daß ihr gemeinsamer Kampf gegen Hitler-Deutschland und gegen die deutsche Barbarei eine Bindung geschaffen hatte (und ein Weltklima!), die ihnen im Sommer 1945 ein Scheitern der Konferenz als eine Bankrotterklärung ihrer ganzen Koalitionspolitik hätte erscheinen lassen. Den größten Wert darauf, sie fortzuführen, legten die Amerikaner, obschon Truman, ein Kommunistenfresser, nun US-Präsident war und nicht mehr Roosevelt, der Architekt des Kriegsbündnisses. Vom amerikanischen Außenminister Byrnes kam dann auch der rettende Vorschlag, den Graml »einen ebenso üblen wie folgenreichen Handel« nennt.[21]

In den Grundzügen bestand der angebotene Kompromiß darin, Deutschland als Quelle der Reparationen zu teilen, den Sowjets in ihrer Zone freie Hand zu lassen und ihnen allenfalls von den Reparationen, die Amerikaner und Briten ihren Zonen entnehmen würden, einen Anteil zu überlassen. Da keine absoluten Zahlen genannt wurden, stand es bei ihnen, wie groß dieser Anteil ausfallen würde. Vom gleichberechtigten Zugriff auf das Ruhrgebiet ausgeschlossen, mußte Stalin sich durch eine solche Regelung benachteiligt fühlen und wäre vermutlich auch nicht darauf eingegangen, hätten die Amerikaner nicht erklärt, sie würden seine Zustimmung damit honorieren, daß sie sich damit einverstanden erklärten, die abgetrennten deutschen Ostgebiete unter polnischer Verwaltung zu lassen, das heißt auf deutsch, sie als einen Teil Polens anzusehen. Stalin hätte sagen können: Das kostet euch gar nichts, denn so ist es bereits. Aber er sagte es nicht; auch er wollte die Konferenz retten.

Im Potsdamer Abkommen ist der Abschnitt III überschrieben: »Deutschland«. In III B werden die »Wirtschaftlichen Grundsätze« entwickelt, unter Punkt 14 heißt es: »Während der Besatzungszeit ist Deutschland als eine wirtschaftliche Einheit zu betrachten.«[22] Abschnitt IV behandelt die Reparationen aus Deutschland, darin ist minuziös der Kuhhandel aufgelistet. Seine klügsten Deuter saßen in London im Foreign Office, wo ein Beamter am 31. Juli schrieb: »So wird es der amerikanische Plan [...] wie sehr wir das Prinzip der Wirtschaftseinheit auf dem Papier auch sichern mögen, von Beginn an unmöglich machen, Deutschland als Einheit zu verwalten.« Und dem Leiter der Deutschlandabteilung in dieser Behörde ist es nur schwer vorstellbar, »daß eine solche Regelung Deutschland nicht vollständig in zwei Hälften teilt [. . .]«.[23]

Von alledem wußten die Deutschen nichts, desgleichen nichts die Offiziere der Militärregierungen. Die einen wie die anderen waren aber darüber informiert, daß in Berlin ein von den vier Mächten besetzter Kontrollrat als deutsche Ersatzregierung die Arbeit aufgenommen hatte, in dem die vier Oberbefehlshaber der in Deutschland stationierten Streitkräfte die höchste Instanz bildeten. Da diese vier nach den Weisungen ihrer Regierungen vorzugehen hatten, hing die Funktionsfähigkeit des Kontrollrates von der Zusammenarbeit der vier Regierungen ab, die bereits fraglich geworden war. Trotzdem läßt sich sagen, die Information, an Teilung sei nicht gedacht, ist den Deutschen bona fide vermittelt worden, von denen so viele gehofft hatten, die Amerikaner würden mit deutscher Assistenz nun gegen die Sowjetunion militärisch vorgehen. Die »deutsche Frage« schien keine Frage zu sein, ob ein verkleinertes Deutschland fortbestehen würde oder nicht.

Es spricht sogar alles dafür, daß sich die »Großen Drei« selbst nicht darüber im klaren waren, daß der Kompromiß in der Reparationsregelung und die faktische Anerkennung der neuen Westgrenze Polens, aus der sich fundamentale Rückwirkungen ergaben, auf alle im sowjetischen Herrschaftsbereich liegenden Staaten, also auf das, was wir heute den Ostblock nennen, irreparable Voraussetzungen für die Teilung des verkleinerten Reichsgebiets geschaffen hatte. Ich habe in anderem Zusammenhang einmal vom Zusammenwirken divergierender politischer Kräfte gesagt, es habe den Eindruck erweckt, als ob Affen Bridge spielten, und genau das läßt sich von der Deutschlandpolitik der Alliierten sagen, wie sie in Teheran, in Jalta und nunmehr im ersten Nachkriegsjahr über den Meldekopf Berlin und in den ersten Außenministerkonferenzen betrieben worden ist. Die einzige Konstante in diesem Hin und Her war das Festhalten der Siegermächte (ohne Frankreich, das ohnehin am Katzentisch saß und von dort Störfeuer gab) an dem bereits illusionären Wunsch, gemeinsam den Krieg und die Kriegsfolgen von Japan bis zur Atlantikküste zu liquidieren und eine stabile neue Ordnung zu schaffen. In diesem Bestreben griffen die Mächte nach jedem Strohhalm der Konzessionsbereitschaft. Hierfür war schon eine gewisse Vorsorge getroffen worden, indem den Zonenbefehlshabern das Recht eingeräumt wurde, in ihrer Zone nach ihren Interessen dann vorzugehen, wenn es zu keiner Einigung über Detailprobleme im Kontrollrat käme.

War somit für freilich nur kurze Zeit Einverständnis darüber erzielt worden, was unter »Deutschland« territorial zu verstehen sei, so lagen doch seitens der Alliierten nur derart vage Vorstellungen hinsichtlich der inneren Ordnung dieses Deutschland vor, daß jene Deutschen, die sich darüber Gedanken machten, und das waren nicht nur die Linken, obschon diese ganz vordringlich, sich nicht sagen mußten, sie beschwörten mit allem, was ihnen vorschwebte, a priori eine Konfliktsituation mit den Siegermächten herauf. Es gab kein festumrissenes Konzept der Alliierten, dem sie sich zu unterwerfen hatten, sie konnten zutreffenderweise davon ausgehen, noch sei nicht entschieden, wie und in was für einem Staat sie künftig zusammenleben sollten. Das um so weniger, als es ja auf der Hand lag, daß sowjetische Vorstellungen, wie immer sie beschaffen sein mochten, auf keinen Fall identisch mit westlichen sein würden.

Hier sei ein längeres Zitat eingefügt, dem in der Zeitgeschichte, soweit sie die Bedingungen der Startsituation von 1945 überhaupt behandelt, Seltenheitswert deshalb zukommt, weil es den kalten Krieg nicht wie üblich bereits unmittelbar nach Kriegsende ausgebrochen sieht. Die betreffende Veröffentlichung von Gerhard Stuby ist 1987 erschienen.[24] Der Autor, Jurist, ist Professor für öffentliches Recht und wissenschaftliche Politik an der Universität in Bremen.

In der Zeit nach dem 8. Mai 1945 waren zwar die Beziehungen zwischen den USA und der UdSSR für den weiteren Verlauf der internationalen Beziehungen und für die Entwicklung in Deutschland ausschlaggebend. Sie waren aber nicht unbeeinflußt von den Entwicklungen in den befreiten Ländern selbst, insbesondere von der Meinungsbildung der relevanten politischen Gruppierungen in Deutschland. Sicherlich hat jede Reflexion im nachhinein über mögliche Alternativen etwas Spekulatives an sich. Eines läßt sich jedoch mit Sicherheit sagen. Hätten sich die Entwicklungen in etwa im Rahmen der Vorstellungen der Aufrufe von SPD und KPD und damit im Rahmen des Potsdamer Abkommens vollzogen, hätte eine noch so wild entschlossene amerikanische Administration zur Sicherung »einer maximalen wirtschaftlichen Prosperität« im Sinne der »freien Marktwirtschaft« nicht so ohne weiteres augenblicklich vom konsentierten Programm der Anti-Hitler-Koalition abrücken können. Das hatte sich ja schon in Potsdam trotz des erfolgreichen Atombombenversuches bei Alamogordo in New Mexiko gezeigt.

Folgt man dieser These, so hing alles von der Konsolidierung derjenigen Kräfte ab, die im Inneren Deutschlands das Programm hätten mittragen können. Zu dieser Zeit waren dies die beiden Arbeiterparteien; und hier wiederum vor allem die SPD in den westlichen Besatzungszonen.

Die Behauptung, gegen den Willen der Militärregierungen seien abweichende deutsche Vorstellungen nicht durchzusetzen gewesen, gilt nur insofern, als sie nicht durchzusetzen waren, wenn es nicht zur Kooperation der linken Kräfte kam; die bürgerlichen solidarisierten sich gegen alliiertes Verlangen ausschließlich zur Durchsetzung reaktionärer Vorstellungen. So wurde die Entnazifizierung unterlaufen, desgleichen ein kritisches Programm für die Abschaffung des Berufsbeamtentums.

Das Potsdamer Abkommen ist das erste Nachkriegsdokument, in dem den »Großen Drei« das deutsche Volk nicht nur als bestrafungswürdig vor Augen steht, angekettet an seine Verbrechen, sondern auch als ein Volk, das, weil existent, eine Zukunft vor sich hatte, und über dessen Zukunft auch seitens derer nachzudenken war, die sich bis dahin nur als Richter und Vollstrecker von Strafaktionen und Sanktionen gesehen hatten.

Im Potsdamer Abkommen finden sich daher Sätze wie die folgenden: »Es ist nicht die Absicht der Alliierten, das deutsche Volk zu vernichten oder zu versklaven. Die Alliierten wollen dem deutschen Volk die Möglichkeit geben, sich darauf vorzubereiten, sein Leben auf einer demokratischen und friedlichen Grundlage von neuem wiederaufzubauen. [...] Die endgültige Umgestaltung des deutschen politischen Lebens auf demokratischer Grundlage und eine eventuelle friedliche Mitarbeit Deutschlands am internationalen Leben sind vorzubereiten. [...] In ganz Deutschland sind alle demokratischen politischen Parteien zu erlauben und zu fördern mit der Einräumung des Rechtes, Versammlungen einzuberufen und öffentliche Diskussionen durchzuführen.«[25]

Das klingt wie ein Wort zum Sonntag und könnte in seiner Verschwommenheit kaum übertroffen werden, wie denn auch das Abkommen im ganzen ein schlampiges Machwerk ist, wenn man bedenkt, daß es die Grundlage bilden sollte, eine kommunistische und eine kapitalistische Weltmacht zwecks Herstellung des Weltfriedens unter einen Hut zu bringen. Was von politischen Grundsätzen des Wiederaufbaus geschrieben wurde, war nichts als ein Gefäß, in das jeder der Unterzeichner hineingießen konnte, was ihm gefiel. Doch eben deshalb handelt es sich um programmatische Erklärungen, aus denen nicht herauszulesen war, den Deutschen sei verboten worden, eine sozialistische Gesellschaftsordnung zu errichten, die so, wie sie in den frühesten KPD- und SPD-Proklamationen und Leitsätzen skizziert worden war, auch dem westlichen Demokratieverständnis noch entsprochen hätte.

Die Sowjets waren die ersten, die von der Anweisung Gebrauch machten, »demokratische politische Parteien zu erlauben und zu fördern« durch die bereits erwähnte Lizensierung von KPD, SPD, CDU und LDPD noch vor der Potsdamer Konferenz mit dem SMAD-Befehl Nr. 2 vom 10. Juni 1945. Da die Gründungen in Berlin stattfanden, einer Hauptstadt ohne Reich, aber in einem ungeteilten Deutschland, verstanden sich die vier Parteien, wie gesagt, als Reichsparteien, und es ist klar, daß sie sich dabei im Einverständnis mit der Besatzungsmacht befanden. Die bei manchen Historikern und Politologen zu findende Interpretation, die Sowjets hätten damit einen aggressiven Akt begangen, ein zusätzliches Instrument schaffen wollen, um ihren Einfluß bis an den Rhein abzusichern, wird durch ihr neutrales Verhalten gegenüber den späteren Parteigründungen in den Westzonen nicht bestätigt; abgesehen davon, daß eine deutsche alliierte Ersatzregierung für ganz Deutschland bereits beschlossen war und mit dem Kontrollrat verwirklicht wurde. Wahrscheinlicher ist, daß sie sich Hoffnungen machten, ostzonale Parteiführungen, die im Genuß der tradierten Autorität der Reichshauptstadt waren, könnten automatisch zu den Führungszentren nationaler Parteien werden, wenn diese einmal erlaubt waren, und das Blocksystem übernehmen.

Sofern mit der Zulassung der vier Parteien solche Spekulationen verbunden waren, was sich nicht beweisen läßt, aber naheliegt, hätten die Sowjets eine Vorstellung vom künftigen deutschen Staat gehabt, die, vom Einparteienstaat meilenweit entfernt, ein sozialistisches Deutschland angepeilt hätte. Wie auch nicht? Es läßt sich jedoch nicht mit Bestimmtheit sagen, ob die Auseinandersetzungen der Sowjets mit den Amerikanern, Briten und Franzosen über Deutschlands Zukunft konsequent und in erster Linie von dem Ziel der Errichtung eines Gesamtstaates bestimmt worden seien. Wir neigen zu dieser Ansicht und halten das Gegenargument nicht für überzeugend: Die Sowjets hätten in diesem Fall in ihrer Zone eine moderate Innenpolitik treiben müssen, denn nur so wären »ihre« Parteien und der Parteien-»Block« für die westlichen, gleich welcher Richtung, attraktiv geblieben. »Die Umgestaltung der SBZ nach antikapitalistischen Maximen und eine – notwendigerweise kompromißbereite – gesamtdeutsche Politik waren kaum miteinander zu vereinbaren.«[26]

Wie so oft erwecken derartige Texte, denen ein westliches Horrorbild von der Sowjetzone zugrunde liegt, den Verdacht, es sei von einer SBZ und von einer späteren

DDR die Rede und werde unkritisch auf das erste Nachkriegsjahr projiziert, wie sie geworden und sich dargestellt haben, nachdem der kalte Krieg entbrannt war und der Ostblock mit seinem deutschen, speziell mit seinem Berliner Vorposten sich gegen die amerikanische Roll-Back-Strategie militärisch und ideologisch absichern mußte. So schwer es heute ist, noch den einen oder anderen Sozialdemokraten ausfindig zu machen, der nicht mit »antikapitalistischen Maximen« zu erschrekken wäre, so schwer 1945 solche, die davor erschraken. Und die KPD in den Westzonen sah in Ulbricht von 1945 gewiß auch kein Schreckgespenst.

Diese Hinweise bekräftigen eine Selbstverständlichkeit: Ein konstruktives Miteinander der SPD und KPD, selbst erweitert zu einer Volksfrontkoalition mit bürgerlichen Gruppen, wäre von Stalin toleriert worden – eine Selbstverständlichkeit freilich nur für diejenigen, die über die SED-SBZ zurückblicken können auf 1945.[27]

Erst im Januar 1946 sahen sich die Angloamerikaner bemüßigt, sich Gedanken über die politische Relevanz für die Ingangsetzung eines einigermaßen normalen politischen Lebens nach demokratischen Grundsätzen durch die Parteien zu machen, die endlich auch in der französischen Zone in Erfüllung des Potsdamer Abkommens zugelassen worden waren. Die Verzögerung ist erstaunlich, weil die vier Generäle, die das eigentliche Aktionsinstrument des Kontrollrates, den Koordinierungsausschuß, bildeten, längst die Erfahrung gemacht hatten, daß sich das Gebot des Potsdamer Abkommens, »gesamtdeutsche« Organisationen zu schaffen (Staatssekretariaten ähnlich), nicht bewerkstelligen ließ, und somit den Parteien, die gemäß diesem Abkommen »in ganz Deutschland« zuzulassen waren, eine erhöhte Bedeutung zukam. Sie waren die einzigen deutschen Institutionen, von denen anzunehmen war, daß sie nicht am Einspruch der einen oder anderen Besatzungsmacht, auf gar keinen Fall an dem der Sowjets, scheitern würden, da sie über keine mit den Militärregierungen konkurrierende Weisungsbefugnis verfügt hätten. Auch das erwies sich als eine irrtümliche Annahme.

Was die Amerikaner so spät und dennoch als erste der Besatzungsmächte über die Problematik der politischen Funktion der Parteien durch Robert Murphy, den politischen Berater General Clays, dem State Department zuspielten, war im wesentlichen eine Art Ausführungsbestimmung zu dem lapidaren Satz im Potsdamer Abkommen, alle politischen Parteien, sofern demokratisch, seien zu erlauben. Murphy lag es fern, sich philosophische Gedanken über den Begriff »demokratisch« zu machen. Er versuchte, ihn durch Verfahrensvorschriften für den innerparteilichen Aufbau zu konkretisieren. Außerdem entwickelte er Rahmenvorstellungen über das Zulassungsverfahren sowie die Methoden und Mittel der öffentlichen Wirksamkeit. Daß er auch auf die Frage der politischen Überprüfung von Parteifunktionären jeder Ebene einging, verstand sich im Januar 1946 von selbst.

Den Weg dieses Vorschlags durch die Militärregierungen und den Kontrollrat zu verfolgen, besteht hier keine Notwendigkeit. Er wurde verändert, ergänzt und wieder verändert, und zwischen den Mächten im Kontrollrat hin und her gestoßen wie eine Billardkugel, wobei sich Frankreich und die Sowjetunion am eifrigsten an diesem Spiel beteiligten. Am 13. Mai 1946 wurde er in der 54. Sitzung von der Tagesordnung abgesetzt – für immer. Die Franzosen wollten überhaupt keine übergreifenden deutschen Institutionen, von denen sie befürchteten, daraus könnte eine neue deutsche Reichsregierung werden, und also wollten sie auch keine Reichsparteien. Die Sowjets hätten nichts lieber gehabt als Reichsparteien, mit deren Aufbau sie auf dem Papier längst begonnen hatten, aber sie wollten keine Verfahrensvorschriften für die Zulassung der Parteien bestätigen, die in irgendeiner Weise den westlichen Partnern eine Hintertür geöffnet hätten, auf ihre Entscheidungen, wie sie ihre Zone gestalten wollten, einzuwirken. In der zweiten Aprilhälfte des Jahres 1946 waren in der Sowjetzone KPD und SPD in der SED aufgegangen (wie es dazu kommen konnte, wird zu berichten sein). Eine Reichspartei SPD, nunmehr mit klarem Schwergewicht im Westen und von dorther aufgebaut, hätte der SED eine schwere Niederlage in ihrer eigenen Zone bereitet – wobei offensichtlich in den Monaten der Behandlung des amerikanischen Vorschlags die Frage gar nicht ventiliert wurde, ob im Fall seiner Annahme in der einen oder anderen Form dann auch die SED sich über die Westzonen hätte ausbreiten dürfen. Es hätte ihr wenig, wahrscheinlich gar nichts eingebracht.

Auf diese gescheiterte Bemühung, aus der im Potsdamer Abkommen als wesentlicher Punkt der Demokratisierung des Ex-Nazi-Staates und seiner Bevölkerung enthaltenen Anweisung, alle Parteien in allen Zonen zuzulassen, ein von allen vier Partnern getragenes Parteiengesetz zu machen, war hier einzugehen, weil auch der Mißerfolg noch die Frage berührt, welche Chancen die beiden linken Parteien hatten, sich den Besatzungsmächten mit der Autorität einer gesamtdeutschen politischen Kraft zu präsentieren. Gesetzt den Fall, es wäre noch in den ersten Monaten des Jahres 1946, also vor Gründung der SED, hierüber zu einer Einigung gekommen, so hätte das im Prinzip die bis dahin in der SPD und in der KPD stattgefundene Entwicklung, konkret: ihr Auseinanderdriften, möglicherweise rückgängig machen können. Darüber zu spekulieren hat insofern Sinn, als es auffällt, daß die Amerikaner und die Briten diesen nicht auszuschließenden Vorteil für Sozialisierungsabsichten durch die Bildung von Reichsparteien gar nicht erwogen haben, was nur den Rückschluß zuläßt, daß sie sich um die Jahreswende 1945/46 schon sicher waren, die Stimmung für eine Sozialisierung sei bereits mehr oder weniger verflogen. Sie benützten für das Problem die Formel, die Deutschen wollten »den Kommunismus« nicht, was richtig war, nur hatte »der Kommunismus« mit einem sozialisierten neuen Deutschland gerade in den Punkten, die »den Kommunismus« als unannehmbar erscheinen ließen – zusammenzufassen im Begriff »Parteidiktatur« –, nichts zu tun. Klugen Köpfen in der US-Militärregierung und in Washington war dieser Unterschied klar. Sie hielten es nicht für ausgeschlossen, daß die zunehmende Befürchtung, die Politik der Sieger könne in der Zerstörung der Einheit kulminieren, in Verbindung mit der gleichfalls zunehmenden Erkenntnis, die Sowjets und die deutschen Kommunisten seien die eigentlichen Anwälte der Erhaltung der Einheit, die Deutschen doch bestimmen könnten, sich nun mit einer neuen Motivation für eine Gesellschaftsform zu entscheiden, für deren Verwirklichung sie sich mehr auf die Sowjets als auf die Amerikaner hätten stützen müssen. Daß die letzteren durch Byrnes den Vorschlag einer Neutralisierung Deutschlands auf der Basis der von den Besatzungsmächten für 25 Jahre kontrollierten Entmilitarisierung einbrachten und im Mai eine neue Initiative für den Abschluß eines Friedensvertrages starteten, daß Byrnes selbst im September 1946 mit seiner berühmten Stuttgarter Rede den Deutschen klarmachen wollte, sie hätten in Amerika nun nicht mehr den strafenden Sieger, sondern den aufbauwilligen Freund vor sich und er zusammen mit Clay ihnen mit der frühzeitigen Bildung einer provisorischen deutschen Regierung vor der Nase herumwedelte – das alles waren Bemühungen, die Potsdamer Vereinbarung doch noch zu retten. Sie müssen vor dem Hintergrund einer veränderten Strategie gegenüber der Sowjetunion gesehen werden, der die Einsicht zugrunde lag, daß sie, die Amerikaner, nicht mehr hoffen durften, verhindern zu können, daß den Ostblockstaaten stalinistische Regime aufgezwungen wurden, was auch und gerade für Polen galt. Sie mußten sich damit begnügen, Moskaus Herrschaftsbereich einzudämmen, überall auf der Welt, ganz vordringlich aber in Deutschland.

Unter allen Umständen zu vermeiden, daß die Sowjets in irgendeiner Form zu Einflußmöglichkeiten in den Westzonen gelangen könnten, hatte bereits in Potsdam die verhängnisvolle Reparationsregelung hervorgebracht und bestimmte nun immer ausschließlicher die amerikanische Deutschlandpolitik. Mit der Viermächtekontrolle über ein bis auf die letzte Kompanie entmilitarisiertes, neutralisiertes Gesamtdeutschland wären die Sowjets zwar auch in eine Position gekommen, von der aus sie die Entwicklung bis an die französische Grenze mitbestimmen konnten, dies aber auf einer vertraglichen Grundlage und über Institutionen, die ihnen nicht erlaubt hätten, eine nur ihren Interessen dienende Deutschlandpolitik zu entwickeln.

Datierbare Konferenzen, Diskussionen, Vorschläge, deren Veränderungen und Verwerfungen – das alles protokolliert und als Dokument vorliegend – bilden die Nahrung der Historiker (aus denen sie dann ganz verschiedene Schlüsse ziehen). Sie schwimmen wie Korken auf einem Meer von Stimmungen, Vermutungen, Prognosen, die im mündlichen Meinungsaustausch und hinter verschlossenen Türen entstehen. Und so ist es eben nicht datierbar, wann genau die Briten und zeitverschoben die Amerikaner 1945 angefangen haben, ihre Sympathien für den antifaschistischen, eindeutig linken Elan jener Deutschen, die ihnen ursprünglich die liebsten sein mußten, weil sie bei Hitler nicht mitgespielt hatten und von ihm verfolgt worden waren, abzubauen und sich zu überlegen, daß dieser Antifaschismus zwei Seiten hatte: die erfreuliche, die im Begriff selbst Ausdruck findet, und eine ganz andere, die antikapitalistische. Daß antifaschistische Bekenntnisse in einem faschistischen Gesamtklima nur Alibicharakter haben, wenn sie von prokapitalistischem Aktionismus begleitet sind, ist eine Wahrheit, für die unter anderem die vierzigjährige Bundesrepublik zeugt.

Daß die Amerikaner nicht in den Krieg gegangen waren, um ein sozialistisches Deutschland zu schaffen, braucht nicht gesagt zu werden. Die führende Macht der kapitalistischen Welt wollte im eigenen Herrschaftsbereich kein linkes Trojanisches Pferd hochpäppeln. Sie war für demokratische Ideale – und außerdem für imperialistische Interessen – aus ihrer Isolation herausgetreten, und nun hatten sie die Deutschen, ja ganz Westeuropa auf dem Hals.

Wie ernst es den Amerikanern damit war, sich von ihrem Demokratieverständnis auch gegenüber den Deutschen leiten zu lassen, ist eine Frage, der in diesen Überlegungen ein erheblicher Stellenwert zukommt, ja entscheidend dafür ist, ob angenommen werden darf, die führende Macht im kapitalistischen Lager hätte eine maßvolle Sozialisierung zugelassen, sofern eine gesamtdeutsche Koalition von SPD und KPD zu einem Zeitpunkt dahintergestanden hätte, als die Sozialisierung in der Sowjetzone noch nicht unvereinbar war mit westlichen, vor allem also amerikanischen Vorstellungen von einem neuen deutschen Staat. »Das kommunistische Konzept der antifaschistisch-demokratischen Erneuerungen auf der Grundlage eines ›Blocks‹ demokratischer Parteien kam aus der Volksfronttradition der Kommunistischen Internationale. Es schloß empfindliche Eingriffe in die Sozial- und Wirtschaftsstruktur nicht aus, versprach jedoch die ›völlig ungehinderte Entfaltung des freien Handels und der privaten Unternehmerinitiative auf der Grundlage des Privateigentums‹. [...] Diese Vorhaben [ließen] sich unschwer jenen Demokratievorstellungen annähern, auf die sich auch die westlichen Besatzungsmächte stützten.«[28]

Es ist außerdem zu bedenken, daß Amerika nicht allein zu bestimmen hatte und noch nicht die Omnipotenz gegenüber den Franzosen und Engländern besaß, die es erst mit dem Marshallplan erreichen sollte. England mit einer Labour-Regierung wäre zweifellos gegenüber einem sozialisierten Deutschland nicht von prinzipiellen, ideologisch motivierten Gegenpositionen ausgegangen. Es hätte sich vor allem gefragt, inwieweit damit eine Verstärkung des Einflusses der Sowjets über ganz Deutschland verbunden sei und wie man sie gegebenenfalls verhindern könnte. Die Franzosen hatten überhaupt noch nichts entwickelt, was man Deutschlandpolitik konstruktiver Art nennen könnte. Sie waren fixiert einerseits auf die Durchsetzung des Anspruchs, als Siegernation gleich den »Großen Drei« anerkannt zu werden, andererseits auf ihren Sicherheitskomplex, das heißt auf die wirtschaftliche Niederhaltung Deutschlands – die militärische sowieso und auf immer. Vermutlich wären sie zur Überzeugung gelangt, eine sozialisierte Ruhr würde weniger Effizienz entwickeln als eine Ruhr der Kohle- und Stahlbarone.

Da sich das Demokratieverständnis der Amerikaner als (oft durchlöchertes!) Grundprinzip operativer Politik auch gegenüber den Verbündeten zu bewähren hatte, ist deren Verhalten gegenüber deutschen Sozialisierungsinitiativen mit in die politische Rechnung zu stellen. Im übrigen ist unübersehbar, daß die Amerikaner sich bei zahlreichen Gelegenheiten auf dieses Grundprinzip beriefen, um Entscheidungen, denen sie ausweichen wollten, mit der Begründung zu verschieben, darüber könne erst in einem Friedensvertrag beziehungsweise mit einer deutschen Regierung ein Beschluß herbeigeführt werden. Es verdient in diesem Zusammenhang hohes Interesse, daß die Briten 1947 im Zuge des European Recovery Program einen minuziösen Sozialisierungsplan für die Ruhr ausgearbeitet hatten. Dieser Plan paßte den Amerikanern, die gerade dabei waren, durchzusetzen, daß Deutschland in den Genuß von Marshallplan-Mitteln kam, überhaupt nicht. Sie zauberten daher eine »Deutsche Kohle Berbau Leitung« aus dem Hut hervor, womit sie in der Lage waren zu sagen, wie die Ruhr organisiert werden soll: Das müssen wir den Deutschen überlassen. Die Verstaatlichung war verhindert, ohne daß es zu einer direkten Konfrontation mit den Briten gekommen wäre.

Doch zurück zu 1945. Ihre demokratischen Ideale verpflichteten die Amerikaner auch, ernst zu nehmen, was diejenigen wollten und sich erhofften, auf deren Mitarbeit sie angewiesen waren, nachdem sie die Reichsgrenzen überschritten hatten und die bedingungslose Kapitulation Tatsache geworden war. Was ihnen entgegenkam und sich befreit fühlte, mehr befreit als besetzt und besiegt, stellte ein breites Spektrum politischer Richtungen dar, das von den Kommunisten bis zu den Kirchen reichte, die das Abendland nunmehr retten wollten, nachdem sie vorher in diesem Geschäft nur mit Minderheiten tätig gewesen waren. Unterm Strich aber war für sie bei den Deutschen ein Generaltrend nach links unübersehbar; demokratisches Verhalten gebot, ihn zu tolerieren. Die Bereitschaft dazu war in der amerikanischen Militärregierung bis hinunter zum Leutnant um so größer, als das Personal, das mit deutscher Kundschaft unmittelbar zu tun hatte, sich mehrheitlich aus deutschen Emigranten rekrutierte, die, weil sie links oder Juden gewesen waren, sich vor ihrem Volk hatten davonmachen müssen. (Der Verfasser war 1946 als deutscher Hilfswilliger in einer bayerischen Behörde der Militärregierung tätig. Ihm wurde in einer Diskussion über die Frage, wie Zeitungsredaktionen zu führen seien, von einem Presseoffizier entgegengehalten: »Sie sind eben zu wenig Sozialist.«)

Ohne diese Phase politischer Toleranz hätte sich nichts von dem ereignen können, was wir vor dem Hintergrund jener Siebzig-Prozent-Stimmung für einen gesellschaftspolitischen Neubau beschrieben haben. Der rasche Zugriff auf den Wildwuchs der Antifa-Ausschüsse, dem sie auch in der Sowjetzone erlagen, bedeutete alles andere, als daß jeder linken Initiative der Garaus gemacht werden sollte; er war auf Ordnungsvorstellungen zurückzuführen, wie sie nun einmal in die Ideologie aller Militärs eingegangen sind.

Dort, wo die Zusammenarbeit von KPD und SPD in einem Statut festgelegt und in dieser Form publiziert wurde, mit Namensnennung der dafür Verantwortlichen, war das noch im Herbst 1945 möglich. Das entsprechende Abkommen, das die Frankfurter Parteiführer von KPD und SPD schlossen, stammt vom 3. September 1945:

[...] Unter Wahrung der Selbständigkeit beider Parteien kamen ihre Vertreter überein, einen gemeinsamen Aktionsausschuß zu schaffen [...] [Er] stellte sich folgende Aufgaben:

1. Enge Zusammenarbeit bei der Durchführung der dringlichen Aktionsaufgaben zur Liquidierung der Überreste des Nazismus und zum Wiederaufbau des Landes auf einer festen demokratischen Grundlage. Als Voraussetzung hierfür wird der Aufbau einer antifaschistischen demokratisch-parlamentarischen Republik betrachtet [...]

2. Es sind die erforderlichen Schritte zu unternehmen, um mit allen anderen antifaschistischen demokratischen Parteien Vereinbarungen über die Bildung eines festen antifaschistischen Blocks zu treffen.

[...]

5. Gemeinsame Beratung zur Klärung ideologischer Fragen.[29]

Unzweifelhaft nahm diese politische Toleranz gegen Ende des Jahres 1945 ab, und zwar direkt proportional zu den Schwierigkeiten, die bei dem Versuch der Durchführung des Potsdamer Abkommens durch Meinungsstreit in immer mehr Detailfragen im Kontrollrat entstanden. Dieser Prozeß ist nicht an einem Datum festzumachen.

Sich von diesem Prozeß ein realistisches Bild zu machen, taugen zeitgeschichtliche Analysen weniger als Erfahrungsberichte betroffener Deutscher. Aus ihnen ragen die 1985 veröffentlichten Erinnerungen des Buchenwald-Häftlings und Kommunisten Emil Carlebach hervor, der zu dem ersten Herausgeberteam der *Frankfurter Rundschau* gehörte. Es war die erste in der amerikanischen Zone lizenzierte Zeitung.

In welchem Geist die KPD, die SPD und die LDPD in der sowjetischen Zone an die Arbeit gingen, wäre aus den Interviews zu erfahren gewesen, die von Carlebach für die *Frankfurter Rundschau* Mitte September 1945 mit den Vorsitzenden dieser drei Parteien gemacht worden sind. Hier eine stark gekürzte Wiedergabe:

Frage: »Welches sind die entscheidenden Voraussetzungen des Wiederaufbaues Deutschlands?«

Wilhelm Pieck, Vorsitzender der KPD: »[...] die Schaffung der Einheit des gesamten werktätigen Volkes [...] Die neue Demokratie muß [...] dem werktätigen Volk den ihm aufgrund seiner wirtschaftlichen Bedeutung und seiner Zahl zustehenden Einfluß in der Kommune und im Staat verschaffen. Die demokratischen Rechte [...] müssen im weitesten Sinne entwickelt und gesichert werden [...]«.

Otto Grotewohl, Vorsitzender der SPD: »[...] Es muß gelingen, Deutschland zu einem wahrhaft demokratischen Staat umzuformen [...] [und] das höchste und wertvollste Gut der Arbeiterklasse, die *Einheit* der Arbeiterklasse, herbeizuführen. [...] Die aus der Uneinigkeit der Arbeiterschaft entstandenen Fehler von 1918 dürfen niemals wiederholt werden. [...]«

Dr. Waldemar Koch, Vorsitzender der Liberal-Demokratischen Partei: »Als vordringlich sehe ich die Wiederherstellung der Wirtschaftseinheit an. [...] Die Zusammenarbeit der vier antifaschistischen Parteien ist eine Tatsache [...] Selbstverständlich haben wir verschiedenartige Meinungen; sonst brauchten wir ja nicht mehrere Parteien.«

Frage: »Hat die Kommunistische Partei mit ihrer heutigen Einstellung zur Frage der Einheit [...] eine Wandlung gegenüber der Zeit vor Hitler vollzogen?«

Pieck: »[...] es ist richtig, daß auch die Kommunistische Partei in ihrer damaligen Politik eine Reihe taktischer Fehler beging, die vor allem das Zusammengehen der kommunistischen und sozialdemokratischen Arbeiter erschwerten. Wir haben darüber offen [...] gesprochen. Auch strategisch wurden von uns Fehler begangen [...]«

Frage: »Hat die Sozialdemokratische Partei mit ihrer heutigen Einstellung zur Frage der Einheit [...] eine Wandlung gegenüber der Zeit vor Hitler vollzogen?«

Grotewohl: »[...] Die Sozialdemokratische Partei [stand] bis 1933 konsequent zur Forderung der Einheitsfront der Arbeiterschaft und [erhob] diese Forderung auch dann noch, als die Grundlagen für eine Einigung, bedingt durch die verschiedenartige Einstellung der beiden Arbeiterparteien zur Demokratie, als nicht mehr gegeben angesehen werden konnte. [...] Durch die Erklärung der KPD vom 11. Juni 1945 ist eine Grundlage [...] zu einer gemeinsamen Arbeit beider Parteien geschaffen.«[30]

Zu 4.: Was steht an? Immer noch die Frage, »ob ein sozialistischer Neubeginn nach 1945 überhaupt möglich gewesen ist oder ob die Beharrungstendenzen aus der Zeit der Weimarer Republik so stark bzw. die Repressionen der Westalliierten so groß waren, daß sie z. B. die Entstehung einer einheitlichen Arbeiterpartei in allen vier Besatzungszonen von vorneherein unmöglich gemacht haben«.[31]

Der Leser zweifelt schon nicht mehr, daß wir an ein »unmöglich«, aus welchen Gründen auch immer, nicht zu glauben vermögen. Unsere These, eine Koalition der beiden großen Arbeiterparteien, vermutlich automatisch zur organisatorischen Vereinigung führend, hätte in der Situation von 1945 die politische Kraft entwickeln können, die Besatzungsmächte mit einem gesamtdeutschen Entwurf gesellschaftspolitischen Neubaus zu konfrontieren, erlaubt eine holzschnittartige Vereinfachung des Problems, wie sich die beiden linken Parteien von ihren Startplätzen aus miteinander beziehungsweise gegeneinander entwickelt haben. Die Urvoraussetzung für den Sieg der restaurativen Kräfte war die Niederlage der progressiven, nicht die Weltkonstallation nach der deutschen Niederlage. Daß sich das Triumvirat Adenauer/Pferdmenges/Erhard durchsetzen konnte mit Restitution der Konzerne, Berufsbeamtentum, Verwendung der Nationalsozialisten in Justiz, Medizin, Hochschulen, Beamtenschaft, Ministerien, dieser Währungsreform, Aufrüstung, beruht auch auf dem Versagen der liberalen Kräfte im bürgerlichen Lager, vor allem aber auf der Strategie der SPD. Deren Verhalten, deren Ohnmacht, deren Unfähigkeit, ein Gegenkonzept zu entwickeln, leitet sich von der Deutung des Nationalsozialismus als eines zufälligen, von Hitler und seinen Komplizen herbeigeführten Ereignisse her, also von einer schwachsinnigen Faschismustheorie, die diesen Namen nicht verdient, und außerdem von dem Irrglauben, der Kapitalismus habe sich erledigt.

Der Mann, von dem jetzt gesprochen werden muß, war nahezu zehn Jahre Häftling verschiedener Konzentrationslager. Er war ein Einzelgänger oder, wie auch von ihm gesagt wurde, eine Einspänner-Natur. »Er war einarmig [. . .] schlank, sehnig, anscheinend unbewegt wie ein Asket, ständig nachdenklich, ständig im Gleichgewicht, sachlich nüchtern, zugleich höflich und kühl, niemals herzlich [. . .] Er war ein Fanatiker, aber auch ein schweigsamer Zelot. [. . .] In einer Hinsicht war er absolut unzugänglich. Er lehnte jedes Gespräch über ein Zusammengehen oder gar eine praktische Zusammenarbeit mit den Kommunisten [im Lager] ab.«[32]

Diese Beschreibungen gelten dem Schumacher der

Vorkriegszeit, als er in Dachau inhaftiert war. Wegen seines katastrophalen Gesundheitszustands (gegen Ende der Haft wog er, 1,80 Meter groß, noch 42 Kilo) wurde er im März 1943 entlassen, aber nach dem 20. Juli 1944 aufs neue inhaftiert, diesmal in Neuengamme, wo er auf einen Lagerkommandanten traf, der ihm Erleichterungen anbot, die der Schwerkranke nicht annahm.

Personenbeschreibung gehört in diesen Text, weil es die Person war, ihre ungebrochene Willenskraft, die Unbeirrbarkeit ihrer Überzeugungen, eine Überredungskunst sondergleichen, was diesen Mann zum großen Gegenspieler Adenauers werden und seine Anhänger (bei der ersten Bundestagswahl 1949 rund sieben Millionen Westdeutsche) darüber hinwegsehen ließ, daß er, politisch beurteilt, eine ganz und gar altmodische Erscheinung war – hingegen der fast zwanzig Jahre ältere Adenauer eine ganz und gar moderne. Seine Ressentiments: Nationalismus und Antikommunismus, die ihn um den Erfolg brachten, wurden von einer verblendeten Öffentlichkeit als seine Stärken angesehen, die einen zwölfjährigen Intensivkurs in Antikommunismus gerade absolviert hatte. Seine Überzeugung, der Kapitalismus habe sich erledigt, basierend auf der im Weltmaßstab bedeutungslosen Tatsache, daß der NS-Kapitalismus Schiffbruch erlitten hatte, wurde von der Entwicklung so gründlich widerlegt, daß es beinahe Beschönigung wäre, von politischer Blindheit zu sprechen. Sie erlaubte dem SPD-Führer in die Nachkriegsarena mit dem Motto zu steigen: Das neue Deutschland wird sozialistisch sein, oder es wird nicht sein. Selten hat sich eine Prophezeiung so haargenau erfüllt, wenn man sie in ihrem Wortsinn gelten läßt, was aber Schumacher nicht gemeint hatte.

Sich im April 1945 in Hannover niederlassend, wo eine seiner Schwestern wohnte, die sich seiner schon angenommen hatte, als er im März 1943 zum erstenmal aus der Haft entlassen worden war, begann er sofort mit dem Wiederaufbau der SPD, für die er im Reichstag gesessen hatte, und lehnte einen angebotenen Schweizer Erholungsurlaub ab. Am 19. April nahm Schumacher mit

Parteifreunden die Arbeit auf. Am 6. Mai leitete er die Gründungsversammlung, neun Tage bevor die Briten politische Parteien auf Kreisebene zuließen. Er begann unter den verfügbaren beziehungsweise aus der Emigration zurückkehrenden Sozialdemokraten auszuwählen, wobei bereits zwei Auswahlkriterien sich abzeichneten: ein politisches und ein persönliches, soweit diese Unterscheidung überhaupt bei einem Mann getroffen werden kann, der Politiker war und sonst nichts. Er bevorzugte Genossen, die im Rahmen ihrer sozialistischen Grundüberzeugungen so rechts waren, wie viel später beispielsweise ein Helmut Schmidt. Hohe Parteiführer aus der Weimarer Zeit hielt er fern, die von daher vielleicht Anspruch auf die Führung der neuen SPD hätten erheben können, an der nichts neu war außer der Vorstellung, ein neues sozialistisches Deutschland müsse endlich geschaffen werden und die SPD sei berufen, es zu schaffen. Die Anti-KPD-Strategie der Partei wurde beeinflußt von den aus London zurückkehrenden Sozialdemokraten, die eine Labour-Regierung erlebt und bewundert hatten, unter ihnen Erich Ollenhauer, der den Typ des Sozialdemokraten verkörperte, der ganz gern Revolution gemacht hätte, wäre sie zwischen 8 Uhr und 17 Uhr vom Schreibtisch aus zu machen gewesen.

Dieser Typ war Schumacher nicht. Er agierte und agitierte unermüdlich, und vielleicht haben diejenigen nicht unrecht, die annehmen, ihm hätten die in den westlichen Zonen bereits arbeitenden, von SPD und KPD paritätisch besetzten Selbstverwaltungen doch so viel Eindruck gemacht, daß er zunächst ein Bündnis mit den Kommunisten nicht ganz ausgeschlossen habe, ein Bündnis allerdings, beschränkt auf eine Zusammenarbeit innerhalb der Westzonen. Er dachte schon im Schema der Aufgliederung in Ost und West, was ihn nicht hinderte, sich in der Königsrolle des Verteidigers der nationalen Einheit zu sehen: »Unsere Politik [geht] auf die Neugliederung des deutschen Raumes unter stärkster Betonung der Reichseinheit als des kardinalen Problems für uns als Nation und Klasse. [. . .]« (Juli 1945) »Wir deutschen Sozialdemokraten sind nicht britisch und nicht russisch, nicht amerikanisch und nicht französisch. Wir sind die Vertreter des deutschen arbeitenden Volkes und damit der deutschen Nation.« (Auf der Parteikonferenz in Wennigsen bei Hannover, 5. Oktober 45)[33] »Die Sozialdemokratische Partei wird der entscheidende Faktor Deutschlands, oder aus Deutschland wird ein Nichts, und Europa wird ein Herd der Unruhe und der Fäulnis.« (Mai 1946)[34] Über einen Teil der Nation herrschte der »rotlackierte Imperialismus« (Schumacher), mit dessen Protektionskind, der SPD in der Sowjetzone, man hätte kooperieren müssen, wenn man wirklich den Zusammenhalt der Nation in einem sozialistischen Staat ersehnt und durch linke Politik hätte Wirklichkeit werden lassen wollen. Es war seine Partei, aber innerhalb dieser gab es patriotische Genossen, die mit jener KPD zusammenarbeiten wollten, die gerade um der Erhaltung der Einheit willen sich zur Kooperation durch Mäßigung anbot. Es hätte deutsche Sache nicht sein müssen, sich den imperialistischen Machenschaften der Amerikaner zu unterwerfen, die Westeuropa für sich allein haben wollten – und bekamen! Für Schumacher hatten sich die Kommunisten in Leute verwandelt, »die vom Kapitalismus, Unternehmertum und Privateigentum schwärmten« und deshalb »in ihrer politischen Theorie und Praxis ebenso vollständig zusammengebrochen [sind] wie das Nazitum und der Militarismus«.[35]

Zu derart abstrusen Verzerrungen nahm er Zuflucht, um sich nicht eingestehen zu müssen, daß er gegen die Durchsetzung eines Programmes ankämpfte, das er selbst propagierte, um im nächsten Augenblick sein »Unmöglich!« eines Bündnisses mit den Kommunisten mit dem genau gegenteiligen Argument zu begründen, sie seien Stalinisten, dasselbe wie der Nationalsozialismus in Rot. »Es ist nun einmal Tatsache, daß die große Arbeiterpartei in dieser historischen Epoche nicht kommen kann. Daran ist nicht ein Mangel an gutem Willen schuld, sondern die Tatsache der außenpolitischen Abhängigkeit der Kommunisten.«[36] An Vereinigung der beiden Parteien sei nur zu denken, wenn sich die KPD auch innerlich von den Sowjets abgesetzt habe.

Das war die verhängnisvolle Angst einer angeblichen Linkspartei vor einer linken Gesellschaft. So war die SPD schon angetreten nach dem Ersten Weltkrieg. Ein Wahlplakat aus der Weimarer Zeit zeigt einen nackten, brutalen Typ, dessen rechte Hand den Hals eines Kommunisten mit Mütze umklammert, dessen Linke einen SA-Mann erwürgt. Die Unterschrift: »DIE ZWEI SIND SCHULD, daß der Herrenclub regiert und es dem deutschen Arbeitsvolke täglich schlechter geht. Der 6. November soll für sie Gerichtstag werden. Wählt Sozialdemokraten LISTE 2.« Ein zweites Plakat: »Sozialdemokraten! Beweist der Welt, daß unser deutsches Volk für die Demokratie reif ist / daß es fähig ist, politische Entscheidungen zu treffen / daß es den Mut besitzt, für seine Überzeugung gegen jeden Versuch politischer Vergewaltigung zu kämpfen! DARUM stimmt GEGEN sofortige Verschmelzung von SPD und KPD.«[37]

Hier wurden Kulissen gebaut, um die Wirklichkeit »SBZ« nicht sehen zu müssen, die für bürgerlich-kapitalistische Augen sich als der Untergang des Abendlandes darbot, und das heißt als der Untergang von Krupp, Thyssen und Konsorten; für ihn aber, den linken Reformator, das nachahmenswerte Beispiel hätte sein können. Es kam unausweichlich auf ihn zu in Gestalt des Berliner SPD-Führers Grotewohl, der unter dem Schutz der Sowjets eine eigenständige Parteigröße darstellte, die von Hannover aus nicht marionettenhaft zu lenken war. Auf der Parteikonferenz von Wennigsen am 5. Oktober 1945 kam es mit ihm zu der Begegnung, in der sich eine Art Frontbildung innerhalb der SPD erstmals abzeichnete. Die dort zusammenkamen, verfügten über keine demokratische Legitimation, für die Partei im ganzen zu sprechen, keine Basisorganisation hatte sie gewählt. Aber unter den chaotischen Verhältnissen sahen die Teilnehmer darin keinen Mangel, der sie hätte abhalten können, sich als das höchste Parteigremium zu verstehen und demgemäß zu handeln. Es bedurfte auch keines Wahlaktes oder einer Abstimmung, um Schumacher als den Parteivorsitzenden anzuerkennen. Er faszinierte die Versammlung. In einem Nachruf auf Schumacher hat

Carlo Schmid geschrieben, die Zonengrenzen seien noch so dicht gewesen, daß man kaum voneinander wußte. Aber eines hätten sie alle gewußt: »In Hannover sitzt einer, der in sich die Einheit der Partei verkörpert.«[38]

Nichts stimmte 1945 weniger. Konnte Schumacher kraft seiner Person die am Tisch versammelten Sozialdemokraten aus den Westzonen und die Remigranten aus London ohne weiteres auf »seine Konzeption der Einheit von Reich, Nation und Klasse, von Ethos, Demokratie und Sozialismus«[39] einstimmen, weil diese über nichts verfügten, was man hätte Konzeption nennen können, außer über eine sozialdemokratische Vergangenheit, so saßen mit Otto Grotewohl, Max Fechner und Gustav Dahrendorf die Repräsentanten der Berliner SPD in der Runde, die eine Konzeption hatten, mit der sich Schumacher nicht abfinden konnte: Nur SPD und KPD gemeinsam könnten durch Sozialisierung die Einheit erhalten. Mit dieser Überzeugung hatten sie bereits am 19. Juni 1945 das Aktionsbündnis mit der KPD in aller Form abgeschlossen. Eben deshalb bestritt Schumacher den Führungsanspruch der reichshauptstädtischen Sozialdemokraten, die schon über eine ausgebaute Organisation verfügten, und erkärte, Grotewohls Zentralausschuß sei nur für Berlin und die Sowjetzone zuständig, woraus sich ergab, daß die SPD über zwei Führungskader verfügte und ohne Parteivorstand war.

Von diesem Augenblick an bearbeitete das Büro Schumacher die lokalen SPD-Organisationen in den drei Westzonen mit dem Ziel, von ihnen Erklärungen zu bekommen, sie seien für ein Bündnis mit der KPD nicht zu haben – weder in Form von gemeinsamen Arbeitsausschüssen, was bedeutete, daß die vielerorts arbeitenden SPD/KPD-Selbstverwaltungsgremien lahmgelegt würden, und erst recht nicht in Form einer Vereinigung zu einer neuen linken Partei. Als ihnen das Problem in dieser Form präsentiert wurde, stimmten als erste die Delegierten der Landesvorstände in der US-Zone darüber ab mit dem Ergebnis: 144 gegen sechs für die Vereinigung (3. Januar 1946).

Schumacher durfte sich voll bestätigt fühlen und traf

sich am 8. Februar in Braunschweig ein weiteres Mal mit Grotewohl und Dahrendorf, um ihnen den Beschluß abzuringen, die SPD in der sowjetischen Zone aufzulösen für den Fall, daß die Vereinigung der beiden Arbeiterparteien beschlossene Sache sei. Wenn sich Grotewohl diesem Ansinnen verweigerte, so handelte er nicht als ein Quisling der SMAD, sondern als Nationalist und Verteidiger gesamtdeutscher Interessen. Wer daran zweifelt, möge die ersten Jahrgänge der zunächst englisch, dann sowjetisch lizenzierten neuen *Weltbühne* nachlesen, unter deren Autoren damals nicht ein Drittel Kommunisten waren, die sich aber alle von unterschiedlichen Standpunkten aus für ein ungeteiltes Deutschland geradezu verbissen engagierten, weil sie den Braten der Teilung frühzeitig rochen.

Der schwer leidende Schumacher reiste Mitte Februar 1946 nach Berlin, um zu retten, was noch zu retten war. Er jagte seine dortigen Anhänger und Bewunderer in einen Entscheidungsprozeß hinein, dessen gewiß, daß ihm die Mehrheit der Sozialdemokraten folgen werde. Er verlangte eine Abstimmung darüber, wer für, wer gegen eine Vereinigung mit der KPD sei. Die sich anbietende Vorfrage, wer für oder gegen eine Zusammenarbeit mit den Kommunisten sei, übersprang er.

Am 31. März stimmten 82 Prozent gegen die Vereinigung. Danach formierte sich die Schumacher-Fraktion gegen den Zentralausschuß auf einem separaten Berliner Parteitag am 7. April. Vor ihr sprach Schumacher kurz danach. Zweitausend Berliner jubelten ihm zu, denen ein Häuflein deutscher Kommunisten eine Saalschlacht für Deutschland lieferte.

In dem durchaus kritischen Buch von Theo Pirker über die Geschichte der SPD zwischen 1945 und 1964 wird folgendes Resümee gezogen: »Für die Stellung Berlins und die weitere Entwicklung in den Westzonen sollte dieser Sieg der Schumacherianer über die kommunistischen Vereinigungsversuche schwerwiegende Folgen haben.«

Von »schwerwiegenden Folgen« zu schreiben, ohne sie zu benennen, ist ein starkes Stück Vertuschung oder richtiger: ein schwaches. Der in seinem Kampf gegen das bürgerliche Lager unter Adenauer um die Regierungsmacht im Teilstaat von einer Niederlage zur anderen stolpernde SPD-Führer hatte einen grandiosen Sieg errungen: Von jetzt an gab es kein deutsches innenpolitisches Potential mehr, das für einen gesellschaftlichen Neubau mit dem Effekt der Erhaltung der Einheit eintrat. Die geschwächte Grotewohl-SPD war den Sowjets zum Fraß vorgeworfen worden, zu den Architekten der SED gehört Schumacher. Die Kommunisten waren isoliert, Gott sei Dank! Die Teilung Berlins war noch nicht organisatorisch, aber politisch vorgenommen worden – leider? Aber niemand kann den Keks essen und ihn haben. (Als sich hernach zwischen dem »linken« Berliner CDU-Mann Jakob Kaiser und Adenauer über die »deutsche Frage« etwas Ähnliches vollzog wie zwischen Grotewohl und Schumacher, spielte sich die Auseinandersetzung im bürgerlichen Lager ab, war sie ohne alternatives Ideologiefundament und deshalb von vornherein im Sinne Adenauers entschieden.)

Von Schumacher und den Seinen kann gewiß nicht gesagt werden, sie hätten nicht Reichstrauer getragen. Das gleiche gilt für die Grotewohl-Fraktion und die Kommunisten insgesamt, solange sie sich noch Hoffnung machten, Potsdam bleibe der Eckpfeiler der Nachkriegsregelung. Die Standardformel »Freiheit vor Einheit« war noch nicht zum Leitspruch der Reichsteiler geworden, denen es dann leichtfiel, so zu akzentuieren, weil sie die Vorstellung von einer Auferstehung des Gesamtstaates eher erschreckte als beflügelte, von Adenauer einmal ganz abgesehen, dem sie Alpträume verursachte. 1945/46 wäre die Formel ins Leere gegangen und hätte statt dessen lauten müssen »Einheit durch Sozialisierung«, die allerdings nicht jene Freiheit garantiert hätte, die wir zur Errichtung eines Nato-Staates, eines Atomstaates, eines Überwachungsstaates benützt haben; nicht einmal die Befreiung von Arbeitsplätzen wäre sicher gewesen.

Einheit mit Freiheit, getragen vom Bündnis der beiden Arbeiterparteien, denen gegenüber das bürgerliche Lager nicht einflußlos gewesen wäre, wenn auch nicht die bestimmende Kraft – wie hätte dieser Staat, diese Gesellschaft denn ausgesehen im befohlenen und kontrollierten Zustand der Neutralisierung? Adenauer und sein Berlin-Haß wären nicht hochgekommen; der Mann, der nur die erste Geige spielen wollte, hätte die zweite nicht gespielt. Das Selbstgefühl von sechzig Millionen Deutschen wäre nicht bestimmt worden von der Verachtung für die Lebensumstände von siebzehn Millionen; sie alle hätten sich die gleichen geschaffen. Daß die Wirtschaft nicht schlechter funktioniert hätte wie in der BRD, wird wohl niemand bezweifeln. Die Zeitungen wären dünner gewesen, weil ihnen das Thema »Berlin« gefehlt hätte. Berlin wäre Bonn gewesen und Bonn eine idyllische Universitätsstadt geblieben. Auch eine *FAZ* hätte erscheinen können, aber ihr wäre versagt gewesen, jede Benachteiligung von Gewerkschaften und der sodann noch existierenden Arbeiterklasse zu bejubeln. Autos, die zweihundert Stundenkilometer schnell sind, wären nicht gebaut worden, und der Straßenmord wäre erheblich zurückgegangen. Eine weitere, in der Tat äußerst bedenkliche Konsequenz hätte sich ergeben: Die Polen wären nicht mehr vom Schutzmantel der DDR eingehegt gewesen. Die Ostgrenze dieses neutralisierten Gesamtdeutschland wäre der Ersatz für die Berliner Mauer geworden; dank wirksamer Kontrolle durch die Großmächte von vergleichbarer Solidität.

Was heute eine Vision ist, hätte den Politikern jeder Couleur 1945 als anzustrebendes Ziel vor Augen stehen müssen. Für Schumacher blieb es eine Vision. In seinem Festhalten an der Einheit unterschied er sich von den bürgerlichen Reichsteilern noch jahrelang. Was diesen Nationalisten veranlaßte, derart vehement gegen das hundertfach proklamierte Ziel seiner politischen Arbeit zu wirken, dafür läßt sich eine schlüssige *politische* Erklärung nicht finden. Er habe das Trauma des Vorwurfs, Sozialdemokraten seien vaterlandslose Gesellen, nicht überwunden gehabt, mag zutreffen, berührt aber doch, wie wir glauben, sein Problem nur am Rande. Aufschlußreich scheint uns ein Gespräch zu sein, das der Kommunist Carlebach mit Schumacher im Juni 1945 führte:

Ich sehe noch heute vor mir, wie Schumacher, er saß neben der Tür, sich erhob (er hatte damals noch beide Beine) und mir die Hand bot: »Schön, daß du überlebt hast.« Wir tauschten kurz Erinnerungen aus, dann fragte er: »Wie denkst du nun, wie es weitergeht?« – »Das brauchst du doch nicht zu fragen; du weißt, daß ich Funktionär der KPD bin, dann weißt du auch, was ich mir für die Zukunft denke. Wir werden weiter zusammenarbeiten, bis es wieder zu einer einheitlichen deutschen Arbeiterpartei kommt. Die Fehler von früher dürfen sich nicht wiederholen.«

»Ach, das ist doch gar nicht möglich«, antwortete er ganz ruhig, fast im Plauderton. [Carlebach ereifert sich.]

Er antwortete wieder ganz ruhig, als spräche er von belanglosen Kleinigkeiten: »Es wird zum dritten Weltkrieg kommen, ihr werdet auf seiten Moskaus kämpfen, wir werden auf seiten Londons kämpfen, was redest du da von Einheit?«[40]

Schumacher äußerte damit keine Befürchtung, sondern eine Hoffnung, die von Millionen Deutschen geteilt wurde. Er verzieh ihnen ihren Sieg nicht. Daß er im Juni 1945 von London und nicht von Washington sprach, erklärt sich einerseits daraus, daß er von Londoner Remigranten umgeben war, andererseits, daß zunächst die Briten unter Churchill die Avantgarde der kalten Krieger waren. Die Scharte auszuwetzen, die Sowjets nicht Sieger über Deutschland bleiben zu lassen – darum ging es Schumacher mehr als um die Sozialisierung, von der er ohnehin glaubte, sie käme von selbst.

Den Kommentar, dem Rudolf Augstein als Jens Daniel am 2. Januar 1952 – es ist der längste, den er in vierzig Jahren veröffentlicht hat – den Titel gab: »Ein Lebewohl von Brüdern im Osten«, hätte er mit anderen Argumenten bereits im Frühjahr 1946 schreiben können. Das hat damals niemand geglaubt und niemand gesehen (auch der Verfasser nicht). Wenn aber nach wie vor die Stalin-Note von 1952 daraufhin abgeklopft werden kann, ob da nicht vielleicht doch eine Chance für die Wiedervereinigung absichtlich nicht wahrgenommen worden sei – und wenn in immer neuen Zusammenhängen das Jahr 1947 als das Jahr der Entscheidung (für die Teilung) in Anspruch genommen wird, dann ist das Ende der achtziger Jahre schlicht unbegreiflich. Den Satz zu wagen, der Antikommunismus der SPD habe das Reich gespalten, wäre in dieser monokausalen Verengung eine tendenziöse Unterstellung. Der Wahrheitsgehalt einer solchen Behauptung wäre jedoch unvergleichbar viel größer als der Glaubenssatz der westdeutschen Öffentlichkeit, die Sowjets hätten das Reich gespalten.

Der unnötige National-Schwindel

Mit Konrad Adenauer hatte ein Mann das Ruder in die Hand bekommen, dem die Westalliierten nichts zu lehren hatten über Zurückrollen oder Eindämmen der Sowjetmacht und erst recht nichts über die Verwerflichkeit sozialistischer Ideen. Er stieg in sein Geschäft mit präformierten, durch nichts zu relativierenden Zielvorstellungen ein und verwirklichte sie. In seinem Starrsinn war er Kurt Schumacher gleich, aber im Gegensatz zu diesem schwamm er im Strom der Zeit. Gegen seine Integrationspolitik konnte die Schumacher-SPD den Kampf nur im Zustand der Selbstlähmung führen – und verlieren.

Man hat Adenauer in der Bewertung seiner politischen Leistung in die Nähe Bismarcks gerückt, nicht ganz zu Unrecht, denn für ihn wie für den ersten Reichskanzler waren die Gewinnung und die Absicherung persönlicher Macht der Motor ihres politischen Handelns. Und noch eine weitere Parallele ist evident: Der rheinländische Bürger wie der preußische Junker vermochten die Grenzen abzuschätzen (Bismarck: auch herzustellen mit Kriegen; Adenauer: zu konservieren mit List und Tücke), innerhalb derer sie sich zu den Entscheidungsträgern mit nahezu absoluter Macht aufbauen konnten. Für Bismarck war die Arena, in der er das Spiel beherrschte, nicht mehr wie noch für Metternich der Wohn- und Lebensraum der Deutschen, sondern das kleindeutsche Reich. Für Adenauer nicht ein noch kleineres kleindeutsches Reich, sondern nur ein Stück davon, die Bundesrepublik. Freilich sind die beiden nicht gleichen Ranges: Bismarck hat das Reich von 1871 mit Gewalt und hohen Risiken geschaffen; Adenauer war der Nutznießer einer Situation, die er gewissermaßen von Hitler geschenkt bekommen hatte.

Ihrer beider antideutsche Politik, die als geniale deutsche Politik gefeiert wurde, läßt sich natürlich aus den vorgefundenen Gegebenheiten herleiten, die den einen bestimmten, der österreichisch-preußischen Rivalität ein Ende zu machen und Frankreich zu entmachten, den andern, das sowjetische Besatzungsgebiet abzuschreiben. Auch liegt nichts näher, als zu sehen, wie ihnen ihr politisches Handeln von ihren grundverschiedenen ideologischen Bestimmtheiten vorgeschrieben worden ist: bei Bismarck die evangelisch-preußisch-monarchistischen, bei Adenauer die katholisch-rheinländisch-antiöstlichen (im Rahmen der von beiden nie in Frage gestellten kapitalistischen Wirtschafts- und Gesellschaftsordnung). Das zentrale Motiv ihres Handelns, die eigentliche Erklärung für ihre Erfolge war ihr Streben nach persönlicher Macht in der Beschränkung auf das Machbare. (Vielleicht trägt es zur Verdeutlichung des Gemeinten bei, wenn ich hinzusetze, daß Hitler zu jenen Politikern gehörte, für die Macht nur ein Mittel war, ihre Zielvorstellungen zu verwirklichen, ihre Ausübung war ihm nicht Selbstzweck.)

Augenmaß für das Mögliche ist eine unabdingbare Voraussetzung für den großen Erfolg, für persönliche Machtgewinnung und -sicherung; die andere ist eine rücksichtslose Personalpolitik, durch die der Wert eines Menschen auf seine Nützlichkeit für die Stabilisierung der Macht an der Spitze reduziert wird. Wie das in Praxis funktioniert, führt Strauß seit Jahrzehnten wie eine Zirkusnummer vor, er in der Rolle des Dompteurs; desgleichen auch Kohl, er allerdings unauffälliger, diskreter, seine zur Schau getragene Bonhomie tarnt seine Rücksichtslosigkeit, indes Strauß deren Herausstellung für seine Imagepflege zu benötigen scheint. Der Meister aller Meister in Sachen Personalpolitik war aber ohne Zweifel Adenauer. Er, der gewiß kein Nazisympathisant gewesen ist, hievte Topnazis in Amt und Würden, erstens weil sie fähig waren, zweitens, weil sie ihm mit Rücksicht auf ihre Vergangenheit aus der Hand fraßen. Der Antimilitarist engagierte hochkarätige Nazigeneräle, nachdem ihm die Idee gekommen war, mit den

Amerikanern den Tauschhandel westdeutsches Militär gegen etwas mehr Selbstverfügungserlaubnis, unzutreffend Souveränität genannt, zu machen. Soweit war er noch nicht, als er die CDU zu seinem Machtinstrument entwickelte, aber schon in seinen frühen Briefen ist dokumentiert, welche überragende Bedeutung er der Personalpolitik zugemessen hat:

15. April 1946, An den Oberpräsidenten der Nord-Rheinprovinz Düsseldorf

Ich bestätige den Empfang Ihres gefl. Schreibens vom 5. d. Mts. –

Der Vorstand der CDU für die Nord-Rheinprovinz hat mich beauftragt, Ihnen mitzuteilen, daß die von Ihnen genannten Herren Albers, Arnold, Pünder, Weitz und Müller keinesfalls Auftrag gehabt haben, Ihnen für die Partei Vorschläge zu machen.

[...]

Soweit in den Provinzialrat Vertreter politischer Parteien berufen sind, hätte die Stärke der politischen Parteien im letzten Provinziallandtag vor 1933 wenigstens in etwa berücksichtigt werden müssen. Das ist aber in keiner Weise der Fall gewesen. Ich stelle fest, daß 7 Vertreter der CDU, 6 Vertreter der SPD und 7 Vertreter der KPD berufen worden sind. [...] Ich bin vom Vorstand [...] beauftragt worden, mit allem Nachdruck Verwahrung gegen diese Nichtberücksichtigung [!] der CDU einzulegen und mit aller Entschiedenheit darauf hinzuwirken, daß eine Änderung erfolgt. [...][1]

22. April 1946: An Dr. Robert Pferdmenges, Köln

Lieber Herr Pferdmenges!

Wie ich höre, wird im Laufe des Monats Mai im Dominikanerkloster Walberberg eine Tagung derjenigen Kreise der CDU sein, die einen sog. christlichen Sozialismus wollen. [...] Es wird also nötig sein, daß der auf der letzten Vorstandssitzung eingesetzte Wirtschafts- und Sozialausschuß sich möglichst bald konstituiert und arbeitet. Ich rate Ihnen dringend, diese Aufgabe jetzt als vordringlich vor allem anderen in die Hand zu nehmen, um möglichst noch vor der Tagung in Walberberg zu einem Ergebnis zu kommen. Man könnte dann evtl. diese Tagung maßgeblich beeinflussen.

Ich empfehle Ihnen sofort folgendes zu tun. 1) Mit Herrn Gockeln alles weitere zu überlegen. 2) Herrn Generalsekretär Dr. Zimmermann, Köln, CDU, ins Bild zu setzen und zu den Arbeiten heranzuziehen. Ich würde ihn auch bitten, sich sofort mit dem Prior, Pater Welty, in Walberberg in Verbindung zu setzen [...] Als Mitarbeiter kommt evtl. auch in Frage ein Dr. Haurand und ein ihm befreundeter Direktor der Vereinigten Stahlwerke. [...]

Mit herzlichen Grüßen wie immer Ihr
A.[2]

1. Juli 1946: An den Chefredakteur der »Rheinischen Post«, Düsseldorf
(ohne Anrede)

[...]

Ich würde Ihnen sehr dankbar sein, wenn Sie Ihre Mitarbeiter dazu anhalten würden, die Interessen der CDU immer so zu wahren, wie das die Mitarbeiter der sozialdemokratischen und kommunistischen Presse hinsichtlich ihrer Partei tun.

Mit ausgezeichneter Hochachtung
(Adenauer)[3]

Was nun die andere, als unabdingbar anzusehende Voraussetzung für Machtgewinn und Machtsicherung angeht, die Festlegung auf ein im Prinzip durchführbares politisches Programm, so hatte Adenauer 1945 nicht die Qual der Wahl. Politisch war er stets eine stehengebliebene Uhr, die zweimal innerhalb 24 Stunden die richtige Zeit anzeigt. Als er nach dem Ersten Weltkrieg im hochverräterischen Zusammenspiel mit den Franzosen an einem Rheinstaat bastelte, stimmte das Timing noch nicht. Das Reich hatte zwar den Krieg verloren, nicht aber seine staatliche Organisation eingebüßt, die auch dann nicht zerbrochen wäre, hätte sich eine rechte Sozialdemokratie nicht mit dem kaiserlichen Heer verbündet und die Revolution unterdrückt. Für eine Reichsaufteilung war die Zeit 1918 noch nicht reif. Das hatten die Deutschen im ersten Anlauf nicht geschafft. Erst 1945 ging Adenauers Uhr richtig. Zu einer Zeit, als die Sieger längst von ersten Teilungsplänen abgerückt waren; zu einer Zeit; in der, wie wir ausgeführt haben, für einen sozialistischen Neubau des Gesamtstaates noch Chancen bestanden; zu einer Zeit, als der SPD-Führer Schumacher und der Berliner CDU-Führer Jakob Kaiser – der letztere konsequenter als jener – leidenschaftlich für Deutschland stritten; zu einer Zeit, in der die Sowjets noch die mächtigen Anwälte der deutschen Einheit waren – kurz, zu einer Zeit, als ein deutscher Politiker, der sich opportunistisch verhalten hätte, unter gar keinen Umständen für ein Programm der Reichsteilung ohne Wenn und Aber eingetreten wäre, tat Adenauer eben dies, ohne das geringste Schwanken, weil er den Zusammenbruch der Reichsorganisation nicht als ein Unglück ansah, sondern als die mit 1918 gar nicht zu vergleichende Gelegenheit, aus seinen eingefleischten antiöstlichen, antikommunistischen Ressentiments konstruktive Politik zu machen.

1945 war Adenauer alles andere als ein Opportunist, wozu er erst werden konnte, als die Anti-Hitler-Koalition zerbrach. Er war noch kein »Kanzler der Alliierten«, zu dem er in der Sicht von Patrioten vom Schlage Schumachers avancierte, als die Westalliierten aus Motiven, die mit ihm und seinem politischen Wirken noch nicht das mindeste zu tun hatten, auf sein Programm eingeschwenkt waren. Wäre er zu Selbstzweifeln fähig gewesen, hätte er gewußt, was Risiko heißt, so hätte man den Adenauer der Jahre 1945 und 1946 einen Vabanquespieler nennen können, aber er war eher ein Mondsüchtiger, der sich der Gefahr gar nicht bewußt war, er könnte vom Dach herunterfallen, und der auch nicht herunterfiel.

Am 31. Oktober 1945 entwickelte Adenauer in dem berühmten Brief an Dr. Heinrich Weitz, Oberbürgermeister von Duisburg, der ihm freundschaftlich verbunden war, seine »Einstellung zur außenpolitischen Lage«:

Rußland hat in Händen: die östliche Hälfte Deutschlands, Polen, den Balkan, anscheinend Ungarn, einen Teil Österreichs.

Rußland entzieht sich immer mehr der Zusammenarbeit mit den anderen Großmächten und schaltet in den von ihm beherrschten Gebieten völlig nach eigenem Gutdünken. In den von ihm beherrschten Ländern herrschen schon jetzt ganz andere wirtschaftliche und politische Grundsätze als in dem übrigen Teil Europas. Damit ist eine Trennung von Osteuropa, das russische Gebiet, und Westeuropa eine Tatsache.

In Westeuropa sind die führenden Großmächte England und Frankreich. Der nicht von Rußland besetzte Teil Deutschlands ist ein integrierender Teil Westeuropas. Wenn er krank bleibt, wird das von schwersten Folgen für ganz Westeuropa, auch für England und Frankreich sein. Es liegt im eigensten Interesse nicht nur des nicht von Rußland besetzten Teiles Deutschlands, sondern auch von England und Frankreich, Westeuropa unter ihrer Führung zusammenzuschließen, den nicht russisch besetzten Teil Deutschlands politisch und wirtschaftlich zu beruhigen und wieder gesund zu machen.

[...]

Zum staatsrechtlichen Gefüge des nicht von Rußland besetzten Teiles Deutschlands: ein vernünftiges staatsrechtliches Gefüge besteht zur Zeit überhaupt nicht, es muß wiederhergestellt werden. Die Schaffung eines zentralisierten Einheitsstaates wird nicht möglich, auch nicht wünschenswert sein, der staatsrechtliche Zusammenhang kann lockerer sein als früher, etwa in der Form eines bundesstaatlichen Verhältnisses.[4]

Am 30. Juli 1945, also nur drei Monate, bevor Adenauer Weitz (er wurde später sein Kontaktmann zur CDU-geführten Landesregierung in Düsseldorf) mitteilte, daß er in einem westintegrierten deutschen Teilstaat die einzige Möglichkeit sähe, wieder zu in seinem Sinn geordneten Verhältnissen zu kommen, hat der Kontrollrat, die gesamtdeutsche Ersatzregierung in Berlin, seine Tätigkeit aufgenommen, und nicht die Sowjets, sondern die

Franzosen versuchten, jegliche gesamtdeutsche Initiative lahmzulegen. Daß die Amerikaner in Adenauers Analyse überhaupt nicht vorkommen, wirft ein Schlaglicht auf die politische Qualität der Zonengrenzen im ersten Nachkriegsjahr. Nur bei seinen parteipolitischen Plänen griff Adenauer zuweilen schriftlich über »seine« Zone hinaus, beispielsweise, als er von der CSU-Gründung in München hörte (die er zu verhindern suchte, um die CDU auch in Bayern zu institutionalisieren). Was aber die Amerikaner in ihrer Zone machten und was sie überhaupt mit Deutschland vorhatten, bekümmerte ihn im Herbst 1945 wenig. Wären die Darlegungen im Brief an Weitz das Ergebnis einer Situationsanalyse gewesen (als die sie sich ausgaben, es aber nicht waren, sie waren ein Bekenntnis), müßte man Adenauer hellseherische Fähigkeiten nachsagen, aber so liegt die Sache nicht. Er benützte nur die Russen, von ihm beharrlich »Sofjets« genannt, um gesinnungsverwandten deutschen Konservativen plausibel zu machen, daß er, der Erzkonservative, ein Programm für die Zukunft Deutschlands entwickelte, das in gewisser Hinsicht moderner nicht hätte sein können, ja geradezu revolutionär war, indem es nationalstaatliche Identität und damit rund 150 Jahre deutscher Nationalgeschichte über Bord gehen ließ, als sei das gar nichts.

Vom 6. April 1946 stammt Adenauers Aktennotiz über ein bizonales CDU/CSU-Treffen in Stuttgart:

Nach eingehender Aussprache über die Prinzipien und die grundlegenden Forderungen der verschiedenen Parteien wurde folgendes beschlossen:

[...] Alle Anwesenden waren sich darin einig, daß alles geschehen soll, damit die CDU Berlins und der russischen Zone ebenfalls sich mit den Parteien der übrigen Zonen zusammenschließen solle, daß aber der Sitz der künftigen Parteileitung nicht Berlin oder ein Ort in der russischen Zone sein dürfte. Man war sich auch darüber einig, daß trotz der großen Bedeutung, die eine Lösung der Ostfrage in einer für Deutschland erträglichen Weise hat, Berlin auch dann nicht Sitz der Partei-

tung für ganz Deutschland sein würde, wenn Berlin nicht von den Russen usw. besetzt wäre. *[Hervorhebung v. Verf.]. Man war sich weiter darin einig, daß man danach streben müsse, einen Ort zum Sitz der Parteileitung zu machen, der etwa in der Mainlinie liege. Da Dr. Adenauer mitteilte, daß Herr Jakob Kaiser, Berlin, ihn vor seiner Rückkehr nach Berlin aufsuchen würde, wurde er ersucht, Herrn Kaiser die obigen Beschlüsse mitzuteilen. Er wurde weiter ersucht, Herrn Jakob Kaiser mitzuteilen, daß trotz der größten Hochachtung vor seiner Person und der Mannhaftigkeit, mit der er auf seinem schweren Posten ausharre, die Anwesenden sich nicht einverstanden erklären könnten mit verschiedenen Sätzen, die Herr Kaiser in der letzten Zeit in öffentlichen Reden programmatisch ausgesprochen habe oder die in dem von der CDU-Leitung Berlin herausgegebenen Material enthalten seien. Es wurden insbesondere in dieser Hinsicht folgende Ausführungen angeführt, mit denen man nicht einverstanden sei:*
1) auf deutschem Boden bzw. in Berlin müsse eine Synthese zwischen Ost und West erfolgen,
2) die bürgerliche Epoche sei zu Ende,
3) das kommunistische Manifest sei eine Großtat.

Dr. Adenauer wurde weiter ersucht, Herrn Jakob Kaiser als einstimmige Ansicht der Versammelten mitzuteilen, daß Ausführungen wie: »Wir sind sozial« oder »Christlicher Sozialismus« nicht am Platze seien.

[...]

Herr Dr. Adenauer wurde weiter von allen Anwesenden beauftragt, Herrn Jakob Kaiser mitzuteilen, daß eine Beschickung des von der CDU Berlin für die nächste Zeit vorgesehenen Parteitages durch Vertreter der CDU in den anderen Teilen Deutschlands für unerwünscht gehalten werde [...][5]

Mit »unerwünscht« verfielen diese demokratischen Christen in den Jargon der Nationalsozialisten, den sie offenbar verinnerlicht hatten.

Adenauer beherrschte diese Sitzung. Die Aktennotiz hält fest, was er den übrigen sieben Teilnehmern abgefordert hatte, vor allem zur Abgrenzung gegen die Berliner CDU unter Jakob Kaiser. Seine Befürchtung, aus dem hier erstmals verwendeten Begriff »christlicher Sozialismus« könne sich eine die CDU verwirrende Debatte entwickeln, veranlaßte ihn, überall dort als ideologische Feuerwehr reglementierend einzugreifen, wo Gefahr bestand, der »christliche Sozialismus« könne thematisiert werden. (So ist sein Brief an den Bankier Pferdmenges vom 22. April 1946 zu verstehen, die CDU-Tagung im Kloster Walberberg betreffend (vgl. Seite 135f).

Dieser Adenauer hatte nichts zu fürchten als ein Festhalten der Kriegskoalition an den Potsdamer Beschlüssen (und später nichts als irgendeine Form von Wiedervereinigung). Im einen wie im anderen Fall wäre er höchstens ein geschickter Oppositionsführer geworden oder dahin zurückgestuft, mehr nicht. Oder kann sich jemand vorstellen, sein Kopf in Bronze, überlebensgroß, einer Karikatur ähnlicher als einem Porträt, der heute an der Straße vor dem Bundeskanzleramt steht, das wie ein IBM-Verwaltungsgebäude aussieht, stünde vor dem Berliner Reichstag, der ja gegebenenfalls wieder in politische Funktion gekommen wäre mit Berlin als Hauptstadt?

Die Sicherheit, mit der er eine solche Entwicklung schon ausschloß, als die Alliierten ihm dafür noch keine Hinweise lieferten, die »deutsche Frage« im Sinn einer Erhaltung der Einheit noch offen war, beruht auf der Projektion seiner Idealvorstellung »Deutschland« von innen nach außen, die er offenbar schon als junger Kölner Oberbürgermeister mit sich herumgetragen hat. In dem zwölfjährigen Schlaf, mit dem er das Dritte Reich überstanden hatte – nicht völlig unverschont von zeitbedingten Mißlichkeiten –, hatte sie sich zu einer politischen Obsession verfestigt. Ein Prophet war er nicht, hingegen ein Hans im Glück, der anders als dieser festhielt, was ihm in den Schoß gefallen war. Es gibt kein zweites Beispiel in der modernen Geschichte, daß ein besiegtes Volk, das sich ungeheuerliche Verbrechen hatte zuschulden kommen lassen, derart rasch zum hochgezüchteten Partner der Sieger geworden ist (was so unbedingt freilich nur für die Westdeutschen gilt). Von diesem einzigartigen Vorgang hat Adenauer auf einzigartige Weise dank des Umstandes profitiert, daß ihm, obgleich er im Kaiserreich aufgewachsen war, das Reich nichts bedeutete. Katholizismus züchtet auch politische Vorurteile. Seitdem die Europäer in Nationen zerfallen sind, hat der Kirchenglaube zahllose Priester nicht davor bewahrt, sich nationalistisch zu engagieren. (Die Parole »Los von Rom« im Munde deutscher Nationalisten verriet mangelhafte Kenntnisse in Kirchengeschichte.) Es konnte aber auch anders sein, und im Falle Adenauers war es anders. Sein Katholizismus hatte ihn immunisiert gegen den Schlacht-von-Sedan-Patriotismus. Was er an historischem Nationalgepäck auf die Waage hätte bringen können, wog ein paar Gramm, das von Schumacher ein paar Zentner. In seiner Erscheinung, in seinem Auftreten wirkte er wie eine besonders gelungene Verkörperung des wilhelminischen Bürgertums, aber das war nur die ihm von der Natur verliehene, durch die Oberbürgermeister-Selbstinzenierung perfektionierte Tarnung. Sie verbarg ein Wesen, das Bakunin viel näher war als Lenin.

Seine radikal pragmatische Politik war mit Ideologie unterfüttert, die man mit dem Schlüsselwort »Abendland« charakterisieren könnte. Am 20. Juli 1952 sagte er auf einer Kundgebung der »Gemeinschaft Katholischer Männer Deutschlands« in Bamberg: »Diese Veranstaltung, meine Freunde, schließt mit einer Feierstunde am Grabe Heinrichs II. Die Lage in Europa war damals ähnlich wie heute. Wie heute drohte damals der Ansturm des Heidentums aus dem Osten. Heinrich II. hat mit starker Hand, mit Klugheit und Überlegung, getragen und erfüllt von der Verantwortung vor Gott, Deutschland und das christliche Abendland vor dem Ansturm aus dem Osten gerettet. Wohlan, Freunde, auch wir wollen Deutschland und das christliche Abendland schützen und retten, erfüllt von Liebe zu unserem Volke, getragen von dem Bewußtsein unserer Verantwortung, getragen auch von dem Bewußtsein der Stärke, die das Christentum uns gibt, im Vertrauen auf Gott, der seine Kraft uns schenkt.«[6]

In dieser Rolle eines heiligen Georg, der gegen den Drachen des Materialismus und der Vermassung für die Erhaltung, wenn nicht gar Wiedererweckung eines kämpferischen Christentums angetreten ist, vermochte sich Adenauer der Bevölkerung als der konservative Erhalter tradierter Werte andienen und sie vergessen machen, daß er die Nation nicht nur faktisch, sondern auch ideologisch demontierte, den Reichspatriotismus durch das Abendland-Geschwafel ersetzend. Wenn man sich die innenpolitische Landschaft Ende der achtziger Jahre ansieht – was noch genauer geschehen wird – und sich vergegenwärtigt, wie oberhalb einer davon nahezu unberührten Volksmehrheit wieder ein nationaler Rummel mit ungeheurem Mediengetöse entfacht werden kann, dessen Voraussetzung die Eliminierung des Nationalsozialismus aus der deutschen Geschichte ist – mindestens dessen Einebnung –, dann darf man darüber erstaunt sein, daß Adenauers anationale Politik der Westintegration innenpolitisch niemals gefährdet war. Zwar gingen die nationalen Wogen vor der Staatsgründung noch hoch; und selbst bei den deutschen Gründungsvätern der Bundesrepublik, im Verfassungskonvent auf Herrenchiemsee, im Parlamentarischen Rat in Bonn versammelt, als Ministerpräsidentenkonferenz dann die eigentlichen Verhandlungspartner der westlichen Besatzungsmächte, in deren deutschen Organisationen der Amerikaner Clay zu beherrschenden Figur geworden war – sie alle hatten noch gewisse Schwierigkeiten bei der Beerdigung des Reiches, die darin zum Ausdruck gekommen sind, daß sie sich einredeten und staatsrechtlich festschrieben, ein Provisorium zu schaffen. Als aber der Weststaat gegründet und damit eine Organisation der Machtdelegation geschaffen war, die den Mann an der Spitze nur noch besorgt sein ließ, die jeweils anstehende Wahl zu gewinnen; und als die Wirtschaft sich fabelhaft entwickelte, war die »deutsche Frage« als Reichs- und Wiedervereinigungsfrage zunächst einmal erledigt.

Trotz Schumacher, trotz seiner SPD? Im Jahrbuch der SPD 1952/53 schrieb Schumacher ein Geleitwort, in dem er unter anderem ausführte: »Als das große nationale

Ziel der Gegenwart sieht die Sozialdemokratie die deutsche Einheit und Frieden an. Sie wird jeden Versuch abwehren, die Verschmelzung von Teilen Deutschlands mit anderen Völkern dieser deutschen Einheit vorzuziehen [. . .] Jede Gemeinschaft beginnt für uns aber mit der Gemeinschaft mit der Bevölkerung der sowjetischen Besatzungszone und des Saargebietes. Alles, was bisher in den einzelnen Teilen Deutschlands geschehen ist, hat nur provisorischen Charakter. Die Provisorien können nichts Definitives für das ganze deutsche Volk schaffen.

[. . .] Es kommt darauf an, dem deutschen Volk ein neues nationales Selbstbewußtsein zu geben [. . .]«[7]

Das nationale Pathos zündete nicht. Das Ergebnis der Bundestagswahl von 1953 bewies es (vgl. Seite 145). Im ganzen war das Nein der SPD auch noch zu Schumachers Zeiten konkret nie etwas anderes als ein Jein und verwandelte sich dann in jenes Ja, daß es der SPD nach ihrem erfolgreichen Ausflug in die Außenpolitik mit der neuen Ostpolitik so schwer macht, ein innenpolitisches Programm zu entwickeln, das den Konservativen das Wasser abzugraben vermöchte.

Mit der Zustimmung zum Marshallplan und schließlich auch zur Wiederaufrüstung hatte sie kapituliert. Genau wie für Adenauer bildete auch für die SPD der Antikommunismus die Richtschnur für ihre Deutschlandpolitik. Auf der Ministerpräsidentenkonferenz im Jagdschloß Niederwald im Juli 1948 hatte der Sozialdemokrat Ernst Reuter ein gar nicht zu überschätzendes Verdienst daran, daß sich die hohen Herren dem Gebot General Clays beugten, endlich mit der Staatsgründung Ernst zu machen. Reuter führte aus, »die politische und ökonomische Konsolidierung des Westens [sei] eine elementare Voraussetzung für die Gesundung auch unserer Verhältnisse und für die Rückkehr des Ostens zum gemeinsamen Mutterland«.[8] Anders hätte es Adenauer auch nicht sagen können. Daß er es trotzdem für nötig hielt, wieder und wieder zu verkünden, ein Übergang der Regierungsmacht an die SPD bedeutete den Untergang Deutschlands, läßt sich viel eher auf ideologische Motive zurückführen als auf parteitaktische. Dafür ist Adenauers Ansprache vom 6. September 1952 vor dem Bundesparteiausschuß der CDU in Bonn in Anspruch zu nehmen – eine Rede, die des Komischen nicht entbehrt: »Wir haben heute den 6. September. Wir haben also bis zum Juni kein Jahr mehr [bis zur zweiten Bundestagswahl 1953], sondern noch 9 Monate. In diese 9 Monate fällt die Weihnachtszeit, in diese 9 Monate fällt Ostern, in diese 9 Monate fällt Pfingsten, und daraus folgt, daß wir jetzt schon mit aller Intensität an die Arbeit herangehen müssen. [...] Die Christlich-Demokratische Union und die mit ihr verbundene Christlich-Soziale Union [...] haben, seitdem die Bundesrepublik besteht, eine gute und große Arbeit geleistet zur Wiedererrichtung unseres Vaterlandes.« Das Werk sei begonnen, aber noch nicht vollendet. »Die Vollendung des Werkes muß der 2. Bundestag bringen. [...] Ich bitte Sie daher, gerade diese zweite Bundestagswahl anzusehen als eine Wahl, die von entscheidender Bedeutung sein wird für die Bundesrepublik.« Der Welt sei zu beweisen, daß sich »ein sehr großer Prozentsatz des deutschen Volkes dazu bekennt, daß Politik auf christlicher Grundlage betrieben wird. Seien wir uns vollkommen über eines klar: Der Sozialismus ist nur ein Exponent der materialistischen Weltauffassung. Wir sind Gegner der materialistischen Weltauffassung, aber der Kampf darum, ob Deutschland, ob Europa dem Materialismus anheimfallen sollen oder dem Christentum erhalten bleiben, der wird sich noch viele Jahre hindurch abspielen [...] Dieser Kampf wird zugunsten unseres Sieges in sehr starker Weise beeinflußt werden durch den Ausgang der nächsten Wahl. Sicher ist, wenn wir diese Wahl verlieren, dann hat der materialistische Gedanke, bei uns und in Europa, großes Terrain gewonnen [...] wir müssen doch alle miteinander das Letzte daran setzen, daß wir unter allen Umständen diese Wahl gewinnen.«[9]

Dies waren die Ergebnisse: Bundestagswahl 1949 CDU/CSU 31 Prozent, SPD 29,2 Prozent; 1953 CDU/CSU 45,2 Prozent, SPD 28,8 Prozent; 1957 CDU/CSU 50,2 Prozent, SPD 31,8 Prozent (absolute Mehrheit für CDU/CSU).

Es gab oppositionelle Grüppchen, die, auf nationale Rhetorik eingestimmt, gegen Adenauer auftraten, aber es lohnt kaum, sie zu nennen; keiner von ihnen gelang es, eine Partei zu formieren, die ins Parlament vorstoßen konnte. Ihre Programmatik läßt sich bei allen Unterschieden als Neutralisierung Deutschlands kennzeichnen, angefangen von der Heidelberger Aktionsgruppe 1947 über die Gesellschaft für die Wiedervereinigung Deutschlands (1949–1953) bis zu Heinemann und seiner Gesamtdeutschen Volkspartei (1952–1957). Nur im Kampf gegen die Wiederaufrüstung kam es zu einer Art Volksbewegung. Ihr fehlte ein führender Kopf, der die verstreuten Gruppen hätte zusammenfassen können: Hauptausschuß für Volksbefragung, Deutsche Friedensgesellschaft (Nordbayern), Deutsche Friedensgesellschaft (Hamburg), Bund der Kriegsdienstverweigerer, Internationale der Kriegsdienstgegner, Der Deutsche Kongreß, Die Sozialdemokratische Opposition, die Unabhängige Europäische Friedensbewegung, Der Versöhnungsbund, Die Frei-Soziale Union und andere mehr. Sie alle hatten dasselbe Ziel: die Wiederaufrüstung zu verhindern. Die SPD ist nicht dabei. Ein Repräsentant der Kampagne gegen die Wiederaufrüstung (Walter Müller) schrieb einen langen Brief an Carlo Schmid (MdB SPD), in dem er ihn an eine Rede erinnerte, die der Adressat 1946 in Reutlingen gehalten und in der er gesagt hatte, die deutsche Jugend solle nie mehr in Kasernen geschickt werden. Wie es sich denn damit nun verhalte?

Schmid, Vizepräsident des Bundestages, antwortete nicht minder wortreich am 25. September 1951 aus Bonn: »Ich stehe zu dem, was ich gesagt habe, aber als ich diese Äußerung tat, [...] ging ich davon aus, daß alle Staaten, in deren Gemeinschaft wir leben, entschlossen seien, demokratische Staaten zu werden [!] Ich war der Meinung, daß alle am letzten Krieg Beteiligten nach diesem Krieg das tun würden, was sie im Krieg zu tun versprochen hatten.« Nun gebe es aber »Sowjetrußland, [das] ganz offensichtlich nicht gesonnen ist, andere Völker in Frieden leben zu lassen, sondern daß zum mindesten die große Gefahr bestehe, daß dieser Staat, daß der russische Totalitarismus Deutschland mit Heeresmacht überziehen könnte [...]« Er, Schmid, sei für seine Person bereit, das »neue Regime der Konzentrationslager zu ertragen«, aber er halte sich nicht für befugt, Gleiches anderen Menschen zuzumuten.

Hier angekommen, vermutet man, der Vizepräsident des Bundestages werde nun schreiben: Also müssen wir aufrüsten. Aber er windet sich weiter wie ein getretener Wurm: »Allerdings bin ich der Meinung, daß unter den heutigen Umständen die Möglichkeit, den Russen durch einen deutschen militärischen Beitrag ernsthaft Einhalt zu gebieten, nicht gegeben ist. Und darum bin ich der Meinung, daß so, wie die Dinge heute liegen, der von uns verlangte Wehrbeitrag nicht zugestanden werden kann.«[10]

Derselbe Carlo Schmid sagte im Bundestag, man dürfe getrost den Satz wagen, der Antimilitarismus sei die eigentliche Weltanschauung der deutschen Jugend nach dem Krieg geworden. Diese Weltanschauung lag der »Ohne-uns-Bewegung« zugrunde, aus der sich die Initiative für eine Volksbefragung gegen die Remilitarisierung und für den Abschluß eines Friedensvertrages entwickelte. Der hessische Kirchenführer und Pazifist Martin Niemöller erklärte, es komme einem Volksbetrug gleich, wenn der Bundestag über Remilitarisierung beschließe, denn er sei in keiner Partei unter der Annahme, dazu könne es kommen, gewählt worden. Bundespräsident Heuss, ein entschiedener Gegner eines deutschen Beitrages zur militärischen Sicherung Westeuropas, stellte als oberster Verfassungshüter die Frage, ob der Wehrbeitrag mit dem Grundgesetz vereinbar sei, und beantragte beim Bundesverfassungsgericht ein Gutachten darüber. Damit verstieß Heuss nicht gegen die im Grundgesetz festgeschriebene Neutralität seines Amts; dennoch unterwarf er sich dem Verlangen Adenauers und zog den Antrag zurück, worin einer der schändlichsten Anschläge gegen Demokratieverständnis gesehen werden muß, die sich westdeutsche Politiker in den vierziger Jahren zuschulden kommen ließen.

Neben Heuss nahm sich Heinemann wie ein Ritter ohne Furcht und Tadel aus. Er ist vermutlich die einzige politische Persönlichkeit der fünfziger Jahre, die sich gegen Adenauer stellte und nicht völlig vergessen ist. Sein Nein verkümmerte niemals zum Jein. Aus Gesinnungsgründen schied er im Oktober 1950 aus Adenauers erstem Kabinett aus, in dem er Innenminister gewesen war. 1952 verließ er auch die CDU, wurde Mitbegründer der Gesamtdeutschen Volkspartei, die nicht reüssierte, trat in die SPD ein, wurde 1956 Bundesjustizminister, 1969 Bundespräsident. Das Ergebnis von Adenauers Politik der Stärke war für ihn: 1. Auch mit und nach der Remilitarisierung werde nur eine Scheinsouveränität erlangt werden; 2. die Spaltung werde sich vertiefen und die Kriegsgefahr erhöhen; 3. die Deutschlandfrage werde aus der internationalen Diskussion verschwinden. Hierzu zitiert er aus dem *Manchester Guardian* nach der *FAZ* vom 26. September 1951: »Die Aussicht auf eine Wiedervereinigung Deutschlands wird, wenn Adenauer seine Entscheidung verwirklicht hat, um mindestens 20 bis 30 Jahre hinausgeschoben. Wenn Westdeutschland erst einmal bewaffnet ist, gibt es keine Grundlage mehr für eine Verständigung mit seinem östlichen Bruder.«[11]

Zu den prominenten Widersachern gegen die Aufrüstung gehörten außerdem Rudolf Augstein und Golo Mann: »Die neue deutsche Armee wurde nicht gegründet, um den Bonner Staat zu schützen, sondern der neue Staat wurde gegründet, um eine Armee gegen die Sowjets ins Feld zu stellen – mag diese Ratio den Paten im In- und Ausland auch nicht voll bewußt gewesen sein.« (Augstein)[12]

»Bedenklich war die von vielen genährte Illusion, es könne alles das, was man unter dem vagen Sammelnamen ›Kommunismus‹ zusammenfaßt, zum Schluß doch wieder aus der Welt geschafft werden. Der Antikommunismus ersparte den Deutschen das Nachdenken über ihre eigene Vergangenheit, das nach 1945 ihre Sache gewesen wäre. Schon war man wieder im Recht und Unrecht leidend; schon stand man wieder in der vordersten Front gegen einen absolut bösen Feind.« (Mann)[13]

Für Adenauer bedeutete diese ganze breite, aber in sich aufgesplitterte Opposition gegen seine Rüstungspolitik keine größere Störung als Wespen, die vom Honigglas auf seinem Frühstückstisch im Rhöndorfer Haus angelockt worden wären. Er sah keinen Anlaß, auf breiter Front eine Gegenpropaganda zu starten; nur zuweilen nahm er sich den einen oder anderen Kritiker vor. Beispielsweise Niemöller, der ihn offenbar besonders geärgert hatte: »Nun hat Herr Kirchenpräsident Pfarrer Niemöller schriftlich und mündlich die heftigsten Angriffe gegen den Bundeskanzler gerichtet [. . .] Er versteigt sich zu der Behauptung, daß die Schaffung der Bundesrepublik Deutschland die Herablassung des eisernen Vorhangs und die Schaffung eines ostdeutschen Staates verursacht haben. Er spricht von einem Volksbetrug, wenn der gegenwärtige Bundestag über diese Frage entscheide. [. . .] Ich kann nur sagen, daß Herr Pfarrer Niemöller in geradezu unverantwortlicher Weise sich gegen die Ehre und das Ansehen seiner Mitmenschen versündigt und dem deutschen Volk im Inlande und im Auslande schwersten Schaden zufügt.«[14]

Das Zitat stammt aus einer Rede des ersten Bundeskanzlers auf dem 1. Bundesparteitag der CDU in Goslar (20. Oktober 1950). Darin bestreitet er außerdem leidenschaftlich Niemöllers Behauptung, es gebe schon Planungsarbeiten deutscher Exnazioffiziere für die Wiederaufrüstung. Er log, daß sich die Balken bogen! Die ersten Planungen im Auftrag Adenauers begannen unter General Speidel im November 1948. Die Bundesrepublik hatte noch nicht das Licht der Welt erblickt! 1949 wurde General von Manteuffel mit einer Expertise beauftragt, wie von der Bundesregierung bestätigt wurde mit einer Erklärung, die im *Archiv der Gegenwart*[15] abgedruckt ist.

1948 meldete dpa, Adenauer sei von ausländischen Journalisten befragt worden, wie er zu Remilitarisierungsplänen für beziehungsweise in Westdeutschland stehe. Adenauer: »Ich habe zu dieser Frage keine Auffassung. Ich kann Ihnen auch meine Meinung darüber nicht sagen. Ich denke über dieses Problem überhaupt nicht nach.«[16] Gegenüber dem Bonner Korrespondenten der

Times: »Meine Haltung hat sich in nichts geändert. Ich möchte ein für allemal klarstellen, daß ich grundsätzlich gegen eine Wiederbewaffnung der Bundesrepublik [...] bin. Wir Deutschen haben in zwei Weltkriegen bereits so viel Blut vergossen und haben auch viel zuwenig Menschen, als daß wir uns erlauben könnten, ein solches Projekt durchzuführen.«[17]

Am 22. November 1949 unterschrieb Adenauer das Petersberger Abkommen und erklärt darin »die feste Entschlossenheit [der Bundesrepublik), die Entmilitarisierung des Ruhrgebietes aufrechtzuerhalten und mit allen ihr zur Verfügung stehenden Mitteln die Neubildung irgendwelcher Streitkräfte zu verhindern«.[18]

Adenauers Verachtung für Wahrheit als ein Prinzip politischen Handelns bewog ihn nicht, der Auffassung zuzustimmen, Politik sei ein schmutziges Geschäft. Politik, sein Geschäft in bemerkenswerter Ausschließlichkeit, praktiziert als persönliche und staatliche Machtpolitik, war für ihn die Kunst, »das aus ethischer Grundlage als richtig Erkannte zu verwirklichen«.[19] Muß man unter »schmutzig« verstehen: unaufrichtig, trickreich, lügenhaft, vielleicht sogar betrügerisch, dann war das Geschäft, wie es Adenauer betrieb, schmutzig – eine Feststellung, die aus allen Lagern westdeutscher Politiker des heftigsten Widerspruchs gewiß sein kann. Es wird weithin bestritten, er habe seine ethischen Prinzipien machtpolitischen Erwägungen untergeordnet. Das sei schon deshalb nicht anzunehmen, weil in seinem Wertekatalog, der zum Wertekatalog der Wiedervereinigungspolitik geworden ist, der Begriff »Freiheit« an erster Stelle gestanden habe, jene Freiheit, die ihm in der christlich-abendländischen Welt zwar nicht vollkommen, aber am vollkommensten verwirklicht schien. Es war die Freiheit der Person, gegründet im Glauben, vor Gott seien alle Menschen gleich und hätten das Recht auf die ungeschmälerte Entwicklung der eigenen Persönlichkeit.

Ein gläubiger Katholik – unterstellen wir, Adenauer sei es gewesen – kann diesen Freiheitsbegriff nur verabsolutieren, wenn er gläubiger Christ in einer kapitalistischen Welt ist und sich infolgedessen über die sozialen

Abhängigkeiten des angeblich freien Individuums keine Gedanken macht. Adenauer machte sie sich in negativer Form, indem er soziale Abhängigkeiten als Materialismus definierte. Von da an war es nur ein winziger Schritt zu materialistischer Weltanschauung, zum Kommunismus, und das heißt zum fanatischen Antikommunismus. Mit anderen Worten, die ethischen Grundsätze, wie er sie verstand, waren eine Art Himmelsgewölbe über der Wirklichkeit. Wir sind nur dreißig Jahre von der innenpolitischen Auseinandersetzung über die Wiederbewaffnung entfernt. Sie genügten aber für eine ganz allgemeine Klimaveränderung, so daß wir uns heute kaum noch vorstellen können, daß diese Auseinandersetzung seitens der Gegner der Politik Adenauers weniger eine politische als eine religiöse Basis hatte, wofür Persönlichkeiten wie Heinemann und Niemöller die herausragenden Kronzeugen sind. Nicht sie allein hielten es als Christen für ein neues Verbrechen, nach zwei Weltkriegen wiederum auf Waffen und Waffengewalt zu vertrauen. Der Haß, mit dem Adenauer sich vor allem gegen Niemöller wandte, entsprang der niemals zugegebenen Betroffenheit des rheinländischen Katholiken, der sich einer christlich argumentierenden Gegnerschaft ausgesetzt sah. Er rechtfertigte seinen lässigen, seinen verräterischen Umgang mit der christlichen Ethik vor der Öffentlichkeit und vor sich selbst damit, daß er erklärte, gegen den Urfeind des christlichen Abendlandes, den Kommunismus, verwirklicht in der UdSSR, sei jedes Mittel gerade vom christlichen Standpunkt aus legitimiert, ihn zu bekämpfen und zu vernichten. Seine Religiosität – im Gebet kniend ließ er sich gern fotografieren – verpflichtete ihn nicht, Jesus ernst zu nehmen und sich in seinem politischen Handeln danach zu richten.

Er wäre weniger erfolgreich gewesen, wenn er zur Unterscheidung zwischen persönlicher Ehrenhaftigkeit, die er idealtypisch mindestens zu repräsentieren schien, und politischem Intrigenspiel nicht so spielend leicht und völlig unreflektiert fähig gewesen wäre, aber das berührt nicht das Hauptproblem, das mit dem Charakter Adenauers, wie er nun einmal war, verbunden ist. Jeder

Politiker besitzt mehr oder weniger Schlitzohrigkeit, sie ist die Voraussetzung für seinen Erfolg. Das muß nicht bedeuten, insgesamt im politischen Wirken zweigleisig zu fahren, und zwar auf dem einen Gleis in der entgegengesetzten Richtung zu der, die man auf dem anderen Gleis verfolgt. Doch gerade dazu war Adenauer fähig und willens. Wenn wir nicht zu der Überzeugung gelangen können, diese Zweigleisigkeit sei Taktik gewesen, ihm abverlangt von Forderungen, die seitens der Verbündeten an ihn gerichtet worden sind, und/oder von der öffentlichen Meinung der Bevölkerung, die er regierte, dann müssen wir uns fragen, was zum Teufel ihn eigentlich bewogen hat, sich und sein Werk in Frage zu stellen und damit die Westdeutschen zu einer »verletzten Nation« zu machen, wiederum zu den großen Beunruhigern ihrer selbst und ihres Nachbarn.

Es liegt auf der Hand, wovon hier gesprochen wird: von dem unauflöslichen Widerspruch zwischen der BRD-Politik einerseits und der Propagierung der Wiedervereinigung andererseits. Der Widerspruch hat viele Autoren, von denen die meisten deshalb nicht schlechthin als Narren oder Schwindler hingestellt werden dürfen, weil für sie tatsächlich die Wiederherstellung des Bismarck-Staates, sei es mit, sei es ohne die Ostgebiete, ein Ziel ist, das sie nicht aufgeben können aus emotionalen Gründen, die sich rationaler Überprüfung entziehen. Zu ihnen gehörte Adenauer nicht, wie wir gesehen haben. Aber noch mehr unterscheidet ihn von den heutigen Wiedervereinigungspredigern: Diese haben den Kardinalbetrug, die Konsolidierung der Bundesrepublik sei die denkbar beste Vorstufe zur Wiedervereinigung, von ihm geerbt als das konstitutive Element der Degradierung dieses blühenden Staates zum Provisorium mit Magnetwirkung auf den anderen deutschen Staat. Indes er, Adenauer, ohne jede Notwendigkeit und entgegen seiner tiefsten Überzeugung nicht nur nachhitlerische Erfüllungspolitik getrieben, sondern aus den vorgefundenen Bedingungen das schlechthin beste Deutschland geschaffen, den Widerspruch kultiviert und die Bevölkerung an einer Wand hochgejagt hat, in der keine Tür ist.

Ohne Notwendigkeit? Wie dachten Politiker aus dem Lager der Verbündeten über Wiedervereinigung? Es gibt nicht ein Dokument, aus dem hervorginge, daß im Nato-Lager oder gar an seinen Rändern, zum Beispiel in Frankreich, das Streben der Westdeutschen nach Wiedervereinigung als unabdingbarer Bestandteil einer erfolgversprechenden antisowjetischen Politik angesehen worden wäre. Was in der Bonner Interpretation dazu umgefälscht worden ist, sind Erklärungen, man verstehe dieses Streben. Doch sie sind kaum das Papier wert, auf dem sie niedergeschrieben worden sind. Ein hochrangiger Engländer hat in einem der Deutsch-Englischen Gespräche in Königswinter 1959 die Haltung der Alliierten auf den Punkt gebracht: »Die Wiedervereinigung ist uns so viel wert, wie sie den Deutschen selbst wert ist. Nicht mehr, vielleicht ein bißchen weniger. Und wenn wir Engländer den Eindruck hätten, die Deutschen im Westen und sogar auch im Osten haben sich mit der Teilung abgefunden, dann wären wir darüber nur erleichtert. Manche von uns haben diesen Eindruck.«[20]

Und die Westdeutschen selbst? Statteten sie den Konstrukteur der Bundesrepublik deshalb mit parteipolitischer und sogar mit absoluter Mehrheit aus, weil sie von ihrem unbeirrbaren Streben nach Wiedervereinigung nicht lassen konnten, obwohl ihnen doch mit Schumacher und seiner Partei in den entscheidenden frühen Jahren die nationaldeutsche Alternative angeboten worden war? Warum gehörte ihr Vertrauen dem »Kanzler der Alliierten« (Schumacher)? Gewiß gab es von Bonn bis München konservative Politiker in CDU und CSU, auch in der FDP, die ein nationales Wiedervereinigungsgetöse vollführten, aber deshalb wurde ihre Partei nicht gewählt. Es kann sein, daß Adenauer, darin Hitler gleich, unterschätzt hat, was man der Bevölkerung zumuten kann. Solche Zumutbarkeit ist grenzenlos, wenn der Bevölkerung das Zuzumutende autoritär serviert wird. Meinte Adenauer wirklich, er müsse sich national gebärden? Das brauchte er nicht einmal zu tun, um die Stimmen der Vertriebenen und Flüchtlinge zu erhalten, Wahlanalysen zeigen es.

Man kann Adenauers auf die Teilung ausgerichtete Politik insgesamt verwerfen, sei es, wie es einst Augstein getan hat, als Anwalt der deutschen Einheit, aus Patriotismus, sei es in der Voraussicht einer Entwicklung, welche die BRD zu einer Festung gemacht hat mit der dichtesten Anhäufung von Atomwaffen, die es auf der ganzen Erde gibt – nicht aber ist ihm nachzusagen, er habe die politische Absicht der Westmächte, sich von der Besatzungslast durch Gründung der BRD zu befreien, und die machtpolitische Konstellation zwischen den USA und der UdSSR nicht bis aufs allerletzte für die Rekonstruktion eines deutschen Machtgebildes ausnützen wollen.

Er verdankte der Teilung, daß er als bedeutender Staatsmann in die Geschichte eingehen konnte. Sie machte ihm außerdem den Untergang Preußens zum Geschenk, ja mehr, den eines von Preußen beherrschten Reiches, dessen Dynamik nach dem ihm unheimlichen, wenn nicht gar verhaßten Osten gerichtet war. Durchaus nicht immer seit 1871 – und vorher in der Anti-Napoleon-Koalition erst recht nicht – war deutsche Ostpolitik von Feindschaft getragen. Bismarck hatte Anlehnung an Rußland gesucht, um die Bälle seiner Außenpolitik in der Luft halten zu können. Als die Deutschen nach dem Ersten Weltkrieg von Frankreich und England erpreßt wurden, öffnete sich ihnen mit dem im Badeort Rapallo nahe Genua abgeschlossenen, russischerseits von Tschitscherin, deutscherseits von Rathenau unterschriebenen Vertrag eine erste Tür in eine bessere Zukunft (16. April 1922). Die fürchterlich Besiegten hatten sich gegen die verblendeten, haßerfüllten Sieger mit einem Vertrag verbündet, der erst neunzehn Jahre später dadurch außer Kraft gesetzt wurde, daß die Deutschen die Sowjetunion überfielen.

Er hatte für die Franzosen und Engländer einen Schock bedeutet; dank seiner mußten sie Berlin Zugeständnisse machen, die sie bisher verweigert hatten. Bis zum heutigen Tage reagiert der Westen nervös, wenn er glaubt, Anzeichen erkennen zu müssen, jene Deutschen, die aus Besiegten zu Nato-Verbündeten geworden sind, könnten anfangen, mit Moskau zu flirten. Erstaunlich, wie häufig wieder man am Ende der achtziger Jahre dem Reizwort »Rapallo« in der politischen Publizistik begegnet!

Die dahinterstehenden Mutmaßungen entbehren (noch?) jedes konkreten Anlasses in der operativen Politik Bonns, zu Zeiten Adenauers konnten sie überhaupt nicht aufkommen. Was Hitler aus dem deutschen Drang nach Osten nach seinem »Rapallo« vom August 1939 gemacht hatte, nämlich die Sowjetunion zum Hauptschauplatz seiner Vernichtungsmission, war prinzipiell nicht von anderer Art als Adenauers Vorstellung, was mit den »Sofjets« zu geschehen habe. Liebend gern wäre er Arm in Arm mit den Amerikanern auf Hitlers Spuren gewandelt – kurzfristig gab er sich sogar der Hoffnung hin, es werde dazu kommen –, mußte es aber schließlich zufrieden sein, daß durch das Reich eine von den Siegermächten beiderseits bewachte Grenze lief, desgleichen durch Berlin, in deren Schutz er sogar das verklausulierte Angebot Stalins, über Wiedervereinigung zu verhandeln, zurückweisen lassen konnte.

Der Zweite Weltkrieg hat zwei Westverschiebungen bewirkt sowie der Sowjetunion riesigen Geländegewinn an ihrer Westgrenze verschafft. Polen und ein neues deutsches Machtzentrum sind westwärts gewandert. Im letzteren Fall hat eine Verlegung der Hauptstadt an den Rhein stattgefunden, die jedoch nur der drastische Ausdruck einer viel tiefergehenden Wandlung ist: Für Jahrzehnte machte die Bevölkerung des westlichen Teiles den Eindruck, als habe sie ihre auf den Bismarckschen Nationalstaat bezogene Identität preisgegeben (»Reichstrauer wurde nicht getragen«), und noch läßt sich nicht sagen, wie erfolgreich die aktuellen Bemühungen sein werden, ihr diese Identität wieder einzutrichtern, anzukleben, aufzuschwatzen. Wäre sie nicht mit dem Zusammenbruch abgestreift worden, so hätte Adenauers Westpolitik, eine Mischung aus Opportunismus und anationalen Ressentiments, nicht über Schumachers Reichspolitik, einer Mischung nationaler Ressentiments und eines sozialdemokratischen Minderwertigkeitskomplexes, siegen können. Dessen Patriotismus von Anno dunnemals setzte Adenauer seine Abendlandkonzeption entgegen.

Sie ohne Wenn und Aber zum alleinigen Fundament seiner auf Wiedergewinnung von Macht und Ansehen gerichteten Politik zu machen, einen wirklich neuen Anfang zu setzen, wenn schon nicht mit einer neuen Gesellschaftsordnung, so wenigstens durch eine historische Operation, ein klares Heraustreten aus einer nur fünfundsiebzigjährigen Reichstradition, dieser Abfolge von Unglück, Feindeszüchtung und Verbrechen – fehlte ihm dazu der Mut? Das ist nicht anzunehmen.

Eher könnte es sein, daß er über diese Frage, ob das Reich untergegangen sei oder nicht, so ähnlich darüber dachte wie Bismarck, ob aus König Wilhelm von Preußen ein Deutscher Kaiser oder ein Kaiser der Deutschen werden solle. Es ist mir Wurst, hatte er gesagt, sich dessen sicher, daß die Namensgebung für seine Reichspolitik bedeutungslos sei. Darin hatte er recht. Hat Adenauer ähnlich gedacht? Ob nun dieses verdientermaßen zusammengebrochene Reich auf dem Papier fortexistiert, von Juristen als noch existent angesehen wird oder nicht, kann mir Wurst sein, ich werde Fakten schaffen, die nicht mehr rückgängig zu machen sind. Das hat er getan, und doch engagierte er sich in Sonntagsreden für die Wiedervereinigung, während er zugleich alles, was ihr hätte dienlich sein können, wäre er darauf eingegangen, sabotierte. Das spricht zwar für seine Gerissenheit, läßt aber daran zweifeln, ob er mehr als ein Taktiker gewesen ist – ein weitblickender Staatsmann? Er wird dafür gehalten, aber er war es nicht. Wie viele andere, die zu seiner Zeit geglaubt haben und deren Enkel es immer noch glauben, hat auch er sich dem Irrtum hingegeben, das deutsche Süppchen ließe sich am Feuer eines Weltkonflikts gar kochen, auf dessen Entwicklung und auf dessen Beendigung durch Kompromiß oder Weltvernichtung wir keinen Einfluß haben – außer jenem, den deutsche Politiker, diese Großmeister im Verwechseln von Fakten mit Illusionen, sich vormachen.

Die Belehrung über die Endgültigkeit der Teilung hätte Adenauer zuversichtlich der Überzeugungskraft des Faktischen überlassen können. Dank ihrer schien sich die abgenabelte Nation der Wohlstandsideologie Erhards in die Arme zu werfen. Anfang der sechziger Jahre wäre die Mehrheit, sich selbst überlassen, bereit gewesen, sich mit dieser fabelhaften Lösung der »deutschen Frage« abzufinden: Horten, Quelle, Kaufhof, Karajan, Bayreuth, Urlaub in Kenia, Porsche und Mercedes, dazu die Bundeswehr, die auf wunderbare Weise außerhalb der Kasernen und der Übungsplätze nicht vorhanden ist (das geht also!) – pflegeleicht und ungefährlich! Ein offenbar tatsächlich gelungener Versuch, den Charakter der Deutschen zu ändern, eine von ihren Wahnideen geheilte, weil geteilte Nation, ganz ohne Identitätsprobleme. Was sich aus diversen Anlässen durch die vierzig Jahre der Bundesrepublik an Widerstandskraft zeigte, ging über jene fünf Prozent der Bevölkerung nicht hinaus, die seit eh und je eine demokratische Konstante sind. Die Remilitarisierung hatte die »deutsche Frage« noch einmal belebt, aber diese Gegenbewegung wäre für sich allein genauso wie die Atom-Tod-Bewegung folgenlos geblieben, hätte der anationale Kanzler aus seinem Herzen keine Mördergrube gemacht und wenigstens mit sich selbst derart ein Stillhalteabkommen getroffen, daß er nur das Erreichte herausgestellt, über das, was es angeblich zu erreichen galt, aber geschwiegen hätte? Wider seine tiefste Überzeugung, etwas Bleibendes geschaffen zu haben, führte er den ihm widerwärtigen Begriff »Wiedervereinigung« ständig im Munde. Es war, als würde der Papst allwöchentlich in der Peterskirche das Kommunistische Manifest vorlesen.

Wenn Adenauer sagte: »Es ist die Aufgabe Deutschlands, einen Damm aufzurichten gegen das Einsickern und die Infiltration sowjetisch-russischer Ideen«,[21] meinte er dann die Bundesrepublik oder ein wiedererrichtetes Deutsches Reich?

Er benutzte den Begriff mit der Schwammigkeit, in der er in die Politsprache der Bundesrepublik Deutschland eingegangen ist, manifest geworden bereits in ihrem Namen. Indem er von Deutschland sprach, machte er die Öffentlichkeit glauben, er zielte auf die Einheit ab, ohne es sagen zu müssen. Dabei beließ er es aber nicht: »Von den Beschlüssen der New Yorker Außenministerkonferenz (Sept. 1950) ist für die Stellung Deutschlands in der Welt besonders bedeutsam die völkerrechtliche Anerkennung der Bundesrepublik Deutschland als Vertreterin des gesamten deutschen Volkes. [...] Die Wiederherstellung der Einheit Deutschlands ist unser großes Ziel, das wir niemals aus dem Auge lassen und das wir – davon bin ich fest überzeugt – auch erreichen werden. Unseren deutschen Brüdern und Schwestern in der Ostzone rufe ich [...] zu: Harret aus und hoffet auf uns. Wir werden wieder zusammenkommen.«[22]

»In unserer Zeit wird es sich entscheiden, ob Freiheit, Menschenwürde, christlich-abendländisches Denken der Menschheit erhalten bleiben oder ob der Geist der Finsternis und der Sklaverei für eine lange Zeit seine Geißel über die hilflos am Boden liegende Menschheit schwingen wird. Deutschlands Aufgabe ist es, einen Frieden in Freiheit zu sichern.«[23] Indem er Deutschland die Aufgabe, christlich-abendländisches Denken der Menschheit zu erhalten, gewissermaßen aufhalste, bewegte er sich in tradierten größenwahnsinnigen Kategorien, wonach am deutschen Wesen die Welt genesen werde, während er zugleich einen Staat aufbaute, dessen Aufgabe es sei, »einen Frieden in Freiheit zu sichern«, das heißt mit anderen Worten, der sich um des Friedens willen defensiv verhalten müsse und deshalb den »Geist der Finsternis und der Sklaverei« nur dort bekämpfen durfte, wo er gar nicht vorhanden war. Gleichwohl stellte er seine ideologische Propaganda nicht nur in den Dienst der Dynamik der CDU gegenüber der SPD, sondern benützte sie auch dafür, die (nur durch Krieg zu erreichende) Wiedervereinigung zu proklamieren.

Hier ist der Ort, an eine 1953 vorgelegte Denkschrift zur »deutschen Frage« zu erinnern, die Adenauer so unangenehm war, daß er sie sekretieren ließ mit dem nachhaltigen Erfolg, daß sie erst 33 Jahre später die politisch Interessierten in der Bundesrepublik erreichte, als sie keinen politischen Sprengstoff mehr enthielt: »Bei der Erörterung der Lösungsmöglichkeiten der deutschen Frage spielen die Probleme der Schaffung eines freien Gesamtdeutschlands sowie der Sicherheit des Westens und des Ostens die entscheidenden Rollen. Es gibt für den Westen keine Möglichkeit, ohne Einvernehmen mit der Sowjetunion oder ohne Krieg die Wiedervereinigung Deutschlands zu erzwingen oder die Integration der Ostzone in den Sowjetblock zu verhindern. Ebensowenig gibt es für die Sowjetunion eine Möglichkeit, Westdeutschland ohne Krieg mit der Ostzone zu vereinigen und den sowjetischen Geltungsbereich über die gegenwärtigen Zonengrenzen hinaus auszudehnen oder die Integration der Bundesrepublik in den Westen auszuschließen. Nur eine Lösung in gegenseitigem Einverständnis vermag ein freies Gesamtdeutschland zu schaffen und beiderseitige Sicherheit zu gewährleisten, und nur eine derartige Regelung dürfte in der Lage sein, den so dringend benötigten Friedenszustand herbeizuführen.«[24]

Meyer von Achenbach, der Verfasser, verschickte Kopien an Bekannte, die im Regierungsapparat oder im Bundestag tätig waren. Offiziell wurde seine Denkschrift nicht zur Kenntnis genommen. Er durfte sich zwar mit dem Titel »Botschafter« schmücken, einen Botschafterposten, der ihm annehmbar erschienen wäre, bekam er nicht. Professor Schoeps betont in seinem Vorwort, die Schrift verdiene deshalb nach wie vor Interesse, weil Achenbach noch Anfang der fünfziger Jahre die Wiederherstellung der deutschen Einheit für möglich gehalten habe. In der Tat war der Diplomat ein Patriot, dem der Adenauer-Kurs aufs äußerste mißfiel, weil er dem Kanzler nicht glaubte, was dieser behauptete: Mit einer »Politik der Stärke« würden die Sowjets in die Enge getrieben und seien schließlich genötigt, ihre Zone wieder herauszugeben. Die zitierten Sätze lassen erkennen, daß sich Achenbach darüber im klaren war, daß weder die westliche noch die östliche Seite erpreßbar sei und es nur die Alternative Verständigung oder Krieg gebe, um ein Gesamtdeutschland wiederherzustellen, was aus seiner Sicht hieß: In der Fortdauer der Aufspaltung Restdeutschlands in zwei Staaten, in zwei einander ausschließende Systeme der inneren und äußeren Herrschaftsausübung sah er die Gefahr einer kriegerischen Auseinandersetzung. Diese Befürchtung mag ihn veranlaßt haben, an eine Kompromißlösung zu glauben, obschon die von ihm selbst angestellte, mit den zitierten Sätzen dokumentierte Analyse ihm hätte sagen müssen, daß die Sowjetunion unter gar keinen Umständen veranlaßt werden konnte, auf Bedingungen einzugehen, die er als unverzichtbar für den Westen auflistete: »Freie Wahlen – Bildung einer gesamtdeutschen Regierung mit außenpolitischer Handlungsfreiheit, also Deutschland- und EVG-Verträge, Räumung der Ostzone, Änderung der Oder-Neiße-Grenze.«[25]

Wir schauen hier einem Mann über die Schulter, der eine klare Vorstellung von den realen Gegebenheiten besaß, die den Status quo von 1953 als unüberwindbar erkennen ließen, der aber dennoch, vom nationalen Wunschdenken eines ehemaligen Reichsdiplomaten verführt, an die Überwindbarkeit des Status quo durch politische Mittel glaubte. Im Gegensatz zu Adenauer war er kein trickreicher, politischer Schwindler, jedoch im Gegensatz zu diesem ein Träumer. Was seine Denkschrift zu einem wichtigen Beitrag geschichtlicher Aufklärung aus der Frühzeit der Bundesrepublik macht, ist nicht, wie der Herausgeber meint, sein Irrglaube an die Möglichkeit einer Kompromißlösung noch Ende 1953, sondern der Umstand, daß auch einem entschiedenen Gegner des so überaus erfolgreichen Förderers der Westintegration nichts anderes übrigblieb, als sich in Illusionen zu flüchten. Hätte es der erste Bundeskanzler nicht für nötig gehalten, die Bevölkerung Westdeutschlands – und zugleich indirekt die daran existentiell interessierten Bewohner der DDR – zu täuschen, indem er behauptete, auf dem Weg zur Wiedervereinigung zu sein, so hätte er die Denkschrift an die große Glocke hängen können, um zu beweisen: Auch meine nationalen Gegner verfügen über kein realisierbares Konzept für die Wiedervereinigung. Nichts anderes ist vernünftig und möglich als das, wofür ich, Adenauer, arbeite: für ein wirtschaftlich gesundes, politisch rehabilitiertes, militärisch aufgerüstetes Westdeutschland. Wer das nicht sehen will wie dieser Herr Meyer von Achenbach, disqualifiziert sich selbst.

Die Öffentlichkeit durfte nicht durch ein Wiedervereinigungskonzept eines Deutschnationalen beunruhigt werden, das zwar an und für sich als irreal erkennbar gewesen wäre, aber doch eine Diskussion entfacht hätte, bei der herausgekommen wäre, daß Adenauers Wiedervereinigungsversprechen nichts anderes war als Propaganda und Gimpelfang. Daß auch er sich Illusionen gemacht habe, werden ihm seine schärfsten Kritiker nicht nachsagen. Es war nur nötig, strikt zu vermeiden, daß es zu einer realistischen Überprüfung des behaupteten Zusammenhangs zwischen Integrationspolitik und Wiedervereinigungspolitik kam. Das ist gerade dadurch gelungen, daß die Frage der Wiedervereinigung nur verbal, aber nicht faktisch mit der Bonner Politik in Beziehung gesetzt wurde – dabei ist es bis zum heutigen Tag geblieben.

»Eine Aufgabe, die uns vor allem am Herzen liegt, ist die Wiedervereinigung Deutschlands. Wir betrachten die Integration der Bundesrepublik in Europa als eine Vorbedingung, diese Einigung auf friedlichem Wege unter der freiwilligen Zustimmung aller Teile des deutschen Volkes herzustellen.«[26] Hier klingt bereits an, was seither zum Drehpunkt der Wiedervereinigungspolitik geworden ist: Weil es eine solche nicht gibt außer in Form von Geschwätz, wird auf die Integration der Bundesrepublik in einem gesamteuropäischen Staat als auf den unumgänglichen (Um-)Weg zur Wiedervereinigung verwiesen, womit eine Phantasmagorie durch eine andere ersetzt wird, von der man allerdings der Öffentlichkeit leichter vorgaukeln kann, es geschähe etwas konkret.

Die vor Gorbatschow gefährlichste Initiative Moskaus, dem Antikommunismus seine Nato-weite Wirkung zu nehmen, stellte die berühmte Stalin-Note von 1952 dar. Der Generalsekretär legte sie vor – legte sie deshalb zu diesem Zeitpunkt vor –, als sowohl der Deutschlandvertrag wie der damit gekoppelte Vertrag über einen westdeutschen Verteidigungsbeitrag im Rahmen einer Europäischen Verteidigungsgemeinschaft (EVG) – der dann am französischen Widerstand scheiterte und die Nato-

Mitgliedschaft der BRD vorbereitete – noch nicht unter Dach und Fach waren. Mit dem sowjetischen Angebot sollte verhindert werden, die Verträge in Kraft zu setzen. Daß sein Wortlaut Möglichkeiten zur Wiedervereinigung eröffnete, und zwar unter Bedingungen, die aus einem wiedervereinigten Deutschland keinen sowjetischen Deutschland-Staat nach dem Muster der DDR, keinen Moskauer Satellitenstaat, gemacht hätten, wird von niemandem bezweifelt. Die Zweifel beginnen dort, wo darüber spekuliert wird, was in Praxis herausgekommen wäre, hätte man sich zu Verhandlungen bereit gefunden und die Unterschrift unter die vorbereiteten Verträge mit der Bundesrepublik hinausgeschoben.

Es ist weiter nicht erstaunlich, daß sich der nunmehr über dreißig Jahre anhaltende Streit zentral um ein Problem dreht, bei dem niemand sicheren Boden unter den Füßen hat, weil die Probe aufs Exempel nicht gemacht worden ist. Doch eben dies, daß keine Auslotung der Chancen stattgefunden hat, wofür der Bundeskanzler des Landes sorgte, das ein elementares Interesse daran hatte, Stalin beim Wort zu nehmen, wurde und wird mehr oder weniger am Rande behandelt. Um aber das Prestige Adenauers als eines Politikers, den die Sorge um Gesamtdeutschland nicht schlafen ließ, zu retten, versuchen noch seine Enkel zu beweisen, was nicht zu beweisen ist: Stalin habe im deutschen, im westlichen Lager nur Zwietracht säen wollen; ein Opfer in Gestalt der DDR zu bringen, um die nun auch militärische Perfektionierung der Westintegration der Bundesrepublik zu verhindern, sei er keinen Augenblick bereit gewesen.

Da sich die Tatsache nicht leugnen läßt, daß Adenauer von dem Augenblick an, in dem die Note auf dem Tisch lag, sich dafür entschieden hatte, unter allen Umständen – die er noch gar nicht kannte, was die westlichen Verbündeten, ja was die Meinung im Kabinett, in den Fraktionen, in der öffentlichen Meinung betraf – zu verhindern, daß mit den »Sofjets« auf dieser Grundlage in Verhandlungen eingetreten werde, wird die Diskussion auf Kaffeesatzdeutungen verschoben. Noch hieß das westdeutsche Spiel nicht: Westintegration *und* Wiedervereinigung, sondern Westintegration *oder* Wiedervereinigung, und die Entscheidung für jene war die eindeutige Entscheidung gegen diese. Ein Streit darüber, was Adenauer zurückgewiesen habe, eine Moskauer Trickpartie oder die Chance der Wiedervereinigung, dient keinem anderen Zweck, als von der Hauptsache abzulenken, von seinem innenpolitisch und außenpolitisch geradezu hysterisch geführten Kampf gegen alle, die der Meinung waren, man müsse doch klären, wieweit Stalin zu gehen bereit sei. Adenauer hat sich nicht als der große Reichsspalter qualifiziert, weil er eine Chance nicht genützt hat, sondern weil er fürchtete, die Note könne eine Chance beinhalten. Er war weit davon entfernt, als sicher anzunehmen, Stalin werde unter gar keinen Umständen so weit gehen, daß seine, Adenauers, Politik in dem Augenblick torpediert würde, in dem er ihren eigentlichen Triumph unmittelbar vor sich sah. Während er die hausgemachte Opposition der SPD zwar als lästig empfunden, nie aber für eine ernsthafte Gefahr gehalten hatte, kam nun der Teufel justament durch die Tür herein, hinter der er ihn stets vermutet hatte, nur nicht in Gestalt des bösen Feindes, des Zerstörers des christlichen Abendlandes, sondern in der einer Art Friedensbringer.

Hier ist nicht der Ort und besteht im Hinblick auf das Material zur Stalin-Note[27] auch keine Notwendigkeit, auf den durch die Jahrzehnte fortgesetzten Streit als solchen einzugehen. Wir haben es mit dem großen Streiter für die Wiedervereinigung, Bundeskanzler Adenauer, zu tun und können feststellen, daß alle seine in diesem Sinne *vor* der Stalin-Note abgegebenen Beteuerungen, von denen wir einige wenige zitiert haben, dem Vortrag eines Schauspielers gleichen, der auf der Probe nur markiert, wie man das nennt, wenn er nur mit halber Stimme seinen Rollentext herunterleiert. Bisher hatte er nicht fürchten müssen, seine Politik könne auf eine Weise in Frage gestellt werden, die sie nicht mehr mehrheitsfähig machen würde. Jetzt aber war es anders, als die innenpolitischen Gegner neue Viermächteverhandlungen forderten und Schumacher am 22. April Adenauer aufforderte, »festzustellen, ob die Sowjetunion eine

Möglichkeit bietet, die Wiedervereinigung Deutschlands in Freiheit durchzuführen«.[28]

Jetzt »registrierte er mit sicherem Gespür die wachsende Nervosität in der deutschen Öffentlichkeit und sah sich gezwungen, zum Schreiben Schumachers Stellung zu nehmen«.[29] Er bestritt, daß in der Fassung des Deutschlandvertrages, wie sie zu diesem Zeitpunkt vorlag, ganz unmißverständlich festgeschrieben sei, ein wiedervereinigtes Deutschland habe die Verpflichtungen, wie sie die Bundesrepublik gegenüber den drei Mächten übernommen habe, weiterhin zu erfüllen. Das heißt, er log in einem Hauptpunkt, um sich der Opposition zu erwehren. Er fand ganz neue Töne, um sich als vorbehaltloser Kämpfer für die Wiedervereinigung zu präsentieren, in einem Interview, vom NWDR am Abend des 24. April ausgestrahlt: »Ich will mich gar nicht zu der Frage äußern, ob bei gesamtdeutschen Wahlen die SPD die stärkste Partei werden wird [wohl wissend, sie würde es]. Aber so viel kann ich mit aller Bestimmtheit sagen: Ein freies Gesamtdeutschland mit der SPD als stärkster Partei wäre mir jederzeit weit lieber als eine von der Sowjetzone getrennte Bundesrepublik mit der CDU als stärkster Partei. Hier steht wirklich das Vaterland über der Partei, und hier beginnt der Staatsmann jenseits der Partei. Er beginnt erst recht jenseits der Konfession. Ich wäre außerdem ein schlechter Christ, wenn ich es vorzöge, die Deutschen in der Sowjetzone wegen ihres mehrheitlich evangelischen Glaubens der Sklaverei zu überlassen. In der gesamtdeutschen Frage gibt es keine CDU-Politik und keine katholische Politik. Es gibt sie ebensowenig, wie es hier eine SPD-Politik oder eine protestantische Politik geben könnte.«[30]

Natürlich kann man eine derart bedenkenlos vorgebrachte Verachtung der Wahrheit bewundern, vor allem deshalb, weil sie mithalf, den erwünschten Erfolg zu erzielen. Einerseits, weil es der Opposition nicht gelang, die deutsche Öffentlichkeit national zu mobilisieren – nicht einmal im Bereich der eigenen Anhänger –, andererseits vor allem, weil sich nun herausstellte, daß die auf dem Papier versprochene alliierte Unterstützung westdeutscher Wiedervereinigungspolitik nur insofern galt, als von der Voraussetzung ausgegangen worden war, dieses neue Gesamtdeutschland werde eine bis zur Oder ausgedehnte Bundesrepublik sein – eine Bedingung, die der Gewißheit gleichzusetzen war, es werde nie dazu kommen! Keineswegs erwünscht war aber jenes neutralisierte Gebilde mit Nationalarmee, das Stalin äußerstenfalls hätte dulden können. Mit seiner Kampagne gegen die Stalin-Note machte sich der Bundeskanzler in einem viel gravierenderen, nunmehr wirklich rein antideutschen Sinn zum »Kanzler der Alliierten«, aber es schadete ihm nicht das geringste, wie an den nächsten Bundestagswahlen abzulesen war (vgl. Seite 145).

Das stärkste Motiv für Adenauers Verhalten dürfte seine Überzeugung gewesen sein, mit den Russen sei aus einer Position von gleich zu gleich nicht zu verhandeln. Ihnen gegenüber hörte er auf, der routinierte Taktiker zu sein (wenn er im September 1955 doch nach Moskau fuhr und den Eindruck vermittelte, er habe Kreide gefressen, so nur, weil er nicht anders konnte), und verwandelte sich in den Erzengel mit dem feurigen Schwert. Es dürfte jedoch auch nicht ganz abwegig sein, sich aus Anlaß der Note und im Blick auf ihre gesamtdeutschen Konsequenzen, die eben nicht nur als Wunschträume anzusehen waren, sich jener Fähigkeit zu erinnern, die wir für eine der beiden wesentlichen Voraussetzungen seines Erfolges halten: seinem untrüglichen Sinn für das Machbare (vgl. Seite 134). Er mag sich gesagt haben, daß er nicht der Mann sei, der einen gesamtdeutschen, neutralisierten Staat zwischen Ost und West in der Balance hätte halten können – er nicht und vielleicht kein anderer deutscher Politiker. Mit der demnächst aufgerüsteten BRD das Maximale aus der Nachkriegssituation herausgeholt zu haben war Adenauers Rechtfertigung seiner Politik vor sich selbst und vor den Deutschen – eine Ansicht, der nichts entgegenzusetzen ist als das Bedauern, daß statt dem Taktierer Adenauer nicht ein Staatsmann tätig geworden ist, der die Deutschen auf den »unteren Weg« geführt hätte, solange die »deutsche Frage« tatsächlich noch offen war.

Adenauer betrieb Teilungspolitik virtuos, nationale Deutschlandpolitik als Schwindel, was nicht ausschloß, wir wissen es nur zu gut, daß der Schwindel zum Dogma des Wiedervereinigungsstrebens geworden ist. Worin hätte eine staatsmännische Leistung bestehen können, die noch im Rahmen des Erreichbaren gelegen hätte, das er in der BRD meisterhaft verwirklicht hat? Darin, die Rezeption des Erreichbaren, also der Bundesrepublik Deutschland, nicht allein der kurzfristig wirksamen Überzeugungskraft des Faktischen zu überlassen, im übrigen mit Lug und Trug zu untermauern, sondern die schuldhaft herbeigeführte Lage der Deutschen und den Glücksfall ihrer beiderseitigen Verwendbarkeit als Bundesgenossen – hier nun beschränkt auf die sogenannten Westdeutschen – dazu zu benutzen, tatsächlich »ihren Charakter zu ändern«, das heißt, ihnen klarzumachen, daß jene kraftvolle Nation, die zwei Weltkriege angezettelt hatte, die kränkste unter allen europäischen Nationen gewesen war. Wenn es für einen Teil, den westlichen, die Chance gab, sich endlich zu europäisieren, so lag sie darin, das Urteil der Geschichte anzunehmen. (Hier sei dem Gedanken Raum gegeben, ob sich die siebzehn Millionen Deutschen in der DDR nicht in einer aussichtsreicheren Lage befinden, derart, daß ihre Normalisierung nicht Rückkehr in den Zustand einer kranken Nation bedeutete. Es sollte nicht für unmöglich gehalten werden, daß unter der Voraussetzung einer allgemeinen Hebung der ökonomischen Situation, eines Abbaus der ideologischen Motivation für die Abgrenzung nach Westen [und vice versa] und einer damit zusammenhängenden, davon bedingten Liberalisierung der gesellschaftlichen Verhältnisse ein sozialistisches Deutschland entstehen könnte, für das die Bezeichnung »das bessere Deutschland« nicht nur eine um Jahrzehnte verfrüht geäußerte Propagandaphrase der SED-Bonzen bliebe.)

Der Behauptung, Adenauer habe die Wiedervereinigung nicht gewollt, die nicht wenige für eine Unterstellung ansehen werden, könnte entgegengehalten werden, daß er in den frühen Jahren seiner Kanzlerschaft sich dem Wahn hingegeben habe, die militärischen Kräfte des Westens würden nicht nur der Sicherung des Besitzstandes dienen, sondern für die »Befreiung« der osteuropäischen Staaten, einschließlich der Sowjetzone Deutschlands, eingesetzt werden. Das wäre eine Methode der Lösung der »deutschen Frage« gewesen, von der zur damaligen Zeit noch nicht wie heute hätte gesagt werden müssen, ihre Anwendung hinterlasse eine Wüste. Was da im Fall des Sieges zu vereinigen gewesen wäre, hätte mutmaßlich »nur« so ausgesehen wie die deutschen Städte im Mai 1945. Daß Adenauer solche Vorstellungen hegte, läßt sich nachlesen,[31] aber mit der Wiedervereinigung hatten sie nichts zu tun, sondern mit Russenhaß und Russenfurcht. Nicht das Reich sollte wiederhergestellt werden, sondern das Abendland gerettet. Das Rollbackkonzept, dem Adenauer gemeinsam mit US-Außenminister Dulles anhing – was ihre Freundschaft begründete –, hatte keine nationalen Wurzeln, schon gar keine deutschnationalen. Es war ein imperialistisches Konzept, von Adenauer christlich-abendländisch verpackt, um es annehmbar aussehen zu lassen.

Ganz ähnlich muß Adenauers gelegentlich stürmisch geäußerte Begeisterung für die Aufstände in Polen und Ungarn im Jahre 1956 gedeutet werden, die ihn glauben machten, die sowjetische Macht werde derart erschüttert, daß sie zu den befürchteten Angriffshandlungen nicht mehr imstande sei und die Satellitenstaaten nicht mehr unter Kontrolle halten könne. (Es ist daran zu erinnern, daß anläßlich des Ungarnaufstandes in der BRD riesige Plakate angeschlagen wurden, auf denen ein vorwärtsstürmender Panzer die sowjetische Fahne zerfetzt. Gemeinsam von CDU/CSU und SPD wurde ein politisches Klima angeheizt, in dem es als möglich angesehen wurde, mit bewaffneten deutschen Kräften, mit einer Art »Volkssturm«, den aufständischen Ungarn zu Hilfe zu kommen.)

Offen ist nach wie vor die Frage, ob wirklich parteipolitisches Kalkül den Bundeskanzler veranlaßt hatte zu behaupten, seine Politik sei auf die Wiedervereinigung gerichtet und auf nichts anderes. Man wird sich klarzumachen haben, daß er seine parlamentarische Mehrheit Parteien verdankte, die nicht mit der schrillen Intonierung Schumachers eine nationalistische Politik verfolgten – was der SPD nichts einbrachte, sie verlor zwischen 1947 und 1950 200 000 Miglieder –, aber am Reichsgedanken festhielten. Wenn Schumacher später behauptete, ohne die Sozialdemokraten im Herrenchiemseekonvent und im Parlamentarischen Rat gebe es eine »Rheinstaat-Verfassung« ohne die Präambel, die die Bundesrepublik zum Provisorium erklärt, dann lassen sich dafür aus den Sitzungsprotokollen Beweise finden.

Aus einer 1977 abgeschlossenen Arbeit über westdeutsche Wiedervereinigungspolitik 1949 bis 1961 sind Sätze zu zitieren, denen entnommen werden könnte, das Streben nach Wiedervereinigung habe von Anfang an eine dogmatische Verbindlichkeit für die Politik der BRD besessen: »Keine deutsche Partei, keine bedeutsame politische Gruppe hat nach dem 2. Weltkrieg die Teilung Deutschlands in Besatzungszonen und dann später in zwei staatliche Gebilde hinnehmen wollen. Allen politischen Kräften, gleich ob sie in der Ostzone oder in einer der Westzonen ansässig waren, gleich ob sie in der Deutschen Demokratischen Republik oder der Bundesrepublik Deutschland beheimatet waren, ist der Wille zur Wiedervereinigung Deutschlands gemeinsam gewesen. Dieser Wille fand seinen nachhaltigsten und feierlichsten Ausdruck einerseits im Grundgesetz der BRD vom 23. 5. 1949 und auf der anderen Seite in der Verfassung der DDR vom 7. 10. 1949.«[32]

Wenn tatsächlich alle Parteien, alle bedeutsamen politischen Gruppen, alle politischen Kräfte vom Willen zur Wiedervereinigung Deutschlands erfüllt gewesen wären, gäbe es den Staat Adenauers nicht, sofern derartige Proklamationen und patriotische Bekenntnisse Ausdruck eines stürmischen Verlangens der Bevölkerung der drei westlichen Besatzungszonen nach Erhaltung oder Wiederherstellung der Einheit gewesen wären. In diesem Fall hätte der Nationalist Schumacher über den Weststaatmonteur Adenauer gesiegt, und die Amerikaner hätten es nicht ganz so leicht gehabt, ihr antisowjetisches Bollwerk »Bundesrepublik Deutschland« zu errichten und der Nato einzufügen.

Die Demoskopie hat schon in den frühen Jahren, als ihre aus den USA importierten Befragungsmethoden noch sehr unvollkommen waren, sich kontinuierlich bemüht herauszubringen, wie es denn nun mit dem Willen zur Wiedervereinigung im Volk, soweit es westlich der Elbe befragt werden konnte, bestellt sei. Im Oktober 1951 hielten achtzehn Prozent der Bevölkerung die Wiedervereinigung für die wichtigste Frage, mit der man sich in Westdeutschland beschäftigen solle; hingegen 45 Prozent die Verbesserung der Wirtschaftslage.[33] 1963 hatte sich die ökonomische Lage befriedigend stabilisiert, eine weitere Verbesserung hielten nur noch 21 Prozent für wichtig; statt dessen war nunmehr ein knappes Drittel bereit, die Wiedervereinigung als das wichtigste Anliegen zu bezeichnen. Und zwischen 1956 und 1959 hielten es rund 65 Prozent für sinnvoll, immer wieder die Wiedervereinigung zu fordern.[34]

Macht man sich klar, in welchem Maß die Wiedervereinigung nächst der antikommunistischen Hetze zum zweiten Hauptthema der politischen Propaganda gemacht wurde, so verlieren die herausgefragten Werte als Ergebnisse einer opportunistischen Grundhaltung jegliche Beweiskraft für den behaupteten allumfassenden Willen, die Einheit irgendwie wiederherzustellen.

Daß die Wiedervereinigung – ein Begriff, mit dem höchst verschiedene Inhalte verbunden sind – ein Nahziel sei, hat Adenauer nicht nur deswegen nie behauptet, weil er wußte, daß da so bald nichts zu wollen sei, sondern auch, weil er wollte, es sei nichts zu wollen. Er stellte einfach Westintegration und Wiedervereinigung nebeneinander, als an eine militärische Aktion gegen die Sowjetunion ebensowenig mehr zu denken war wie an ihre Schwächung durch Aufstände.

Im Grunde verhielt sich Adenauer nicht anders als die sechs westlichen Mächte, die sich auf der Londoner Konferenz (Februar bis Juni 1948) auf das amerikanische Projekt, einen Weststaat zu schaffen, geeinigt hatten und allen Bemühungen der Sowjetunion, sie davon abzubringen – wozu die Berlinblockade gehörte –, widerstanden, ohne aufzuhören, in spätere Verträge hineinzuschieben, sie träten für die Wiedervereinigung ein.

Stellen wir fest: Aus Sorge um seine Mehrheit im Bundestag brauchte Adenauer nicht auf die Pauke der Wiedervereinigung zu schlagen. Was er unter vorgetäuschtem »nationalem« Anliegen betrieb, war ein unnötiger National-Schwindel. Überlegen wir uns aber, daß unter den Bedingungen der Westalliierten, die auch jene Adenauers waren, an Wiedervereinigung gar nicht zu denken war, dann erkennt man, was ihn bestimmte, die Propaganda dafür entgegen allem, was er wollte und bewirkte, durchzuziehen. Sie war in seinen Augen ein fabelhaftes taktisches Mittel, die Bevölkerung der Bundesrepublik in ihre antikommunistische Ideologie gewissermaßen einzuschmelzen: Liebe Landsleute, ihr seht ja, nichts liegt mir mehr am Herzen als die Wiederherstellung des Reiches. Aber da sind die »Sofjets«, diese Verbrecher, die wollen das nicht! Als Nation habt ihr nur einen Feind: Moskau!

Schön und gut, falsch und schlecht, aber bestand irgendeine Notwendigkeit, diesem deutschen Affen noch mehr Zucker zu geben? In der Ära Adenauer bei breiteren Schichten eine Rapallo-Neigung zu vermuten wäre absurd gewesen; mit dem bißchen Wirkung, die Stalin mit seiner Note in der politischen Szene erzielte, war Adenauer ohne weiteres fertig geworden. Also auch in diesem Sinn ein unnötiger Schwindel? Gewiß, und das ist erstaunlich, denn zu überflüssigen Winkelzügen neigte der erste Bundeskanzler nicht. Indem er von der Wiedervereinigung tönte, erwies er sich als das Opfer seiner eigenen Abendlandideologie. Er konnte gar nicht anders, als den heiligen Georg spielen, der den kommunistischen Drachen töten, töten, töten will, obschon die Deutschen bewußt – oder bereits unbewußt – ihre politische Existenz an dieser eingebildeten Bedrohung orientierten (und orientieren, das geht Hand in Hand mit dem Erfolg von Gorbatschows Buch und hat im Frühjahr 1988 das Verteidigungsministerium einem Mann ausgeliefert, den seine Russenangst von der Realität isoliert). Was politisch objektiv unnötig war, erweist sich als eine Obsession, der nicht mit politischen Kriterien beizukommen ist.

Deutschland unter Kuratel

Deutschland, für seine Bewohner von jeher ein schwieriges Vaterland, war und ist es auch für die Staatskanzleien seiner Nachbarn – seit 1945 sogar für die USA und die UdSSR, es ließe sich sagen: weltweit. Zum politischen Problemfall »Deutschland« tritt der juristische.

Was war das Heilige Römische Reich Deutscher Nation, dessen Kaiserkrone Franz II. 1806 niederlegte? »Es bleibt uns also nichts anderes übrig, als das Deutsche Reich, wenn man es nach den Regeln der Wissenschaft von der Politik klassifizieren will, einen irregulären und einem Monstrum ähnlichen Körper zu nennen, der sich im Laufe der Zeit [. . .] aus einer regulären Monarchie zu einer so disharmonischen Staatsform entwickelt hat, daß es nicht mehr eine beschränkte Monarchie [. . .], aber noch nicht eine Föderation mehrerer Staaten ist, vielmehr ein Mittelding zwischen beiden«[1] – geschrieben vor rund dreihundert Jahren! Was war staatsrechtlich der Deutsche Bund, diese Vorstufe zum Bismarckschen, das heißt preußischen Reich? Eine lose Zusammenfassung von Kleinstaaten, kodifiziert in der Bundesakte von 1815. 1848 wäre es fast zur kleindeutschen Lösung gekommen. Friedrich Wilhelm IV. von Preußen wurde am 28. März 1849 die Kaiserkrone angetragen, eine Woche später erklärte er, nicht Kaiser werden zu wollen. Kurzfristig wurde der Bund erneuert. Die durch die »Revolution« von 1848 erreichten demokratischen Verfassungsänderungen in verschiedenen deutschen Staaten wie auch in Österreich (Metternich wurde entlassen und ging ins Exil) wurden zurückgedreht. Mit Bismarcks Ernennung zum preußischen Ministerpräsidenten 1862 gewannen unter seiner Führung Kräfte die Oberhand, die in drei siegreichen Kriegen die Voraussetzungen für das in Versailles gegründete Deutsche Reich schufen, nachdem im zweiten dieser Kriege der Rivalität zwischen Wien und Berlin, zwischen den Habsburgern und den Hohenzollern, ein Ende zugunsten Preußens gemacht worden war.

Nun gab es bis zum Ende des Ersten Weltkriegs einen deutschen Staat, der juristisch definierbar war. Seine Verfassung stellte eine Modifikation des Norddeutschen Bundes dar. Sie wurde durch die Weimarer Verfassung abgelöst, die aus dem Kaiserreich eine parlamentarische Demokratie machte. In Teilen wurde sie ab 1933 von der NS-Diktatur außer Kraft gesetzt, im ganzen nicht suspendiert. Formal existierten weitherhin ein Reichstag und ein Reichskabinett, die im »Führerstaat« funktionslos wurden. Er setzte sich über alle staats- und völkerrechtlichen Normen hinweg.

Nach dem Reichstagsbrand wurde mit der Verordnung des Reichspräsidenten Hindenburg zum Schutz von Volk und Staat der Ausnahmezustand erklärt, der bis zur bedingungslosen Kapitulation die fiktive Rechtsgrundlage blieb. Sie setzte sieben Artikel der Weimarer Verfassung außer Kraft, die vor allem ihre demokratische Substanz gebildet hatten.

Mit dem »Zusammenbruch« im Mai 1945 wurden staats- und völkerrechtliche Probleme, soweit sie auf Deutschland bezogen waren, zum Gegenstand politischer und juristischer Deutungen, Diskussionen, Behauptungen und Verträge. Gemeinsam ist ihnen, daß in keinem einzigen Punkt ein übergreifender Konsensus sich hat erreichen lassen.

Wenn wir die offizielle Lesart anerkennten, das erst vor gut hundert Jahren gegründete Reich habe als völkerrechtliches und staatsrechtliches Subjekt den Zusammenbruch von 1945 überdauert, und uns derart die Generalprämisse der Provisorientheorie über die BRD zu eigen machten, bliebe zu fragen, ab wann das Reich nur noch rechtlich auf dem Papier fortexistierte. Würden wir davon ausgehen, das Reich habe als Staatsorganisation so lange bestanden, als es eine legal ernannte Reichsregierung gegeben hat, so hätten wir sein Hinscheiden auf den Tag zu datieren, an dem die von Hitler eingesetzte

Reichsregierung unter Großadmiral Dönitz und Graf Schwerin von Krosigk in Flensburg von ein paar englischen Soldaten verhaftet worden ist und somit nicht mehr arbeitsfähig war. Das geschah am 23. Mai 1945. An diesem Tag verschwand die letzte deutsche Zentralgewalt.

Wir aber gedenken des 8. Mai: »Der 8. Mai ist für uns kein Tag zum Feiern. [. . .] Und dennoch wurde von Tag zu Tag klarer, was es heute für uns alle gemeinsam zu sagen gilt: Der 8. Mai war ein Tag der Befreiung. [. . .] Wir haben allen Grund, den 8. Mai 1945 als das Ende eines Irrweges deutscher Geschichte zu erkennen, das den Keim der Hoffnung auf eine bessere Zukunft barg.«[2] So sprach Bundespräsident von Weizsäcker am 8. Mai 1985 vor dem Bundestag. Dieser Karajan der Politik versteht wie kein anderer die Kunst, deutsche Vergangenheit so zu deuten, daß der Eindruck vollkommener Ehrlichkeit die opportunistisch-patriotische Bemühung überstrahlt, niemand weh zu tun, weder dem einzelnen Deutschen noch dem Volk insgesamt. Den Nationalsozialismus als einen »Irrweg deutscher Geschichte« zu bezeichnen, der in Wahrheit der Extremfall deutscher Selbstverwirklichung gewesen ist, illustriert diese Technik der Sympathiewerbung. Wenn nur die Geschichte »irrte«, gibt es nicht einmal Irrende.

Der 8. Mai 1945 war der Tag, an dem Vertreter des Oberkommandos der Wehrmacht in Berlin-Karlshorst in Anwesenheit der bevollmächtigten alliierten Generale die bedingungslose Kapitulation unterzeichneten. Bedingungslos heißt: nicht mehr verhandeln können, sich der Gnade und Ungnade des Siegers ausliefern. Wer kapitulierte bedingungslos? Die Streitkräfte. Mit ihrer Kapitulation erlosch jeder physische Widerstand, die Sieger konnten mit der Bevölkerung machen, was sie wollten. Doch die Bevölkerung war nicht der Staat, und die Vertreter des Oberkommandos der Wehrmacht waren nicht die Repräsentanten des Staates, der, wie immer er verfassungsrechtlich zu definieren ist, eine Machtorganisation darstellt. Was sich an der Basis zunächst auf lokaler Ebene deutscherseits spontan formierte, teils schon mit politischen, teils mit rein humanitären Zielsetzungen, war kein Rest der Machtorganisation »Reich«. Es gab sie nicht mehr. Zunächst war es nichts weiter als ein von den Streitkräften der USA, der UdSSR, Großbritanniens und Frankreichs besetztes Gebiet. Das blieb es bis zum 5. Juni 1945. An diesem Tag übernahmen die vier Besatzungmächte in Deutschland formell die oberste Gewalt auf allen Ebenen ehemals staatlicher oder lokaler Organisationen. Sie erklärten, damit sei eine Annexion des Reichsgebiets nicht verbunden. Die Oberkommandierenden wurden, jeder in seiner Zone, die Inhaber oder Vollstrecker der obersten Gewalt, verantwortlich ihren Regierungen, zur Zusammenarbeit nur insoweit verpflichtet, als es sich um Angelegenheiten handelte, die ganz Deutschland betrafen (in matters affecting Germany as a whole). Ob dieses »Germany as a whole« aus den vier Besatzungszonen und dem Sonderfall »Berlin« bestand oder ob darunter das Territorium des ehemaligen Reichs in den Grenzen von 1937 zu verstehen war, ist deshalb strittig, weil auch die von Polen und von der Sowjetunion »verwalteten«, tatsächlich in Besitz genommenen Ostgebiete einerseits in die Zuständigkeit des Kontrollrats fielen, der aber andererseits in »Verwaltungsaufgaben« in diesen Gebieten gar nicht tätig werden konnte, weil ausdrücklich erklärt worden war, sie seien kein Teil der sowjetischen Besatzungszone.

Was war damit rechtlich geschehen? Wir werden uns noch eingehender mit den Vorbehaltsrechten zu beschäftigen haben, aber es ist nützlich, sich schon hier zu vergegenwärtigen, was der Begriff besagt: Es gebe eine tradierte Rechtslage I, aus der gewisse ihr zugehörende Rechte herausgenommen und zu einer Rechtslage II zusammengefügt worden seien, über die eine andere Autorität gebiete als über die Rechtslage I. Wird unterstellt, das Reich sei als Rechtssubjekt nicht untergegangen, so war auch die Rechtslage I nicht untergegangen, konnte jedoch nicht geltend gemacht werden. So gesehen, ließe sich sagen, die von den vier Mächten übernommene oberste Gewalt in Deutschland habe eine Rechtslage II geschaffen, die der volle Ersatz für die Rechtslage I war.

Der Kontrollrat war die letzte Institution gesamtdeutscher Zuständigkeit, die zwar nach Gutdünken ohne Rücksicht auf deutsche Interessen Macht ausüben konnte, mindestens entsprechend dem Potsdamer Abkommen ausüben sollte. War die alliierte Rechtslage II auch in keiner Weise an die tradierte Rechtslage I gebunden, so bedeutete doch der spätere schrittweise Abbau der alliierten Zuständigkeit, die allmähliche Rückgabe von Verwaltungs- und Ordnungskompetenzen, schließlich auch von (begrenzter) politischer Macht an die Deutschen eine Wiederherstellung der Rechtslage I mindestens innerhalb der Westzonen, aber doch nicht nur. Auch in die Verfassung der DDR sind tradierte Rechtsvorstellungen eingegangen. Je mehr Kompetenzen in deutsche Hände zurückgelegt wurden, desto mehr verwandelten sich die nicht zurückgegebenen Rechte der Besatzungsmächte in Vorbehaltsrechte, waren aber in ihrer Gesamtheit eigentlich schon 1945 nichts anderes gewesen.

Was hier geschehen ist, war der radikale Bruch mit der Haager Landkriegsordnung (HLKO, beschlossen 1899, revidiert 1907), die von den am Zweiten Weltkrieg beteiligten Staaten unter anderem nicht von Italien, Jugoslawien, Griechenland und der UdSSR ratifiziert worden war, wohl aber von den USA, Großbritannien, Frankreich und vom Deutschen Reich. Sie sollte mit ihren Paragraphen Schutz den Kämpfenden und der Zivilbevölkerung bieten, war jedenfalls ursprünglich hierfür entworfen worden. Sie regelte auch die Stellung einer Besatzungsmacht im Gebiet des Feindes, das jene erobert hatte. Sie legte ihr die Pflicht auf, die durch Kriegshandlungen beschädigte Ordnung des besetzten Landes zu respektieren und sie wiederherzustellen.

Die Verfasser der HLKO hatten sich nicht vorstellen können, daß in einem besiegten Land die bisherige Ordnung von den Besiegten überhaupt nicht mehr aufrechterhalten werden konnte, noch daß Versuche der Wiederherstellung der bisherigen Ordnung durch die Besiegten von den Okkupationsmächten als verbrecherisches Handeln angesehen werden durften, weil diese Ordnung im ganzen verbrecherischer Natur gewesen war. Die Zerstörung der »Ordnung« des Dritten Reiches bis auf den Grund war ein Kriegsziel der Anti-Hitler-Koalition gewesen; der Entfernung der etwa verbliebenen Reste dieser »Ordnung«, personell und organisatorisch gesehen, galten ihre ersten Maßnahmen, wobei jede Macht hierfür ihr besonderes Rezept hatte.

Die objektive Situation und die politischen Vorstellungen, was aus Deutschland werden solle, worin sich die vier Mächte fundamental unterschieden (das Ost-West-Schema läßt sich auf die Besatzungspolitik der unmittelbaren Nachkriegszeit noch nicht anwenden), schlossen ein Vorgehen nach den Regeln der HLKO aus. Weil sich die Besiegten vom ersten Kriegstag an über sie hinweggesetzt hatten, gab es weder politische noch moralische Gründe, bei der Ausübung der obersten Gewalt in Deutschland und über Deutsche mit der HLKO unter dem Arm herumzulaufen. Die Sieger hatten bei der Besetzung des Reichs noch die Kollektivschuldannahme in ihrem ideologischen Gepäck (mit Ausnahme Stalins, der sofort erklärte, zwischen Führern und Geführten sei zu unterscheiden). Es wäre nach den KZ-Entdeckungen zu verstehen gewesen, wenn Militärregierungen mit deutschen Gesprächspartnern so ruppig umgegangen wären wie die Alliierten (das waren damals vor allem die Franzosen und die Engländer) mit den Delegationen der Weimarer Republik in den Jahren nach dem Ersten Weltkrieg. In dieser Hinsicht unterschied sich jedoch das menschliche Klima zwischen Siegern und Besiegten nach dem Zweiten Weltkrieg positiv von jenem, das die Besiegten von damals als eine Abfolge von Demütigungen und Beleidigungen kennengelernt hatten. Erstaunlich deshalb, weil das besiegte Reich zum Beispiel auf der Konferenz von Spa (Anfang Juli 1920) immerhin durch Männer wie Rathenau, Stresemann und General von Seeckt vertreten war, denen kein Stuhl und keine Tasse Tee angeboten wurde, während sich die Delegationen der Alliierten zu einer Erfrischungspause niederließen. In diesem Milieu sich den General vorzustellen, der in einer so eng auf Taille gearbeiteten Uniform, als sei er in sie hineingenäht, ordengeschmückt, das Monokel im Auge, das Musterexemplar eines kaiserlichen Gardeoffiziers vorführte und sich dementsprechend benahm, gemahnt an das Auftreten Adenauers vor den Hochkommissaren auf dem Petersberg. Er, der lebenslang keine Uniform getragen hat, ließ auch im Gehrock nichts an Arroganz und Unnahbarkeit zu wünschen übrig, die nicht ohne Wirkung blieben. Sein Auftrag den Repräsentanten der Siegerstaaten gegenüber entsprach, wie bei von Seeckt, seinem Charakter, seiner Selbsteinschätzung, war in dieser Übertreibung und Stilisierung auch Politik.

War das Benehmen der Sieger 1945 im besiegten Land besser, humaner als in vergleichbarer Situation nach dem Ersten Weltkrieg, so überließen sie es diesmal nicht den Deutschen, sich einen neuen Staat nach eigenem Geschmack einzurichten, wozu sie ein Vierteljahrhundert zuvor noch bereit gewesen waren. Daß sie im Bürgertum der westlichen Zonen und außerhalb der SPD-Organisationen auch nicht in den breiten Schichten auf keinerlei Widerstand stießen, als sie darangingen, über die Bizone eine separatistische Lösung »ihrer« deutschen Frage anzusteuern, sondern dabei freundliche bis begeisterte Unterstützung fanden, entsprach nicht ihren ursprünglichen Erwartungen. Sie hatten in einer mit Flüchtlingen überfüllten Region eher radikal nationalistische Reaktionen für möglich gehalten, sich der Erfahrungen von 1918, 1919 und so weiter erinnernd. In den ersten Monaten der Tätigkeit der »Ersatzregierung« Kontrollrat hatten sie sogar erwogen, der Behauptung vom Fortbestand des Reichs, worin sie zu Recht die Neuauflage eines jener deutschen Träume sahen, aus denen sich dann äußerst konkrete Handlungsweisen zu ergeben pflegten, mit aller Schärfe entgegenzutreten; erlebten dann aber eine Generation dem Pensionsalter naher Politiker aus der Weimarer Epoche, die nichts anderes als die Restitution einer leicht revidierten Weimarer Republik im Kopf hatten, aber dennoch einen Weststaat für die beste Lösung hielten, den sie zum Zwecke des Selbstbetrugs ein »Provisorium« genannt wissen wollten.

Es dauerte eine ganze Weile, bis die Gegner begriffen,

was die »Herrenmenschen« so handzahm gemacht hatte: zum einen die Russenangst, deren reale Bestätigung durch sowjetische Übergriffe bei der Besetzung des Reichsgebietes nicht als vergleichsweise gemäßigte Reaktion auf deutsches Handeln bereuend hingenommen, statt dessen als brutale Aktion von »Untermenschen« gellend beklagt wurde (woran sich nichts bis heute geändert hat!); zum andern die Zerstörung der Hoffnung, mit den Amerikanern noch einmal nach Moskau marschieren zu dürfen, endlich siegreich. Die Deutschen waren bereit, das war der Eindruck, der sich bestätigte, sich jedem und allem zu fügen, der oder was Schutz versprach. Die Westalliierten trafen damit einen Nagel auf den Kopf. Doch zu tieferer Einsicht etwa in das vorgeprägte rheinisch-katholische Anti-Reichs-Gefühl eines Adenauers, in dem sie nur den Glücksfall eines außerordentlich fähigen pragmatischen Opportunisten sahen, oder in den Prozeß der Zerstörung nationaler Identität durch den Nationalsozialismus fehlten selbst jenen deutschen US-Remigranten die Voraussetzungen, die noch in Deutschland aufgewachsen waren. Sie hatten das Dritte Reich als Explosion nach außen erfahren, seine nach innen gerichtete nur in ihrer kriminellen Dimension wahrgenommen, sei es mit eigenen Augen an Tatorten, sei es aus Berichten oder Filmen.

Der Eitkettenschwindel »Provisorium« kam ihnen zupaß, sie waren seine Miterfinder. Schon in Potsdam hatten sie ihn betrieben, als sie die endgültige Regelung der Deutschlandfrage auf den Sankt-Nimmerleins-Tag eines Friedensvertrages verschoben – damals noch in der Hoffnung, es könne mit der Sowjetunion und mit dem intransigenten Frankreich doch zu einer Regelung kommen, die erlaube, aus dem Kontrollrat eine neue gesamtdeutsche Regierung unter vieljähriger Viermächtekontrolle zu machen. Vielleicht läßt sich die miserable juristische Qualität der Potsdamer Vereinbarung aus konservativen völkerrechtlichen Vorstellungen erklären, wonach ein Krieg durch einen Friedensvertrag unter Beteiligung der Sieger wie der Besiegten zu beenden sei, aber eine noch so freundliche Interpretation der im Cecilienhof erzielten

Ergebnisse kann nicht daran vorbeisehen, daß es schiere Augenwischerei war, sogar die Abtrennung der Ostgebiete als nicht endgültig hinzustellen. Als die »Großen Drei« vom runden Tisch aufstanden, wußten sie – und wollten gar nichts anderes! –, daß hier mit dem Bevölkerungstransfer endgültige Fakten geschaffen worden waren.

Stand hinter dem Potsdamer Spielmaterial »Friedensvertrag«, das den Vereinbarungen provisorischen Charakter verlieh, noch die Erwartung, ein Gesamtdeutschland könne erhalten werden, so gehört die Ernennung der Teilung in zwei Staaten zum »Provisorium«, derzufolge die Verpflichtung auf eine revisionistische Deutschlandpolitik in den Grundstein der Bundesrepublik eingemauert werden konnte, bereits zum politischen Instrumentarium des Westens für die Führung des kalten Krieges. Dafür hat sich der Etikettenschwindel ein paar Jahre lang bewährt. Nach vierzig Jahren wissen wir, daß allen daran Beteiligten, Deutschen wie Nichtdeutschen, eine gewisse politische Geschicklichkeit nicht abgesprochen werden kann, sich unter ihnen aber kein Staatsmann von Weitblick befunden hat, dem klar gewesen wäre, daß man mit Papier und juristischen Finten gegen Fakten nicht über Jahrzehnte mit Erfolg anrennen kann. Unsere Verbündeten haben längst erkannt, daß die Fakten nicht in Frage gestellt werden können; sie sind damit zufrieden, denn vierzig Jahre Teilung bedeuteten vierzig Jahre Frieden. Die Sache hat sich eingespielt und bewährt, und niemand wird noch einen Finger krumm machen, um den Status quo zu ändern, niemand außerhalb der westdeutschen Politszene. Doch das Gros unserer Politiker glaubt noch immer, die Bevölkerung auf das Offenhalten der »deutschen Frage« einschwören und ihr zugleich zumuten zu können, an der schon bisher fabelhaft gelösten Aufgabe weiterzuarbeiten, die Bundesrepublik zu konsolidieren, ihr zu internationalem Ansehen zu verhelfen, sie zur großen Wirtschaftsmacht auszubauen, sie militärisch im Westbündnis zu integrieren und, neueste und bisher letzte Stufe der Irrationalen, ein für den Teilstaat relevantes spezifisches Nationalgefühl, ein spezifisches Identitätsbewußtsein zu propagieren unter gleichzeitiger Konservierung oder Wiedererweckung eines auf das ehemalige Reich projizierten Patriotismus.

Die Renationalisierung der Bevölkerung der BRD soll nicht ein Konkurrenzunternehmen zur gesamtdeutschen Propaganda werden, in deren Mittelpunkt die »Nation« steht, die Idee des Nationalstaates, der wir verpflichtet bleiben müßten. Ein auf die BRD bezogenes Nationalgefühl soll, so scheint es, nicht minder als der Staat selbst provisorischen Charakters sein. Vom Bürger der BRD, dessen reales Erscheinungsbild und politisches Verhalten vermuten lassen, er habe mangels eines Identitätsbedürfnisses keine Identitätsprobleme, wird erwartet, er werde eines nicht fernen Tages mit zwei Identitäten durch die Geschichte unterwegs sein: mit jener, die ihn auch emotional mit den real bestehenden politischen und sozialen Verhältnissen verbinden soll, in denen er dank der damit verbundenen materiellen Vorteile in vierzig Jahren sozial heimisch geworden ist und auf die er auch stolz ist, weil er sie mitgeschaffen hat; und mit einer anderen, die ihn motivieren soll, sich für die Verwirklichung einer Phantasmagorie einzusetzen, die, käme es dazu, nichts anderes als eine Verschlechterung seiner materiellen Lebensbedingungen und seiner Sicherheit bedeuten würde. Wer das für möglich hält, ist ein Narr, doch davon gibt es in den oberen Etagen der Politik viele, die mit nassem Pulver schießen wollen. Die Juristen geben ihnen Hilfestellung, wobei sie sich bei der Interpretation und immer erneuten Festschreibung des »Verfassungsauftrages zur Wiedervereinigung« ersichtlich etwas leichter tun als bei der Beweisführung des Fortbestands des Bismarckschen Reichs, dieses »Germany as a whole«.

Vermutlich gibt es keine einzelne Person oder benennbare Gruppe, von der gesagt werden könnte, sie habe als erste das Kuckucksei des Fortbestands des Reiches ins westdeutsche Nest gelegt. Was daraus geworden ist, findet sich in jeder bedeutenden öffentlichen Bibliothek unter diversen Leitkarten katalogisiert: eine wahrhaft ungeheure Flut von Rechtfertigungsliteratur für diesen so ungemein deutschen, weil prinzipiellen Unfug, mit dem die Neigung zur »Daseinsverfehlung« (zum wievielten Male?) durchgebrochen ist. Es ist belanglos, welche dieser spitzfindigen Beweisführungen für die Unvergänglichkeit eines kriegsgeborenen, vorwiegend mit Kriegsvorbereitung und -führung beschäftigten Staatswesens wir herausgreifen; ihnen ist die Sorge gemeinsam, der Zeitfaktor könnte vielleich doch eine Rolle spielen und mit den Jahrzehnten Vernunft die Oberhand gewinnen: »Zum anderen sehe ich mit Sorge, wie der Gedanke an Deutschland unter Berufung auf eine vordergründige politische Realität in Gefahr gebracht wird. Demgegenüber meine ich, daß gerade in den rechtlichen Entscheidungen um den Deutschlandvertrag Rechtstatsachen und damit auch Realitäten liegen, die nicht in den Hintergrund gedrängt werden dürfen.«[3]

Die »vordergründige politische Realität« ist die staatliche, die soziale, die kulturelle, die wirtschaftliche, die militärische Realität der Bundesrepublik, sie ist in der Tat derart »vordergründig«, daß dahinter nichts mehr in den Gesichtskreis und in die Erfahrungswelt des Bürgers tritt. Das Wort »vordergründig« ist dennoch abwertend gemeint; dieser »politischen Realität« wird als viel wichtigere die Realtität der »Rechtstatsachen« gegenübergestellt. Einem Ausländer, ob Italiener, Franzose, Engländer, Amerikaner, diesen Text vorzulegen, ihm verständlich zu machen, worum es eigentlich geht, und ihn dennoch von der Überzeugung abzubringen, dieser Text stamme aus einem Irrenhaus, würde sehr schwerfallen. Von rund sechzig Millionen Deutschen leben nicht alle, aber noch immer die meisten unter Bedingungen, die ihnen in jedweder Hinsicht in jenem Deutschland, an das sie denken sollen, vorenthalten geblieben waren, auch wenn zufällig kein Krieg war; nichtsdestoweniger sollten sie nichts mehr fürchten, als daß der Gedanke an dieses Deutschland, und das heißt im Klartext die Hoffnung auf seine Wiederherstellung, durch die Realität »BRD« in Gefahr gebracht würde.

Um dieser Gefahr nicht zu erliegen, muß der Bürger der Bundesrepublik sich darüber klar sein, daß jenes

»Deutschland« nach wie vor existiert, wenn auch nicht als »vordergründige politische Realität«. Es existiert:
a) weil die vier Mächte das Reich zwar besetzt, aber sein Territorium nicht annektiert haben;
b) weil der grundlegende politische Systemwandel kein Geschehnis sei, das nach Völkerrecht Zweifel an der Identität begründe;
c) weil die Nichtausübung deutscher Staatsgewalt im Sommer 1945 nach Völkerrecht kein Grund für einen Staatsuntergang sei;
d) weil mit einer zeitlichen Verzögerung, die das Völkerrecht als nicht erheblich zur Kenntnis nehme, die Länder und deren Ausübung von Staatsgewalt wieder zugelassen worden seien. (Diese »zugelassenen« Länder figurieren in der Präambel des Grundgesetzes als »das Deutsche Volk«[4].)

Dies sind die wesentlichen Argumente, die für den Fortbestand des Reichs *vor* der Staatsgründung vorgebracht oder für diese vier Jahre nachträglich ins Feld geführt worden sind.

Die Vorbereitungen politischer, organisatorischer, juristischer Art für die Staatsgründung gewinnen im Juli 1948 festere Gestalt, sehen wir davon ab, daß das Abkommen zwischen britischer und amerikanischer Besatzungsmacht über die Zusammenlegung ihrer Zonen zur Bizone im September 1946 bereits ein wichtiger Schritt hin zur Staatsbildung und die Stuttgarter Rede des US-Außenministers Byrnes vom selben Monat ein untrügliches, deutscherseits weithin nicht verstandenes Signal gewesen war, daß mit der Teilung die praktikable Nachkriegslösung der »deutschen Frage« angesteuert wurde.

Die Sozialdemokaten rühmten sich, es sei ihr Verdienst, daß die Präambel zum Grundgesetz der Bundesrepublik Deutschland am 23. Mai 1949 durch mehr als Zweidrittel der Ländervertreter angenommen wurde und damit in Kraft getreten, der provisorische Charakter des Staates herausgestellt worden sei, was mit seinem letzten Artikel 146 ausdrücklich betont werde: »Dieses Grundgesetz verliert seine Gültigkeit an dem Tage, an dem eine Verfassung in Kraft tritt, die von dem deutschen Volk in freier Entscheidung beschlossen worden ist.«* Es ist verwunderlich, daß in diesem Artikel das deutsche Volk ohne jeden erklärenden Zusatz auftritt, denn in der Präambel taucht es auf als das »Deutsche Volk in den Ländern Baden, Bayern, Bremen [...]« und so weiter; es ist demnach dort ein anderes als in Artikel 146. Die Verfasser des Grundgesetzes wären in erhebliche Schwierigkeiten geraten, wenn sie von diesem Volk, dem eine höhere Legitimationsqualität zukommen sollte als dem Volk aus der Präambel, die Wohngebiete benannt hätten, denn damit wäre ein Verzicht auf die seit 1945 polnischen und sowjetrussischen Ostgebiete des ehemaligen Reichs ausgesprochen worden, weil es dort ein deutsches Volk nicht mehr gibt. Warum nicht geschrieben worden ist: von dem *ganzen* deutschen Volk in freier Entscheidung, bleibt unerfindlich.

Es ist überhaupt eine merkwürdige Sache mit diesem deutschen Volk im Grundgesetz, von dem in der Präambel gesagt wird: Es habe »kraft seiner verfassungsgebenden Gewalt dieses Grundgesetz [...] beschlossen«, und es habe »auch für jene Deutschen gehandelt, denen mitzuwirken versagt war«. Hier tritt nun doch »das gesamte Deutsche Volk« auf, das aufgefordert bleibt, »in freier Selbstbestimmung die Einheit und Freiheit Deutschlands zu vollenden«. Damit ist sogar die Wohnstätte dieses Volkes benannt: Deutschland, wobei wohlweislich unterlassen wurde, dessen territoriale Grenze zu benennen. Was darunter geographisch verstanden werden sollte,

* Der Verfasser beobachtete als Vertreter der *Süddeutschen Zeitung* den Verfassungskonvent auf Herrenchiemsee (10. bis 29. August 1948). Er traf Carlo Schmid schon bei dessen Ankunft und fragte ihn, dem er schon mehrfach freundschaftlich begegnet war: »Was machen Sie denn hier?« Er antwortete: »Ich will das alles kaputtmachen.« Damit meinte er ein Grundgesetz, durch das die künftige BRD zu einem endgültigen Staat geworden wäre. Auf keinen Fall wäre eine solche Lösung konsensfähig gewesen. Es ist jedoch nicht zu bezweifeln, daß der Sozialdemokrat Schmid, der gelehrteste und eleganteste Staatsrechtler in dieser Runde angesehener Experten, entscheidenden Anteil an der Ausarbeitung des Grundgesetzes hatte, das die BRD zum Provisorium machte. In Streitgesprächen auf abendlichen Spaziergängen über die sommerliche Insel wurde Schmids Standpunkt unmißverständlich klar.

nämlich das alte Reich in den Grenzen von 1937, bildet jedoch die unabdingbare Voraussetzung, um vom Grundgesetz und den beiden deutschen Staaten sagen zu können, sie seien Provisorien, es handle sich um eine neue Ordnung »für eine Übergangszeit«.

Hier sei noch auf die Behauptung eingegangen, das Volk habe das Grundgesetz beschlossen. Die Erkenntnis, daß es ein mit »verfassungsgebender Gewalt« ausgestattetes Volk 1949, als die Militärregierungen noch ohne Besatzungsstatut ihre willkürliche Herrschaft ausgeübt haben, nicht gegeben hat, lenkt den Blick auf die Tatsache, daß alle wichtigen Wendepunkte in der deutschen Nationalgeschichte dadurch herbeigeführt und konsensfähig gemacht wurden, daß ihre Notwendigkeit gegenüber der Öffentlichkeit ideologisch begründet wurde, das heißt dadurch, daß die Interessen der Herrschenden an der Herbeiführung von epochalen »Wende«-Ereignissen nicht benannt, sondern durch erfundene Motivationen ersetzt wurden, von denen anzunehmen war, sie würden das Verständnis und die Zustimmung der betroffenen, der arglistig getäuschten Massen finden.

Bismarck hat die Emser Depesche gefälscht. 1914 wurde angeblich ein Präventivkrieg ausgelöst. Für das Bündnis der Sozialdemokraten mit der kaiserlichen Armee mußte die durch nichts abgedeckte Behauptung herhalten, ein kommunistischer Umsturz stehe unmittelbar bevor. Den Einfall in Polen zu rechtfertigen, führten SS-Männer in polnischen Uniformen die Komödie des Überfalls auf den Sender Gleiwitz auf. Der Krieg gegen die Sowjetunion wurde wiederum als Präventivkrieg deklariert. 1949 wurden die von den Siegern lizensierten Länderparlamente zum »Deutschen Volk« erklärt und ihren Vertretern der »pouvoir constituant« zugesprochen, das heißt die verfassunggebende Gewalt. Sie ist »nach der klassischen Lehre [...] die rechtlich ungebundene, schrankenlose, omnipotente Gewalt, deren Wille Gesetz wird«.[5] Selbstverständlich hatten die unter Besatzungsrecht entstandenen Länder eine solche Gewalt nicht; sie waren auch nicht ins Leben gerufen worden, um eine Verfassung zu beschließen und einen Staat zu gründen.

Von der Mitwirkung der Besatzungsmächte, insbesondere des US-Generals Lucius D. Clay, an dem einen wie an dem anderen Vorgang verlautete kein Wort.

Am 1. Juni 1948 wurden den elf westdeutschen Ministerpräsidenten die »3 Frankfurter Dokumente« ausgehändigt, aus denen sie erfuhren, wie der Staat auszusehen habe, den sie rasch basteln sollten, und wie die Beziehungen dieses Staates zu den Westalliierten sich sodann gestalten würden. Von einem Beschluß des Volkes unter diesen Voraussetzungen in der feierlichen Form einer Verfassungspräambel zu schreiben war nichts als die freche Tarnung einer Politmanipulation, die sich als um so folgenreicher erwies, als diese Präambel nicht eine Art Leitartikel ist, der die politische Gesinnung der Verfassungsväter bekundet – die übliche Funktion einer Präambel –, sondern bereits rechtsetzenden Charakter hat, indem sie die Wiedervereinigung gewissermaßen befiehlt. In vierzig Jahren haben sich Tausende von Politikern auf dieses Verfassungsgebot bezogen, ohne freilich der Wiedervereinigung auch nur einen Millimeter näher zu kommen. Zudem hat diese Präambel noch eine weitere eminent politische Dimension, indem sie besagt, dieses Grundgesetz sei beschlossen worden, »um dem staatlichen Leben eine neue Ordnung zu geben«, was ein bereits bestehendes »staatliches Leben« voraussetzt, nämlich jenes des nicht untergegangenen Reiches.

Selbst der Parlamentarische Rat, zu dessen Vorzitzendem Adenauer gewählt wurde, war ein von den Besatzungsmächten legitimiertes Organ, die unmittelbaren Einfluß auf die personelle Zusammensetzung ausübten wie bereits zuvor schon auf jene des Verfassungskonvents, auf dessen Arbeit, bei der Weimar Pate gestanden hatte, sich der Parlamentarische Rat in Bonn dann stützte. Vor dem Annahmeverfahren des Grundgesetzes in den Ländern – Bayern verweigerte die Zustimmung – stand die Genehmigung durch die drei westlichen Mächte, die in feierlicher Form erteilt wurde – eine Komödie, die aus dem angeblich deutschen »pouvoir constituant« vollends die verfassungsgebende Gewalt der fremden Herrscher machte. Die Genehmigungspflicht als solche hätte schon genugsam dargetan, welchen Machtverhältnissen dieser Staat seine Existenz zu verdanken hatte. Sie gewinnen dadurch noch einen weit stärkeren Ausdruck, als in Ziffer 3 des Genehmigungsschreibens (veröffentlich im Amtsblatt der Militärregierung Deutschlands, britisches Kontrollgebiet, Nr. 35, Teil 2 b) die Vorbehaltsrechte benannt sind, Rechte, die nicht in die Kompetenz der Regierung des Weststaates eingingen. Worin sie inhaltlich bestehen, wird in anderem Zusammenhang dargelegt werden.

Es ist nicht zu bestreiten, daß die Gründungsmannschaft des Staates, in der Adenauer nun bereits die Autoriät geworden war, an der nicht mehr vorbeizukommen war, aus der Position des »bedingungslos« Besiegten das Beste gemacht hat, daß sie das »Vaterland« Reich auf eine Weise verkaufte, die den Eindruck erweckte, sie hätte das Kunststück vollbracht, den Keks zu essen und ihn dennoch zu behalten. Damit hat sie die Plattform geschaffen, auf der die eindrucksvolle BRD hochgemauert worden ist. Was unsere politischen Führer vor vierzig Jahren getan haben, war genau das, was Deutschen offenbar immer am schwersten gefallen ist: sich nach der Decke zu strecken; die bedingungslose Kapitulation war die einmalige historische Voraussetzung. Machtlosigkeit läßt Deutsche vernünftig werden. Wenn man die Präambel und das Wiedervereinigungsgebot als den Trick erkennt, hinter nationalen Ansprüchen, die ins Leere gehen, anationale Fakten zu schaffen, okay! Inzwischen aber ist aus dem Trick eine Ideologie geworden, aus Opportunismus Wahn. Ob Adenauer Objekt oder Subjekt dieser magischen Umwandlung war, stehe dahin, jedenfalls wird er auch hierfür als der zeichensetzende Urvater in Anspruch genommen.

Beide Seiten waren Komplizen, bevor sie durch Verträge Verbündete wurden. Zentrale Tendenzen der ersten Nachkriegsjahre, auf Entfaschisierung, Demokratisierung, Entflechtung der Konzerne und so weiter gerichtet, wurden aufgegeben. Entmilitarisierung wurde zum Schnee von gestern. Beide Seiten dachten sich staats- und völkerrechtliche Konstruktionen aus, um das Spaltungskonzept nicht gar zu deutlich hervortreten zu lassen. Washington und London konnte nichts gelegener kommen als die Festschreibung einer nationalistischen Reichsperspektive, aus der sich dann das papierene Arsenal des deutschen Beitrags zum kalten Krieg entwickeln ließ, vom Alleinvertretungsanspruch über die Hallstein-Doktrin und die Verweigerung, den anderen deutschen Staat anzuerkennen, bis hin zu einer Definition der Staatsangehörigkeit, die siebzehn Millionen Deutsche, die eine andere – die der DDR – besitzen, zugleich zu Staatsbürgern der BRD machen. Ein Türke, der in der DDR arbeitet und deren Staatsbürgerschaft erwirbt, hat damit zugleich automatisch die der BRD erworben. Ob er davon Gebrauch machen will oder nicht, ist seine freie Entscheidung. Die bis dahin stillschweigend funktionierende Komplizenschaft wurde anläßlich der Ausarbeitung und der Genehmigung des Grundgesetzes und mit der Staatsgründung juristisch faßbar, sie hatte sich aber schon unmittelbar nach Kriegsende abgezeichnet, als die im Kontrollrat zusammenarbeitenden vier Mächte sich formlos der deutscherseits vertretenen Meinung anschlossen, das Deutsche Reich sei mit dem Zusammenbruch nicht untergegangen. Diese These bildet das deutsche Grundgesetz hinter dem BRD-Grundgesetz. Alles, was seit 1945 außen- wie innenpolitisch sich auf dem Gebiet des ehemaligen Deutschen Reiches entwickelt hat, hängt direkt oder indirekt mit ihr zusammen.

Am Fortbestand des Reichs änderte das »Provisorium« BRD nichts. Sahen es die Alliierten genauso? Haben sie die Identität Reich/Bundesrepublik anerkannt? Ja und nein. Sie haben sie weder bestätigt noch bestritten und im September 1950 erklärt, daß sie »die Regierung der Bundesrepublik Deutschland als die einzige deutsche Regierung ansehen, die frei und legitim gebildet und daher berechtigt ist, als Repräsentantin des deutschen Volkes in internationalen Angelegenheiten für Deutschland zu sprechen«.[6]

Weckt schon dieser Text Zweifel, ob hiermit der Bundesregierung ein völkerrechtliches Vertretungsrecht des

Reiches eingeräumt worden sei, so lieferten die Alliierten alsbald eine Deutung nach, in der der vorläufige Charakter des neuen beziehungsweise eben nicht ganz neuen Staates hervorgehoben wird und deshalb die Bundesregierung nicht rechtens zugleich die Regierung Gesamtdeutschlands sein könne. Sie wiederholten damit nur, was im Zusammenwirken mit den Gründungsvätern in den Artikel 146 GG eingegangen war: »Dieses Grundgesetz verliert seine Gültigkeit an dem Tage, an dem eine Verfassung in Kraft tritt, die von dem deutschen Volk in freier Entscheidung beschlossen worden ist.« Hier wird in einem Satz zwischen Grundgesetz und Verfassung unterschieden, mit jenem Ausdruck das Provisorische unterstrichen, mit diesem das Endgültige, der Wunschtraum, aus dem sich vom ersten Augenblick, schon auf Herrenchiemsee, ein Problem ergab, ähnlich jenem, wie eine schwarze Katze in einem schwarzen Zimmer zu fangen sei, in dem sie nicht ist: Wofür dürfe sich denn das ganze Volk in freier Entscheidung gegebenfalls entscheiden, für welche Art Staat? Würde es über den »pouvoir constituant« verfügen? Dürfte es, nur als Theorie bedacht, eine Verfassung beschließen, die aus Gesamtdeutschland eine DDR machen würde oder wenigstens ein Jugoslawien?

Die Drei-Mächte-Erklärung vom September 1950 war bereits eine Station auf dem Weg zum Deutschlandvertrag. Er hat eine lange Geschichte, die um so komplizierter ist, als sein eigentlicher Zweck, die Zurücknahme oder wenigstens Minderung und Milderung der Besatzungsrechte und die Anerkennung der BRD als souveräner Staat, untrennbar verbunden ist mit der Remilitarisierung des Weststaats und der Einbindung seiner Kampfkraft in ein antisowjetisches Bündnis, woraus sich außen- und innenpolitische Probleme ergaben. Außerdem wurden Verfassungsänderungen oder -ergänzungen notwenig. Die Unterzeichnung der ersten Fassung des General- beziehungsweise Deutschlandvertrages erfolgte am 26. Mai 1952. Durch ihn wurde die BRD in die Europäische Verteidigungsgemeinschaft (EVG) eingegliedert und am Tag darauf der Pariser Vertrag über die

EVG unterzeichnet. Als Vorstufe eines politischen Zusammenschlusses von Westeuropa war er für Adenauer »bei weitem das wichtigste historische Ereignis für Europa seit hundert Jahren«.[7]

Aus dieser maßlosen Übertreibung, taktisch mit Europa verbunden, geht hervor, welchen Wert der Bundeskanzler diesen Verträgen für seine Politik einräumte: Er sah sich mit ihrer Ratifizierung über dem Berg, war sich dessen gewiß, daß die Besatzungsmächte danach keine Möglichkeit mehr hatten, der BRD die volle Souveränität zu versagen, die Adenauer nahezu ausschließlich danach beurteilte, ob sie und wie sie außenpolitisch auszuwerten war. Die Verträge waren nahezu unterschriftsreif, als Stalin durch seinen stellvertretenden Außenminister Gromyko in Moskau am 10. März 1952 den Vertretern der drei Westmächte jene berühmt-berüchtigte Note überreichen ließ, die von H. Cumming, US-Diplomat an der Botschaft in Moskau, als das attraktivste Angebot bezeichnet wurde, daß die Sowjetunion Bonn machen könne: »Einheit plus Nationalarmee plus Frieden sind schwer zu überbieten.«[8]

Der Streit darüber, wie ernst die Note gemeint gewesen war und was sich ergeben hätte, wäre sie zum Gegenstand von Ost-West-Verhandlungen gemacht worden, ist ein Streit um des Kaisers Bart. Das einzig Wichtige und Sichere daran ist, daß die Note Adenauer wie seine Protektoren in helle Aufregung versetzt hat und sie ihren Terminplan änderten, denn es kam nun darauf an, die Verträge so rasch wie überhaupt nur möglich unterschreiben zu lassen, damit sie durch eine Diskussion über die Note nicht in Frage gestellt werden konnten. Sie hatte außerdem eine für Adenauer denkbar positive Konsequenz: Indem er die nationalen Interessen der Westintegration derart unterordnete, daß er gar nicht in Erwägung zog, das Moskauer Angebot auszuloten, hatte er im Sinne der Amerikaner eine Standfestigkeit bewiesen, die jegliche Sorge überflüssig machte, ob sich eine Zurücknahme der Besatzungsherrschaft und die Anerkennung der BRD als »souveräner« Staat vielleicht negativ auf deren Bündnistreue auswirken könnte.

Drei Ereignisse, an denen er ursächlich nicht beteiligt gewesen ist, haben Adenauer geholfen, im Rahmen einer parlamentarischen Demokratie eine nahezu absolute Machtstellung zu erreichen mit ihrem etwa auf 1957 zu datierenden Höhepunkt: außer der Stalin-Note der Arbeiteraufstand in der DDR und der Ausbruch des Koreakrieges. Darunter dürfte der letztere die stärkste Schubkraft entwickelt haben. Dank seiner konnte die Bundesregierung ihre Hochrüstungsabsichten konsensfähig machen und verwirklichen.

Einem weiteren Abbau des alliierten Überwachungsapparats stand nach den so glänzend bestandenen Zuverlässigkeitstest nichts mehr im Wege. Der EVG-Vertrag scheiterte, weil er von Frankreich nicht ratifiziert wurde im Widerstand gegen eine neue, ja aus Abscheu vor einer neuen deutschen Armee. Dafür handelte es sich diese nun als Teil der Nato-Streitkräfte ein. Auf den Gang der Dinge hatte Frankreich keinen Einfluß mehr. Genau zehn Jahre nach der bedingunslosen Kapitulation wurde die BRD das fünfzehnte Nato-Mitglied. Sie war reif für diese Rolle, nachdem die Deutschen bereits seit der Gründung der Bizone die ursprünglichen, am Nationalsozialismus als Negativbild orientierten Reformbestrebungen unterlaufen beziehungsweise sabotiert hatten. Der krasseste Fall des Festhaltens an Reichstraditionen im Rahmen einer anationalen Gesamtpolitik war die raffinierte Art, mit der das progressive Beamtengesetz der britischen Militärregierung vom Frühjahr 1949 – ein Entwurf, der in den drei Besatzungszonen zur Anwendung kommen sollte und hinsichtlich des öffentlichen Dienstes die BRD zu einem anderen Staat gemacht hätte – so lange auf Eis gelegt wurde, bis sich die Sache dadurch erledigte, daß die Bonner Regierung für die innere Ausgestaltung des Staates wieder allein zuständig war.[9] Wenn die Deutschen etwas durchsetzen wollten gegen den Willen der Besatzungsmacht, verfügten sie plötzlich über einen Spielraum, von dem in anderen Fällen behauptet wird, es habe ihn nicht gegeben; zum Beispiel, um die frühen Bemühungen von Basisorganisationen der KPD und SPD, ein sozialistisches Gesamtdeutschland zu schaffen, als gänzlich chancenlose Phantastereien abzutun.

War an der Teilung schon ab 1947 nicht mehr zu zweifeln, so ab 1953 nicht mehr am Sieg der restaurativen Tendenzen in Politik, Gesellschaft und Kultur. Die Begriffe »restaurativ« und »Restauration« haben in Reden und Schriften sozialliberaler 1968er den Charakter von Schimpfworten angenommen, eines Pauschalurteils über die konservative Entwicklung und die soziale Marktwirtschaft der BRD. Es wurde Adenauers Anti-Reich-Westweg nicht als revolutionär begriffen – was er tatsächlich war! –, weil er zwar einen Bruch mit der deutschen Nationalgeschichte darstellte, nicht aber einen Bruch mit der Bewußtseinslage der Mehrheit, die ihn stützte. Die fällige nationale Revolte war degeneriert zur parteipolitischen Opposition, für die eine Redewendung wie »Kanzler der Alliierten« bereits der Entschuldigung bedurfte.

Die Voraussetzung der Teilung ist die Preisgabe der nationalen Identität; die Voraussetzung der »Restauration« ist die ausgebliebene Auseinandersetzung mit dem Nationalsozialismus. Weder die Mehrheit noch der Kanzler waren bereit und vielleicht auch nicht fähig, die Determinanten des Dritten Reiches in der Geschichte bloßzulegen, von ihr abzuleiten. Statt dessen haben es die ob ihrer politischen Unbescholtenheit als erste politische Garnitur ausgesuchten deutschen Personen – nicht alle so alt wie Adenauer, keiner jung – über den Nationalsozialismus und seine Verbrechen ein moralgesättigtes Wehgeschrei erhoben, politisch so wertlos, als hätten sie den Brand von Rom unter Nero bejammert. Mehr wollten sie davon nicht wissen, weil die Materie so peinlich war. Die Besatzungsmächte gaben ihrerseits das antifaschistische Herumwühlen rasch auf, als sie bemerkten, daß sie sich damit das Wohlwollen jener Deutschen verscherzten, die sie gegen die Russen brauchten. Wie sehr machten sie dem übrigen Europa vor, »ihrer« Deutschen zu bedürfen und deren Waffen! Es ist in diesem deutsch-amerikanischen Trickspiel nie deutlich geworden, daß es seit Mai 1945 in keinem Augenblick im Pentagon die

Befürchtung gegeben hat, die USA könnten sich im Falle eines heißen Krieges mit der UdSSR als die Unterlegenen erweisen. Was in dieser Richtung behauptet und in die politische Argumentation eingebracht worden ist, war nie etwas anderes als die erfolgreiche Methode, die Verbündeten über den Löffel zu balbieren, sie zu vermehrten Anstrengungen in der Aufrüstung zu veranlassen und bei ihnen überflüssigerweise die Befürchtung wachzuhalten: Die Russen kommen! Seit 1949 hat es keine westdeutsche Regierung gegeben, die mit den Fakten der nie in Frage gestellten militärischen Überlegenheit der Amerikaner vor die Öffentlichkeit getreten wäre, was nur dafür spricht, wie hervorragend es die amerikanische Führung immer wieder verstanden hat, den sowjetischen Teufel bei Nato-Konferenzen in Übergröße an die Wand zu malen. Daran hat sich bis heute nichts geändert.

In den fünfziger Jahren wurde im Vollzug dieser Strategie der Bonner Hund von der Leine des Besatzungsstatuts gelassen und als gleichberechtigter Partner anerkannt. Aufgrund von Artikel 1 des Deutschlandvertrages hoben die drei Mächte im Mai 1955 das Besatzungsregime auf. Modifizierte (Pariser) Verträge, jene »wichtigsten Ereignisse des Jahrhunderts«, wurden im Oktober 1954 unterzeichnet, im Februar 1955 vom Bundestag ratifiziert. Sie traten am 5. Mai in Kraft; ihnen folgte unmittelbar die Abmachungen über den deutschen Verteidigungsbeitrag im Rahmen der Nato. Parallel dazu verhinderten die Westmächte auf der Genfer Gipfelkonferenz im Juni 1955 eine sinnvolle Behandlung der »deutschen Frage«, die einen Kompromiß mit der Sowjetunion verlangt hätte. Sie verstanden nun unter »Wiedervereinigung« den Anschluß der DDR an die BRD. Darin durfte Adenauer einen neuen Sieg seiner Integrationspolitik sehen. Um nicht gänzlich in die Isolation zu geraten, ging er auf das am 7. Juni 1955 vorliegende Angebot Moskaus ein, diplomatische Beziehungen zu Bonn aufzunehmen. Er selbst fuhr nach Moskau, wo er die Freilassung von ein paar tausend deutschen Kriegsgefangenen erreichte, ein bescheidenes Trinkgeld für sein vorübergehendes Wohlverhalten – dem ersten

Kanzler noch heute nicht vergessen und angerechnet, wie der Autobahnbau dem »Führer«. Die Autobahnen haben in dessen Politik ungefähr den gleichen Stellenwert nahe bei Null wie die Gefangenenheimkehr in der Adenauers, aber es gibt eben Erfolge, die das Herz des Volkes erreichen, weil sie in ihrer Eindeutigkeit so leicht zu begreifen sind.

Adenauer tat es bitter leid, sich genötigt gesehen zu haben, den Sowjets den kleinen Finger zu reichen. Kaum wieder zu Hause, baute er den Alleinvertretungsanspruch der BRD durch die Hallstein-Doktrin aus, wonach jeder Staat, der zur DDR diplomatische Beziehungen aufnehme, damit bestraft werden solle, daß die BRD ihre bestehenden diplomatischen Kontakte zu diesem Abtrünnigen abbreche oder sie gar nicht erst aufnehme. Die Doktrin vereiste die deutsch-deutschen Beziehungen bis Anfang der siebziger Jahre, bis zur neuen Ostpolitik, die von Bahr und Brandt eingeleitet wurde.

Die juristische Erlaubnis für diese Adenauerschen Extratouren war der Deutschlandvertrag. Darin steht: »Die Bundesrepublik wird demgemäß *die volle Macht eines souveränen Staates* über ihre inneren und äußeren Angelegenheiten haben.« (Art. 1, Abs. 2) Im Mai 1955 wurde das Besatzungsstatut aufgehoben, künftig waren die Westmächte durch Botschaften in der BRD vertreten.

Im *Großen Brockhaus* wird Souveränität definiert als »die dem modernen Staat eigentümliche, höchste, nicht abgeleitete, allumfassende, nach außen und innen unbeschränkte Hoheitsgewalt«. Wird auch diese Auslegung dem Begriff nicht gerecht, wie er sich schillernd und mehrdeutig durchs Völker- und Staatsrecht zieht, so wird er doch im Deutschlandvertrag auf eine Weise verwendet, die glauben macht (und machen sollte), dem Weststaat sei wirklich »allumfassende [...] unbeschränkte Hoheitsgewalt« eingeräumt worden. Man braucht den Vertragstext aber nur weiterzulesen, um aus dem Artikel 2 zu erfahren: »Im Hinblick auf die internationale Lage, die bisher die Wiedervereinigung und den Abschluß eines Friedensvertrages verhindert hat, behalten die drei Mächte die bisher von ihnen ausgeübten oder innegehabten Rechte und Verantwortlichkeiten in bezug auf Berlin und auf Deutschland als Ganzes einschließlich der Wiedervereinigung Deutschlands und einer friedensvertraglichen Regelung.«

Hier werden also erstmalig die Vorbehaltsrechte direkt angesprochen, schon »ausgeübt oder innegehabt«, ohne daß bisher Anlaß bestanden hätte, davon viel Wesens zu machen. Sie waren der selbstverständliche juristische Ausdruck der bedingungslosen Kapitulation gewesen. Erst mit der Übertragung der Kompetenzen an die Deutschen, die aus der BRD angeblich einen souveränen Staat machte, wurde es notwendig, die verbleibenden, vom Vertrag nicht berührten Zuständigkeiten der Alliierten ausdrücklich zu benennen. Es wurde noch wichtiger, die Rechtslage zwischen allen vier Mächten einerseits und den beiden deutschen Staaten andererseits zu bestätigen, als 1972 der Grundlagenvertrag abgeschlossen wurde, der die Beziehungen zwischen der BRD und der DDR regelte.

Die verbleibenden Zuständigkeiten der Alliierten machten aus der BRD einen beschränkt souveränen Staat, und man darf sich fragen, warum der Artikel 1/2 auch nicht andeutungsweise auf Artikel 2 vorbereitet. Die Autoren des Vertrages waren sich des Widerspruchs bewußt; das geht daraus hervor, daß dem Artikel 1/2 zunächst der Zusatz angehängt worden war: »[...] vorbehaltlich der Bestimmungen dieses Vertrages«, der später gestrichen wurde und in der Endfassung nicht mehr vorkommt. Das erlaubt, wie es tausendfach geschehen ist, den ominösen Satz von der vollen Macht eines souveränen Staates programmatisch zu zitieren. Eine Erklärung, warum der Zusatz, der den Widerspruch aufgehoben hätte, fallengelassen wurde, ist schwer zu finden. Es ist möglich, daß die Alliierten aus der selbstherrlichen Art, wie der Kanzler mit ihnen umging, den Eindruck gewonnen hatten, es könne sich auszahlen, ihm mit der vollen Souveränität Honig ums Maul zu streichen. Ein verständlicher Irrtum, aber ein Irrtum! Es läßt sich nachweisen, daß er die volle Souveränität eher scheute als ersehnte. In seiner politischen Biographie gibt es seltene

Momente, in denen hinter dem gerissenen Taktiker, der pragmatisch aus jeder Situation das Äußerste herauszuholen wußte, der Staatsmann sichtbar wird, der er als der Letztverantwortliche für den unsäglichen Unfug der Reichsidentität und des Alleinvertretungsanspruchs gerade nicht gewesen ist, der aber fähig war, sich in tristen Stunden Gedanken zu machen, ob denn diese sechzig Millionen, die einen so domestizierten Eindruck erweckten, wirklich jene Repräsentanten des Abendlandes geworden seien, als die er sie Europa anpries. Er war heilfroh, daß die Beschränkung der Souveränität durch die Vorbehaltsrechte ihnen wenn schon nicht gedanklich, so doch in der operativen Politik die Türen versperrte, hinter denen sie wieder zu einer Kriegsgefahr wie vor 1914 und ab 1933 hätten werden können.

Die vollkommenste völkerrechtliche und staatsrechtliche Bestätigung unbeschränkter Souveränität besteht in dem Recht eines Staates, Krieg zu erklären und zu führen (jus ad bellum). Daß die Machtverhältnisse es der Bundesrepublik selbst dann nicht erlauben würden, Krieg zu erklären und zu führen, wenn ihre Streitkräfte nicht im Nato-Bündnis integriert wären, braucht nicht gesagt zu werden; trotzdem soll der Hinweis nicht unterbleiben, daß die Beschränkung der Souveränität der BRD eine Rechtslage geschaffen hat, die ihr auch dieses vornehmste aller Staatsrechte vorenthält. Vorbehalten wird außerdem »eine echte weitere militärische Besetzung, nämlich die Stationierung von Streitkräften in Deutschland [...] Es bleiben die Besatzungshoheit über Berlin und die entsprechenden besatzungsrechtlichen Rechte gegenüber Deutschland auf Zugang nach Berlin. Unmittelbar besatzungsrechtlich ist so auch die rückwärtige Verbindung der in Berlin stationierten westlichen Besatzungstruppen gesichert. Der politsche Vorbehalt [...] betrifft Deutschland als Ganzes einschließlich der Wiedervereinigung und der friedensvertraglichen Regelung.«[10]

Die Vorbehaltsrechte sind, abgeleitet von der bedingungslosen Kapitulation, oktroyiertes Recht, dem sich die BRD zu unterwerfen hat. Es wäre auch dann in Kraft geblieben, wenn es nicht ausdrücklich im Grundlagenvertrag aufgeschlüsselt worden wäre. Indem das geschah, machte es wenigstens den Anschein, es sei damit eine ausgehandelte Rechtsposition bezogen worden. Zudem versprachen die drei Westmächte in weiteren Artikeln des Grundlagenvertrages (Artikel 6 1/2: Berlin; Artikel 7/2: Wiedervereinigung; Artikel 7/4 Ausübung ihrer Rechte, die Deutschland als Ganzes berühren), die Regierung der BRD bei der Ausübung ihrer Vorbehaltsrechte zu konsultieren. Bei aller Härte des Faktischen wurde mit diplomatischen Finessen nicht gespart.

Die Vorbehaltsrechte sind mit dem Verfassungsgrundsatz: »Alle Staatsgewalt geht vom Volk aus« (Artikel 20/2 GG) unvereinbar. Das war es aber nicht, was die Kritik am Grundlagenvertrag herausforderte; sie war nicht demokratisch, sondern national motiviert. An dieser »Souveränität« wurde nicht nur ausgesetzt, daß sie rechtlich eingeschränkt war, sondern auch, daß sie allein innerhalb der BRD galt. Es wiederholte sich, was bereits in das Grundgesetz eingegangen war: die Behauptung, hier werde etwas stellvertretend für das fortexistierende Reich ausgeübt. Sie galt in diesem Fall der Ausübung der Souveränität des freien Teils für den unfreien. In diesem durch nichts zu realisierenden Anspruch lag eine Selbstfesselung, die es beispielsweise dem Regime Adenauer unmöglich gemacht hatte, mit der Aufnahme diplomatischer Beziehungen zur Sowjetunion sich außenpolitisch insoweit als souverän zu erweisen, als es aus diesem Kontakt zur anderen Großmacht wenigstens eine bescheidene Lockerung der Westfesselung herausgeholt hätte. Mit dem Brett der Wiedervereinigungsideologie vor dem Kopf mußte sogar schon der Gedanke an eine solche Möglichkeit als schädlich angesehen werden.

Die Rechtspositionen der drei Westmächte gegenüber der BRD umschließen alles, was Gesamtdeutschland betrifft, das heißt die als endgültig anzusehende Lösung der »deutschen Frage«, endgültig in den Augen jener Westdeutschen, die sich Arm in Arm mit ihren Besatzungsmächten auf die Konzepte »Reichsnachfolge« und »Staatsprovisorium« eingelassen haben, sie mit Klauen und Zähnen verteidigend in der Hoffnung, damit unumstößliche Voraussetzungen geschaffen zu haben dafür, daß die DDR eines Tages von der BRD vereinnahmt und ihrem Gesellschaftssystem unterworfen werden kann. (Etwas anderes hatte Adenauer unter Wiedervereinigung nie verstanden.) Da weder ihre politischen noch ihre militärischen Kräfte jemals ausreichen konnten, diese Zielvorstellungen zu realisieren, mußten sie geradezu dankbar dafür sein, »daß jede Verfügung über Deutschland als Ganzes, jede Statusveränderung Deutschlands, jede Gebietsänderung und insbesondere die Wiedervereinigung der Herrschaftssysteme in Deutschland nur unter entscheidender Beteiligung der drei Mächte geschehen könne«.[11]

Hier sollten wir einen Augenblick Atem holen und die Umstände bedenken, unter denen sich Wiedervereinigung, wenn überhaupt, vollziehen könnte. Sie würden davon bestimmt, daß die Großmächte zu einem Modus vivendi gelangt sind, der die Teilung Europas in ideologische Blöcke und ihre militärische Sicherung obsolet machte. In diesem Fall wäre das Bismarcksche Reich als Orientierungsmarke deutscher Politik in den Orkus versunken; Mitteleuropa würde eine supra-nationale Struktur gewinnen, und was heute »Wiedervereinigung« heißt, wäre gewissermaßen das Geschenk weltpolitischer Veränderungen, die sich vollzogen hätten, ohne daß die derzeitigen europäischen Nationalstaaten auf andere Weise dabei mitzuwirken hatten als durch die Hinnahme ihrer staatlichen Abwertung. Alles, was die Juristen, die Politiker, in nicht zu ferner Zukunft vielleicht sogar Teile der Bevölkerung bewegt, beschäftigt, motiviert, wenn ihnen Wiedervereinigung vor Augen steht, erwiese sich dann als von atemberaubender Überflüssigkeit. Ein Phantasiezukunftsgemälde, gewiß, aber das einzige, mit dem vernünftigerweise Hoffnungen auf eine grundsätzliche Überwindung des Status quo verknüpft werden können. Was statt dessen angepeilt wird, zum Beispiel, daß über Westeuropa ein Weg zur Wiedervereinigung führe, ist nicht das Resultat konstruktiver Prognosen, sondern purer Illusion.

In diesem Kontext ist die DDR zwar einerseits ein Produkt ihrer Ideologie, aber andererseits, gemessen am Provisorium BRD, bewunderungswürdig als Produkt des gesunden Menschenverstandes, der ihr und ihrer Schutzmacht geboten hat, von missionarischen Verrücktheiten (am sozialistischen Wesen soll ganz Deutschland genesen) zu lassen und zu sagen: Wir sind die DDR. Wir bestreiten nicht, Teil einer deutschen Nation zu sein, und halten unser deutsches Kulturerbe hoch. So wollen wir überdauern. Was vorher staatsrechtlich, reichsrechtlich gewesen ist und was irgend einmal sein könnte, kümmert uns einen Dreck. Gegenläufige Vorstellungen von einer DDR als dem besseren Deutschland sind nie in juristisch formulierte Aussprüche eingegangen.

Aus dem staats- und völkerrechtlichen Sumpf BRD erheben sich die Vorbehaltsrechte gleich Felsen. Während der heilige Text des Grundgesetzes inzwischen über dreißigmal abgeändert oder ergänzt werden mußte, um mit der Entwicklung der BRD zum Nato-Mitglied und zum Staat des Radikalenerlasses und der Notstandsgesetze Schritt zu halten, sind die Vorbehaltsrechte in ihrer Substanz unverändert in Geltung. »Dagegen behalten die vorbehaltenen Rechte der ehemaligen Besatzungsmächte [...] ihren bisherigen Vorrang, und zwar auch insoweit, als sie mit dem Grundgesetz nicht in Einklang stehen. Der Bundesgesetzgeber war befugt, dieser Fortgeltung zuzustimmen, weil der dadurch entstandene, mit der Verfassung nicht voll in Einklang stehende Zustand aus besonderen, in der Sache liegenden Gründen hingenommen werden konnte [= mußte!] und eine verfassungsrechtlich befriedigendere Vereinbarung politisch nicht erreichbar war.«[12]

Spiegelbildlich finden sich die sowjetischen wie auch die westlichen Vorbehaltsrechte in Verträgen zwischen der UdSSR und der DDR: »Beide Seiten gehen davon aus, daß bis zum Abschluß eines deutschen Friedensvertrages die Vereinigten Staaten von Amerika, Großbritannien und Frankreich nach wie vor ihre Verantwortung für die Verwirklichung der Forderungen und Verpflichtungen auf dem Territorium der Bundesrepublik Deutschland tragen, die die Regierungen der Vier Mächte gemeinsam mit dem Potsdamer und in anderen internationalen Abkommen zur Ausrottung des deutschen Militärismus und Nazismus und zur Verhinderung einer deutschen Aggression übernommen haben.«[13] Der Artikel 9 desselben Vertrages lautet: »Dieser Vertrag berührt nicht Rechte und Pflichten der beiden Seiten aus geltenden zweiseitigen und anderen internationalen Abkommen und einschließlich des Potsdamer Abkommens.«[14] Im Vertrag über Freundschaft der DDR und der UdSSR vom 7. Oktober 1975 heißt es in Artikel 10 wiederum: »Dieser Vertrag berührt nicht die Rechte und Pflichten der Hohen Vertragschließenden Seiten aus gültigen zwei- oder mehrseitigen Abkommen.«[15]

Alle von der Bundesrepublik abgeschlossenen Verträge mit völker- oder staatsrechtlicher Relevanz sind um die Vorbehaltsrechte herumgeschrieben. Dazu sei der Briefwechsel zwischen Egon Bahr und dem Staatssekretär beim Ministerrat der DDR, Dr. Kohl, als Beispiel im vollen Wortlaut zitiert:

Bundeskanzleramt
Der Staatssekretär

Bonn, den ...

An den
Staatssekretär beim Ministerrat
der Deutschen Demokratischen Republik
Herrn Dr. Michael Kohl
Berlin
Sehr geehrter Herr Kohl!

Ich beehre mich, Ihnen mitzuteilen, daß das Auswärtige Amt den Botschaftern der französischen Republik, des Vereinigten Königsreichs von Großbritannien und Nordirland und der Vereinigten Staaten von Amerika in der Bundesrepublik Deutschland heute folgenden Text in einer Note übermitteln wird:

»Die Bundesrepublik Deutschland und die Deutsche Demokratische Republik stellen unter Bezugnahme auf Artikel 9 des Vertrages über die Grundlagen der Bezie-

hungen vom ... fest, daß die Rechte und Verantwortlichkeiten der Vier Mächte und die entsprechenden diesbezüglichen vierseitigen Vereinbarungen, Beschlüsse und Praktiken durch diesen Vertrag nicht berührt werden können.«

Mit vorzüglicher Hochachtung
[gez.] Bahr

Staatssekretär beim Ministerrat
der Deutschen Demokratischen Republik
Berlin, den 8. November 1972
Staatssekretär im Bundeskanzleramt
der Bundesrepublik Deutschland
Herrn Egon Bahr
Bonn
Sehr geehrter Herr Bahr!

Ich beehre mich, Ihnen mitzuteilen, daß das Ministerium für Auswärtige Angelegenheiten dem Botschafter der Union der Sozialistischen Sowjetrepubliken in der Deutschen Demokratischen Republik heute folgenden Text in einer Note übermitteln wird:

»Die Deutsche Demokratische Republik und die Bundesrepublik Deutschland stellen unter Bezugnahme auf Artikel 9 des Vertrages über die Grundlagen der Beziehungen vom ... fest, daß die Rechte und Verantwortlichkeiten der Vier Mächte und die entsprechenden diesbezüglichen vierseitigen Vereinbarungen, Beschlüsse und Praktiken durch diesen Vertrag nicht berührt werden können."

Mit vorzüglicher Hochachtung
[gez.] Dr. Kohl

Von den durch die Vorbehaltsrechte ihrer Besatzungsrechte von 1945 sicheren vier Mächte konnten sich die drei westlichen auf die nationale Narrenposse »ihres« Staates einlassen. Warum sie es getan haben, versuchten wir bereits mit dem Hinweis plausibel zu machen, daß ein westdeutscher Staat, der sich auch staats- und völkerrechtlich als ein saturiertes Gebilde dargestellt hätte – das er faktisch ist! –, sich im Konkurrenzkampf der Großmächte weit weniger rabiat engagiert hätte, unbeschadet seiner grundsätzlich freiheitlichen, antisowjetischen Orientierung. Weil keiner unserer Verbündeten, die USA eingeschlossen, für die Wiedervereinigung auch nur das Leben eines Soldaten riskieren würde, bedurfte es ersatzweise der billigen verbalen Schützenhilfe. Gerade weil sonst nichts zu machen war, blieb es um so wichtiger, daß sich das Bonner Kabinett, egal in welcher Parteienzusammenseztung, daß sich das Parlament, daß sich die Parteiführungen, daß sich Funktionäre von Vertriebenenverbänden Sprüche wie die folgenden einrahmen und an die Wand hängen konnten: »Indem sie erneut die Entschlossenheit ihrer Regierungen bekräftigen, zusammen mit der deutschen Bundesregierung und allen gleichgesinnten Mächten für die Vereinigung Deutschlands zu arbeiten, sind die drei Außenminister [der Westmächte] übereingekommen, daß die Einheit Deutschlands unter Zugrundlegung der folgenden Prinzipien erreicht werden soll [. . .]«[16] Es folgt ein in acht Punkte gegliedertes Programm für den Weg zur Wiedervereinigung, das auch im Bundeskanzleramt entworfen sein könnte. Vom ersten bis zum letzten Buchstaben macht es klar, daß es unter gar keinen Umständen von den Sowjets und der DDR als Verhandlungsgrundlage hingenommen werden kann und soll. Es handelt sich um ein Dokument der Propaganda.

Vom Juni 1951 gibt es ein umfangreiches Memorandum des Foreign Office darüber, ob das Problem der Wiedervereingung überhaupt in Angriff zu nehmen sei. Punkt 7 lautet: »Wir müssen daher zwangsläufig zu dem Schluß kommen, daß wir zum gegenwärtigen Zeitpunkt eine Wiedervereinigung – *selbst wenn sie auf demokratischer Grundlage zustande kommen würde* – nicht riskieren können«, es sei denn, deutsche Streitkräfte dürften sich dem westlichen Verteidigungssystem anschließen oder der große Weltfrieden breche aus und Deutschland brauche überhaupt keine Soldaten mehr. Es ist vollkommen ausgeschlossen, daß auch nur eine dieser beiden entscheidenden Bedingungen erfüllt wird.«[17]

So klang es, wenn nicht zum Fenster hinaus geredet

wurde. Im Deutschlandvertrag (revidierte Fassung vom 5. Mai 1955) steht in Artikel 7: »1. Die Unterzeichnerstaaten sind darüber einig, daß ein wesentliches Ziel ihrer gemeinsamen Politik eine zwischen Deutschland und seinen ehemaligen Gegnern frei vereinbarte friedensvertragliche Regelung für ganz Deutschland ist, welche die Grundlage für einen dauerhaften Frieden bilden soll. Sie sind weiterhin darüber einig, daß die endgültige Festlegung der Grenzen Deutschlands bis zu dieser Regelung aufgeschoben werden muß.

2. Bis zum Abschluß der friedensvertraglichen Regelung werden die Unterzeichnerstaaten zusammenwirken, um mit friedlichen Mitteln ihr gemeinsames Ziel zu verwirklichen: Ein wiedervereinigtes Deutschland, das eine freiheitlich demokratische Verfassung, ähnlich wie die Bundesrepublik, besitzt und das in die europäische Gemeinschaft integriert ist.«[18]

Mit diesem Text sind die drei Westmächte keine Verpflichtung zur Wiedervereinigung eingegangen, es gibt sie nicht. Daß die Bundesrepublik dennoch in den Vorbehaltsrechten jahrzehntelang eine Fesselung ihrer Machtausübung nicht gesehen hat, die objektiv vor allem in der Deutschland- und Außenpolitik vorliegt, und daß sie, obwohl sie sich an ihnen zu reiben beginnt, gar nicht daran denken kann, ihre Aufhebung auch nur zu wünschen, hat zum einen, wie gesagt, mit ihrer Ohnmacht zu tun, in Sachen Wiedervereinigung aktiv zu werden, zum andern aber damit, daß der politische Status von West-Berlin eng, ja untrennbar mit seinem Viermächtestatus verbunden ist, mit der Aufrechterhaltung der Herrschaft der Besatzungsmächte in dieser Stadt.

Sowenig Bonn aus triftigem Grund jemals den Versuch gemacht hat, die Vorbehaltsrechte außenpolitisch auszuspielen, so selbstverständlich hat die Regierung von ihnen profitiert dank des Umstandes, daß sie gewissermaßen den Rechtszustand deutscher Rechtlosigkeit von 1945 bis auf den heutigen Tag fixiert haben im Rechtszustand Berlins.

Die schlichte Tatsache, daß der Westteil der Stadt politisch und organisatorisch als Insel in der DDR liegt, hat der letzteren erlaubt, aus Ost-Berlin die Hauptstadt ihres Staates zu machen, allen westlichen Protesten zum Trotz. Umgekehrt aber war es gerade deshalb nicht möglich, West-Berlin in die BRD einzugemeinden. Die Insellage bedingte, daß die Westmächte, nachdem sie nun einmal entschlossen waren, diesen Vorposten jenseits des längst nicht mehr eisernen Vorhangs nicht aufzugeben, ihre in den Vorbehaltsrechten enthaltenen Garantien für den Status quo über das eigentliche Stadtgebiet ausdehnten, das ohne seine Verbindungswege und den ungehinderten Zugang aus der BRD nicht lebensfähig wäre.

Diese Ausdehnung der Rechtsposition der Westmächte auf die Verbindungswege zur BRD bedingte, zu einer Vereinbarung mit der vierten Macht zu gelangen. Das ist mit dem Viermächteabkommen vom September 1971 in Verbindung mit deutsch-deutschen Ausführungsvereinbarungen geschehen. Es begründete keinen neuen Berlinstatus, aber es machte den ewigen Streitereien um Berlin ein Ende. Es wurde nicht über die Köpfe der beiden deutschen Staaten ausgehandelt, aber sie sind keine Vertragspartner. Ihnen ist vorgeschrieben, wie sie sich zu Berlin zu verhalten haben. So hat Moskau erklärt, daß es den Transitverkehr zwischen West-Berlin und der BRD nicht behindern wird. Der Bundesrepublik ist auferlegt, gewisse Verfassungs- oder Amtsakte in Berlin nicht vorzunehmen. Der Katalog, aus dem sich Rechte und Pflichten für die Signatarmächte wie für die beiden deutschen Regierungen ergeben, ist lang. Er setzt voraus, daß das Besatzungsrecht der vier Mächte für ganz Berlin noch in Kraft ist – was die DDR hinnehmen muß, obgleich sie ihren Teil Berlins zur Hauptstadt gemacht hat. Weil die Souveränität beider deutscher Staaten in ganz Berlin durch das fortbestehende Besatzungsrecht von 1945 erheblich eingeschränkt ist, konnten die vier Mächte hinsichtlich Berlins als einer dritten »Macht« völkerrechtliche Akte vollziehen. Es haben sich in der Frage, wie frei die Westmächte einerseits, die Sowjetunion andererseits über ihre im Viermächteabkommen festgeschriebenen Berlinrechte gegenüber dem Berliner

Senat als Landesregierung beziehungsweise gegenüber der Regierung der DDR verfügen können, gewisse Differenzierungen ergeben, aber das Prinzip wurde nicht verletzt, daß den vier Mächten in Berlin die oberste Gewalt zusteht.

Hier nun darauf einzugehen, welche Kompetenzbeschränkungen sich daraus und für die bürgerlichen Rechte der Bevölkerung für den Berliner Senat ergeben, würde zu weit führen. Festzuhalten ist, daß die nationale Verblendung westdeutscher Politiker auf Berlin überzugreifen scheint. Nicht von ungefähr veröffentlichte der *Spiegel* im April 1988 ein Gespräch mit einem amerikanischen Richter, der in Berlin tätig gewesen ist, ohne von der Situation der Stadt irgend etwas zu verstehen, so daß er imstande war, einfach zu bestreiten, der Rechtsstatus Berlins sei die wesentliche Grundlage einer Sonderstellung.[19] Was dieser Richter zu sagen hatte, ist seine Sache. Daß er dafür den Lautsprecher *Spiegel* unwidersprochen benutzen durfte, läßt befürchten, das Blatt höre, was seine Qualität ausmacht, Gras wachsen und es seien westdeutsche Bestrebungen weiter fortgeschritten, als sich an der Oberfläche erkennen läßt, aus West-Berlin ein Bundesland zu machen. Die Initiative des 1988 regierenden Westberliner Bürgermeisters Diepgen, den Besatzungsmächten eine Beschwerdestelle abzuringen, an die sich Bürger, die sich von Angehörigen der stationierten Truppen schlecht behandelt fühlen, wenden könnten, ist ein Signal aus der gleichen Richtung. War der Antrag schon seltsam genug, so noch viel seltsamer, daß die Reaktion der westlichen Stadtkommandanten, die eine Kommission von alliierten Rechtsberatern ab Juli 1988 bestellen wollen, vom Bürgermeister als wichtiger Erfolg gefeiert worden ist.[20] Was immer diese Kommission im Fall einer Bürgerbeschwerde empfehlen mag, eine Verpflichtung, dieser Empfehlung Folge zu leisten, besteht nicht. »Mogelpackung« nannte die Alternative Liste, was der Bürgermeister als Erfolg buchte. Seine Initiative mußte als Äußerung eines erstarkten deutsch-Berliner Patriotismus angesehen werden. Er hat ihn jedoch nicht motiviert, den Stadtkommandanten zu sagen: Wenn euch sonst nichts einfällt, dann laßt das Ganze, ich möchte mich nicht lächerlich machen. Er machte sich lächerlich – glücklicherweise. Daß solche Deutsche die alliierte Rechtsposition in Berlin stürmen werden, ist nicht zu befürchten.

Nicht zu hoffen ist, daß einmal eine Diskussion über Berlin in Gang käme unter der Prämisse, daß der Status quo West-Berlins noch in einem halben Jahrhundert so aussieht wie heute. Wenn der Westen nicht einlenkt, wird es so sein. Worin besteht eigentlich die Funktion dieser Stadt noch für den Westen, hat sie überhaupt eine? Politische Frontstadt? Nein! Militärischer Stützpunkt? Nur formal! Würde die Sicherheit der BRD oder gar ganz Westeuropas beeinträchtigt, wenn die Besatzungsmächte nicht durch ein paar Kompanien in West-Berlin präsent wären? Selbstverständlich nicht. Agentenzentrum wie ehemals? Nicht mehr! Eine juristische Festung ohne Dach, in die es Milliarden Mark hineinregnet, mit denen ein Als-ob-Leben ermöglicht wird? Ja! Wozu? Damit zwei Millionen Deutsche nach Belieben und Einkommen einkaufen können? Ja! Um sie weiterhin mit konservativen bis reaktionären Zeitungen versorgen zu können? Ja! Damit sie in Freiheit leben können?

Das selbstverständliche Ja auf die letzte Frage sollte nicht leichthin ausgesprochen werden, denn was hier »Freiheit« genannt wird, ist im Bewußtsein der Berliner der Kontrast zu der Unfreiheit, die hinter der Mauer herrscht. Daß der kommunistische Staat auch 1988 individuelle Freiheit nicht zuläßt, ist unbestreitbar, aber ebenso unbestreitbar ist, daß die inneren Verhältnisse der DDR sowohl ideologisch wie ökonomisch sich entwickeln. Wer sich die DDR von 1970 vorstellt, wird zugeben müssen, daß sie achtzehn Jahre später sich zu ihrem Vorteil verändert hat. Die Weigerung des Regimes der SED, in Gorbatschow eine Leitfigur zu sehen, kann nur eine vorübergehende sein. Gibt das Regime der sowjetischen Strömung nach, die selbst dann, wenn der derzeitige Generalsekretär scheitern würde, nicht mehr umkehrbar, der angebahnte militärische Ost-West-Kompromiß nicht mehr aufhebbar ist, dann wird sich der innere Entwicklungsprozeß der DDR beschleunigen. Können wir etwas für diese Beschleunigung tun? Manches ist hierfür schon geschehen, aber im ganzen ist es Tüttelkram. Was wir dafür mit durchschlagender Wirkung tun könnten, wäre, erkennen zu geben, daß wir über West-Berlin als über ein zweites Hongkong mit uns reden lassen und unter dieser Prämisse das nächste Jahrzehnt deutsch-deutscher Beziehungen beobachten und sie in unsere operative deutsch-deutsche Politik einbringen werden.

Das hieße in der Tat, auf weite Sicht gegen die Berliner Vorbehaltsrechte mit deutscher Politik anzugehen. Das hieße, einen heute vielleicht noch gar nicht vorstellbaren Gewinn für unsere außenpolitische Beweglichkeit einzustreichen in Gestalt des Preises, den Moskau und Ost-Berlin für ein wiedervereinigtes Berlin bezahlen würden. Das hieße, Berlin wirklich wieder zu einer europäischen Hauptstadt zu machen, die ihr derzeitiges Prostitutionsdasein im Westteil, ihre Lagermentalität im Ostteil hinter sich ließe und dann – aber wirklich nur dann – zu der berühmten Brücke zwischen West- und Osteuropa würde. Wer in solchen Vorstellungen, für die heute sogar bei den Amerikanern Verständnis zu finden ist, wenn auch noch nicht im Weißen Haus und im Pentagon – aber so etwas ändert sich –, eine Art Landesverrat erkennen will, der möge sagen, wie er sich die ausgehaltene Inselstadt in einem halben Jahrhundert vorstellt!

Wer, wie es hier geschieht, *innere* Veränderungen der DDR in einem überschaubaren Zeitraum für möglich ansieht, die es zumutbar erscheinen ließen (zumutbar der Westberliner Bevölkerung), die Stadt wiederzuvereinigen, wird sich vorhalten lassen müssen, er wiederspreche seiner eigenen Vorstellung von Flexibilität. Diese bezieht sich jedoch ganz ausschließlich auf Veränderungen, die nicht zwingend und a priori mit Macht- und Einflußverlust der einen oder anderen Seite verbunden sind. (Die Sowjets sind weder in Ungarn noch in Prag, noch in Afghanistan einmarschiert, weil sie gefürchtet hätten, systemimmanente Liberalisierung würde sich seuchenhaft auf die UdSSR ausbreiten; sie sahen die machtpolitische Balance in Gefahr – ob zu Recht oder zu Unrecht, stehe dahin. Derzeit scheinen Satellitenstaaten im Ostblock eine von Moskau ausgehende Liberalisierung zu fürchten.)

Ob eines sehr fernen Tages der große Weltfriede anheben wird, USA und UdSSR in einer Art Nato-Weltpolizei integriert sein werden – das sind für hier und heute unnütze Spekulationen. Eine um 180 Grad gedrehte westdeutsche Berlinpolitik wäre indes für hier und heute, »für die deutschen Menschen« in ganz Berlin, um diese beliebte Formel zu gebrauchen, und eben auch für die außenpolitische Beweglichkeit beider deutscher Staaten von nicht abzuschätzendem Vorteil.

Also nochmals gefragt: Wie wird die ausgehaltene Inselstadt in einem halben Jahrhundert aussehen? Dazu eine realistische Prognose: Sie wird ärmer sein als heute; die Bevölkerung wird sich halbiert haben; der verbleibende Rest wird von Bonner Subventionen leben oder wird in den Tourismusunternehmen tätig sein, der einzigen dann noch blühenden Industrie. Ach ja, ein Museum deutscher Geschichte, der »Wiedervereinigung« gewidmet, wird auch zu besichtigen sein. »Es war einmal« wird darin als »Es wird wieder einmal« vorgeführt werden: als Verdichtung von Illusionen in Schaubilder.

Was ist für Sie Deutschland?
Interviews zur nationalen Frage

Vorbemerkung

Schon in die früheste Planung zu diesem Buch war der Vorsatz eingegangen, die Meinung bekannter Politiker und/oder Publizisten zur »deutschen Frage« in Form von Interviews einzuholen. Jetzt, nachdem mein eigener Text vorliegt, hat sich erwiesen, daß das Buch dieser Stellungnahmen dringend bedarf, in denen bei aller Unterschiedlichkeit der Standpunkte doch der offizielle Status quo der Problematik festgehalten ist. Das Prinzip der Ausgewogenheit, das, wie der Leser ohne weiteres erkennen wird, schon die Auswahl der Interviewpartner bestimmt hat, ist noch auf eine andere Art gewahrt, indem meiner subjektiven Betrachtungsweise, die nicht ohne polemische Schärfe vermittelt wird, die versachlichten, gleichwohl profilierten Ausführungen der Befragten zugesellt sind. Es war ein Gebot der Fairneß, lag aber auch auf der Linie der Dramaturgie des Buches, mit keinem Wort kommentierend auf die Interviews einzugehen, die, unnötig zu sagen, in der gedruckten Fassung genehmigt sind.

Bedauerliche, seinerzeit in der Presse ausführlich berichtete Veränderungen in und um den Verlag, in dem das Buch ursprünglich erscheinen sollte, hatten eine erhebliche Verzögerung seines Erscheinungstermins zur Folge. Ich habe sie hingenommen, damit das Buch nunmehr im neu gegründeten Verlag Knesebeck & Schuler erscheinen kann, der für mich keine neue Partnerschaft bedeutet, weil ich in Herrn Wolfgang Schuler seit Jahren den Lektor habe, mit dem sich eine ebenso kritische wie konfliktlose Zusammenarbeit ergeben hatte.

Die meisten Interviews wurden geführt, als noch von

den urspründlichen Produktionsterminen ausgegangen werden konnte. Das erklärt, warum in den Gesprächen auf die in der Sowjetunion stattfindenden Veränderungen, heute ein Hauptthema der öffentlichen Diskussion und der operativen Politik, nicht eingegangen worden ist; es fehlt noch der triftige Anlaß. Da jedoch das Auftreten Gorbatschows bisher keine nachweisbaren Rückwirkungen auf den nationalen Gespensterkampf, zu dem sich der sogenannte Historikerstreit erweiterte, ausgeübt hat, bestand keine Veranlassung, ergänzende Gespräche zu führen. In der vorliegenden Form decken sie die Thematik des Buches im Kernbereich voll ab. Da jedes dieser Interviews vom gleichen Fragenkomplex strukturiert ist, wird der Leser vielleicht eine gewisse Monotonie bemängeln. Sie ließ sich jedoch nicht vermeiden, da die Unterschiede in den Auffassungen deutlich werden sollten.

Rudolf Augstein

1923 in Hannover geboren, wurde 1942 Soldat, zuletzt Leutnant, geriet 1945 noch kurz in amerikanische Gefangenschaft. Mit 23 Jahren wurde er Herausgeber und Chefredakteur des *Spiegel.* 1976 stieg er durch den Erwerb der Mehrheitsbeteiligung am »Filmverlag der Autoren« auch in die Filmwirtschaft ein. Seine Kritik an Adenauer bestimmte jahrelang die politische Richtung des *Spiegel.* Augstein warf Adenauer eine Politik der verpaßten Chancen vor. Einem aktiven persönlichen politischen Engagement stand er, abgesehen von seiner journalistischen Tätigkeit, eher ablehnend gegenüber. Seinen beharrlichen publizistischen Kampf gegen Franz Josef Strauß setzte er unter anderem auch als Herausgeber des Buches *Überlebensgroß Herr Strauß* fort.

Was ist für Sie Deutschland?

Ich kann damit anfangen, daß ich als Kind auf der Landkarte Deutschland in zwei Teile gerissen sah, daß Deutschland etwas ist, dem man etwas weggenommen hat. Es waren Gebiete, auf die es Anspruch hatte, wie ich als Kind meinte.

Sie sprechen jetzt vom polnischen „Korridor"?

Deutschland war in meiner Kindheit ein positiv besetzter Begriff und wurde 1933, man kann sagen über Nacht, ein negativ besetztes Gebilde. Ich saß damals auf einer Zwei-Sitze-Schulbank neben dem Sextaner Helmut Ostermann, der auf rätselhafte Weise verschwand. Er ist heute als Uri Avneri ein Friedenskämpfer in Israel.

Aber obwohl von Familie her ein gehorsames Antinazikind, war hinfort nicht alles, was geschah, ausschließlich negativ für mich. Beispielsweise hat mir die sogenannte Rückkehr des Saargebietes ein positives Gefühl verschafft. Aber es gewann dann doch der Begriff »Deutschland« etwas Bedrohliches, wobei ich manchmal wieder in Zwiespalt geriet.

Meine Eltern waren ja rheinische Katholiken und Antinazis, aber im Spanischen Bürgerkrieg waren sie auf der Seite von Franco, weil die Nonnen von den Roten geschändet wurden. Da mußte man sich als Kind zurechtfinden. Aber überwiegend bedeutete der Begriff »Deutschland« dann Abwehr des NS-Staates, spätestens seit der heute noch schrecklicherweise so benannten »Reichskristallnacht« im November 1938. Die Vorstellung, daß es Krieg geben würde, haben mein Vater und ich recht frühzeitig gehabt.

Sie haben mehrere Geschwister?

Ja, die zählten aber in dem Sinne nicht. Mein Bruder war fünfzehn Jahre älter, den hab' ich gar nicht gesehen, der hat sich als Rechtsanwalt anständig durchgeschlagen. Aber mein Vater und ich, wir saßen ja vor dem Krieg fast jeden Abend zusammen, buchstäblich unter einer Decke. Wir hatten uns ein riesiges Radio gekauft, hörten jeden Abend Moskau und waren eines Tages, 1939, recht erstaunt, als wir nicht die üblichen Haßtiraden vernahmen, deretwegen wir ja das Radio gekauft hatten, sondern Goethes *Faust*. Da mußte was passiert sein! Was passiert war, haben wir am nächsten Tag in der Zeitung gelesen, Handelsvertrag, damit fing es ja dann an.

Es ist also schwierig zu sagen, was Deutschland für mich war. Sicherlich war das Bismarck-Reich für mich damals ein Land, dessen ich mich nicht zu schämen hatte. Nur leben wir gar nicht mehr in diesem Deutschland.

In der Familiensprache war mehr von der Diaspora als von Deutschland die Rede. Mein Vater war antipreußisch, mein Großvater war bis zur Verrücktheit antipreußisch. Es entstand fortschreitend eine gegen die Nazis gerichtete Einstellung. Man hatte spezielle Lehrer gern und spezielle andere nicht. Es gab Innenbindungen, wenn auch nur in der Negation zum NS-Staat.

Aber den Anschluß Österreichs empfanden Sie als positiv?

Es müßte eigentlich nach allem so gewesen sein, aber ich habe keine spezielle Erinnerung daran; da bin ich ein Waldheimer. In der »Sudetenkrise« war ich auf seiten der Tschechen, aber doch ziemlich erleichtert, daß kein Krieg kam.

Sie skizzieren die Herkunft Ihrer Deutschlandvorstellungen. Nun kommen wir zu 1945. Es war ein neuer Anfang, und Sie waren mitten drin im Anfangen. Aus ihren Spiegel-*Veröffentlichungen jener Zeit läßt sich auf eine ungeheuer positive Vorstellung von einem gesamten, wiedervereinigten Deutschland schließen.*

Ja, aber nicht im Sinne etwa der Wiederherstellung des Bismarck-Reiches. Das schien mir immer ausgeschlossen und scheint natürlich heute erst recht undenkbar und auch gar nicht wünschbar. Ich konnte mir damals nicht vorstellen, daß es eine einigermaßen gedeihliche Entwicklung in Europa geben würde, wenn die beiden deutschen Staaten gewaltsam voneinander getrennt gehalten würden. Daß dies mit Gewalt geschah, war mir nicht zweifelhaft, aber sie ging nicht nur von einer der beiden Seiten aus. Einen Ausweg aus dieser Lage hätte ich sicherlich begrüßt, wenn es ihn gegeben hätte. Daß wir auf diese Weise getrennt waren, schien mir bedrohlich und gefährlich.

Lag diese Vorstellung, es sei bedrohlich und gefährlich, auch zentral Ihrer Anti-Adenauer-Aktivität zugrunde?

Adenauers Politik war in Wahrheit darauf gerichtet, irgendeine Möglichkeit der Veränderung des Status quo, der Teilung eben, auszuschließen. Das ist inzwischen ja auch historisch belegt, und ich habe sogar ein bestimmtes

Verständnis dafür entwickelt. Er war der Bundeskanzler der Mehrheit des deutschen Volkes, gleichzeitig aber der Bundeskanzler der Alliierten, so daß Schumachers berühmter Vorwurf durchaus einen realen Kern hatte, was nicht heißt, Schumachers Vorstellungen hätten damals einen realen Kern gehabt. Die kannte ich, sie erschienen mir als irreal.

Gibt es für Sie einen Katalog deutscher Interessen, in dem irgendein Punkt ganz vorne steht?

Es ergibt sich aus der Situation, daß jede Maßnahme von friedensstiftender Wirkung für die beiden Deutschländer wichtig ist. Ich hätte allerdings nicht gedacht, daß dieser Prozeß sich so bald in Gang setzen ließe, und auch nicht, daß er zu solchen Ergebnissen führen würde, wie sie jetzt da sind. Wie die Leute sich jetzt darum reißen, zur Leipziger Messe zu fahren, von DDR-Politikern empfangen zu werden, da hat sich sehr viel geändert, was man vor zehn Jahren nicht für möglich gehalten hätte.

Diese Entwicklung finde ich positiv, auch wenn sie sich in einer gewissen Abwendung zu den Schutzmächten darstellt. Es liegt nach meiner Ansicht im wohlverstandenen Interesse auch der USA, wenn wir eine Politik betreiben, die von den USA kurzsichtig als antiamerikanisch empfunden wird. Dasselbe gilt, notabene, für die DDR gegenüber der Sowjetunion.

Es sind Kompromisse, Zugeständnisse zwischen BRD und DDR, die den beiden Staaten um so leichter fallen müssen, je mehr sie glauben, sich in einer absolut sicheren inneren und äußeren Position zu befinden. Was doch bedeutet, daß dieser Fortschritt in den deutsch-deutschen Beziehungen zugleich eine immer größere Verfestigung der Teilung ist. Ist das so?

Ich bin seit langem der Meinung, die Teilung sollte mit immer größerer Klarheit festgestellt werden; eine Anerkennung der Staatsbürgerschaft der DDR kann ich mir sehr gut vorstellen. Die wird sobald nicht kommen.

Man ist zu Anfang automatisch davon ausgegangen, daß es keine realistischen Interessengegensätze zwischen der SED und der Sowjetmacht gebe. Aber davon können wir seit langem nicht mehr ausgehen, es gibt Interessengegensätze, die allerdings an einem bestimmten Punkt, den alle kennen, ihr Ende haben. Wenn die DDR etwas vorschlägt, was auch in sowjetischem Interesse liegt, ist das nicht von vornherein verdammenswürdig.

Es gibt in meinen Augen natürlich immer noch einen Unterschied in der Qualität zwischen diesen beiden deutschen Staaten, was ihre Legitimation angeht. Dieser Unterschied wird noch lange Zeit bleiben. Andererseits ist doch niemand von uns mehr so kühn zu behaupten, wir seien ein Land, das auch nur die »Souveränität« von Ländern wie England, Frankreich oder Italien hat, eine Souveränität, die ja ebenfalls eingeschränkt ist.

Also weniger?

Weniger. Dies war uns früher nicht so bewußt. Wir haben nach dem Ende des Krieges die Amerikaner ganz naiv als reine Schutzmacht angesehen, die sie damals für viele Teile des Landes auch waren. Ich erinnere mich, wie Sachsen und Thüringen getauscht wurden – vielleicht ein Fehler – und wie man versucht hat, seine Verwandten da wegzuholen. Der Russe, das war der Feind.

Die Amerikaner boten das positive Gegenbild. Im Lauf der neueren, der Willy-Brandt-Zeit kam es zu einer parallelen Entwicklung in den beiden deutschen Rumpfstaaten. Beide werden, alles relativ, aufmüpfiger und empfinden durchaus die Bevormundung, die man nicht gleichsetzen kann, die aber doch in beiden Fällen da ist. Das zu Ende denkend, wird der Inhalt der deutschen Frage zu dem Versuch, zur Tendenz, zur Erwartung, zur Hoffnung der Überwindung des Status quo in irgendeiner Zukunft, in irgendeiner Form.

Diese Erwartung richtet sich erstens auf die Überwindung der deutschen Teilung und zweitens auf die Reduzierung oder Aufhebung der Vorbehaltsrechte, dessen also, was uns letzten Endes zu einem besetzten Land macht, zu einem gefährdeten und mithin gefährlichen Land.

Ich träume schon lange nicht mehr von der Wiedervereinigung und von der vollen Souveränität, aber das heißt nicht, daß sich im Laufe der nächsten dreißig Jahre, vielleicht in kürzerem Zeitraum, vielleicht aber auch in einem längeren, irgend etwas in Europa gründlich verändern könnte, das wir im Moment nicht sehen. Alle Mächte sind daran interessiert, am Status quo nichts zu ändern, weil er bequem ist. Er bringt Vorteile, er bringt auch Scheinvorteile, aber es wäre ganz unsinnig, sich hier jetzt in etwas verbeißen zu wollen, was ganz offensichtlich nichts wird.

Ich kann mir, um es kraß zu sagen, die Wiedervereinigung im Augenblick nur mit einer großen Katastrophe vorstellen, und dann weiß ich nicht, was dann noch wiederzuvereinigen wäre!

Unser hochverehrter Herr Bundespräsident predigt, mit großem Widerhall, daß wir uns zu einem neuen, vernünftigen und nicht aggressiven Nationalgefühl durchringen müßten.

Ich sehe die Notwendigkeit dazu nicht ein, denn dieses Nationalgefühl hat gar kein Ziel; es ist noch nicht mal ein Gefäß, das mit Inhalt gefüllt werden könnte. Das Nationalgefühl gegenüber den Schweizern und den Österreichern ist in eine äußerste Normalität eingemündet, und das Nationalgefühl gegenüber der DDR ist in einem sehr langsamen, aber stetigen Prozeß der Annäherung begriffen. Wir brauchen dieses Nationalgefühl gar nicht. Wenn es heißen soll, daß wir für den Ersten Weltkrieg gar nichts und für den Zweiten schon mal erst recht nichts können, dann allerdings ist das ein Nationalgefühl, von dem ich nicht glaube, daß wir es wiedererwekken sollten.

Es ist nun mal so, daß wir uns doch von der europäischen Kultur seit 1870 stetig entfernt haben. Die sogenannte Verspätung, die wir mit unserem Nationalgefühl hatten, haben wir dann reichlich ausgefüllt mit ziemlich triumphierenden Akten, die uns entfremdet haben von anderen Nationen. Jetzt müssen der Alte Fritz und das alte Preußen herhalten, um wieder Nationalgefühl und Patriotismus, in Wahrheit aber Amerikafreundlichkeit oder, sagen wir, Amerika-Unterwürfigkeit zu schaffen. Dafür taugt die Geschichte nun wieder, geglättet und verkleistert, und dann kann man wieder stolz sein.

Man fragt sich allerdings, warum man nicht auch noch

auf unseren Gustav Adolf und Wallenstein stolz sein soll, die haben schließlich auch in Deutschland gewirkt, da könnte man also noch weitergehen.

Sucht man nach einem emotionalen Mittel, um die Leute, grob gesagt, an die Leine des Staates legen zu können?

Ich glaube, das ist richtig. Es ist den Politikern unheimlich, daß diese Bevölkerung jetzt plötzlich wieder fähig wird, Probleme zu erkennen und nicht einfach wegzudrängen. Daß Probleme da sind, bestreitet im Ernst niemand. Ich meine schon, daß man an das Nationalgefühl appelliert, um das Problembewußtsein etwas manipulieren zu können. Denn dafür eignet es sich natürlich immer noch.

Können Sie eine Erklärung dafür finden, daß nationale Parolen bezüglich Wiedervereinigung mal mehr zünden, mal weniger?

Ich sehe diese Wellenbewegung nicht, statt dessen eine ziemlich stetig verlaufende Abwärtskurve. Interesse und Emotion driften ab, weil man weiß, man wird doch nur mit Zitronen handeln. Die Sache ist im Augenblick irreal, sie ist mit vernünftigen politischen Zielen überhaupt nicht zu verfolgen, und eigentlich sehe ich gar nicht, daß man aktive Wiedervereinigungspolitik betreibt. Was man immer noch betreiben wird, ist aktiver Antikommunismus, der notwendigerweise nationale Einsprengsel hat. Nur sehe ich das im Augenblick nicht als so gefährlich an.

Wir werden ja auch recht wenig von unseren Freunden im Westen animiert, über die Wiedervereinigung nachzusinnen; wir sollen uns über Afghanistan Gedanken machen und über den Schrecken der Sandinisten. Das wird uns ja immer wieder eingebleut. Ich glaube, das ist möglich, weil auch für uns die Wiedervereinigung ein Schemen der fernen Zukunft geworden ist.

Läßt sich das auf die Formel bringen, daß die »deutsche Frage« eigentlich nicht mehr offen ist?

Nein, ich fürchte, sie ist noch offen, weil die Verhältnisse dadurch, daß am Status quo alle interessiert sind, nicht auf Dauer geregelt sind.

Nehmen wir an, wir hätten ein neutrales, mäßig bewaffnetes Gesamtdeutschland, wovon es ja heißt, daß dann die Kriegsgefahr immens wäre in Europa. Was aber wäre unter den gegebenen Verhältnissen, wenn die Amerikaner Libyen besetzten oder den saudischen Prinzen zu Hilfe kämen, und die Sowjets hätten kein anderes Faustpfand als Berlin? Dann wären wir plötzlich ohne unser Zutun in einer äußerst kristischen Situation. Insofern ist die deutsche Frage tatsächlich offen.

Solange es möglich ist, daß wir von außen, ohne daß wir selbst handeln können, als Faustpfand für irgendwas benutzt werden, so lange ist die deutsche Frage nicht so geregelt, daß man sagen kann, sie ist für absehbare Zeit geregelt. Ich will gar nicht behaupten, daß jemals eine wahre Chance dafür bestand, die beiden Teile Deutschlands wieder zusammenzufügen. Denn nach meiner Ansicht wäre das ohne die Autoriät eines Stalin nie möglich gewesen, und ob Stalin es wirklich gewollt hätte, weiß niemand. Ich glaube, wir wären besser dran, wenn so etwas gekommen wäre, aber das ist eine reine Mutmaßung.

Die deutsche Frage ist offen, weil sie so gefährlich ist. Jede Gefahr versucht man zu vermindern, zu vermeiden oder zu umgehen. An diese Gefahr aber will man sich nicht heranwagen und kann es unter Umständen auch gar nicht, weil es von beiden Seiten zu viel Umdenken erfordert, und die Menschen wollen nicht umdenken.

Das bedeutet, daß Sie es für möglich halten, Aktionen könnten stattfinden, ohne daß der große Knall ausgelöst wird. Ist das eine realistische Vorstellung?

Es gibt zwei Denkschulen. Die eine sagt ja, das ist vorstellbar, und die andere sagt nein. Aber es sind dieselben Leute, die morgens ja gesagt haben, die abends nein sagen und umgekehrt. Das kann man nicht wissen.

Nur, folgendes bietet sich an: Wenn die Russen in Berlin einmarschierten, und sei es nur für drei Tage oder eine Woche, sie hätten vielleicht verhandelt, sie wären schon wieder weg – in Europa hätte sich die ganze Situation grundlegend geändert. Dies aber wäre unter Umständen ihre einzige Möglichkeit, den Krieg zu vermeiden, weil sie natürlich auf Amerikaner nicht so gerne schießen. Und ich glaube, sie müßten in Berlin, ich hoffe es jedenfalls, keinen fürchterlichen Widerstand überwinden.

Egon Bahr

1922 in Treffurt geboren, wollte ursprünglich Musiker werden, erhielt aber keine Studienerlaubnis wegen eines jüdischen Erbteils. Nach einer Lehre als Industrie-Kaufmann bei Rheinmetall-Borsig wurde er von 1942 bis 1944 zum Wehrdienst eingezogen. 1944/45 arbeitete er wieder bei Borsig. Nach 1945 war er zunächst Reporter bei der von den Sowjets gelenkten *Berliner Zeitung*, wechselte dann zur amerikanischen *Allgemeinen Zeitung* über, aus der die *Neue Zeitung* wurde. Von 1950 bis 1960 war er Bonner Kommentator des RIAS, von 1953/54 auch dessen Chefredakteur.

1960 rief ihn Willy Brandt als Leiter des Presse- und Informationsamtes nach Berlin. Mit der Ernennung Brandts zum Bundesaußenminister 1966 siedelte Bahr als Sonderbotschafter in das Auswärtige Amt über. In der Folge wurden die Initiativen der Bundesregierung in der Ostpolitik maßgeblich von ihm mitbestimmt. Als SPD-Bundesgeschäftsführer begann er ab 1976 mit der als dringend notwendig erachteten Partei- und Organisationsreform der SPD, ohne allerdings durchschlagende Erfolge erzielen zu können. Nach dem Ende der sozialliberalen Koalition und der Regierung Schmidt (1982) wurde er Nachrüstungsberater des neuen SPD-Vorsitzenden Vogel.

Was ist für Sie Deutschland?

Genaugenommen ist Deutschland ein Phänomen, weil es sich der staatsrechtlichen Definition entzieht. Ich kann ja nicht davon wegsehen, daß die Menschen sich in der DDR als Deutsche empfinden, das heißt auch Deutschland zugehörig sind.

Die zweite Frage ist: Was soll eigentlich geschehen, damit die deutsche Frage gelöst ist? Das weiß ich nicht. Sie ist gelöst, wenn die Deutschen sie als gelöst empfinden. Ich glaube, daß die Deutschen auf beiden Seiten Realisten geworden sind. Sie wissen, daß die Frage der staatlichen Einheit in überschaubarer Zeit nicht zur Diskussion steht. Beide wissen, daß sie sich einzurichten haben in den staatlichen und überstaatlichen Organisationen, in denen sie sich befinden. Sie planen ihr Leben in diesem Rahmen und seinen gesellschaftlichen Bedingungen. Wenn die zu dem Ergebnis kommen, das ist die Lösung, dann ist es die Lösung. Denn eines ist klar: Keiner von unseren Nachbarn wird die deutsche Frage von sich aus neu stellen. Alle sind zufrieden, so wie es ist. Ich sehe nirgendwo im Osten und im Westen den Wunsch, das Problem zu aktualisieren. Ganz im Gegenteil.

Dessenungeachtet empfinden die Deutschen die Frage immer noch als existent. In dem Augenblick, in dem auch nur ein Silberstreif am Horizont wäre im Sinne einer Veränderung, würde sie eine sehr starke emotionale Aktivierung erfahren.

Ist das nicht mehr eine Sache der DDR als der Bundesrepublik?

Für die Deutschen in der DDR ist die deutsche Frage wichtiger als für die Deutschen in der Bundesrepublik. Etwas überspitzt könnte man sagen, die Bewohner der DDR sind die besseren Deutschen.

Aber vielleicht nicht aus einem stärker verankerten Nationalgefühl, sondern weil sie sich ein Gesamtdeutschland nicht kommunistisch vorstellen.

Ja, wo die größte Bedrängung ist, besteht auch das größte Interesse, sie loszuwerden.

Wenn sich die ökonomischen Verhältnisse in der DDR weiter verbesserten, wäre dann nicht dieser Drang zur Wiedervereinigung im Schwinden?

Dieses Risiko müssen wir laufen. Ich bin daran interessiert, daß es den Deutschen dort so gut geht, daß wirtschaftliche Gründe nicht mehr dazu führen, daß sie den Staat verlassen wollen. Ich wünschte, daß der größtmögliche Zustand von Normalität zwischen den beiden deutschen Staaten entsteht. Aber es gibt eben nicht nur aus wirtschaftlichen Gründen den Wunsch, die DDR zu verlassen.

Das, was seit 1945 die deutsche Frage genannt wurde, das heißt die Frage der staatlichen Einheit, gibt es für mich in überschaubarer Zukunft nicht.

Kann man nicht sagen, sie ist überhaupt gegenstandslos?

Nein, sie ist nicht gegenstandslos, solange die Deutschen selbst sagen, sie ist nicht gegenstandslos. Ich sage, laßt uns das zu einer Frage der Geschichte machen.

Hängt die geschichtliche Entwicklung nicht zentral davon ab, wie sich die beiden Großmächte arrangieren?

Das ist nicht einmal der entscheidende, aber sicher ein wichtiger Punkt. Insofern entscheidend, als die deutsche Frage gelöst ist, falls es Krieg gibt. Aber angenommen, wir bleiben alle am Leben, dann weiß ich nicht, ob das Problem im Jahr 2020 oder 2050 akut wird oder vielleicht auch erst 2100 und ob irgendwann die Deutschen sagen: Es interessiert uns nicht mehr! Wenn ich mich auf die Zweistaatlichkeit für eine nicht überschaubare Zeit einrichte, dann gewinne ich eine völlig neue Perspektive. Die sogenannte Offenheit der sogenannten deutschen Frage behindert mich dann nicht mehr, das zu tun, was nach meiner Auffassung im Interesse der Deutschen liegt, die Nähe, dieselbe Sprache, die intimen psychologischen Kenntnisse voneinander zu benutzen, um etwas für die Überwindung der europäischen Teilung zu tun. Das meine ich jetzt überhaupt nicht staatlich. Es könnte fast eine List der Geschichte sein, daß wir loyal in unseren Bündnissen die Möglichkeit haben zu überlegen, was können wir eigentlich zusammen tun, um diese Teilung zu mildern, oder, viel einfacher gesagt, dafür, daß wir jedenfalls sicherer leben. Für mich ist die Sicherheitsfrage, die Erhaltung des Friedens, die Kernfrage überhaupt, das heißt, ich ordne die deutsche Frage, die ideologische Frage, alles das der Forderung unter: Wir müssen am Leben bleiben.

Wie definieren Sie nationales Interesse?

Genauso: Das oberste nationale Interesse ist, daß die Nation bleibt, daß wir am Leben bleiben.

Könnten wir uns so verhalten, daß die Gefahr eines Krieges größer wird?

Selbstverständlich. Wir haben doch in den vergangenen Jahren Phasen gehabt, in denen man sagen konnte, man brauchte die Deutschen nur zu teilen, den Rest besorgen sie mit Gründlichkeit auf beiden Seiten selbst. Sie verschärften noch die Gegensätze zwischen Ost und West, und an der Nahtstelle ist das besonders gefährlich. Wir haben doch Zeiten gehabt, in denen die beiden Deutschländer sich sozusagen wie die Kettenhunde angeblafft haben, aber wir haben heute eine völlig andere Situation. Die Supermächte haben sich angeblafft, die Deutschen sind vernünftig miteinander umgegangen. Schadensbegrenzung hat doch funktioniert.

Könnte eine im nationalen Interesse beider Seiten liegende Politik darin bestehen, eine kritische Position zur jeweiligen Supermacht zu beziehen?

Ich glaube, es ist eine Entwicklung eingetreten, durch die beide festgestellt haben, daß ihre Interessen nicht in jedem Punkt mit denen ihrer Führungsmächte deckungsgleich sind. Drüben ist es für mich feststellbar dahin gekommen, als den führenden Leuten klar wurde, wenn in Reaktion auf die Nachrüstung in der Bundesrepublik sowjetische Raketen in die DDR kommen, dann liegen Ziele für Nato-Waffen in der DDR. Das Ergebnis war, daß Herr Honecker mutiger als Kohl sich aus dem Fenster gelehnt und gesagt hat: Wir haben kein Interesse daran, diese Raketen zu bekommen. Umgekehrt ist es sicher auch das Verdienst von Herrn Reagan, obwohl er es nicht beabsichtigt hat, daß zum erstenmal in der Bundesrepublik neben der gewissermaßen traditionellenn Furcht vor dem Osten die Sorge vor der Unberechenbarkeit der Amerikaner hinzugetreten ist. Auf beiden Seiten haben die Deutschen gesagt: Wir müssen die Entspannung entwickeln, selbst wenn die Großen unfreundlicher miteinander umgehen. Neuerdings gibt es Anzeichen dafür, daß die Furcht vor dem Osten sich reduziert in dem Maße, in dem Gorbatschow signalisiert, er wolle den militärischen Druck auf Westeuropa vermindern. Das entspricht den Tatsachen.

Die »deutsche Frage«, reduziert auf die deutsche Teilung, die Oder-Neiße-Linie, den Berlinstatus und die

Vorbehaltsrechte – sehen Sie da eine Bereitschaft zur Überprüfung?

Die sehe ich überhaupt nicht.

Bei niemandem?

Bei niemandem. Ich würde ein Stückchen weitergehen: Wir sollten über einen Friedensvertrag nachdenken. Ein Friedensvertrag würde – ganz anders, als früher gedacht – nicht die staatliche Einheit herstellen, wäre nur noch denkbar separat für die beiden deutschen Staaten.

Also zwei Verträge. Und wer sollte sie unterschreiben? Die Russen und die Amerikaner?

Wer denn sonst?

Und auch die Franzosen, die Engländer und so weiter?

Klar: Die vier würden mit uns verhandeln, die anderen unterschreiben.

Womit aber dann die Teilung seitens der Deutschen selbst festgeschrieben wäre.

Staatsrechtlich sind die beiden deutschen Staaten in gleicher Weise in ihrer Souveränität begrenzt. Ich erinnere mich an Verhandlungen mit Michael Kohl von der DDR über den Grundlagenvertrag. Da hatten wir uns abzustimmen über einen Brief, den beide deutsche Regierungen an ihre Führungsmächte zu schicken hatten, weil die beiden deutschen Staaten ihre Mitgliedschaft bei den Vereinten Nationen anmelden wollten. Wir haben uns angelächelt, weil nämlich bei der Formulierung klar wurde, daß bei allen sonstigen Unterschieden die Souveränität der beiden Staaten in gleicher Weise begrenzt ist. Wir hatten zu erklären, daß die übergeordneten Rechte der vier Mächte selbst durch einen Beitritt zu den Vereinten Nationen nicht berührt werden. Das heißt, die Deutschen sind nicht souverän genug, um über Deutschland als Ganzes zu entscheiden. Sie sind nicht einmal in der Lage, im Sinne der Teilung zu entscheiden. Weshalb es auch ein Irrtum von Golo Mann war, den Vorschlag der völkerrechtlichen Anerkennung der DDR zu machen. Dies geht nicht. Das beinhaltete völkerrechtlich die Entscheidung über die deutsche Teilung.

Angenommen, wir bekämen den Friedensvertrag, dann würden selbstverständlich die Verpflichtungen, die von den beiden deutschen Staaten zuvor eingegangen wurden, Nato und Warschauer Vertrag, überhaupt nicht verändert werden. Wir haben amerikanische Basen in England, in Italien, obwohl die den Friedensvertrag haben, in Belgien, in den Niederlanden, in Norwegen, warum nicht auch nach einem Friedensvertrag in Deutschland? Wenn es richtig ist, daß die deutsche Frage akut nicht mehr existiert, wenn es also richtig ist, daß sie zu einem geschichtlichen Problem geworden ist, dann gibt es wirklich keinen Grund mehr, den Deutschen die Rechte vorzuenthalten, die jeder andere Staat in Europa hat, nämlich unbegrenzte Souveränität. Ein Friedensvertrag würde die Deutschen nicht mehr teilen können, als sie geteilt sind. Ein Friedensvertrag für beide deutsche Staaten würde sie legitimieren, in großer Unbefangenheit miteinander umzugehen, frei zu sein, wenn man so will, von den Belastungen der sogenannten offenen deutschen Frage, gebunden zu bleiben in ihren beiden Bündnissen. Es würde offenbar werden, daß die deutsche Frage ein Teil der europäischen Spaltung ist, und wir würden das Urrecht jedes Staates bekommen, besondere Vereinbarungen zu schließen oder die Konföderation herbeizuführen. Diese Idiotenhaltung hätte ein Ende, auf der einen Seite Selbstbestimmung zu verlangen, auf der anderen sich fast servil hinter den Rechten und Zuständigkeiten der vier Mächte zu verstecken.

Einspruch, Euer Ehren! Berlin?

West-Berlin wird Bundesland.

Mit demselben Friedensvertrag?

Mit demselben Friedensvertrag. Mit unterschiedlichen Grenzen natürlich. Wir werden sozusagen in eigener Angelegenheit souverän, wohlwissend, daß damit die deutsche Perspektive eine europäische wird. Was sind die Voraussetzungen dafür, daß die deutsche Frage vielleicht einmal wieder interessant wird? Solange es die Nato gibt und den Warschauer Vertrag, gibt es nicht die deutsche Einheit. Solange es die Nato gibt, gibt es die Bundesrepublik Deutschland. Insofern hat Herr Kohl schon recht, obwohl das nicht in der Verfassung steht, wenn er sagt, die Nato sei ein Stück Staatsraison der Bundesrepublik.

Wer also die deutsche Frage wieder offen machen will, muß die Nato-Frage stellen. Deshalb müssen die beiden Paktsysteme durch ein gesamteuropäisches kollektives Sicherheitssystem abgelöst werden. Wenn das geschehen wäre, blieben noch die Systemunterschiede, unterschiedliche Wertvorstellungen. Das heißt, selbst dann würde sich noch nicht die Frage der staatlichen Einheit stellen. Ich sage das, um deutlich zu machen, wie weit das ganze Thema in der Zukunft liegt.

Es kommt hinzu, daß immer noch nicht klar ist, in welchen Grenzen sich diese Einheit verwirklichen soll.

Das ist völlig klar. Die auf 1937 abheben, sind Verrückte oder Demagogen, ungeschichtliche oder unpolitische Menschen.

Schlesien ist unser?

Ich kann niemanden daran hindern, Unsinn zu verkünden. Zurück zu Berlin: Selbstverständlich ist bei dem Thema Friedensvertrag die Berlinfrage wichtig. Ich glaube, das wäre die einzig notwendig Statusänderung, und ich könnte mir nichts anderes vorstellen, als daß West-Berlin ein Land der Bundesrepublik wird, vielleicht für eine Übergangszeit mit der Einschränkung, daß die Bundeswehr dort noch nicht hingeht und die fremden Truppen dort bleiben. Auf der anderen Seite hat man der DDR die volle Zuständigkeit in Ost-Berlin schon gegeben, ohne die Rechte der Sowjetunion für Berlin und Deutschland als Ganzes zu berühren. Die sowjetischen Streitkräfte in Deutschland würden umbenannt in »Streitkräfte der Sowjetunion in der DDR«. Wir haben diese Probleme mit den Umbenennungen nicht. Wir haben die klaren Nato-Strukturen, daran würde sich überhaupt nichts ändern.

Stichwort »Wellenbewegung in der ›deutschen Frage‹«.

Das wäre das Thema einer großen historischen Arbeit. Was Sie meinen, läßt sich von den Handelnden her beantworten. Man kann zum Beispiel sagen, es habe eine Entsprechung gegeben, Adenauer und Ulbricht. Bei allen Unterschiedlichkeiten und Verschiedenheiten waren beide im Grunde keine Freunde der Einheit, sondern beide waren bedacht auf die Sicherung des Teils, den sie hatten. Adenauer hat diese Auffassung immer getarnt. Das Problem wurde heiß, als es um die Wiederbewaffnung ging. Ich glaube, es ist historisch heute nachweisbar, daß Adenauer interessiert war, eine solche unverbrüchliche Westbindung der Bundesrepublik zu erreichen; er wußte, daß damit der Weg zur deutschen Einheit blockiert würde. Ab dann war die deutsche Frage eine Art innenpolitischer Knüppel, von den Unionsparteien nach Bedarf hervorgeholt.

Vor allem, als Sie mit Ihrer neuen Ostpolitik anfingen.

Man muß noch früher ansetzen: bei dem Bau der Mauer. Es ist seltsam, daß nicht angemessen diskutiert worden ist, was eigentlich die Mauer für die deutsche Frage bedeutet hat. Als die sozialliberale Koalition die Ostpolitik gemacht hat, wurde gesagt, das ist die endgültige Spaltung. Man kann feststellen, daß die Diskussion über die deutsche Frage hinterher sogar noch lebhafter geworden ist, als sie es vorher war. In der DDR wurde versucht, von Deutschland wegzulaufen, ein Nationalbewußtsein der DDR zu entwickeln. Das Ergebnis war unbefriedigend für die, die das wollten. Heute hat die DDR als eigener Staat ein gesichertes Bewußtsein deutscher Identität. Sie schließt die Perspektive Deutschland nicht aus. Ich bin der Auffassung, daß das Quatsch ist. Das Zusammenwirken der beiden Staaten kann die Teilung gar nicht vertiefen, sie ist schon tief genug.

Und diese Nationalisierungspropaganda bei uns?

Wesentlich ein Generationsproblem. Diejenigen, die das Reich nicht mehr erlebt haben, mit der Teilung aufgewachsen sind, die die ganze Entwicklung nicht miterlebt haben, gehen gewissermaßen naiv vor. Das ist die Naivität dessen, für den das, was für uns Erfahrung war, Geschichte ist.

Wann sind Sie geboren?

Ich bin 1922 geboren. Wenn mein Vater mir von seinen Erlebnissen im Ersten Weltkrieg erzählt hat, dann war das für mich genauso Geschichte wie Bismarck. Für diejenigen, die 1945 und danach geboren sind, ist Hitler und Weimar genauso Geschichte wie der Kaiser, Bismarck und Napoleon. Hier läßt sich wirklich von der Gnade später Geburt insofern sprechen, als die junge Generation fragen kann: Warum haben nicht eigentlich auch wir dasselbe Recht, unsere Interessen zu verfolgen wie alle anderen Völker neben uns? Das akzeptiere ich.

Willy Brandt

wurde 1913 als Herbert Ernst Karl Frahm in Lübeck geboren. Früh stieß er zur Sozialistischen Jugendbewegung (SAJ) und wurde einer ihrer leitenden Funktionäre. Als Gymnasiast schrieb er für das SPD-Blatt *Lübecker Volksbote*. Dessen Chefredakteur, der später hingerichtete Reichstagsabgeordnete und Widerstandskämpfer Julius Leber, wurde sein Mentor. Er erreichte die Aufnahme des erst Sechzehnjährigen in die SPD. 1931 schloß sich der junge Brandt einer Linksspaltung der Partei, der SAP, an, da ihm die SPD zu kompromißbereit erschien. Er wurde Führer ihrer Jugendorganisation. Nach der »Machtergreifung« nannte er sich im Untergrund Willy Brandt. Er floh im April 1933 über Kopenhagen nach Oslo. Nach seiner Ausbürgerung (1938) erhielt er die norwegische Staatsangehörigkeit. Sein Brot verdiente er sich als Journalist. Von 1945 bis 1947 war er Deutschlandberichterstatter skandinavischer Zeitungen und hat als Korrespondent am Nürnberger Hauptkriegsverbrecherprozeß teilgenommen. Er gehörte ab 1949 dem Bundestag an, verzichtete 1961 auf das Mandat, als er Regierender Bürgermeister Berlins wurde. 1969 Bundeskanzler, 1974 Rücktritt. Vorsitzender der SPD bis 1987. Das Interwiew wurde am 8. Oktober 1986 geführt.

Was ist für Sie Deutschland?

Es ist Geschichte und ein wichtiger Ausschnitt europäischer Kultur. Es sind die Deutschen, wo sie heute leben, in ihrer großen Mehrheit heute leben, in den beiden deutschen Staaten. Ich denke bei Deutschland zuerst nicht an heutige oder künftige staatliche Gebilde.

Wie sollte nach Ihrer Meinung ein Deutschland aussehen, für das die »deutsche Frage« als gelöst anzusehen wäre?

Ich sage Ihnen offen, mich interessiert nicht mehr, welchen Rahmen es geographisch einmal geben mag. Es gibt keine isolierte Lösung der deutschen Frage, sondern es gibt oder es gibt nicht Veränderungen der europäischen Landschaft, die es möglich machen könnten, daß die Deutschen dort, wo sie heute leben, über ein anderes Verhältnis zueinander entscheiden als das heutige. Zu erörtern, welche konkrete Form das annimmt, halte ich für ziemlich unergiebig. Ich halte es für abwegig und auch aus nationalen Gründen eher für schädlich, eine Frage nach offenen Grenzen damit zu verbinden. Es war immer nicht nur eine Frage danach, was die Deutschen wollen, sondern auch, was ihre Nachbarn wollen. Ich bin eigentlich davon überzeugt, daß die europäische Geschichte in den zwei Jahrzehnten, die vor uns liegen, davon handeln wird, wie auf beiden Seiten ein höheres Maß an Eigenständigkeit erreicht wird. Ich finde es aufregend, daß in den hinter uns liegenden Jahren angesichts eines so schwierigen Verhältnisses zwischen den beiden Supermächten die europäischen Regierungen ein so hohes Interesse daran gezeigt haben, nicht die Zusammenarbeit kaputtgehen zu lassen, die sie entwickelt hatten. Am aufregendsten ist, daß dies zwischen zwei deutschen Staaten möglich gewesen ist. Wir haben im Westen ganz deutlich eine Tendenz, noch weniger als jetzt nur Anhängsel der Vereinigten Staaten zu sein. Auf der anderen Seite ist es so, daß die Sowjetunion sehr viel mehr geschluckt hat, als sie verdauen kann. Ich habe im letzten Jahr mit Gorbatschow aus meiner Sicht von dem geredet, was gemeinsam und was unterschiedlich ist an europäischer Kultur. Es war für mich überraschend, wie er darauf reagiert hat; er sagte nämlich: Ich sehe das, was sich aus der unterschiedlichen Geschichte, Kultur etc. ergibt, auch auf unserer Seite.

Bedeutet, was Sie sagen, auch, der Spielraum einer DDR-Politik sei für einen Mann wie Honecker größer geworden? Die »deutsche Frage« ist für Sie nicht vom Tisch, liegt aber nicht mehr auf dem Tisch im Sinne eines konkreten Anspruchs auf Wiedervereinigung und Grenzveränderungen?

Das Aufrollen der Grenzfragen wäre sogar schädlich. Ich glaube sehr wohl, daß nach dem Zweiten Weltkrieg noch Entwicklungen möglich gewesen wären, die Modifikationen der Grenzen erlaubt hätten. Das ist vorbei. Aber es gilt auch, daß die Geschichte nie ein letztes Wort kennt. Wo steht eigentlich im Grundgesetz, wir seien verpflichtet, die *Wieder*vereinigung herbeizuführen? Das Wort kommt im Grundgesetz nicht vor, deutsche Einheit kommt vor. Ich habe im Laufe der Jahre immer stärkere Bedenken bekommen schon allein gegen das Wort »*Wieder*vereinigung«. Das suggeriert, es könnte wiederkommen, was mal war. Das Bismarcksche Reich, wenn auch in abgewandelter Form, kommt jedenfalls nicht wieder.

Es ist offensichtlich, daß es eine größere Bereitschaft auf beiden Seiten gibt, zu Abmachungen zu kommen. Und das wird ja immer sehr begrüßt. Ist es nicht so, daß, je größer die Bereitschaft zu Kompromissen ist, es auch ein zunehmendes eigenstaatliches Selbstverständnis der DDR gibt. Bei uns hat es nie gefehlt. Die Leute, die Wiedervereinigung propagieren, widersprechen sich, wenn sie diese Kompromisse begrüßen. Sehen Sie diesen Widerspruch auch?

Ich bin nicht überzeugt, daß es ein Widerspruch sein muß. Wenn die Bevölkerung in beiden Staaten nicht Kontakt miteinander hält, wo ist dann die Grundlage dafür, daß ein wie immer geartetes Dach zustande kommen könnte? Ich bin nicht nur aus humanitären Gründen, was auch schon eine gute Motivation wäre, sondern auch aus nationalen Gründen für alles, was dazu beiträgt, die Trennung weniger hart zu machen. Ich denke in erster Linie daran, daß die Menschen Kontakt miteinander halten. Es macht es ihnen leichter, sich einmal auch staatlich zusammenzufinden oder konföderativ, wie auch immer. Wenn das die Geschichte nicht mehr bereithält, dann bleibt es immer noch ein Wert für sich, daß die Leute noch voneinander wissen und von dem, was gemeinsame Geschichte bleibt.

Ich sehe an allen Straßenecken ein CDU-Plakat stehen: »Weiter so, Deutschland«. Wie ist denn dieser Be-

griff gemeint, aggressiv, oder ist das nur ein Wahlslogan?

Ich finde das ein bißchen denkfaul, weil es suggeriert, daß wir nicht über eine Vielzahl neuer Probleme neu nachzudenken haben. Aber ich glaube nicht, daß die Verwendung des Wortes »Deutschland« ihnen groß angekreidet werden sollte. Die meinen natürlich »Bundesrepublik Deutschland«. Auch ich habe 1972, als ich bedrängt wurde wegen der Verträge, die mittlerweile von fast allen akzeptiert sind, vor der damaligen Wahl plakatieren lassen: »Deutsche, Ihr könnt stolz sein auf Euer Land!« Das ist nicht ganz dasselbe, ich wollte sagen, wir haben ein gutes Stück zurückgelegt, wir sind dabei, Versöhnungspolitik zu betreiben. Daß Deutschland für einige dabei noch einen besonderen Klang bekommen sollte, nehme ich nicht so furchtbar ernst.

Es gibt neuerdings Appelle an ein sogenanntes vernünftiges Nationalgefühl. Aber ein nichtaggressives Nationalgefühl hat es bei uns kaum je gegeben. Kann man annehmen, daß es jetzt von oben nach unten zu erzeugen ist?

Sie sagen zu Recht, wann gab es ein deutsches Nationalgefühl, ohne daß sich daraus unangenehme Folgen für andere und auch für uns ergeben hätten? Doch wenn ich zurückgehe in die Wilhelminische Zeit, da gab es diesen einfachen, aber, wie ich finde, bedeutenden Arbeiterführer August Bebel, der in einer bestimmten Situation gesagt hat: Ich will, daß wir hinkommen zu dem Vaterland der Liebe und Gerechtigkeit. Ein bißchen pathetisch gesagt für unseren heutigen Geschmack, aber so etwas schwebte ihm vor. Ich kann mich aus meinen ganz jungen Jahren daran erinnern, daß es in den wenigen guten Jahren der Weimarer Republik auch etwas gab, was nicht aggressiv war und doch bedeutete, daß wir nicht einfach in Sack und Asche herumliefen.

Stresemann zum Beispiel?

Da bin ich nicht so sicher, er hat die Ostgeschichten zu sehr offengelassen. Wissen Sie, wir haben hier seit dem Zweiten Weltkrieg doch auch auf unsere Art eine Menge zustande gebracht, womit man sich sehen lassen kann;

allein diese gewaltige Aufgabe wurde gelöst, die Flüchtlinge und Vertriebenen zu integrieren. Ganz zerknirscht brauchen wir nicht herumzulaufen, und wenn man die Aussöhnung nach dem Westen hin ergänzt durch den Versuch, die Beziehungen zum Osten zu normalisieren, kann man sagen, wir sind auch wer und haben auch etwas zustande gebracht.

Wenn ich unter deutschem Interesse die Wiedervereinigung verstehe, sind Sie der Ansicht, daß dieses Interesse wirklich in breiten Schichten der Bevölkerung vorhanden ist?

Wie tief es geht, kann ich auch nicht sagen. Ich glaube schon, daß es auf beiden Seiten eine ganze Menge an Empfinden für Gemeinsamkeit gibt, aber daß die Leute bereit wären, sich deswegen die Beine auszureißen, glaube ich nicht.

Wir sehen gerade bei den jungen Linken eine Besinnung auf nationale Vorstellungen. Woher kommt das?

Das hat zwei Quellen: Eine ist, daß sie bei dem generationsmäßigen Abstand sich sagen: Warum sollen wir eigentlich immer noch die tiefen Verbeugungen machen, die unsere Väter oder Großväter haben machen müssen? Wir empfinden keine persönliche Verantwortung für das, was man in unserem Land angerichtet hat. Ich hab' das mal dem Kennedy gesagt, 1962, der mich in einem Gespräch unter vier Augen gefragt hat, mit welcher Art von Deutschland er es zu tun bekommen würde. Ich habe gesagt: Sie müssen damit rechnen, daß in den kommenden Jahren Deutsche bei Ihnen reinkommen in den ovalen Raum, die nicht mehr die kleine Extraverbeugung machen, die ich noch mache, obwohl ich kein besonders begeisterter Anhänger Hitlers war. Das ist die eine Seite. Die Jungen fühlen sich nicht beladen mit dem, was wir Älteren da mit uns schleppen. Dazu kommt, daß diese Jungen stärker als viele der anderen ihre Ungeduld und ihren Unwillen artikulieren gegenüber den beiden Supermächten, die uns abspeisen wollen mit einigen Brosamen, die vom Tisch ihrer Verhandlungen fallen mögen. Freilich ist das zu isoliert deutsch gesehen. Solange die beiden deutschen Staaten in zwei Militärallianzen gebunden sind, können wir uns nicht selbst am Schopf aus dem Sumpf herausziehen.

Diese junge Generation hat eigentlich kein Parteidach über sich, außer den Grünen, und die decken gerade nicht nationale Fragen vernünftig ab. Sollte Ihre Partei darüber nicht nachdenken?

Das ist eine gute Frage, und trotzdem wird eine Partei wie die sozialdemokratische nicht darauf verzichten können, junge Leute darauf aufmerksam zu machen, daß sie teilweise einer nationalstaatlichen Illusion nachjagen. Das muß man dann auch deutlich machen. Aber gerade die SPD hat doch der Verkrustung der Spaltung durch die Verträge entgegengewirkt. Wir sagen auch – das wird übrigens noch deutlicher werden –, warum rühren sich nicht die beiden deutschen Staaten, wenn es darum geht, dem, was die Weltmächte vereinbaren mögen, etwas Wesentliches hinzuzufügen. Zum Beispiel über Zonen mit deutlich herabgestufter Bewaffnung.

Stichwort »Vorbehaltsrechte«. Ist alles festgemauert, oder gibt es Versuche zu modifizieren?

Ich muß daran erinnern, daß die Geschichte mit der Viermächteverantwortung für ganz Berlin sehr früh auf einen ganz geringen Rest zusammengeschmolzen ist. In Wirklichkeit hat dies nur gegolten bis 1948, bis die gemeinsame Stadtverwaltung und die Kommandantur aufgeflogen sind. Seitdem macht jeder mit seinem Teil Berlins, was er für richtig hält. Ich habe ja damals zu denen gehört, die West-Berlin enger mit der Bundesrepublik verbinden wollten unter Beibehaltung des Schirms der Westalliierten. Das ist nicht gemacht worden. Dann hat man, wir haben mitgeholfen, 1971 ein neues Viermächteabkommen beschlossen, welches bedeutet, daß die Alliierten sich in der ganzen Stadt bewegen können und daß für den Westteil der Stadt die Verbindungen zur Bundesrepublik Deutschland auch unter Mitwirkung der Sowjetunion normalisiert werden. Seitdem gibt es, keineswegs befriedigend, aber eben doch die Möglichkeit, den anderen Teil der Stadt zu besuchen und auch die umliegenden Gebiete, was ja viele Leute vergessen. Ost-Berlin wird im übrigen behandelt, als wäre es Teil der DDR und

Regierungssitz; der Westteil der Stadt ist, was das Rechtssystem angeht und das Wirtschaftssystem, Teil der Bundesrepublik Deutschland, immer unter dem Vorbehalt der Rechte der Kontrollmächte, was die Sicherheit angeht. Keine Wehrpflicht in Berlin, keine Bundeswehr dort, aber sonst ist das tatsächlich ein Teil der Bundesrepublik. Mir wird manchmal gesagt, Viermächteverhandlungen müßten doch bedeuten, daß auch irgendwann diese Mauer wieder verschwindet. Dann sage ich, das wäre sehr zu begrüßen, aber eine isolierte Lösung der Berliner Probleme ist noch weniger möglich als eine isolierte Lösung der deutschen Frage. Es geht nur anders herum. Wesentliche Veränderungen setzen eine neue europäische Landschaft voraus.

Das nationale Interesse an der Wiedervereinigung war in vierzig Jahren mal größer, mal geringer. Worauf ist das zurückzuführen?

Es hat am meisten damit zu tun gehabt, daß die deutsche Frage für parteipolitische Zwecke benutzt wurde. Wenn Sie heute mit mir reden oder mit verantwortlichen Leuten der CDU oder der FDP, werden Sie betreffs der europäischen Entwicklung ähnliche Antworten bekommen. Diese schließt aber nicht aus, daß es nicht wieder Situationen geben kann, in denen man versucht, die deutsche Frage hochzupuschen, wenn man sich davon einen wahlpolitischen oder anderen Vorteil verspricht. Aber ich glaube, die Wirkung solcher Propaganda ist nicht mehr sehr stark.

Günter Gaus

wurde 1929 in Braunschweig geboren. Er studierte an der Universität München Geschichte und Germanistik und arbeitete danach zunächst als politischer Redakteur an verschiedenen Zeitungen und fürs Fernsehen. 1965 wurde er zum Programmdirektor und stellvertretenden Intendanten des Südwestfunks gewählt. 1969 ging er als Chefredakteur zum *Spiegel*. 1973 ernannte ihn die Bundesregierung zum Staatssekretär. Er wurde im selben Jahr Ständiger Vertreter der Bundesrepublik Deutschland in der DDR (bis 1980). 1981 bestellte ihn Willy

Brandt zum deutschland- und außenpolitischen Berater der Internationalen Kommission beim SPD-Vorstand.

Was ist für Sie Deutschland?

Für mich ist Deutschland nach dem Zweiten Weltkrieg das, was in der Bundesrepublik Deutschland und der DDR staatliche Formen angenommen hat. Ich füge hinzu, daß auch die verlorenen Gebiete östlich der Oder und der Neiße mit ihrer damaligen Sprache, Kultur und ihrer Geschichte zu einem Deutschlandbegriff gehören, der nach meiner politischen Vorstellung, nach meinem politischen Willen keinerlei Revanchismus beinhalten kann, keinerlei Grenzveränderungen. . .

Also keine Gebietsfrage ist?

Überhaupt nicht. Es ist eine Identitätsfrage. Wer beispielsweise aus Ostpreußen oder aus Schlesien kommt, dem kann man nicht verwehren, daß er dies als Teil seiner persönlichen Identität, die dann auch eine deutsche Identität ist, ansieht. Das gehört nun mal zum Gepäck der Deutschen. Ich wiederhole ausdrücklich, nichts davon kann einen Ansatz bieten für eine Revision bestehender Grenzen. Nichts kann einen Ansatz bieten für eine Wiederherstellung des Deutschen Reiches in den Grenzen von 1937. Aber ich meine, daß gerade Leute wie ich es sich manchmal auch zu leicht gemacht haben, wenn sie, um nicht falsch verstanden zu werden, um nicht Beifall von der falschen Seite zu kriegen, das Faktum beiseite geschoben haben, daß in Königsberg Kant und nicht nur Kant gelebt hat und daß Breslau auch etwas mit Deutschland zu tun hatte.

Deutschland als Kulturnation – sie ist doch auch bezogen auf einen geographischen Begriff, geographisch definiert.

Kulturnation, ein Begriff, den ich nicht schätze, ist nicht staatlich verfaßt, er muß es jedenfalls nicht sein. Für mich steht der Begriff »Kulturnation« im Verdacht, daß er propagiert wird, um sich davor zu drücken, über die deutsche Frage, über das, was die nationale Frage politisch, staatlich bedeuten könnte, ernsthaft nachzudenken.

Wann sehen Sie denn die »deutsche Frage« als gelöst an?

Das weiß ich nicht. Ich halte dies für eine außergewöhnlich unintelligente Frage der bundesrepublikanischen Öffentlichkeit. Warum? Es ist eine typische Oberflächenfrage. Sie ist heute so überlagert vom Parteienstreit, daß ich sie aus diesem Grund für keine förderliche, intelligente Frage mehr halte. Weit hinter dieser parteipolitischen Oberfläche ist sicherlich die deutsche Frage offen. Käme es in Europa über die Zustände, die jetzt herrschen, zum Krieg, dann wäre sie endgültig tödlich beantwortet. Damit es nicht zum Krieg kommt, können Sie nur das Maß an Gesprächsbereitschaft, das seit 1969 zwischen West und Ost – mit Rückschlägen – hergestellt worden ist, weiterentwickeln. Wir haben in Europa jetzt vierzig Jahre Frieden. Man mag ihn schäbig oder glanzlos nennen, aber es ist ein Frieden. Und gerade die Älteren, die es wissen könnten, wenn sie nicht so vergeßlich wären, sollten stets im Bewußtsein haben, daß selbst ein solcher Frieden etwas Großartiges ist im Vergleich zu Nichtfrieden. Vierzig Jahre Frieden haben bewirkt, daß die Mehrheit in der Bundesrepublik Deutschland kein besonderes Interesse an der deutschen Frage nimmt. Allenfalls Menschenrechtsverletzungen, Grenzzwischenfälle, Transportprobleme oder Sonntagsredner können die deutsche Frage wieder für einige Zeit ins Bewußtsein heben. Aber sonst? Zwar ist das nationale Interesse bei Teilen der DDR-Bevölkerung stärker ausgeprägt als bei uns, doch wird man dort wohl kaum an ein Deutschland vor 1949 anknüpfen wollen. Dies also ist das Ergebnis von vierzig Jahren Frieden in Europa. Wenn dieser Frieden noch einmal vierzig Jahre hier herrscht, dann wird die deutsche Frage, wenn sie verstanden wird als grundlegende Veränderung des jetzigen staatlichen Zustandes in Mitteleuropa, nicht mehr existieren.

Bei jungen Leuten, gerade bei den jungen Linken, nehmen nationale Emotionen zu. Woher kommt das?

Es ist auch für mich eine wichtige Frage, und ich bemühe mich seit langem um eine Antwort; sie ist vielfältig.

Erstens, was unter Willy Brandt angefangen wurde im Blick auf den Ostblock und damit auch im Blick auf die DDR, hat zunächst einmal ein Öffentlichkeitsbewußtsein dafür hergestellt, daß an der Elbe noch nicht alles zu Ende ist: die Eröffnung von Ständigen Vertretungen, die Tatsache, daß da jetzt ein bundesrepublikanischer Staatsbeamter ziemlich häufig aus dem Außenministerium der DDR kommt und draußen westdeutsche Korrespondenten stehen und ihn fragen: Wie war der Protest, wann sind Sie mit den Verhandlungen fertig? Und das ist dann abends in der Tagesschau zu sehen. Dies alles hat ein konkretes westdeutsches Öffentlichkeitsbewußtsein von der DDR hergestellt, wie es vorher nicht existiert hat. Das ist ein Grund. Das ist aus ersten Anfängen Mitte der siebziger Jahre inzwischen erheblich weitergewachsen.

Zweitens, was es an gesamtdeutschen Gemeinsamkeiten noch gibt und was mittlerweile zugenommen hat, ist eine Sache sensibilisierter Minderheiten, unabhängig vom politischen System. Das gilt für die Friedensbewegung und für die Menschen, die sich zum Beispiel mit den Fragen der Energiegewinnung und der Umweltbelastung beschäftigen. Auf beiden Seiten der Elbe stimmen heute Minderheiten mit den amtlich vorgegebenen Antworten nicht mehr überein. Sie sind zwar weit weg von der deutschen Frage im engeren, im platten Sinne, sind aber über die Friedensfrage zu einer sehr konkreten Interessenübereinstimmung gekommen. Sie wird zum nationalen Anliegen: Laßt uns gemeinsam den Krieg verhindern, denn das erste Schlachtfeld in Europa wäre weder westdeutsch noch mitteldeutsch, sondern es wäre gesamtdeutsch.

Der dritte Grund stammt aus derselben Wurzel, es ist die Einsicht: So kann es in Europa nicht weitergehen. Diese Vorstellung wird auf der rechten Seite in einer mich bestürzenden Weise durch geschichtliche Rückgriffe auf alte Denkgewohnheiten verstärkt. Dazu gehört auch der sogenannte Historikerstreit, der auf der rechten Seite als angebliche historische Normalisierung und damit auch Relativierung des Dritten Reichs betrieben wird. Linke Intellektuelle machen dagegen Front, weil sie davon überzeugt sind, daß es Veränderungen in Europa geben muß, geben wird, ohne daß sie aus einem Rückfall in eben die herkömmlichen Denkgewohnheiten – Sieg über die feindliche Seite – sich entwickeln dürfen. Aus solchen Empfindungen, Erwägungen, ergeben sich dann – sozusagen im Vorlauf – die Überlegungen: Was ist denn überhaupt Europa, was ist mein Vaterland, was habe ich eigentlich für eine Identität, wodurch ist mein Kulturbewußtsein geprägt worden vor dem Einbruch amerikanischer Leitbilder? Hier liegt der Grund für einen gewissen Antiamerikanismus heutzutage; er entspringt der selbstkritischen Reflexion der eigenen Geschichte. Daraus entstand wiederum neues Interesse an der nationalen Frage bei einer vorwiegend jungen Minderheit. Wenn das zu einer emotionalen Mehrheitensache nach altem Muster wird, dann muß man sich allerdings um ein Visum bemühen für ein Land, in das man emigrieren kann.

Sie haben meine Frage projiziert sozusagen auf eine Emotionalisierung im nationalen, im BRD-DDR übergreifenden Sinne. Es gibt ja offensichtlich außerdem eine Emotionalisierung im Sinne eines BRD-Patriotismus. Nationalgefühl ist ja nichts, was man bei der Geburt mitbekommt, es entwickelt sich in einem Erziehungs- oder Propagandaprozeß von oben nach unten. Gegen ein »normales«, nicht aggressives Nationalgefühl ist wenig einzuwenden. Aber haben wir es nach 1848 jemals entwickelt?

Ich bin der Meinung, daß wir Deutschen die europäische Normalität zweimal verfehlt haben, das erste Mal mit der fürchterlichen, schauerlichen Zuspitzung des Nationalismus, die eine wesentliche Beigabe des Nationalsozialismus war: rassistischer Nationalismus. Für nachdenkliche Deutsche meines Alters, die Geburtsjahrgänge um 1930, die den Krieg noch bewußt wahrgenommen haben, ohne von ihm geprägt zu sein, und die in der Nachkriegszeit ihr politisches Bewußtsein voll entwikkelten (ich habe das einmal, vor Kanzler Kohl, die »Gnade der späten Geburt« genannt) – für solche nachdenklichen Deutsche bleibt wohl auf Dauer die nationale

Frage stets ein Anlaß zu Mißtrauen oder Skepsis. Damit, mit solchen im Grunde noblen Motiven, hat es zu tun, daß nach 1945 eine Minderheit, die sich mit solchen Fragen beschäftigte, die Normalität noch einmal verfehlte. Wir waren so betroffen von deutscher Schuld, daß uns der Weg zu einer ganz normalen Haltung des »Ich bin Deutscher«, wie andere Europäer sie gegenüber ihrer Nationalität einnehmen, versperrt war. Die Mehrheit im Land hatte, sehr verständlich im Wiederaufbau, andere Sorgen. Politisch stand sie endlich auf der richtigen, der stärksten Seite der geteilten Welt, die mit ihrem Antikommunismus auch noch eine altvertraute Gesinnung herzerwärmend zur bundesrepublikanischen Staatsgesinnung werden ließ. Fragen der nationalen Identität traten dahinter mehr als drei Jahrzehnte, bis in die achtziger Jahre hinein, so gut wie vollständig zurück – und so haben wir alle zusammen in Westdeutschland ein zweites Mal die Normalität Europas, die nationale Kategorien kennt, verfehlt. Das war für unsere neuen großen Freunde wunderbar, wir waren außergewöhnlich pflegeleicht, und da wir sie vorher in unserer Anomalie so entsetzlich erschreckt hatten, hielten sie die neue Anomalie gern für das Normale. Als dann aus Gründen, die wir schon berührt haben, plötzlich in der Bundesrepublik eine Diskussion über nationale Identität einsetzte, da spielten manche Medien in Frankreich, Italien, England und in den USA verrückt. Sie erkannten nicht, daß es sich um eine Annäherung an europäische Normalität handelte. Nun aber kommen von rechts her in genau diese Entwicklung einer Normalität Tendenzen der »Normalisierung« im schrecklichen Sinne der jüngsten deutschen Geschichte. Wenn ich sehe, daß diese Minderheitensache nun eine *rechte* Minderheitensache wird mit der Möglichkeit, daraus wieder eine Mehrheitensache zu machen, dann sehe ich in dem Versuch, der Bundesrepublik Deutschland einen neuen Patriotismus einzuimpfen, die Gefahr, daß eine Lawine losgetreten wird.

Folgendes Problem: Die Bemühungen sind zweifellos groß, und Sie haben ein erhebliches Verdienst daran, die Beziehungen zwischen der DDR und der Bundesrepublik

Deutschland mit Wirtschaftsabkommen, Kulturabkommen und so weiter in mehr oder weniger normale Bahnen zu lenken. Wenn man die DDR dazu bringen kann, auf Kompromisse einzugehen, ideologisch fundierte Positionen gegenüber der Bundesrepublik zurückzunehmen, setzt das nicht voraus, daß sie der Stabilität ihres Systems sicher ist? Das hieße, daß jede Maßnahme, die in die Richtung geht, die Grenze durchlässig zu machen, zugleich die Grenze verfestigt?

Natürlich. Doch da es nun einmal auf beiden Seiten der Elbe jene Minderheiten gibt, die den von Staats wegen verordneten Antworten nicht mehr trauen, ist zu hoffen, daß die SED lernfähig genug ist, ihrer Minderheit, die da gegen den Stachel löckt, im Rahmen auch eines stabilisierten Systems einen Auslauf zu lassen. Dies genau ist nach meiner Ansicht, nach meiner Erfahrung das Bemühen der evangelischen Kirche in der DDR, eine halbwegs verläßliche Verabredung mit der SED herbeizuführen, wieweit im Rahmen des Systems eine partielle Öffentlichkeit von abweichenden Meinungen hergestellt werden kann. Wenn das gelingt, gibt es allerdings weniger gesamtdeutsche Identität. Aber die Zeichen für solche – den Frieden sichernde – Vernunft stehen nicht gut.

Wenn das so ist, wie läßt sich dann unser nationales Interesse inhaltlich definieren?

Es gibt ein nationales Interesse der Deutschen, daß der Friede selbst in der schäbigen Form von heute in Europa erhalten bleibt. Das ist Nummer eins. Dann sollten die Menschen in der DDR und bei uns begreifen, daß sie füreinander ein anderes Interesse besitzen als beispielsweise für die Menschen in Portugal. Das Bewußtsein von einer gemeinsamen Sprache und Kultur, von einer Geschichte, die bei aller Regionalprägung in der Vergangenheit doch eine deutsche genannt werden kann, ist ein verbindendes Moment, das auch durch Staatsgrenzen nicht aufgelöst werden kann. Für mich persönlich ist es durch meine Arbeit ein Bedürfnis geworden, von der Entwicklung der Menschen in der DDR nicht gänzlich abgenabelt zu werden. Als ich von Willy Brandt seinerzeit gefragt wurde, ob ich die Ständige Vertretung in der DDR eröffnen wolle, habe ich ja gesagt, weil mich das interessierte, weil es vorher keiner gemacht hatte. Das hatte für mich zunächst mit der deutschen Frage als Identitätsfrage wenig zu tun. Ich hatte praktische Arbeit zu leisten. Ich habe dort dann über sechs Jahre gelebt, gearbeitet und erfahren, was Mitteldeutschland für mich bedeutet. Weimar und Leipzig, das ist unsere gemeinsame Vergangenheit, und daraus entsteht auch eine gemeinsame Gegenwart, und es liegt an uns, daraus eine gemeinsame Zukunft zu entwickeln. Meine Zeit in Mitteldeutschland, in der DDR, hat in mir ein bis dahin gänzlich unbekanntes, jeder Art von Bedürfnis nach Einheitsstaat weitentferntes Verwandtschaftsgefühl wachwerden lassen.

Walther Leisler Kiep

wurde 1926 in Hamburg geboren. Abitur 1943 in Frankfurt a. M. Es folgten Arbeits- und Wehrdienst bis 1945, er wurde 1943 Kapitänleutnant zur See der Reserve. Nach dem Krieg studierte er Geschichte und Volkswirtschaft und arbeitete danach bei einer Versicherungsgesellschaft. Der CDU gehört er seit 1961 an, 1965 wurde er Mitglied des Bundestages. Seit 1969 konzentriert sich seine Arbeit im Parlament auf die Außenpolitik und Fragen der Entwicklungshilfe. Im Frühjahr 1971 wurde er Schatzmeister der Bundespartei, in dieser Funktion auch Mitglied des Bundespräsidiums der CDU. In der Auseinandersetzung um die Ostpolitik sprach er sich 1972 für ein Ja der CDU zum Grundvertrag aus. Bei der Abstimmung über die Polenverträge 1976 gehörte er zu den fünfzehn Unionsabgeordneten, die im Bundestag mit Ja stimmten.

Was ist für Sie Deutschland?

Zunächst möchte ich sagen, daß ich die deutsche Frage als gelöst ansähe, wenn die Deutschen in den beiden Teilen, bei uns ist es geschehen, in freier und geheimer Wahl, also auch im anderen Teil Deutschlands, bestimmen könnten, in welchem Staat, in welcher Beziehung zu

Europa und unter welcher Verfassung und Gesellschaftsordnung sie leben wollen.

Das würde auch gelten, rein theoretisch gefragt, wenn sich die Bevölkerung der DDR für die jetzt gegebenen Verhältnisse entschiede?

Ich kann mir vorstellen, daß die Menschen in der DDR sich in einer solchen Wahl nicht in allen Punkten für den Status quo der Bundesrepublik entscheiden würden. Aber ich kann mir nicht vorstellen, daß sie sich für eine Ordnung entscheiden würden, die nicht vollständige Freizügigkeit garantiert. Doch nehmen wir einmal an, die Wirtschaftsordnung, in der die Verstaatlichung der Produktionsmittel festgeschrieben würde, wäre das Ergebnis freier Wahlen, zugleich aber verbunden mit der vollständigen Freizügigkeit, dann wäre das für mich auch eine Erfüllung unserer Bemühungen, die deutsche Frage zu lösen. Ich bin der Meinung, daß die Herstellung eines deutschen Nationalstaates ein Ergebnis der Wiedervereinigung – oder sollte man sagen: Neu-Vereinigung? – sein kann, aber nicht sein muß.

Ist im gegenwärtigen staatlichen Zustand eine Dynamik vorhanden, eben diesen Zustand zu ändern?

Ich würde den gegenwärtigen Zustand – Teilung, Grenzen, Kontrollen, alles, was dazu gehört – nicht als dynamisch bezeichnen. Ich sehe darin, um ein Bild zu gebrauchen, einen Staudamm, der errichtet worden ist, um eine steigende Flut unter Kontrolle zu halten. Dadurch, daß die Flut steigt, daß die Probleme, über die wir sprechen, virulent bleiben trotz vieler materieller Veränderungen, trotz Verbesserungen in der DDR, trotz einer größeren Freizügigkeit, hat sich der Druck der Öffentlichkeit in der DDR für eine wirkliche Freizügigkeit nicht wesentlich verändert.

Im Gegenteil.

So ist es. Ich sehe zwei Kräfte: eine gerichtet auf Erhaltung dessen, was ich Staumauer genannt habe, und eine erhebliche dynamische Kraft, gerichtet auf Veränderungen.

Das ist der Zustand in der DDR. Und bei uns?

Das ist schwieriger zu beantworten. Man muß unterscheiden zwischen dem, was Politiker sagen und wollen, und dem, was die Meinung der Menschen im Lande ist. Es gibt aber einen gemeinsamen Nenner: die Überzeugung, daß der Zustand der Teilung etwas Unnatürliches ist. Der eine denkt an einen neuen Nationalstaat, der andere nur an Selbstbestimmung, aber es gibt, glaube ich, wenig Menschen, die den gegebenen Zustand als befriedigend empfinden. Das sind diffuse Meinungsbilder, die aber doch in dem Wunsch übereinstimmen, daß diese deutsch-deutsche Grenze geöffnet wird. Fragt man aber weiter, dann stellt sich leider heraus, daß doch nur eine Minderheit bei uns eine klare Vorstellung davon hat, was die DDR, von innen betrachtet, wirklich darstellt. Ich begegne Menschen, die Abitur haben und sich darüber wundern, daß ich in die DDR fahre. Es gibt da die groteske Vorstellung, man werde verhaftet.

Ist da nicht eine Grundangst wirksam, die sehr viel zu tun hat mit dem russischen Feindbild, das über Jahrhunderte tradiert ist?

Zweifellos, aber es kommt zum Beispiel hinzu, daß die Grenzübergangsanlagen, die von der DDR eingerichtet worden sind, einen glauben lassen, sie seien von Antikommunisten geschaffen worden. Das müßte nicht so aussehen, um denselben Zweck zu erfüllen.

Ich habe mit Erstaunen ein CDU-Wahlplakat gesehen, dessen Text lautete: »Weiter so, Deutschland«. Was haben sich die Verfasser dabei gedacht? Meint Deutschland den Gesamtstaat, dann ist die Formel einfach falsch, denn die operative Politik ist nicht auf Wiedervereinigung, sondern auf Konsolidierung und Ausbau unserer internationalen Position gerichtet. Ist aber mit Deutschland die Bundesrepublik gemeint, dann ist das Plakat eine glatte Absage an die Verpflichtung zur Wiedervereinigung.

Wahlplakate können nichts anderes sein als Motivationssignale. Das sind verkürzte Aufschreie, mehr nicht. Der Text »Weiter so, Deutschland« bedeutet eine Aufforderung, an der Politik festzuhalten, die seit 1983 gemacht wird. Sie verstehen ohne weiteres, daß nicht geschrieben werden konnte: Weiter so, Bundesrepublik

Deutschland. Das geht nicht auf einem Plakat. Wenn Sie sagen, das Plakat bedeute, am gegenwärtigen Zustand festzuhalten, dann muß ich sagen, daß die Politik, die in Bonn auch bezüglich der deutschen Frage gemacht wird, die einzige ist, die unter den gegebenen Bedingungen und zur Erhaltung des Friedens gemacht werden kann. Was für den Prozeß der Entspannung getan werden kann, wird getan, und das tangiert selbstverständlich die deutsche Frage im ganzen. Die Bundesrepublik setzt ihr Gewicht, das ja nicht unerheblich ist, weder militärisch noch wirtschaftlich zur Verbesserung des Klimas in Europa ein. Daß da noch mehr geschehen könnte, gebe ich zu hinsichtlich der Beeinflussung der amerikanischen Politik. Was die Bundesrepublik außerdem tun kann und tut, ist, auf Grund der vorgefundenen und zu erfüllenden Verträge die Beziehung zur DDR weiterzuentwickeln. Entspannung ist die einzig mögliche Form deutscher Politik unter den gegenwärtigen Verhältnissen. Was jetzt gemacht wird und was eine SPD-Regierung kaum anders machen könnte, ist der Versuch der Offenhaltung der deutschen Frage in der Erkenntnis, daß mehr nicht geleistet werden kann, als die Kontakte zwischen den beiden Staaten, das Maß der Freizügigkeit zu verbessern. Das eben heißt: Weiter so! Offenhaltung für den Tag, an dem die deutsche Frage auf der Tagesordnung der Welt stehen wird!

Sind Verbesserungen auf allen Gebieten im deutsch-deutschen Verhältnis nicht um so leichter zu erreichen, je selbstbewußter das Regime der DDR ist, worin man einen umgekehrten Prozeß sehen müßte, daß jede Verbesserung ein Beitrag zur Konsolidierung der DDR auch gegenüber dem Westen ist, also Tendenzen zur Wiedervereinigung widerspricht?

Ich erinnere mich an einen Ausspruch von Herbert Wehner, wir hätten ein vitales Interesse daran, die DDR zu stabilisieren und nicht zu destabilisieren. Selbstverständlich fördert die Politik der Entspannung die Stabilität der Regierung drüben. Insofern könnte diese Politik attackiert werden, und das geschieht ja auch immer wieder. Die Aufrechterhaltung der Teilung ist die Staatsraison der DDR. Das ist in Kauf zu nehmen, und wir haben uns anzusehen, welche Veränderungen diese Politik, die etwa seit 1969 gemacht wird, im Ostblock im ganzen, in der DDR im besondern bewirkt hat. Die Regierung Honecker von heute ist ja nicht vergleichbar mit der seiner Vorgänger vor zehn oder zwanzig Jahren. Wir können zugestehen, daß einerseits etwas geschieht, was stabilisiert, andererseits aber die Stabilisierung die Voraussetzung von Veränderungen ist, die wir begrüßen. Gorbatschows neue Politik, deren Erfolg wir wünschen, birgt selbstverständlich auch Risiken des Scheiterns durch Destabilisierung der Systeme, wie des der DDR, was zum Eingreifen der Kräfte gegen Reformer führen kann, die unter der Flagge: »Rettet die Errungenschaften des Sozialismus« zum Sturz Gorbatschows und zur Rückkehr zur Diktatur aufrufen könnten! Das Gefühl für die Zusammengehörigkeit in einer Nation mit gleichem kulturellem Herkommen hat durch die unvermeidliche Stabilisierung des DDR-Regimes nicht gelitten, sondern ist stärker geworden. Die DDR ist von ihrer früheren Behauptung weggekommen, sie stelle eine neue deutsche sozialistische Nation dar. Da sind erstaunliche Dinge in Bewegung gekommen. Ich warte mit Spannung auf die Bismarck-Biographie, zweiter Teil, und ich habe mir angesehen, wie die DDR-Geschichtsschreibung sogar eine Persönlichkeit wie August den Starken von Sachsen für sich in Anspruch nimmt. Mit dem Programm einer sozialistischen Nation ist man in der DDR gescheitert und sucht die Nation in der gemeinsamen Geschichte, wobei der Bundesrepublik gerne in einer »Arbeitsteilung« das Dritte Reich überlassen wird.

Nationalisierung des Kommunismus wie durch Stalin, durch Tito?

Die konnten das machen in ihren Staaten, aber die DDR ist ein Teilstaat, da fehlt die tradierte nationale Grundlage. Ein Einschwenken auf die Anerkennung einer deutschen Nation berührt die Staatsraison der Teilung.

In der DDR. Auch bei uns? Unser Bundespräsident propagiert auf geschickte Weise eine Erneuerung eines, wie er sagt, vernünftigen Nationalgefühls. Entstünde es, worauf wäre es bezogen – auf ein nicht existierendes Bismarck-Reich oder auf die BRD, wie sie ist? Und hat es jemals in unserer kurzen Nationalgeschichte nach 1848 ein nichtaggressives Nationalgefühl gegeben? Oder anders gefragt: Glauben Sie, daß mit unserem Volk etwas geschehen ist, das ausschließt, daß im Zuge des Versuchs einer emotionalen Nationalisierung ein Rücksturz in frühere Verhaltensweisen stattfindet?

Ich meine, daß ein solcher Rücksturz kaum vorstellbar ist. Dazu hat unendlich viel beigetragen: natürlich die NS-Vergangenheit, der Kriegsverlauf, der Zusammenbruch, die Verbrechen. Es ist in unserer Geschichte ja nicht so wie in einem Konkursverfahren, da setzen sich Schuldner und Gläubiger zusammen, es kommt zu einer Vereinbarung, und die Sache ist erledigt. So geht das im historischen Kontext nicht. Die Dinge wirken weiter und prägen Bewußtsein. Was übriggeblieben ist, ist nicht das Gefühl kollektiver Schuld, sondern eine erhöhte Sensibilität für gefährliche Entwicklungen aufgrund nationalistischer Übertreibungen oder aufgrund falscher Anbindungen an die NS-Vergangenheit. Denken Sie nur an die überwältigende Reaktion auf Bitburg und an die Reaktion, welche die Rede Weizsäckers zum 8. Mai 1985 gefunden hat. Das ist doch ein Beweis dafür, daß man sich als Politiker nur Mühe geben muß, die richtigen Worte zu finden, und man damit freilegt, daß es eine Verantwortung vor der Geschichte und für die Geschichte gibt. In beiden Fällen ist ein Bild der Öffentlichkeit sichtbar geworden, das für unsere Nachbarn beruhigend sein müßte und es doch wohl auch zumeist ist. Ich sage nicht: überall und auf jeden Fall.

Was immer für Wiedervereinigung geschieht, hat es nicht nur mit der Sowjetunion und ihrer Haltung, ihren Interessen gegenüber einem Gesamtdeutschland zu tun, sondern auch mit unseren westlichen Nachbarn? Ist es ein Irrtum anzunehmen, daß eigentlich alle mit dem bestehenden Zustand zufrieden sind?

Wenn sie zufrieden sind, so deshalb, weil sie das Wiedererstehen eines deutschen Nationalstaates von 76 Millionen Deutschen vor Augen haben, die eine Wirtschaftsmacht repräsentierten, die noch viel größer wäre als die derzeitige der Bundesrepublik. Wenn sie aber erkennen, daß die Teilung Deutschlands nur Symbol für die Teilung Europas ist und diese nur überwunden werden kann, wenn auch die Teilung Deutschlands überwunden wird, dann sieht sogar ein Franzose die deutsche Frage in einem anderen Licht.

Sehen Sie Ansatzpunkte für eine operative Politik, die man eine gesamteuropäische nennen dürfte und die natürlich etwas ganz anderes zu sein hätte als eine Fortentwicklung der EG?

Die verfassungsrechtliche Motivation für unser Streben nach Wiedervereinigung ist wenig geeignet, bei unseren Nachbarn Vorbehalte gegen ein Gesamtdeutschland abzubauen. Aber ich mache die Erfahrung in England und in Frankreich – die Amerikaner sind von dem ganzen Komplex wirklich sehr weit weg –, daß mit dem Argument des Selbstbestimmungsrechts, das ja keineswegs nur für uns von Bedeutung ist, und mit dem Hinweis auf den Zusammenhang des deutschen Problems mit dem europäischen Wirkungen zu erzielen sind. Wir haben klarzumachen, daß wir nicht restaurative Ziele anstreben, sondern eine nach vorne gerichtete Politik verfolgen wollen.

Ist nicht die Existenz Berlins in seiner heutigen Existenzform ein starkes Hemmnis, in der »deutschen Frage« zu irgendwelchen konstruktiven Lösungen zu gelangen?

Gar kein Zweifel, daß Berlin, von welcher Seite aus man die Stadt betrachtet, ein ständiges Problem in der deutschen wie in der Weltpolitik bildet. Zugleich aber ist Berlin in seinem Status der einzige völkerrechtliche Anknüpfungspunkt für unseren Wunsch nach Selbstbestimmung. Würde Berlin in seiner Rolle relativiert, so zögen wir daraus vielleicht Vorteile für die gegenseitigen Beziehungen zwischen den beiden Staaten, zugleich aber würden wir etwas tun, was die offene deutsche Frage weniger offen machen würde. Daß die Vorbehaltsrechte in den nachfolgenden Verträgen ganz ausdrücklich unberührt geblieben sind, bedeutet nicht, daß wir sie beim Amtsgericht der Weltgeschichte registrieren lassen können, uns zurücklehnen dürfen und sagen, das war es nun. Es ist vielmehr dieser völkerrechtlich relevante Teil der Nachkriegsregelung, der in den Vorbehaltsrechten seinen Ausdruck gefunden hat, die Verpflichtung, eine De-jure-Politik mit einer De-facto-Politik zu verbinden. Wir müssen an diesem Berlinstatus festhalten. Wir sind im Viermächteabkommen schon weit gegangen. Ich glaube nicht, daß wir noch sehr viel Spielraum bezüglich völkerrechtlicher Konzessionen haben; wir stehen, völkerrechtlich gesehen, im Ost-West-Dialog schon ziemlich entkleidet da und können weiter nichts mehr ablegen ... Dynamik in Berlin ist nur denkbar, wenn auch die DDR sich bereit findet, einmal eine Realität zu akzeptieren, die für uns unverzichtbar ist, die Zusammengehörigkeit West-Berlins und der Bundesrepublik Deutschland.

Zum Beispiel in der Frage der Staatsbürgerschaft ...

Nein, auch da nicht, wobei zu beachten ist, daß keinem Bürger, der Staatsbürger der DDR sein und bleiben will, zugemutet wird, die Staatsbürgerschaft der Bundesrepublik anzunehmen, wenn er sich auf deren Gebiet befindet und nicht ausdrücklich wünscht, ihr Bürger zu werden. Über die Frage der Elbgrenze kann verhandelt werden. Im ganzen aber war für mich das Viermächteabkommen bereits ein Drahtseilakt ohne Netz, und wir haben allen Grund, die Alliierten bei der Stange zu halten.

Stichwort »Wellenbewegung«. Sind Sie der Ansicht, daß die Frage der Wiedervereinigung in der Innenpolitik der Bundesrepublik und in der öffentlichen Meinung mal eine größere, mal eine geringere Rolle spielt, und worauf würden Sie, falls Sie solche Schwankungen beobachtet haben, sie zurückführen?

Ich kann nicht sagen, daß in unserer Politik oder daß in meinen politischen Auffassungen und Aktivitäten die Frage der Wiedervereinigung jemals in den Hintergrund getreten wäre. Was die öffentliche Meinung angeht, so hat beispielsweise der Berliner Mauerbau ganz erheblich dazu beigetragen, den Zustand der Teilung dringlich bewußt zu machen, und das heißt zugleich, in die Frage der Wiedervereinigung emotionale Faktoren einfließen zu lassen. Natürlich erinnere ich mich, daß die Frage der Wiedervereinigung in den ersten Jahren der Bundesrepublik emotional eine ganz große Rolle gespielt hat, weil damals noch das Problem der Westintegration, also Schumacher contra Adenauer, und der Wiederaufrüstung zur Diskussion stand.

Noch mal zu den Vorbehaltsrechten, ausdrücklich bezogen auf Berlin. Läßt sich erkennen, daß die Alliierten, hier nun also vor allem die westlichen, zu Konzessionen neigen?

Nein, mein Eindruck ist genau gegenteilig. Ich habe den Eindruck, es besteht gerade darin große Übereinstimmung, daß es keinen Spielraum für irgendwelche Minderungen dieser Rechte gibt.

Lassen Sie mich noch die Frage ansprechen, ob es zutrifft, daß unter jungen Menschen nationale Ideen wieder an Zugkraft gewinnen, und wenn ja, worauf ist es zurückzuführen?

In dem Umfang, in dem die deutsche Teilung zu einer Frage der Vorenthaltung des Selbstbestimmungsrechts für die Deutschen in der DDR geworden ist, ist die deutsche Frage auch ein Thema für alle diejenigen geworden, die in der Teilung eine Folge des Zweiten Weltkriegs sehen und die Abschaffung einer deutschen Großmacht begrüßt haben. Ein neunzehnjähriger Linker, der politisch denkt und aktiv ist, kann an der Frage gar nicht vorbeigehen, daß die Zustände in der DDR von ihm nicht als gottgegeben hingenommen werden können. Eine Politik, die nicht auf nationalstaatlichen Gleisen sich bewegt, sondern den Helsinki-Gedanken anpeilt, und das ist ja gerade bei jungen Menschen zunehmend zu beobachten, kommt auf diesem Umweg dann eben doch zu einem neuen Verständnis für die deutsche Frage als ein Problem der ganzen Nation. Es kommt hinzu, daß die Frage der Friedenssicherung in den letzten Jahren immer mehr in den Vordergrund gerückt ist, gerade für junge Menschen – und diese sich deshalb sagen müssen, daß ein Zustand, der nicht als endgültig angesehen werden kann, die Sicherung des Friedens negativ tangiert. Allerdings sollten wir nicht die Illusion haben, daß diese engagierten jungen Menschen bei uns in ihrer Haltung und in ihrem Protest etwa unsere Deutschlandpolitik mehrheitlich bejahen.

Was Sie hier andeuten, spielte in der eigentlichen Nachkriegszeit eine erhebliche Rolle: die Teilung gefährde den Frieden. Aber wir haben nun vierzig Jahre Frieden in Europa; das Argument Friedensgefährdung durch die Teilung hat ohne Zweifel an Überzeugungskraft verloren.

Das will ich nicht bestreiten. Es wird hier noch etwas anderes wirksam: Von einer linken Position aus, ich habe sie zum Beispiel von Günter Grass gehört, ist die Bundesrepublik, gesellschaftspolitisch gesehen, so etwas wie die Restauration der Verhältnisse von 1914. Dieser Geburtsfehler, diese falsche Weichenstellung von 1949, läßt sich mit den politischen Kräften, die in der Bundesrepublik zum Zuge kommen, einschließlich der SPD, nicht mehr beheben. Wer ihn beheben will, muß andere Wege gehen, und das heißt, die DDR in ein wiedervereinigtes Deutschland einzubringen und ihr Gesellschaftssystem zur Gesellschaftsordnung eines neuen Deutschland mit Freiheit zu machen. Dies ist ein starkes Argument für junge Linke, sich für eine Wiedervereinigung zu engagieren, die dann freilich anders aussehen würde als eine Ausbreitung der Bundesrepublik bis nach Frankfurt an der Oder.

Hans-Ulrich Klose

1937 in Breslau geboren, besuchte nach dem Abitur die High School Clinton, Iowa, USA, und legte in Hamburg das erste und zweite Staatsexamen in Jura ab. Er ist Staatsanwalt, Regierungsdirektor, Vorstand der Gemeinnützigen Siedlungs-Aktiengesellschaft Hamburg (SAGA) und Mitglied der ÖTV. Hans-Ulrich Klose ist seit 1964 Mitglied der SPD, seit 1970 Mitglied der Bürgerschaft und stellvertretender Fraktionsvorsitzender, seit 1972 Fraktionsvorsitzender. 1973 wurde er zum Innensenator ernannt und war von 1974 bis 1981 Erster

Bürgermeister der Freien und Hansestadt Hamburg. Er ist Mitglied im Geschäftsführenden Landesvorstand der SPD Hamburg und seit 1983 Mitglied des Bundestages, heute Schatzmeister der SPD.

Was ist für Sie Deutschland?

Ich antworte ganz persönlich. Mit meiner Tochter, damals 25, habe ich vor drei Jahren eine Reise in die Vergangenheit gemacht. Ich bin mit ihr zehn Tage im Auto durch die DDR nach Posen, Warschau, Auschwitz, Breslau, Krakau, Prag gefahren. Ich wollte, daß sie durch Mitteleuropa, den Osten fährt, kennenlernt, woher ihr Vater kommt.

Sie kommen aus ...

Breslau. Für mich war es eine merkwürdige Reise und für sie ein Erlebnis, weil sie einen Eindruck bekam, was Mitteleuropa einmal war. Die Erfahrung, daß es von Hamburg nach Warschau geringfügig weiter ist als von Hamburg nach München, daß man in Krakau an der Kreuzung steht und liest: Nach Budapest 642 Kilometer, daraus bildeten sich bei ihr neue Vorstellungen von einer Welt, die einmal zusammengehörte. Als wir dann in Prag waren, hab' ich sie gefragt, ob sie sich vorstellen könnte, daß dies einst die Hauptstadt des Heiligen Römischen Reiches gewesen ist. Das konnte sie nicht. Dann habe ich gefragt: »Ist es für dich wichtig, das zu wissen?« Sie sagte: »Nein, eigentlich nicht.« Für sie sei es wichtig, daß das Verhältnis all dieser Länder untereinander und vor allem zwischen der Bundesrepublik und der DDR so sei wie zwischen der Bundesrepublik und Dänemark. Das wäre für sie die Lösung der Probleme. Und das wäre sie auch für mich. Das ist nicht ganz die offizielle Ansicht.

Die Frage, wie Sie nationales Interesse definieren, ist zum Teil mit dem beantwortet, was Sie gesagt haben. Aber was ist eigentlich nationales Interesse, konkret?

Ich kann mit dem Begriff wenig anfangen. Deutsches Interesse ist europäisches Interesse. Ich weiß, daß es eine deutsche Nation gibt, aber ich habe emotional Schwierigkeiten, damit umzugehen.

Nationales Interesse in der operativen Politik?

Ich wünschte mir, daß sowohl die Bundesrepublik Deutschland wie auch die DDR normale europäische Länder werden. Sie sollen sich nicht immer in einer Situation fühlen, die geändert werden sollte. Ich kann mir zwar vorstellen, daß auch ein vereintes Deutschland eine Chance zur Normalität hätte, aber meine große Angst ist, daß alle Prozesse in dieser Richtung den exzeptionellen Charakter der Deutschen wieder verstärken könnten, und davor habe ich Angst. Ich fange schon an, mich innerlich etwas zu verkrampfen, wenn zum Beispiel in einem SPD-Papier aus gutem Grund, ich akzeptier' das auch, von der besonderen Verantwortungsgemeinschaft der Deutschen die Rede ist. Ich weiß, es ist vernünftig, aber irgendwo berührt es mich unangenehm, daß in der gegebenen Situation die Deutschen im Verhältnis zu anderen wieder eine besondere Rolle spielen sollen.

Aber sind wir nicht de facto in einer besonderen Situation?

Ja. Nicht so sehr durch die Teilung, sondern deshalb, weil wir darüber hinaus an der Nahtstelle zwischen zwei ideologisch konträren Bündnissen sind.

Wenn also diese beiden Großmächte sich zu einem besseren Nebeneinander durchringen könnten, wäre das Ihrer Meinung nach die Voraussetzung zu einer Normalisierung beider deutscher Staaten?

Realistisch betrachtet, wäre das die Voraussetzung. Ich glaube, daß die Sowjets eine Zeitlang die Hoffnung hatten, sie könnten sich mit den Amerikanern im Grundsatz über eine gemeinsame Zukunftsgestaltung einigen. Nach meiner Einschätzung haben sie diese Hoffnung nicht mehr. Seitdem taucht bei ihnen die Formel von dem gemeinsamen europäischen Haus auf. Sie setzen, weil sie das Arrangement mit den Amerikanern für nicht wahrscheinlich halten, stark auf Europa, insbesondere Westeuropa, lassen allerdings die Frage, was dann in Osteuropa geschieht, offen. Interessant ist in diesem Zusammenhang, daß sie den kritischen Begriff von Mitteleuropa nun auch schon verwendet haben und er von den osteuropäischen Ländern aufgegriffen wird. Sogar in

Gesprächen mit DDR-Funktionären taucht dieser Begriff auf. Aber ich glaube, darauf wollte ich hinaus, selbst wenn die beiden Großen sich nicht einigen, ist da etwas in Gang gekommen, von dem wir noch nicht wissen, wohin es führen kann.

Normalisierung dadurch, daß wir deutsche Interessen nach Moskau verlagern?

Das wiederum glaube ich nicht, weil es auf absehbare Sicht nicht im Interesse der Sowjets läge. Ein hoher Sowjetfunktionär hat kürzlich eine interessante Antwort auf eine Journalistenfrage gegeben, die lautete, daß den Sowjets die Bundesrepublik in der Nato viel lieber sei als die Bundesrepublik außerhalb der Nato. Weil diese damit viel berechenbarer sei.

Er hält die Nato für berechenbar?

Gut, da sind eine Menge Unterstellungen darin, aber die Antwort hat mir sofort eingeleuchtet. Es war keine Antwort, die ihm so durchgerutscht ist. Was ich mir vorstelle, ist aber nur realistisch und plausibel, wenn ein wesentlicher Teil von Gorbatschows Reformversuchen greift. Sie müssen zu einer anderen Beurteilung des Faktors Mensch führen. Was er anstrebt, reicht sehr viel weiter, als viele Kommentatoren sich das hier meines Erachtens vorstellen. Der entscheidende Punkt ist: Gewinnt er die Menschen, und gewinnt er insbesondere die Intelligenz? Er hat Sacharow nicht freigelassen unter dem Druck des Westens, sondern weil er mit dieser Aktion Zustimmung bei der Intelligenz fand.

Wobei die Rolle der Intelligenz in Rußland immer größer war als in jedem anderen Land, auch jetzt noch. Das nur nebenbei.

Wenn man die »deutsche Frage« auf die deutsche Teilung, die Oder-Neiße-Linie, den Berlinstatus und die Vorbehaltsrechte der Alliierten reduziert, läßt sich dann sagen, in einem dieser Punkte seien im Sinne westdeutscher Interessen Verbesserungen erzielt worden?

Ich finde, es hat zwei wichtige Veränderungen gegeben. Die erste durch die Vertragspolitik von Brandt, die zwar die rechtlichen Grundlagen und Vorbehalte der Alliierten nicht berührte, aber faktisch haben diese Verträge viel verändert, weil diese Verträge heute für Deutschland insgesamt eine wichtigere Rechtsgrundlage sind als die internationalen Abmachungen früherer Jahre. Die zweite Veränderung ist meines Erachtens das Helsinki-Abkommen, das viel mehr bewirkt hat, als man sich oft klarmacht. Ohne Helsinki wäre das, was es heute an Kontakten, an Austausch, an Kommunikation gibt, gar nicht denkbar. Ich schätze das sehr hoch ein. Das geht ja bis dahin, daß sich die Sowjets einlassen auf eine Diskussion über Menschenrechte.

Das war noch vor Gorbatschow.

Ja, sie haben schon früher angefangen, aber heute ist es unübersehbar. Andererseits gibt es natürlich eine hohe Empfindlichkeit, was die juristischen Grundlagen von Berlin betrifft. Wenn man sie in Frage stellen wollte ... seien wir doch froh, daß das so ist, wie es ist!

Haben Sie sich mal Gedanken darüber gemacht, warum im Potsdamer Abkommen auf den Friedensvertrag abgehoben wurde?

Auch Siegermächte wollen in Übereinstimmung mit dem Recht handeln. Das Völkerrecht sieht nun mal vor, daß nach einem Krieg die völkerrechtlich wirksamen Abmachungen Sache eines Friedensvertrages sind. Und ich vermute, daß das gerade für die Sowjets eine Rolle gespielt hat, die zwar einige völkerrechtliche Interpretationen haben, aber immer sehr rechtstreu sind.

Sie nehmen nicht an, daß es was damit zu tun hatte, daß sie den Deutschen die Bedingungen des Abkommens nicht so knallhart zumuten, sondern diese Hintertür offenlassen wollten?

An eine Hintertür im Interesse der Deutschen glaube ich nicht. Sie wußten, daß sie durchsetzen würden, was sie wollten.

Im Moment erleben wir Aufwertungen von Begriffen wie »Nation«, »Nationalgefühl«. Sehe ich das richtig?

Mir fiel auf, daß bei Besuchergruppen, Schülergruppen, die hierher kommen, plötzlich wieder Fragen nach der Wiedervereinigung gestellt werden. Sie hatten das Grundgesetz studiert. Siebzehnjährige Schüler fragen das ja nicht, weil sie von selbst drauf gekommen sind, sondern weil sie offenbar belehrt worden sind. Zu Hause oder in der Schule. Möglich, daß die berühmte Sinnfrage über die Deutschen gekommen ist, als die materiellen Probleme gelöst waren; und was für einen anderen Sinn könnte man den Deutschen schnell anbieten außer den der nationalen Identität? Sie spielt sogar eine Rolle für die Sowjetunion. Dort wird das Problem einer ungeteilten deutschen Nation wieder angesprochen. Ich vermute, Moskau will den Abnabelungsprozeß gegenüber den Amerikanern etwas fördern. Aber ich glaube nicht, daß es sich nur auf die Bundesrepublik bezieht, sondern auch auf die DDR.

Nationalgefühl wecken, geht das jetzt von oben nach unten?

Ja. Es liegt kein wirkliches Bedürfnis der Bevölkerung nach Erneuerung patriotischer Emotionen vor. Diese Propaganda liefert das Ferment zur Stabilisierung des antiliberalen Lagers. Nichts bietet sich dafür besser an als eine Diskussion über Geschichte und nationale Identität.

Ich nahm neulich an einem öffentlichen Gespräch über das Thema »Patriotismus nach Auschwitz« teil. Und einige sagten, ohne Patriotismus könne kein Volk bestehen.

Das ist eine mir fremde Denkungsart, aber es fällt mir bei einigen Jüngeren auf, daß es so was in der Tat gibt. Sie haben offenbar eine andere Erlebniswelt. Würde ich meine älteren Kinder fragen, braucht ihr eine nationale Identität, wüßten sie gar nicht, was ich damit meine. Aber ich treffe viele, die darüber anders denken. Ich hab' im Bundestagswahlkampf eine Veranstaltung gemacht mit jungen Lehrern, dazu kamen neunzig Prozent Abiturienten, und die diskutierten über solche Probleme. Da hat sich deutlich etwas verändert.

Die Beziehungen zwischen unserem Staat und der DDR werden vielfältiger. Heißt das nicht, die Bereitschaft wächst beiderseits, die Teilung anzuerkennen?

Es ist völlig klar, je normaler die Beziehungen zwischen den beiden deutschen Staaten sind, um so normaler wird auch die Teilung. Das ist unübersehbar. Mich stört das auch gar nicht, weil ich der Auffassung bin, wir sollten die Teilung akzeptieren, die Grenzen akzeptieren und sie durchlässig machen, um normale Umgangsformen zu gewinnen, die dann auch Auswirkungen haben auf unsere zukünftige Lebensweise. Es geht nur so. Es gibt keine andere Perspektive.

Elisabeth Noelle-Neumann

1916 in Berlin geboren, studierte ab 1939 Zeitungswissenschaften, Geschichte. 1938 bis 1939 DAAD-Austauschstudentin an der Journalistenschule der Staatsuniversität von Missouri in Columbia. Sie promovierte 1940 in Berlin mit der Arbeit »Meinungs- und Massenforschung in USA« zum Dr. phil., war von 1940 bis 1943 als Redakteurin bei der Wochenzeitung *Das Reich* und ging nach fristloser Kündigung zur *Frankfurter Zeitung*. Mit Erich Peter Neumann gründete sie 1947 in Allensbach am Bodensee das erste deutsche Meinungsforschungsinstitut. Seit 1950 zählen die wechselnden Bundesregierungen zu den Auftraggebern des Instituts. Ein Vertrag mit dem Bundespresseamt läuft seit damals ohne Unterbrechung.

Was ist für Sie Deutschland? Beziehungsweise wie sollte nach Ihrer Meinung Deutschland aussehen, in dem es keine »offene deutsche Frage« mehr gibt?

Die Deutschen selbst betrachten die deutsche Frage in der Mehrheit als offen. Sie ist noch viel offener, als die meisten Politiker denken. Denn die Deutschen erwarten keinerlei Lösung in absehbarer Zeit. Sie sind aber zugleich überwiegend der Meinung, daß man die Frage der Wiedervereinigung einfach liegenlassen muß, daß man sie weder forcieren noch übergehen kann, sondern daß es ein Vorwand ist, bei dem die Ungeduld und das Erzwingen-Wollen oder das kurzerhand Abschließen-Wollen gleichermaßen unangemessene Verhaltensweisen sind. Das lerne ich aus unseren Umfragen.

Sie heben auf die Bevölkerung ab. Ist für Sie selbst Deutschland ein wiedervereinigtes Deutschland, oder wie sieht es aus?

Sie müssen sich daran gewöhnen, daß ich in allem auch

weiterhin die Bevölkerung interpretiere. Ich interpretiere nicht mich. Ich habe eigentlich ganz aufgehört, mich selbst zu interpretieren. Natürlich habe ich ganz bestimmte Standpunkte, aber sie sind eigentlich unwichtig. Wichtig für mich ist, was lerne ich von der Bevölkerung und was kann ich über diese Bevölkerung sagen.

Das demoskopische Institut verändert Ihre Beziehung zur Wirklichkeit?

Das ist richtig beschrieben. Wichtig ist, daß man die Bevölkerung in einem ziemlich langen Zeitraum überblickt und dann sieht, wo findet man Beharrlichkeit und wo findet man Brüche. Und das zu tun, unabhängig von irgendwelchen akuten Interessen, das zu tun, ganz beharrlich bei solchen Themen zu bleiben, das erfordert wohl eine weitgehende Aufgabe anderer Engagements. Zum Beispiel Golfspiel ist auf keinen Fall drin.

Also, ich nehme zur Kenntnis, daß ich sozusagen einem Auskunftsbüro über Öffentlichkeitsstimmung und Öffentlichkeitsdiskussion gegenübersitze. Trotzdem werde ich noch fragen: Wenn man sich einen Katalog von deutschen Interessen vorstellt, was steht da sozusagen in der primären Position?

Für mich steht obenan, Selbstvertrauen zurückzugewinnen. Diese Bevölkerung bezeichne ich als eine verletzte Nation. Das Buch, das ich zusammen mit meiner engsten Mitarbeiterin, dreißig Jahre jünger als ich, veröffentlicht habe, heißt: *Die verletzte Nation.* Meine Vorstellung ist, daß die Bevölkerung erst wieder sich ihrer selbst einigermaßen gewiß wird, wenn sie dieses natürliche Selbstvertrauen auch als Nation wieder zurückgewinnt. Wenn Sie einem Individuum sein Selbstvertrauen wegnehmen, ist es schwer geschädigt. Frage: Gilt das auch für Nationen? Wir haben dieses Problem seit langem beobachtet und haben zum erstenmal 1970 gefragt: Sind Sie stolz darauf, ein Deutscher zu sein? Damals im Verbund mit fünf anderen Mitgliedern der Europäischen Gemeinschaft, sie hieß noch Europäische Wirtschaftsgemeinschaft. Die deutschen Ergebnisse sahen vollkommen anders aus als diejenigen der fünf anderen Länder. Und von da an begann für mich das Problem, ob Nationalstolz etwas Schädliches ist. Wann fing man an, den Stolz für schädlich zu halten? Wie weit muß ich zurückgehen? Schon im 16. Jahrhundert begann es, daß man den Stolz für schädlich hielt.

Galt das nur für die deutsche Nation?

Das gilt fürs Abendland. Das westliche Wertesytem ... Anfang des 19. Jahrhunderts erschien *Pride and Prejudice*, ein berühmter Roman, Stolz und Vorurteil, hängt das zusammen? Und wenn das zusammenhängt und weil wir das Vorurteil für böse halten, für einen Kriegsstifter, so wollen wir denn auch den Stolz gleich mit vernichten. Das Wichtigste in meinen gegenwärtigen Arbeiten ist die richtige Bestimmung des Stolzes.

Wenn wir nun statt Stolz den Ausdruck »Nationalgefühl«, womit er ja zweifellos zu tun hat, einbringen, dann ist doch unbestreitbar, daß das Nationalgefühl etwas ist, was von oben in das Volk hineingebracht wird. Im Grunde war das deutsche Nationalgefühl immer Sache einer konservativen Gesinnung, die gleichzeitig gekoppelt war mit solchen Vorstellungen wie: Wir brauchen den Platz an der Sonne. Unser Stolz, Basis des Nationalgefühls, muß er nicht in seiner Bedeutung an unseren wenig erfreulichen historischen Erfahrungen gemessen werden?

Für mich leitet sich Nationalgefühl von gemeinsamen Erfahrungen her, die sehr weit zurückreichen, vielleicht tausend Jahre, vielleicht noch weiter. Es ist ein Gefühl für gemeinsame Zukunftsvorhaben. Nationalgefühl hat nichts zu tun mit Grenzen, sondern es ist eine Gemeinsamkeit eines Verbandes, freiwillig in einem Verband lebender Menschen. Das ist für mich Nationalgefühl. Nun sagt uns die Madame de Staël schon in ihrem heute noch lesenswerten Buch über Deutschland, 1813 veröffentlicht: Die Deutschen sind durch ihre Geschichte so aufgespalten in verschiedenste Erfahrungen und Erlebnisse und Systeme, daß man bei ihnen von dieser Art von Gemeinsamkeit, wie sie sonst für ein Land charakteristisch ist, sehr wenig findet. Das sagt sie also vor rund zweihundert Jahren. Und sagt, das sei sehr schädlich. Sie sagt, der Unterschied zwischen Erfolg und Mißerfolg sei in Deutschland viel zu gering, um den Ehrgeiz anzustacheln. Ich möchte Ihnen meinen Ansatzpunkt zeigen. Was Frau Staël Anfang des 19. Jahrhunderts beobachtete, lag ungefähr 150 Jahre nach dem Ende des Dreißigjährigen Krieges. Wir wissen heute, daß verlorene Kriege, nicht bloß in Deutschland, sondern überall eine viel länger anhaltende Nachwirkung haben, als man es sich gemeinhin vorstellt. Deutsches Bewußtsein, deutsches Selbstgefühl wird 150 Jahre nach dem Dreißigjährigen Krieg, der Niederlage, des Zusammenbruchs, des völligen Verelendens, ähnlich beschrieben, wie ich heute mit allen Mitteln der Demoskopie dieses Land beschreiben muß – nach einem Jahrhundert, in dem zwei Kriege verloren worden sind, wo außerdem, wie ich es nenne, viermal ein Wertewandel stattgefunden hat.

Wir haben den letzten Krieg auf eine Weise verloren, die vielleicht doch ungewöhnlich war; er hat uns sogar das Staatsgebiet gekostet.

Trotzdem, jetzt sind wir nur 43 Jahre weiter und haben einen Bundespräsidenten, der mit enormem Echo in der öffentlichen Meinung sagt, wir sollen ein normales Nationalgefühl entwickeln, was mit dem Stolz zu tun hat, von dem Sie sprechen. Ich sehe hier eine Bereitschaft und eine Fähigkeit, den großen Radiergummi zu nehmen. Ich kann nicht sehen, daß wir eine ungeheure Wirkung des verlorenen Krieges nach nur vierzig Jahren noch feststellen, außer in der realen Situation eines geteilten Deutschland.

Diese Bevölkerung ist in einem ganz eigentümlichen und auf eine von allen Nachbarländern abstechende Weise zum Beispiel ruhebedürftig. Diese Bevölkerung ist risikoscheu, diese Bevölkerung wünscht sich vor allem eines: Sicherheit. Die gründlichen Deutschen, die fleißigen Deutschen, der tiefe Deutsche, all das kommt uns sehr bekannt vor, aber es hindert nicht, daß, wenn wir nun die Bevölkerung nach ihren Empfindlichkeiten und inneren Zuständen fragen, die Deutschen sich mit einemmal abheben von ihren Nachbarn im Westen.

Führt dieses Sicherheitsbedürfnis, dieses Ruhebedürfnis nicht dazu, sich mit Zuständen und Entwicklungen abzufinden, die dem Bedürfnis nach Ruhe und Sicherheit widersprechen?

Wenn die Deutschen derzeit ihre dringenden Wünsche formulieren, beschreiben, was ihnen als Wert besonders hoch steht, dann finden Sie ganz oben: Freiheit. Wenn nun ein solcher Wert in Konflikt kommt mit dem Bedürfnis nach Sicherheit, dann gibt es eine explosive Mischung, dann zerstreiten sich zum Beispiel die Generationen. Ich kenne in Europa kein anderes Land, in dem die jungen Menschen von der älteren Generation in ihren Wertvorstellungen so weit entfernt sind. Aus der großen Entfernung von Eltern- und Kindergeneration ergeben sich weitere Folgen. Daß wir als einziges Land der Welt eine Jugendpartei im Parlament haben, eine Partei, deren Anhänger zu zwei Drittel unter Dreißig sind, die Grünen, das gibt es in der ganzen Welt nicht zum zweiten Male!

Wenn Sie sagen, der Begriff »Freiheit« habe einen obersten Rang im Bedürfnis der breiten Schichten, so würde ich das zunächst dahin definieren, daß es gewissermaßen ein Bedürfnis nach der persönlich zu realisierenden Freiheit ist, also nach Spanien fahren zu können, lesen zu können, was man will, von der Bild-Zeitung *bis zur* Frankfurter Allgemeinen *alles kaufen zu können und so weiter. Was wir unter Pluralismus verstehen, realisiert sich in der privaten Sphäre. Wenn nun aber dieses Freiheitsbedürfnis sich koppelt mit einem neuen Nationalgefühl oder einem neuen Nationalstolz, dann kann der Freiheitsbegriff irgendwo an eine Grenze kommen, wo bemerkt wird, daß wir kein souveräner Staat sind, daß es beispielsweise Vorbehaltsrechte gibt. Haben Sie schon festgestellt, daß dieses Freiheitsgefühl sich stößt an dem Abhängigkeitsgefühl von einer Schutzmacht?*

Die Bevölkerung wünscht sich sehr den Schutz dieses westlichen Bündnisses, aber sie will auch, daß das Land nicht noch weiter mit Waffen vollgestopft werden soll. Sie hält überwiegend nach wie vor die Raketenstationierung für falsch. Man behauptet immer, wenn erst mal etwas passiert ist, dann wird es angenommen. Davon ist nicht die Rede. Die Sache hat einen doppelten Boden.

Fragen wir, raus aus dem westlichen Bündnis oder rein, dann ist die Bevölkerung sofort auf dem alten Punkt: Den Schutz brauchen wir. Das ist sogar wichtiger als die Wiedervereinigung. Sie fühlt sich unter keinen Umständen kräftig genug, einer Weltauseinandersetzung zwischen Ost und West gewachsen zu sein. Das ist ihr bei jeder Gelegenheit klar, sobald sie sozusagen auf das Wichtigste zurückfällt. Wenn man sich die derzeitigen Ergebnisse anschaut, ob die Bevölkerung das Gefühl hat, wir sind doch durch die Amerikaner unfrei, wir sind zu nachgiebig, so etwas sehe ich nicht.

Ist das gefragt worden?

Das beobachte ich immerzu, einschließlich dessen, was Sie in Ihrem Fragekatalog aufwerfen, nämlich ob die Jugend nationalistisch wird. Der *stern* hat mit einem unvergeßlichen Titelbild auf »Neutralpatriotismus« abgehoben. Da war so eine Gruppe junger, strahlender, sehr blonder deutscher Jugendlicher, eine Jugendgruppe mit Flagge, Schwarz-Rot-Gold: der neue Nationalpatriotismus. Ich habe das, angeregt durch dieses *stern*-Titelbild, in einer Umfrage untersucht, aber wir fanden nichts davon. Das heißt also, für diese junge Generation gelten Patriotismus oder auch Nationalbewußtsein, ja Nationalgefühl als äußerst suspekt.

Aber nun gibt es doch offensichtlich linksorientierte Gruppen, bei denen etwas neu anfängt.

Wir können erstens Fälle beobachten und uns dann dafür interessieren, was für ein Gewicht haben sie denn in der Verallgemeinerung. Wenn wir die junge Generation verallgemeinerungsfähig betrachten – das ist ein anderer Ausdruck für den repräsentativen Querschnitt –, dann finden Sie überhaupt keine Zunahme von irgend etwas dieser Art, was sozusagen »Neutralpatriotismus« genannt werden könnte.

Das würde aber bedeuten, daß Minisymptome eine besondere Aufmerksamkeit finden. Tatsächlich wird ja darüber sehr viel geredet.

Sie finden eine besondere Aufmerksamkeit, aus vielen Gründen. Aber das macht sie deswegen nicht in irgendeiner Weise zu einem Problem von Gewicht. Wir haben vier Begriffe getestet: Patriotismus, Nationalgefühl, Nationalbewußtsein, Nationalstolz. Aber wir sehen diesbezüglich keinen Anstieg, keine Aufladung.

Die Disposition, Wiedervereinigung wichtig zu nehmen, war in diesen Jahrzehnten Schwankungen unterworfen. Worauf waren und sind sie zurückzuführen?

Das Zerfallen von Nationalgefühl war ein ganz langsamer Prozeß gewesen, nicht etwa ein schockhafter nach 1945. Es hat sich zugetragen etwa zwischen Anfang der fünfziger und Mitte der siebziger Jahre. Das Oszillieren, das dabei auftrat, war durchaus überlagert von einer großen Bewegung des Abbauens.

Würden Sie diese darauf zurückführen, daß die fabelhafte Erfahrung mit dem neuen Wohlstand eine solche Abwendung vom Nationalen bewirkt hat?

Ich sehe sie im Zusammenhang mit der erst allmählich bewußt werdenden Realität dessen, was sich in der nationalsozialistischen Herrschaft und insbesondere im Krieg zugetragen hat. Die Bevölkerung braucht immer ganz lange, bis sie etwas in ihr Bewußtsein aufnimmt; und was sie da aufnahm, verträgt sich in der Tat überhaupt nicht mit Nationalstolz. Für mich war es interessant, weiter zu beobachten, ob sich Mitte der siebziger Jahre eine Wende zuträgt. Das war aber nicht der Fall. Ich würde nicht einmal davon sprechen, daß etwa eine gewonnene Fußballweltmeisterschaft oder ein Boris Becker da viel ändert. Nationalgefühl ist etwas viel Durchdringenderes, als daß es so objektbezogen ist. Derartige »Erfolge« schlagen nicht durch auf diesen Grundzustand des ganz niedergedrückten Selbstgefühls.

Könnte man sagen, es habe eine Ablenkung aus dem eigentlichen politischen Bereich stattgefunden?

Eine Ablenkung aus dem politischen Bereich ist da, das haben Sie vorhin schon richtig vermutet: Die Neigung, sich ins Private zurückzuziehen, ist in der Tat feststellbar. Das Ärgerliche ist nur, daß es immer Menschen gibt, die sich für Politik interessieren, und Menschen, die sich eher nicht für Politik interessieren. Aber es ist eine Kraftfrage.

Diejenigen, die sich für Politik interessieren, haben

nicht etwa deswegen ein geringeres Interesse für Privates, sie haben beides. Diejenigen, die ein intensives Privatleben führen, aber sich auch für die größeren Bezüge interessieren, das sind die ungleich kräftigeren, übrigens auch ungleich glücklicheren Menschen. Das heißt also, dieses Zurückziehen in den privaten Kreis führt nicht zu Glück, obwohl das viele Soziologen gedacht haben. Ihr Thema »Nationalgefühl« beschäftigt mich deshalb so lebhaft, weil nämlich ein unmittelbarer Einschlag in die private Befindlichkeit besteht. Der Stolz auf das eigene Land ist eng verknüpft mit Stolz auf die eigene Familie, auf die eigenen Kinder, Stolz auf die eigene Arbeit, Vertrauen in die Institutionen des eigenen Landes, also zum Beispiel Vertrauen in den Bundestag oder in die Justiz oder ins Erziehungswesen.

Die Realität der Verflechtung von Nationalstolz und Stolz auf den persönlichsten Bereich und außerdem zwischen Nationalstolz und dem Willen, für dieses Land etwas zu tun, ist wichtig. Ein Land braucht einfach Menschen, die auch etwas für es tun. Das ist eben alles, ich weiß schon, fast ein wenig so, als wenn Sie 1880 hören. Aber wir sind im Jahr 1986, die Demoskopie lehrt es uns. Sie sehen hier, ich fürchte mich ein bißchen, weil ich mich auf Gedankengängen und Wegen bewege, die so ganz weglaufen von Ihrer Welt. Aber das haben wir ja vorher gewußt.

Ich will Ihnen ein Faktum vermitteln, von dem Sie vielleicht in der Zeitung gelesen haben, und fragen, ob Sie von da aus irgendwelche Feststellungen allgemeiner Art treffen können. Es hat sich in diesem Sommer in Jugoslawien folgendes zugetragen: Das Land ist in einer enormen Krise, der Dinar hat eine schreckliche Abwertung erfahren. Deutsche Touristen, nur deutsche Touristen, haben in einem öffentlichen Lokal vor den Augen von Jugoslawen Dinar-Geldscheine verbrannt, um ihre Verachtung für diese Währung zum Ausdruck zu bringen. Sie sind, ich muß sagen, glücklicherweise wegen Staatsbeleidigung verhaftet worden. Ich glaube, daß ein Holländer oder ein Engländer zu einer solchen Handlungsweise absolut unfähig gewesen wäre. Sie verste-

hen, worauf ich hinaus möchte. Es hat irgend etwas zu tun mit: Wir sind wir, und bei uns ist alles so großartig, und bei den anderen Leuten ist es sehr mies. Gibt es dazu irgendwelche Wertuntersuchungen?

Dieser Vorgang äußerster Häßlichkeit belegt die Vorstellung, die Deutschen fielen leicht von einem Extrem ins andere. Das ist ein sehr gefährlicher Zustand. Was Sie beschreiben, geht auf ein Hin- und Herkippen zwischen Extremen zurück. Das ist ein Grund, warum ich mir wünsche, daß sich ein natürliches Selbstbewußtsein im Sinne von Nationalgefühl wieder herstellt. Das ist sicher auch, was Herr von Weizsäcker meint. Ich will nicht sagen, es sei aussichtslos. Es gibt eine einfache Frage: Lieben Sie Deutschland? Und diese Frage beantworten ungefähr neunzig Prozent mit Ja.

Was ist mit Deutschland gemeint?

Die meisten Deutschen denken augenblicklich an ein Deutschland, das Bundesrepublik und DDR zusammenfaßt.

Eine letzte Frage: Haben Sie einmal festgestellt, über weite Zeiträume, welche Orientierungsfunktion in diesem Land der Antikommunismus hat?

Ich glaube, der Antikommunismus liegt sozusagen wie eine leere Muschel am Strand, das Leben ist herausgegangen. Sie finden auch niemanden mehr, der über Antikommunismus redet. Gehen Sie alle Medien durch, hören Sie zu, wenn die Menschen sprechen. Ich glaube, Sie können ein Jahr warten, bis das Wort »Antikommunismus« fällt.

Nehmen wir Tschernobyl. Die ersten Reaktionen waren: Natürlich, bei den Russen!

Das denkt die Bevölkerung nicht. Das kann auch bei uns passieren, sagt die Bevölkerung. Was sich verändert hat, ist, daß die Christdemokraten redebereiter geworden sind. Sie kennen vielleicht meine Vorstellung von der Schweigespirale. Es ist so, daß sich Menschen äußerst sorgfältig überlegen, ob sie sich auf kontroversen Gebieten äußern oder ob sie lieber schweigen, aus Vorsicht. Sie isolieren sich furchtbar ungern. Sie versuchen, das Risiko zu vermeiden, beobachten ihre Umwelt immerzu. Es war lange Zeit so, daß diejenigen, die zur CDU tendierten, deutlich ins Schweigen gerieten bei einer kontroversen Diskussion. Das hat sich etwas geändert. Es sieht deswegen so aus, als wenn sie stärker geworden seien. Sie sind aber nicht stärker geworden, sie reden nur mehr. Der Effekt ist natürlich, daß es so wirkt, als seien sie stärker geworden. Aber wenn ich demoskopisch frage, was bedeutet einem zum Beispiel Lebenssinn, was für gute Vorsätze haben Sie, was ist für Sie das Wichtigste? Angenommen, es ist beides wichtig, zum Beispiel Freiheit und Gerechtigkeit, aber was ist für Sie wichtiger, wenn Sie sich entscheiden müßten? Das sind für uns wichtige Parameterfragen. Und bei der Beantwortung all dieser Fragen sehen wir nichts an Veränderungen. Es ist vielleicht merkwürdig, wenn die Demoskopin das sagt, es ist aber nichts da.

Otto Schily

1932 in Bochum geboren, studierte Jura in München und Hamburg, Politikwissenschaft an der Hochschule für Politik in Berlin. Er ließ sich 1963 in Berlin als Anwalt nieder. Er wurde als Strafverteidiger in RAF-Prozessen weit über Berlin hinaus bekannt. Nach dem Tod von Gudrun Ensslin, Raspe und Baader (10. Oktober 1977) griff er vehement die Selbstmordversion der Justizbehörden an. 1979 gründete er mit rund 150 Anwälten den »Republikanischen Anwaltsverein« und beteiligte sich bei den Grünen seit deren Gründung. Otto Schily ist Mitglied des Bundestages.

Was ist für Sie Deutschland?

Zunächst ist es ein geographischer Begriff, nicht gebunden an das staatliche Gefüge. Wenn die Zweistaatlichkeit bestehen bleibt, könnte der Begriff »Deutschland« einer Erosion unterworfen sein. Der Begriff »Deutschland« wird sehr unreflektiert sowohl in der BRD wie in der DDR verwendet.

Übergreifend?

Ja, darin steckt der Anspruch, wie ihn auch Kohl formuliert hat, daß die BRD eine umfassendere Verantwortung trage als nur für den Teil Deutschlands in den Grenzen der BRD. Aber es hat sich auch eine Verwendung eingebürgert, die aus BRD und Deutschland synonyme Begriffe macht. Wenn die Leute im Fußballstadion bei einem internationalen Spiel, in dem die eine Mannschaft jene der BRD ist, Deutschland schreien, dann meint sie eben diese Mannschaft. In der DDR gibt es das *Neue Deutschland*, und darin ist immer noch der Anspruch enthalten, die DDR stelle das bessere Deutschland dar, dessen eigentlicher Repräsentant sie sei.

Mit einer zunehmenden Bereitschaft, das Nationale herauszukehren?

Richtig. Die zuvor vorgenommenen Retuschen an der Geschichte preiszugeben und sich auf die nationale Kontinuität zu besinnen. Die preußischen Traditionen werden wieder aufgewertet. Ob man das positiv bewerten soll, ist eine andere Frage.

Hat der Begriff nicht eher einen kulturellen Inhalt?

Da wäre der Begriff »Deutschtum« zu verwenden, woraus »Deutschtümelei« geworden ist, also ein nicht mehr zu verwendendes Wort, aber wenn ich »Deutschland« spontan verwende, dann doch im Sinne der Kulturnation, Deutschland von Goethe bis Tucholsky.

Auf die gegebene Situation bezogen, worin sehen Sie unsere nationalen Interessen?

Heute sieht es so aus, daß nationale Interessen kongruent gedacht werden mit den staatlichen Interessen der BRD, Nation und Staat in eins gedacht werden. Dahinter steht das Modell des souveränen Staates, das aber vielfach durchbrochen ist durch bilaterale und multilaterale Souveränitätsverzichte. Ich würde sagen, nationales Interesse ist identisch mit dem Interesse der Deutschen, die sich einem Kulturkreis zugehörig fühlen, der Inhalt dieses Interesses wäre also die Weiterentwicklung dieses Gefühls.

Das heißt aber auch Ausbau der Beziehungen zum andern Staat. Entstehen da nicht Widersprüchlichkeiten, wenn man den Begriff »Interesse« politisch ansieht?

Ich glaube, es war für die Nachkriegsentwicklung unerläßlich, ja zwangsläufig, die Westbindung auszubauen.

Nein, lassen Sie mich korrigieren, ob sie unerläßlich war, ist so sicher nicht, aber sie hatte ihre positiven Seiten in dem Sinne, daß einem Teil des deutschen Volkes nach der Diktatur eine parlamentarische Demokratie geboten wurde. Unser Untertanengeist hat erfreulicherweise Schaden gelitten; wie tief er geht, will ich jetzt nicht erörtern. Per saldo hatte die Westintegration Vorteile. Sie verfestigte jedoch die Trennungslinie durch Europa, und natürlich gibt es aus heutiger Sicht den Widerspruch zwischen Westbindung und gesamtdeutscher Politik. Alle diejenigen, die uns weismachen wollen, man könne beides haben – Westbindung und Wiedervereinigung –, gehen an der Realität vorbei. Wer sich auf den Standpunkt stellt, er wolle die Wiedervereinigung, für den geht die Rechnung mit dem Westen auf gar keinen Fall auf.

Ein beliebtes Wort der Politsprache ist »Sachzwänge«. Wie stark sind sie, oder, anders gefragt, hat sich in vierzig Jahren irgend etwas ereignet, was man als eine positive Entwicklung der »deutschen Frage« ansehen könnte, sofern man damit die Wiedervereinigung als Ziel verbindet?

Die Neigung, miteinander zu diskutieren und Sachfragen zu lösen, hat zugenommen. Aber die Voraussetzung dazu ist die bedingungslose Anerkennung der Oder-Neiße-Linie, der Frieden mit Polen. Wer Fortschritte in den deutsch-deutschen Beziehungen will, wer dafür arbeitet, erkennt diese Vorbedingung an, ob er das zugibt oder nicht. Ich sehe in der strikten Anerkennung der polnischen Westgrenze auch die Notwendigkeit im Hinblick auf die Entwicklung Europas hin zu einem engeren Miteinander, wozu auch ein ungehinderter Reiseverkehr über die Trennungslinie hinweg gehört. Diese muß ihre derzeitige Bedeutung verlieren, und eine der wichtigsten Voraussetzungen dafür ist die Anerkennung des staatlichen Status quo durch uns. Das ist zwar vielfach geschehen, auch vertraglich, aber Sie wissen, wie doch immer wieder versucht wird, ihn in Frage zu stellen. Wer das tut, spielt mit dem Feuer, und wenn jemand von den Grenzen von 1937 spricht, ist das in der gegenwärtigen

Situation ganz besonders töricht angesichts dessen, was in der UdSSR in Bewegung zu kommen scheint.

Geschieht das nicht gerade deshalb verstärkt?

Ja, es handelt sich um Störfeuer. Die Wiedervereinigungsfrage, so prinzipiell verstanden wie üblich, landet in einer Sackgasse. Lassen Sie uns das Problem doch einmal ganz anders angehen. Ich glaube, es hat den Deutschen gar nicht gut getan, daß sie ihre nationale Existenz in einem Staat gesucht haben, in einem militärisch und ökonomisch mächtigen Einheitsstaatsgebilde, also im Bismarckschen Reich. Bekanntlich ist die kürzeste Phase unter den Existenzformen der Deutschen in ihrer ganzen Geschichte die des Deutschen Reiches gewesen, auch dann, wenn man sowohl das Kaiserreich als auch die Weimarer Republik in diese Periode des Einheitsstaates einbezieht. Schon jetzt, nach immerhin vierzig Jahren, machen die beiden Nachfolgestaaten den Eindruck größerer Stabilität. Es wäre gut, läge im historischen Kontext, das Schwergewicht unserer politischen Arbeit nicht darauf zu legen, wie wir die staatliche Einheit wiederherstellen können, sondern darauf, wie wir, von der Zweistaatlichkeit ausgehend, die Verbindungen mit Europa so entwickeln können, daß die Konfrontation, die ja latent noch in vieler Hinsicht bedrohlich vorhanden ist, abgebaut werden kann. Was die alliierten Vorbehaltsrechte angeht, so ist das gewiß eine schwierige Sache. Ich lebe ja in Berlin und sehe dort, daß das ganze Besatzungsrecht eine anachronistische Sache geworden ist. Daß alles unter dem Vorbehalt der Besatzungsrechte steht, dagegen gibt es zunehmend Unwillen in der Bevölkerung, über formale Veränderungen wäre zu reden. Es gibt Vorschläge, die ich für diskutabel halte, den Status von »Restberlin«, wie man spaßeshalber sagt, mit Zustimmung der UdSSR und der DDR so zu verändern, daß es ein weiteres Bundesland wird, und gleichzeitig seine wirtschaftlichen Verbindungen zur DDR auszubauen. Voraussetzung wäre, daß wir uns endlich dazu entschließen, die DDR als zweiten Staat vorbehaltlos zu akzeptieren und West-Berlin als ein kulturelles Zentrum und nicht als westliches Bollwerk anzusehen.

Würde das die militärische Präsenz der fremden Truppen überflüssig machen?

Sie muß so lange bleiben, aber nur so lange, als es überhaupt fremde Truppen in europäischen Ländern gibt. Es muß ein Modell von Mitteleuropa entwickelt werden, das auf diese Truppen verzichten kann, und gerade für West-Berlin wäre es wichtig, den Zustand zu beenden, daß es zu Lasten der Sowjetunion als militärischer und politischer Vorposten unterhalten wird.

Ergäbe sich daraus ein Rückstoßeffekt auf die Nato?

Das wäre unvermeidlich, aber nicht nur in Richtung Nato, sondern auch auf die Warschauer Paktstaaten. Auf einer Tagung der Evangelischen Akademie Loccum habe ich einmal den Vorschlag einer mitteleuropäischen Friedensunion gemacht, die aus Polen, ČSSR, Ungarn, DDR, BRD, Beneluxstaaten, Dänemark und dazu Österreich als neutralem Staat besteht; unter Beibehaltung ihrer jeweiligen Paktzugehörigkeit wäre eine ABC-waffenfreie Zone zu bilden, ihre konventionelle Rüstung graduell zu vermindern, ihre Rüstungsausgaben drastisch zu senken.

Würde man derart in mitteleuropäischen Kategorien denken, dann bekäme die sogenannte deutsche Frage ein ganz anderes Gesicht, die immer zu falschen Schlußfolgerungen und ins Irreale führt, wenn man sie von den beiden deutschen Staaten aus angeht.

Klar, dabei an Rapacki zu denken.

Gewiß. Es war ein großer Fehler, daß wir seinerzeit auf Rapacki nicht eingegangen sind. Was ich skizziere, geht, was die zu beteiligenden Staaten betrifft, weit über Rapacki hinaus, der sich auf militärische Probleme beschränkte. Ich sehe keine Lösung in der einseitigen Festlegung auf Abrüstung, es müssen positive Elemente der Kooperation eingeführt werden, gerade jetzt unter dem Vorzeichen der Reformpolitik in der UdSSR, und alles, was damit als Risiko verbunden wäre, läge weit unter dem Risiko, das mit der gegenwärtig dichtesten Zusammenballung von Massenvernichtungsmitteln in Mitteleuropa verbunden ist, die es auf der Erde gibt.

Ich denke nicht an ein Einplanieren der mitteleuropäischen Vielfalt, und wir wären gut beraten, auf solche Ideen einzugehen, weil wir nur dadurch den Verdacht ausräumen könnten, es gebe ein neues deutsches Großmachtstreben.

Nehmen Sie an, daß die demoskopischen Erhebungen, die feststellen wollen, es gebe ein weitverbreitetes Drängen auf Wiedervereinigung, die Stimmung in der westdeutschen Bevölkerung richtig wiedergeben, oder schlägt sich darin die Scheu nieder, sich gegen die offizielle Propaganda zu stellen?

Die Ergebnisse solcher Umfragen sind widersprüchlich, man muß sich anschauen, mit welchen anderen Komplexen – beispielsweise Friedenserhaltung, Neutralität, Verhalten gegenüber der DDR – sie gekoppelt sind. Auch muß man erkennen, daß sich der Wiedervereinigungswunsch durchaus anfachen läßt, wobei ich allerdings in der Prognose unsicher bin, inwieweit sich rechte Kräfte das Streben nach Wiedervereinigung zunutze machen können. Natürlich gibt es eine breitgestreute Meinung, die ich teile, die den gegenwärtigen Zustand als unerträglich empfindet. Niemand mag die Mauer. Um Änderungen zu bewirken, muß der Status quo anerkannt werden. Das klingt widersprüchlich, aber es ist so.

Reagans Berliner Rede war wohl nicht die sinnvollste?

Überhaupt nicht. Das ist die Methode, mit der die Position der Gegenseite verhärtet wird. Aber man muß zu unterscheiden wissen: Die jungen Leute, die gerufen haben: »Die Mauer muß weg«, haben sich ja nicht an Reagan gewandt, sondern an Gorbatschow. Was hier in Bewegung kommt, ist sehr spannend. Es ist pure Hochnäsigkeit, wenn wir annehmen, die Bürger der DDR wünschten nichts sehnlicher als die Einverleibung ihres Staates in die BRD. Allerdings wird von neunzig Prozent – wenn nicht von hundert Prozent – die Freizügigkeit verlangt, woran die DDR-Regierung nicht vorbeigehen kann, vor allem nicht im Hinblick auf die Loyalität der jungen Menschen. Das zeichnet sich ab, und darauf andererseits mit Verdächtigungen, das SED-Regime sei instabil, zu reagieren ist grundfalsch. Je stärker sich der Staat zurücknimmt mit Ansprüchen, die letzten Endes

Machtansprüche sind, um so besser; er muß Raum geben für freie kulturelle und gesellschaftliche Tätigkeiten, auch wenn sie ihm nicht passen. In der DDR ist eine solche Selbstbescheidung des Staates gewiß noch schwerer zu erreichen als bei uns, aber ich sehe nicht, daß sie bei uns zunimmt, sondern das Gegenteil ist der Fall.

Von der Regierung der DDR müssen Reformen durchgeführt werden können, ohne daß sie befürchten muß, damit ihr System aufs Spiel zu setzen. Und dieser Spielraum kann nicht entstehen, solange wir politischen Druck ausüben. Wir müssen erreichen, daß Europa nicht daran zweifelt, daß wir ja sagen zu den zwei Staaten. In offiziellen Statements aus Westeuropa können Sie hören, daß alle unser Streben nach Wiedervereinigung unterstützen; aber wenn sie mit denselben Herren an die Bar gehen, dann hören Sie es ganz anders. Verstehen Sie mich nicht falsch, ich hätte auch lieber ein ungeteiltes Europa, was auch hieße: ein ungeteiltes Deutschland. Doch wie sich die Dinge durch den von uns verursachten Krieg entwickelt haben, ist jedes Streben nach Veränderungen, die nur durch Machtanwendung erzielt werden könnten, lebensgefährlich.

Wie stehen die Grünen, zu denen Sie ja gehören, zum nationalen Problem?

Da steckt alles noch in den Anfängen. Teile der AL in Berlin verfechten einen linken Patriotismus. Das sind gewiß keine Nazis, das zu behaupten wäre Unsinn. Möglicherweise sind sie von der Sorge bestimmt, wenn wir die deutsche Frage von der Linken her nicht aufgreifen, wird sie wieder wie in der Weimarer Republik zu einem Instrument der Rechten. In der Fraktion haben wir eine deutschlandpolitische Diskussion, in der die verschiedensten Akzentuierungen zum Vorschein kamen: Konföderation, mitteleuropäische Friedensunion, Auflösung der Blöcke. Ich sehe nicht, daß es hier bald zu einer von der Mehrheit getragenen Vorstellung kommen könnte. Nationalchauvinistische Ideen werden aber von keiner Gruppe der Grünen vertreten.

Wird von oben her eine neue nationale oder sogar nationalistische Emotionalisierung versucht?

Restaurative Tendenzen profilieren sich zunehmend und geben den Blick auf das Bismarck-Reich frei selbst bei denen, die es abstreiten. Eine Relativierung der Staatlichkeit, die ich für das A und O europäischer Friedenspolitik ansehe, kann dann nicht stattfinden. Den Staat muß man nicht lieben, er ist nicht das Gebilde, an dem sich die Emotionalität der Menschen entzünden kann.

Hat der Versuch der »Nationalisierung« etwas mit der Sorge um die Regierbarkeit der Bevölkerung zu tun?

Der Staat konstituiert sich bei uns aus der Demokratie heraus. Aus ihr entsteht die Legitimität des Staates, und das ist gleichbedeutend mit dem, was Sie »Regierbarkeit« nennen, das heißt, vom Staat her gesehen, seine Autorität. Je weniger er sich als Befehlsgeber verhält, desto »regierbarer« ist die Bevölkerung. Sie hat dann in der übergroßen Mehrheit eine positive Einstellung zum Staat.

Ich kann mich mit meiner Position auf Goethe beziehen, der immer für Weltoffenheit plädiert, sie beispielhaft mit seinem eigenen Leben vorgeführt hat und uns für ungeeignet hielt, machtstaatliche Ziele vernünftig zu verfolgen. Darin hat er nur zu recht behalten, obwohl er von Bismarck, Wilhelm II. und Hitler noch nichts wußte. Aber bei aller notwendigen Kritik ist unbestreitbar, daß die parlamentarische Demokratie, wie sie sich in der BRD laut Grundgesetz verwirklichen sollte, die beste Staatsform ist, die uns je zuteil geworden ist.

Trotzdem war es möglich, die Remilitarisierung hinter dem Rücken des Volks durchzuführen und die Atomindustrie aufzubauen.

Das ist richtig. Das letztere nannte die *FAZ* einmal »diskrete Demokratie durch Delegation«, ein toller Begriff. Es fehlt ganz grundsätzlich an Transparenz. Das Grundverständnis von Demokratie und Staatlichkeit jener, die der Macht sehr nahe sind oder sie ausüben, ist von jener, die von der Machtausübung betroffen sind, grundverschieden. Und doch: Was zum Beispiel die Energiepolitik angeht, so gibt es keinen Industriestaat, in dem diese einer so heftigen Kritik ausgesetzt ist wie bei uns.

Leider nahezu ohne konkrete Wirkungen.

Daß das ein langer Prozeß ist, will ich überhaupt nicht bestreiten. Aber das kann kein Einwand gegen die parlamentarische Demokratie sein.

Jürgen Schmude

1936 in Insterburg in Ostpreußen geboren, studierte Rechtswissenschaften in Göttingen, Berlin, Bonn und Köln. Er sympathisierte mit Heinemanns zerfallener Gesamtdeutscher Volkspartei, trat nach deren Auflösung 1957 in die SPD ein, auch darin dem Beispiel Heinemanns folgend. In der SPD übernahm er in der Folge verschiedene örtliche Parteifunktionen. Nach dem Rücktritt von Willy Brandt wurde er Mitte Mai 1974 von der Regierung Schmidt zum Parlamentarischen Staatssekretär im Bundesinnenministerium berufen. Im Januar 1981 übernahm er das Amt des Justizministers. Seine Amtszeit als Bundesjustizminister war wegen des Zerfalls der sozialliberalen Koalition nur von kurzer Dauer. Schmudes eigentliches Anliegen blieb die Deutschlandpolitik. Im Mai 1985 wurde er zum Präses der EKD-Synode gewählt.

Was ist für Sie Deutschland?

Es gibt einen wachsenden Konsens darüber, daß Deutschland die Region ist, welche die DDR, die Bundesrepublik Deutschland und Berlin umfaßt und nicht darüber hinausreicht. Man mag staatsrechtlich den Fortbestand des Deutschen Reiches behaupten und damit eine Konstruktion hinstellen, die irgendwelchen Zwecken dient, Realität ist es nicht. Womit die deutsche Frage als gelöst anzusehen wäre, könnte verschiedene Gestalt haben. Deutschland könnte bestehen – das ist die herkömmliche Auffassung – aus einem einheitlichen Staat, den wir uns aber in der Bundesrepublik wenig anders vorzustellen vermögen als jene soziale Demokratie, in der wir uns befinden. Auch bei gelöster deutscher Frage könnte Deutschland bestehen aus zwei in sich selbständigen Staaten mit Unterschieden in Verfassung und Gesellschaftssystem, aber unter Garantie eines Mindestmaßes an Freiheitlichkeit in beiden Staaten und einer hochentwickelten Verbindung zwischen ihnen; das bedeutet: freier Zugang, und ein Verhältnis zueinander wie zwischen Österreich und der Bundesrepublik, vorausgesetzt, die anderen ließen derartiges zu.

Wird der Begriff Deutschland nicht häufig verwendet, wenn nur die BRD gemeint ist?

Das ist richtig. Im letzten Wahlkampf haben die beiden großen Parteien damit geworben, daß sie etwas für Deutschland erreichen wollen, und das war auf unseren Staat bezogen. Diese Verwendung des Begriffes ist unzureichend, ist verkürzend, ist eine Brüskierung gegenüber den Deutschen, die in Leipzig und Rostock leben; sie haben nicht verdient, daß man sie ausgrenzt, ihnen einen minderen Status zubilligt. Deutschland umfaßt beide Teile.

Es gibt einen an der Kultur und Sprache festgemachten Begriff »Deutschland«. Mein Eindruck ist, daß die DDR sich in die gemeinsamen kulturellen Traditionen wieder einfädelt. Geschieht das nicht nachdrücklicher als bei uns?

Es gibt in der DDR einen sehr viel größeren Nachholbedarf, so daß die Anstrengungen, sich der eigenen Geschichte zu vergewissern, große Aufmerksamkeit finden. Obwohl sie seit Jahren gemacht werden, sind sie immer noch etwas Neues, aber ich sehe nicht, daß damit etwas geleistet würde, diese Anbindung an die kulturelle Vergangenheit, an das Erbe, wie man in der DDR sagt, was bei uns nicht geleistet worden wäre – früher. Die Herstellung der kulturellen Gemeinschaft wird in Ost und West unvermindert betrieben.

Gehört dazu die größere Freiheit des Austausches auf literarischem Gebiet?

Das sind erfreuliche Fortschritte. Daß eine große Zahl von DDR-Autoren in die Bundesrepublik emigrieren, ist ein unerfreulicher Umstand.

Bezogen auf die aktuelle Situation, was muß inhaltlich unter deutschen Interessen verstanden werden?

Das gesamtdeutsche Interesse ist, die Nation als Realität zu erhalten, und deshalb ist das erste Interesse dasselbe wie das Interesse aller Menschen, den Frieden zu bewahren. In der gegebenen Situation hat dieses gemeinsame Interesse aber ganz spezifische Wirkungen, und zwar begrüßenswerte, auf die Beziehungen zwischen Bundesrepublik und DDR.

Ferner besteht ein übergreifendes Interesse daran, das Bewußtsein, wir gehörten einer Nation an, zu erhalten. Ich bin überzeugt, es wird auch in zwanzig, dreißig Jahren nicht verschwunden sein. Auf noch längere Zeiträume hin zu prognostizieren wäre wenig sinnvoll, weil die Entwicklung des Verhältnisses zwischen den beiden deutschen Staaten vom Verhältnis der beiden Großmächte zueinander entscheidend abhängt.

Es bringt Vorteile, wenn wir den Bürgern der Bundesrepublik und der DDR gleichermaßen die Möglichkeit eröffnen, ihre eigene Identität selbst zu finden, so wie sie ihren Bedürnissen entspricht. Aber die Identität wird nun einmal von der gemeinsamen Geschichte geprägt. Ein neuer Umerziehungsprozeß, der uns das Gefühl für unsere nationale Zusammengehörigkeit abgewöhnen möchte, wäre schädlich für alle, ganz abgesehen davon, ob er gelingen könnte.

Ist denn dieses Gefühl bei uns wirklich vorhanden?

Ich denke, daß man die Frage nach dem Bestand dieses Gefühls streng trennen muß von Antworten auf die Fragen nach der Einheit, nach dem Wunsch, die Zweistaatlichkeit zu überwinden. In beiden Staaten sind die Bewohner gegenüber ihrem Staat von dem Bewußtsein motiviert, Bürger dieses Staates zu sein, zugleich aber ist das, was ich die »Gefühlseinheit« nennen möchte, eine Realität. Natürlich beschränkt sich die Wirkung dieses Zusammengehörigkeitsgefühls auf bestimmte Felder: Kultur, Sprache, Erlebnis der Landschaft.

Unzweifelhaft haben etwa die Franzosen in ihrer Sprache das wesentliche Vehikel für ihre nationale Identität. Beherrschung der Sprache und ihre Verwendung sind dort nicht Privileg einer gebildeten Oberschicht, es gibt große Autoren, die für jedermann präsent sind. Das hat es bei uns noch nie gegeben, heute weniger denn je, wo sich neben den Klassen- auch Generationssprachen entwickeln. Reduziert sich demnach dieses nationale Band der Sprache nicht darauf, daß man sich im Alltag mühelos versteht? Das aber hätte mit einem übergreifenden Kulturbesitz nichts zu tun.

Das kann ich so nicht sehen. Ich weiß, daß die Herausbildung und Vergewisserung der nationalen Identität ein großes Problem ist, aber das gab es in der einen oder anderen Form auch in der Vergangenheit. Gleichwohl ist ein Selbstverständnis, Deutsche zu sein, vorhanden, und es ist ungeachtet der Störungen, die nicht zuletzt mit unserer jüngsten Vergangenheit zu tun haben, weiterhin lebendig. Die Tendenz, hier größere Klarheit zu erlangen, ist erkennbar. Die Folgerung, es gebe diese Identität nicht, nur weil sie nicht so dicht zu motivieren ist wie etwa bei den Franzosen, würde ich nicht ziehen.

In Frage drei des Arbeitspapieres nenne ich vier Faktoren – sehr unterschiedlichen Gewichts–, die ich auch Eckwerte des Status quo nennen könnte: Teilung, Oder-Neiße-Linie, Berlinstatus, Vorbehaltsrechte, und frage, worin sich eventuell am ehesten Veränderungen erzielen ließen.

Es gibt eine Bereitschaft zur Veränderung in keinem der von Ihnen genannten Punkte. Das gilt für jetzt. Wagte man eine Spekulation in die Zukunft hinein, dann ist die Unwahrscheinlichkeit, daß sich etwas ergeben könnte, bei den einzelnen Punkten unterschiedlich. Der härteste Sachverhalt ist die Oder-Neiße-Linie, an die nun wirklich niemand auf der Welt heran will und von der auch wir Deutsche endlich erkennen sollten, daß ihr Fortbestand eine Grundbedingung unserer Existenz in Frieden ist.

Bei einer Weiterentwicklung der Entspannungspolitik könnte ein Zugewinn an europäischer Sicherheitsstabilität dazu führen, daß sich an den Vorbehaltsrechten der Alliierten Abstriche machen ließen mit entsprechender Rückwirkung auf den Status Berlins.

Es gibt auch Vorbehaltsrechte der UdSSR gegenüber der DDR.

Selbstverständlich. Das Potsdamer Abkommen ist die Basis der Vorbehaltsrechte. Die Zuständigkeit für

Deutschland als Ganzes liegt bei den vier Siegermächten. Das gilt auch für die DDR, hat dort dasselbe politische Gewicht als hier, vielleicht ein größeres, weil dort diese Zuständigkeit ständig beschworen wird.

Wir haben formell keinen Friedensvertrag, aber die vertraglichen Regelungen sind de facto die Grundlage für die relative Souveränität beider Staaten. Die Geschichte ist voll von Beispielen dafür, daß besiegte Völker stets versuchten, die ihnen mit einem Friedensvertrag auferlegten Lasten und Verluste zu mindern oder sie ganz loszuwerden. Zum Untergang der Weimarer Republik hat dieses Streben zentral beigetragen. Ist etwas damit Vergleichbares 1945 festzustellen?

Der Versailler Vertrag läßt sich mit den Vorbehaltsrechten in keiner Weise vergleichen. Was sich daran allenfalls vergleichen ließe, gehört sowohl bei uns wie in der DDR der Vergangenheit an, und diese Veränderungen sind nicht, da haben Sie recht, auf nationalistische Aktivitäten der Deutschen zurückzuführen, sondern auf das Zerbrechen der Kriegskoalition der Sieger, das nicht nur von den beiden deutschen Regierungen im Eigeninteresse benutzt werden konnte, sie sind zur Kooperation geradezu genötigt worden. Was von den Vorbehaltsrechten in Geltung geblieben ist, darf in seiner politischen Bedeutung nicht überschätzt werden, und das geschieht auch nicht. Gäbe es ernsthafte Bemühungen, das eine oder andere Vorbehaltsrecht abzuschaffen, es könnte, wie ich glaube, erreicht werden. Aber es gibt ein stillschweigendes Einverständnis, daß man daran nicht rüttelt, und dabei spielt der Status Berlins die entscheidende Rolle. Wir wissen, daß wir West-Berlin aus eigener Kraft nicht halten könnten. Wir dürfen überhaupt nicht in die Lage kommen, in der es zu einem Problem werden könnte, ob die Bundesrepublik die Verbindungslinien nach West-Berlin aufrechterhalten kann oder nicht.

Halten Sie eine Politik des Ausgleichs für möglich, deren Ergebnis es wäre, West-Berlin zum Bundesland zu machen?

Auf weite Sicht schließe ich das nicht aus. Derzeit gibt es dafür keine Aussicht. Ich glaube auch nicht, daß es irgendeinen Sinn haben könnte, eine Konzeption in dieser Richtung zu entwickeln. Konzeptionen, die auf weite Sicht grundsätzliche Veränderungen anstreben, haben bisher immer nur die Wirkung gehabt, die Politik der kleinen Schritte nachhaltig zu stören.

Bei jungen Menschen ist eine verstärkte nationale Orientierung zu bemerken. Zeigen sie damit eine in die Zukunft weisende Haltung, oder ist darin auch Kritik an den Generationen zu sehen, die unter klarer Vernachlässigung nationaler Interessen die Bundesrepublik zu dem gemacht haben, was sie ist?

Was Sie »nationale Orientierung« nennen, ist meines Erachtens nicht identisch mit dem Verlangen nach Wiedervereinigung. Sie kann damit zusammenfallen, aber sie muß nicht. Es wird immer zu fragen sein, zu welchem Preis soll die Wiedervereinigung erfolgen. Würde sie nichts kosten, uns sozusagen als Geschenk angeboten werden, was freilich auszuschließen ist, dann würde die übergroße Mehrheit der Deutschen die Wiedervereinigung sofort akzeptieren. Unter den Umständen, die man vor sich sehen muß, um zu einer Preisvorstellung zu kommen – Neutralität, Verzicht auf bestimmte Rechte, Austritt aus Bündnissen und so weiter bis hin zu Auflagen, die die innere Struktur eines wiedervereinten Deutschland beträfen –, ergeben sich die voraussehbaren Konsequenzen, die zu Reserven gegenüber einer solchen Lösung der deutschen Frage führen. Das Risiko wäre erheblich, durch die Neutralisierung auf einen deutschen Sonderweg mit nicht vorhersehbaren Folgen gestoßen zu werden. Es ist etwas anderes, der Wiedervereinigung pauschal und emotional einen hohen Rang einzuräumen oder sich die Bedingungen klarzumachen, unter denen sie, wenn überhaupt, zu haben wäre.

Mein Eindruck ist, daß sich das Engagement für die Wiedervereinigung während der vierzig Jahre unserer Staatlichkeit in Wellenbewegungen verändert hat und daß die Wellen derzeit wieder höher schlagen, so hoch, daß es zu dem Vorschlag kommen konnte, zwischen Abrüstung und Wiedervereinigung ein Junktim herzustellen. Sehen Sie das ähnlich?

Es gibt ein gleichbleibendes Interesse an allen Ausdrucksformen der Zusammengehörigkeit und am Ergehen der Bürger im anderen Staat. Dieses vorwiegend gefühlsmäßig motivierte Interesse kann durch akute Probleme gemindert werden, die nur den eigenen Staat betreffen, und es kann ansteigen durch Vorgänge, die oftmals gar nicht real sind, sondern in den Bereich der Propaganda gehören. Es kann aber dieses emotionale Engagement für die Wiedervereinigung durchaus auch insofern positive Wirkungen haben, als sie die Bemühungen um das verstärkt, was ich den Brückenschlag nennen möchte. Daß in Verbindung mit der Reformpolitik Gorbatschows bei uns irreale, diffuse Erwartungen formuliert wurden, sollte so ernst nicht genommen werden, zumal sie sogleich massiver Kritik begegnet und vom Tisch gewischt worden sind.

Kürzlich hat in Aschaffenburg eine Runde von Politikern und Publizisten zwei Tage lang über das Thema »Patriotismus nach Auschwitz?« diskutiert. Meines Erachtens wäre eine solche Veranstaltung noch vor drei Jahren nicht möglich gewesen. Unser derzeitiger Bundespräsident spricht von der Wiederherstellung eines normalen, eines vernünftigen Nationalgefühls. Was ist da im Gange?

Ich glaube nicht, daß es sich um eine Besonderheit der letzten Jahre handelt. Die Bemühungen um Klärung der Fragen: Was ist eigentlich deutsch? – Inwiefern gehören wir zusammen oder auch nicht? – Was sind die Kräfte, die unser Selbstverständnis bestimmen? – Wohin lassen sie sich lenken? – das hat kluge Köpfe und auch größere Gruppen in der einen oder anderen Form immer beschäftigt. Auch die Politik der sozialliberalen Regierung war von solchen Überlegungen begleitet, wenn vielleicht auch nicht mit dem Tiefgang, mit dem sie neuerdings wieder einmal angestellt werden. Es ist nun einmal so, daß wir Deutsche uns in einem Dilemma unseres Selbstverständnisses befinden.

Mir scheint, daß die Bindekraft eines vorher noch nie von den breiten Schichten in gleicher Weise erfahrenen Wohlstandes schwindet. Darin sehe ich die Ursache, daß wir uns den Ruf verschaffen konnten, sozusagen Patentdemokraten zu sein. Könnte mit diesem Schwinden der Versuch einer ideologischen Emotionalisierung von oben nach unten etwas zu tun haben?

Es hat seitens der Regierung in Bonn niemals den Versuch gegeben, die Forderung, das Zusammengehörigkeitsgefühl müsse erhalten oder gestärkt werden, von der Tagesordnung zu streichen. Gerade in der Zeit des »deutschen Wunders« ist von Adenauer in bedenkenloser Weise propagiert worden, die Westintegration stehe der Wiedervereinigung nicht entgegen, sie diene vielmehr ihrer Verwirklichung. Das zeigt, die Bereitschaft, sich gefühlsmäßig zu engagieren, war immer vorhanden. Gewiß lassen sich Wellenbewegungen feststellen, aber ein starkes Auf- und Abwärts hat es nicht gegeben. Heute steht fest, daß Adenauer das Wiedervereinigungsversprechen nur als ein Instrument der innenpolitischen Auseinandersetzung benutzt hat.

Alle loben den Fortschritt in den deutsch-deutschen Beziehungen, auch jene, die zugleich Wiedervereinigungspropaganda betreiben. Aber sind diese Fortschritte nicht gerade deshalb zu erzielen, weil sich die beiden Staaten konsolidiert haben, und ist jeder neu erreichte Fortschritt nicht zugleich ein Beitrag zu dieser Konsolidierung?

Das ist eine Sache mit zwei Seiten. Wer die Existenz des anderen gefährdet oder in Frage stellt, wird mit ihm keine Verabredungen treffen können. Die Zunahme von Querverbindungen führt natürlich zu einer Verfestigung des Status quo, zur Stabilisierung beider Regierungen, beider Staatsformen. Aber das ist nur die eine Seite. Das andere: Isolation wird durchbrochen, Herausforderung findet statt, auch Konfrontation, das bedeutet: in Frage stellen, Verunsicherung. Daß muß nicht zu Systemveränderungen führen, soll es auch nicht, aber es kann Kräfte mobilisieren, die auf Veränderungen innerhalb des bestehenden Systems hinwirken. Bislang ist das ein Prozeß, dem sich die DDR einseitig ausgesetzt sieht, aber ich glaube nicht, daß die Bundesrepublik davon verschont bliebe, falls die DDR besonders im Bereich der

Wirtschaft, der Versorgung der Bevölkerung zu größeren Erfolgen käme als bisher. Ihre Ineffektivität ist es, die ihr ein Einwirken auf die Verhältnisse in der Bundesrepublik bisher erschwert, ja nahezu unmöglich gemacht hat. Aber das muß nicht so bleiben. Einflüsse sind vorstellbar, die uns veranlassen könnten, das Angebot des Grundgesetzes ernster zu nehmen, als es seit Adenauers Zeiten geschieht. Das betrifft insbesondere den sozialen und den Bildungsbereich, in denen die Benachteiligung einzelner Gruppen offensichtlich ist. Da ist manches in der DDR geleistet, was wir nachzuvollziehen hätten. Ich glaube nicht, daß auf die Dauer die Einflußnahme eine Einbahnstraße ist.

Was jetzt in der UdSSR versucht wird – gesetzt den Fall, es läßt sich erfolgreich weiterführen –, müßte den gesellschaftspolitischen Kitt, den die antikommunistische Ideologie darstellt, etwas eintrocknen lassen. Wäre damit nicht auch eine Aufwertung der DDR uns gegenüber verbunden, etwa dadurch, daß die Realität ihrer inneren Verhältnisse objektiv zur Kenntnis genommen wird – eine Notwendigkeit, die der strikte Antikommunismus blockiert hat?

Ich hoffe, daß solche Konsequenzen sich ergeben, sie können uns nur nützen, indem die Alternative zu unserer Gesellschaftsform, die sich sozialistisch nennt, es wegen fehlender Demokratie aber nicht ist, größere Attraktivität gewinnt. Käme es zu einem offenen Wettlauf der Systeme, so könnten wir nicht in der Selbstgefälligkeit verharren, die verhindert, daß auch solche Probleme in Angriff genommen werden, die danach schreien. Entweder der Kommunismus bleibt, wie er ist, dann werden wir in der Abwehrposition verharren; verändert er sich aber in der Richtung, von der durch Gorbatschow erste Anzeichen zu sehen sind, dann habe ich die Herausforderung nicht zu fürchten.

Also Abbau des tradierten Feindbildes »die Russen« oder »der Kommunismus«?

Nur wenn er stattfindet, kann die Attraktivität entstehen, von der ich sprach. Aus meiner Sicht ist der Abbau des Feindbildes in vollem Gang.

Die SPD hat sich für die Abrüstungspläne unumwunden zu einer Zeit ausgesprochen, als das Regierungslager noch nicht unter amerikanischem Druck in dieser Sache eine 180-Grad-Wendung vorgenommen hatte. Doch sie hat, wie ich glaube, die Chance nicht ergriffen, frontal die Ideologie des Antikommunismus anzugreifen.

Das kann man so sehen, aber vergessen Sie nicht, daß es noch nicht entschieden ist, ob sich Gorbatschow durchsetzt. Es ist auch noch nicht klar, was er letztendlich unter innerer Demokratie wirklich versteht. Sich sozusagen auf ihn voll zu verlassen wäre, für wen auch immer, also auch für die SPD, die unverzichtbare Voraussetzung gewesen, die CDU/CSU wegen ihres noch fortbestehenden Antikommunismus massiv anzugreifen. Aber wir sagen uns heute: Mal sehen, was aus alledem wird. Doch das reicht nicht aus, um den innenpolitischen Kampf so zu führen, wie Sie ihn offenbar seitens der SPD gern geführt gesehen hätten.

Gerade bei jungen Menschen ist die Bereitschaft groß, die geweckten Hoffnungen zu verinnerlichen, worüber die SPD nachdenken sollte.

Was als Angebot Gorbatschows zu verstehen ist, wurde von der SPD verstanden und begrüßt.

Noch einmal: Wie bewerten Sie diese bei Teilen der jungen Generation erkennbare Aufwertung nationaler Ideen oder, besser gesagt, der Vaterlandsliebe?

In der Beurteilung dieser zweifellos sich abzeichnenden Entwicklungen bin ich noch sehr zögernd. Ich sehe, daß junge Leute in begrenzter Zahl sich emotional für die deutsche Frage engagieren. Aber ob das eine Kraft ist, die eine Breitenbewegung hervorbringt, kann ich noch nicht beurteilen und neige eher zu einem Nein.

Sehen Sie bei den Grünen eine Linie?

Die tun sich sehr schwer damit. Was die sogenannten jungen Linken mit ihrem nationalen Affekt angeht, so sind sie vielleicht nicht mehr als eine Diskussionsgruppe. Aber ihre Ungeduld ist zu verstehen. Immer wird über die Wiedervereinigung getönt, aber es geschieht nichts. Der Anspruch zwischen Reden und Handeln ist evident, aber er kann nicht behoben werden durch mehr Handeln, sondern durch weniger Reden. Die offizielle Lesart ist, wir machen die Wiedervereinigung über Europa. Wenn Europa vereint ist, finden sich auch die Deutschen wieder in einem Staat zusammen – eine ebenso phantastische wie irreale Spekulation. Das ist beinahe so verwegen wie Adenauers Behauptung, die Westintegration sei die Vorstufe der Wiedervereinigung. Was Europa betrifft, so sehe ich keinen Schritt, der weiter reichen würde als bis zur Einigung von Westeuropa. Da auch diese Einigung, obschon in dieser Richtung immerhin, wenn auch mit Schneckentempo etwas geschieht, in weiter Ferne liegt, so läßt sich damit auch die Wiedervereinigung in eine ganz ferne Zukunft verlegen mit der Behauptung, es geschehe etwas für sie. Eigentlich sollte niemanden abgenommen werden, daß unvereinbare Ziele wie die Integration Westeuropas und die Wiedervereinigung der Lösung der deutschen Frage dienen. Sicher bewegt sich etwas in Richtung bescheidener Souveränitätsverzichte der westeuropäischen Nationalstaaten, aber was da auch geschieht, hat an der Ostgrenze der Bundesrepublik sein Ende. Für Lippenbekenntnisse zur Wiedervereinigung sind unsere Nachbarn stets zu haben, aber das hilft der Bundesregierung nur, das Problem mit Scheinargumenten zu verdrängen.

Franz Josef Strauß

wurde 1915 in München geboren. 1939 legte er das Staatsexamen als Lehrer an höheren Schulen ab und wurde kurz darauf zum Wehrdienst eingezogen. Nach Kriegsende bestellten ihn die Amerikaner zum stellvertretenden Landrat in Schongau. Er gründete den Kreisverband der CSU in Schongau und gehörte seit 1946 dem Landesvorstand an. 1948 wurde er Generalsekretär der CSU. 1953 trat er als Bundesminister für Sonderaufgaben in das Kabinett Adenauer ein. Im Oktober 1955 wurde er Minister für Atomfragen, im Oktober 1956 Verteidigungsminister. Sein Rücktritt wurde durch die *Spiegel*-Affäre herbeigeführt. Im Kabinett der Großen Koalition wurde er 1966 Finanzminister. Von Anfang an zählte er zu den heftigsten Gegnern der Entspannungspolitik der SPD-FDP-Regierung. Im Oktober 1974 errang die CSU bei den Landtagswahlen einen sensationellen Sieg: Sie erhielt 62,1 Prozent der Stimmen. Strauß ist seit November 1978 Ministerpräsident in Bayern und hält als Vorsitzender der CSU die Bonner Regierungskoalition auf Trab.

Die Fragen des Verfassers beantwortete Franz Josef Strauß im Mai 1988 schriftlich.

Was ist für Sie Deutschland, oder wie sollte nach Ihrer Meinung ein Deutschland aussehen, für das die »deutsche Frage« als gelöst anzusehen wäre?

Die deutsche Frage ist nicht in erster Linie von Grenzziehungen bestimmt. Sie ist unlösbar verbunden mit der Frage nach Freiheit und Selbstbestimmung für alle Deutschen. Im Vordergrund steht die Forderung nach Gewährung des Selbstbestimmungsrechts und nach Wiederherstellung demokratischer Zustände in allen Teilen Deutschlands.

Ich erinnere in diesem Zusammenhang an meine Rede, die ich vor dreißig Jahren, am 20. März 1958, als Verteidigungsminister im Deutschen Bundestag gehalten habe. Ich sagte damals: »Ich möchte drei Gesichtspunkte nennen, die leicht, isoliert für sich allein begriffen, [. . .] gegen den Urheber verwendet werden können. Weder Abrüstung noch Frieden, noch Wiedervereinigung sind absolute Werte. Abrüstung im Sinne einer einseitigen Abrüstung, daß man selbst keine Waffen hat, können wir jederzeit haben, wenn wir wollen. Frieden in dem Sinne, daß man sich nicht zu wehren braucht oder sich nicht mehr wehren kann, können wir auch jederzeit haben. [. . .] Ist es denn wirklich die Wiedervereinigung, die uns in erster Linie drängt, quält, bedrückt und treibt? Es ist doch weniger die Wiedervereinigung im Sinne der Wiederherstellung der staatlichen Einheit Deutschlands – es ist doch mehr das Herzensanliegen der Wiederherstellung demokratischer und menschenwürdiger Zustände in diesem Gebiet.«

Ich erinnerte damals an einen historischen Vergleich, der auch heute nichts von seiner politischen Aussagekraft zum Thema der deutschen Einheit und Freiheit verloren hat. Nach dem Ersten Weltkrieg gab es ein Wiedervereinigungsproblem anderer Art: den Zusammenschluß der neuen Österreichischen Republik mit dem Deutschen Reich. Einstimmig beschloß die provisorische Staatsregierung in Wien das Gesetz über die Staatsform, dessen Artikel 2 lautete: »Deutsch-Österreich ist ein Bestandteil der Deutschen Republik.« Die verfassunggebende Nationalversammlung wiederholte am 12. März 1919 diesen Beschluß. Deutlicher konnte der Wille der Österreicher zu einem gemeinschaftlichen deutschen Staat nicht ausgedrückt werden. Aber ungeachtet des erklärten Willens der demokratischen Vertretung Österreichs bestimmte der Artikel 88 des Friedensvertrags von Saint-Germain: »Die Unabhängigkeit Österreichs ist unabänderlich.«

Hitler löste das Anschlußproblem dann auf seine Weise und zerstörte es im Zuge derselben Politik. Mit dem österreichischen Staatsvertrag vom 15. Mai 1955, mit der Erklärung der Neutralität Österreichs, waren alle Anschlußüberlegungen formell und endgültig abgetan. Leiden wir darunter, daß diese Einheit verlorengegangen ist? Nein! Der Begriff Anschluß oder Zusammenschluß ist zwischen Deutschen und Österreichern kein politisches Thema mehr, geschweige denn ein Herzensanliegen. Das hängt nicht nur damit zusammen, daß Österreich nicht Bestandteil des Bismarck-Reiches war, sondern vor allem damit, daß die Österreicher bei außenpolitischer Neutralität ihre Staats-, Gesellschafts- und Lebensform selbst bestimmen, also in politischer und menschlicher Freiheit leben können. Wer von Bad Reichenhall nach Salzburg geht, der überquert eine Grenze, aber keine politische Wasserscheide. Anders ist es für den, der von Hof nach Plauen will – der überquert zwar keine völkerrechtliche Grenze, wohl aber eine Wasserscheide zweier Gesellschaftssysteme. Deshalb ist der politische Kampf der Deutschen um die Einheit ihrer Nation in erster Linie ein Kampf um die Freiheit für alle Deutschen.

Das ist der moralische und geschichtliche Hintergrund

der deutschen Frage und unserer Deutschlandpolitik. Hier liegen die moralischen und geschichtlichen Ziele dieser Politik. Ob und wann die deutsche Frage als gelöst anzusehen ist, entscheidet sich nicht an Hand von Grenzziehungen und Gebietszuweisungen. Die deutsche Frage ist dann gelöst, wenn alle Deutschen in freier Selbstbestimmung über ihre politische Zukunft entscheiden können. Alle Vermutungen sprechen dafür, daß sie sich für die Wiederherstellung der nationalen Einheit aussprechen würden. Sollten sie jedoch aus Gründen, die heute noch niemand absehen kann, eine andere staatliche Organisationsform wählen, wäre auch dies im Sinne der Selbstbestimmung eine Lösung der deutschen Frage.

Wie definieren Sie »nationales Interesse«?

In der Deutschlandpolitik sind uns wichtige Aufgaben gestellt:
- die Wahrung der deutschlandpolitischen Rechtspositionen,
- die Weitergabe des gesamten kulturellen und geschichtlichen Erbes der Deutschen,
- die Erhaltung des Willens zur Wiederherstellung der nationalen Einheit,
- die Vermeidung aller der Wiedervereinigung entgegenstehenden Festlegungen und die politische Aufwertung der Bundesrepublik Deutschland in West und Ost, in Nord und Süd.

Die Bayerische Staatsregierung hat mit ihrer von mir angeregten Klage gegen den Grundlagenvertrag erreicht, daß das Bundesverfassungsgericht am 31. Juli 1973 die rechtlichen Grundlagen der Deutschlandpolitik bestätigt hat:

1. Das Deutsche Reich besteht juristisch fort. Demnach können die deutschen Grenzen endgültig erst in einem Friedensvertrag mit einer aus freien Wahlen hervorgegangenen gesamtdeutschen Regierung festgelegt werden. Bis dahin tragen die vier Mächte weiterhin die Verantwortung für ganz Deutschland.
2. Es gibt nur eine einheitliche deutsche Staatsbürgerschaft.
3. Bei der innerdeutschen Grenze handelt es sich um

eine staatsrechtliche Grenze ähnlich denen, die zwischen den Ländern der Bundesrepublik Deutschland verlaufen.

Auch die Ostverträge haben nichts an der völkerrechtlichen Lage Deutschlands und an der Viermächteverantwortung für ganz Deutschland geändert. Vor allem sind sie keine Grenzanerkennungsverträge.

Die kulturellen Leistungen, die von den Deutschen in den Gebieten jenseits von Oder und Neiße, im östlichen Mitteleuropa, in Ost- und Südosteuropa erbracht worden sind, sind das gemeinsame Erbe aller Deutschen, das wir pflegen und bewahren und an die kommenden Generationen weitergeben müssen.

Bayern erfüllt seine deutschlandpolitische Pflicht. Im Ländervergleich nimmt der Freistaat mit seinen finanziellen Aufwendungen für die ostdeutsche Kulturarbeit einen einsamen Spitzenplatz ein. Weit über vierzig Prozent aller Ländermittel werden von Bayern aufgebracht.

Es müssen größte Anstrengungen unternommen werden, damit das gemeinsame Erbe aller Deutschen von der Generation, die die Kulturlandschaften im Osten und Südosten noch selbst als ihre Heimat erlebt und gestaltet haben, an die kommenden Generationen weitergegeben werden kann.

Für eine politische Lösung der deutschen Frage müssen wir mit langen geschichtlichen Zeiträumen rechnen. Darum ist es besonders wichtig, das Bewußtsein von der Zusammengehörigkeit aller Deutschen und damit den Willen zur Wiederherstellung der nationalen Einheit zu erhalten und zu fördern. Diesem Ziel dient die von mir mit initiierte Deutschlandpolitik. Seit 1983 wurde der Reiseverkehr bedeutend erleichtert und erweitert, die Zusammenarbeit in Wirtschaft, Wissenschaft und Kultur wurde verbessert. Auch in Zukunft muß es das Ziel unserer Deutschlandpolitik sein, daß möglichst viele Kontakte zwischen den Deutschen diesseits und jenseits der innerdeutschen Grenze ermöglicht werden. Das dient dem Zusammenhalt der Nation und schafft die unabdingbare Voraussetzung für eine spätere Wiederherstellung der nationalen Einheit.

Reduziert man die »deutsche Frage« auf die deutsche Teilung, die Oder-Neiße-Linie, den Berlinstatus, die Vorbehaltsrechte der Alliierten, ließe sich dann sagen, daß sich vier Jahrzehnte nach dem Krieg in irgendeiner Hinsicht eine Bereitschaft abzeichnet, diese Basisfakten zu überprüfen, und wenn ja, in welcher Richtung: hin zu einer vermehrten Absicherung des Status quo oder zugunsten dessen, was man »das nationale Interesse der Deutschen« nennen könnte?

Vierzig Jahre sind im Leben eines Menschen eine sehr lange Zeitspanne. Ich verstehe daher alle Mitbürgerinnen und Mitbürger, die unter der Teilung Deutschlands leiden und über vier Jahrzehnte nach dem Ende des Krieges der Meinung sind, daß eine Lösung der deutschen Frage keinen Aufschub mehr duldet. Aber der Zweite Weltkrieg hat in Deutschland und Europa Veränderungen von historischen Ausmaßen geschaffen. Solche Veränderungen können auch nur in historischen Zeiträumen wieder korrigiert werden.

Wenn heute eine Zwischenbilanz gezogen wird, können die in der Fragestellung aufgeführten vier Punkte nicht isoliert gesehen werden. Der innere logische Zusammenhang und die historisch-politischen Erfahrungen in den vergangenen Jahrzehnten beweisen zur Genüge, daß keiner dieser Punkte für sich allein verändert oder gar gelöst werden kann, sondern daß sie alle zusammen die deutsche Frage ausmachen und nur in einer umfassenden Regelung einer Lösung zugeführt werden können.

Eine solche Lösung zeichnet sich im Augenblick noch nicht ab. Immerhin ist es aber gelungen, die deutsche Frage offenzuhalten, so daß die Möglichkeiten, die sich aus den zukünftigen Entwicklungen ergeben werden, voll genutzt werden können.

Welche Zukunftsperspektiven hat die Deutschlandpolitik?

Die deutsche Frage ist nicht in einem Alleingang der Bundesrepublik Deutschland oder in einer alleinigen politischen Kraftanstrengung des Westens zu lösen. Sie kann ebensowenig von der DDR alleine oder im Zusammenwirken mit den anderen Ostblockstaaten gelöst werden. Die deutsche Frage ist auch nicht in einem deutschen Sonderweg nach dem Grundsatz »Deutsche an einen Tisch!« zu bewältigen.

Verantwortungsbewußte Deutschlandpolitik setzt voraus, daß man die großen weltpolitischen Zusammenhänge erkennt, daß man in den Makrokosmos der Weltpolitik den Mikrokosmos der Deutschlandpolitik einordnet.

Dort, wo den Deutschen nach 1945 die freie Entscheidung möglich war, haben sie sich klar und eindeutig für die Freiheit entschieden. Diese Entscheidung für die Freiheit ist das geschichtliche Gesetz, unter dem wir angetreten und dem wir ohne Wenn und Aber verpflichtet sind.

Die Freiheit bildet seither die Grundkategorie unserer politischen Ziele und unseres politischen Handelns. Die Erhaltung der Freiheit dort, wo sie gegeben, die Sicherung der Freiheit dort, wo sie gefährdet, die Wiedergewinnung der Freiheit dort, wo sie verloren ist – in diesem Dreiklang liegen nach meiner Überzeugung seit vier Jahrzehnten vorrangig Auftrag und Herausforderung deutscher Politik.

Weil die Freiheit – wie ich schon ausgeführt habe – den Kern der deutschen Frage ausmacht, konnten bei der Wiederherstellung der nationalen Einheit bisher noch keine Fortschritte erzielt werden.

Es gibt kein politisches, wirtschaftliches oder militärisches Angebot, das für die Führung der Sowjetunion attraktiv genug wäre, den Deutschen in dem von der Sowjetunion beherrschten Teil unseres Vaterlandes die volle Selbstbestimmung einzuräumen und damit unabsehbare Folgen für den Bestand des sowjetischen Imperiums in Europa in Kauf zu nehmen. Die Sowjetunion war bisher noch nicht einmal bereit, überhaupt in Gespräche einzutreten, die zu einer Wiederherstellung der deutschen Einheit in Freiheit hätten führen können. Dennoch brauchen wir weder in der Gegenwart zu verzagen noch in der Zukunft zu verzweifeln. Die Auseinandersetzung zwischen der Ordnung der Freiheit und dem kommunistischen Zwangssystem findet heute nicht mehr auf den Schlachtfeldern der Kriege und den Barrikaden der Revolutionen statt, sondern auf andere Weise und auf anderen Gebieten. Die schnelle Entwicklung der naturwissenschaftlichen Forschung und ihrer technischen Anwendung bedeutet auch und gerade für die kommunistischen Systeme neue Herausforderungen. Wenn sie mit den wissenschaftlich-technischen und wirtschaftlich-organisatorischen Entwicklungen mithalten wollen, müssen sie ihre Strukturen ändern. Wir können noch nicht im einzelnen sagen, zu welchen politischen Veränderungen im sowjetischen Imperium eine solche nicht mehr aufhaltbare Entwicklung führen wird. Aber wir dürfen darin auch für unsere deutschlandpolitischen Ziele langfristig eine hoffnungsvolle Zukunftsperspektive sehen.

Auch mein Gespräch mit Generalsekretär Gorbatschow hat mich in dieser Auffassung bestärkt: Angesichts der innenpolitischen Ziele Gorbatschows und der Schwierigkeiten, die er auf dem Weg zu diesen Zielen zu überwinden hat, können wir davon überzeugt sein, daß Gorbatschow an alles andere denkt als an eine militärische Kraftprobe mit dem Westen. Darum bestand bei meinen Gesprächen mit Generalsekretär Gorbatschow völlige Übereinstimmung, daß der Krieg heute nicht mehr wie zu Clausewitz' Zeiten die Fortsetzung der Politik mit anderen Mitteln sein kann. Mit meiner Ansicht, daß Krieg in unserer Zeit kein Mittel der Politik mehr sein kann und Kriege nicht mehr kalkulierbar, nicht mehr führbar, nicht mehr denkbar sind, habe ich in Moskau ungeteilte Zustimmung gefunden. Der Zusammenhang all meiner Gespräche hat keinen Zweifel an der Aufrichtigkeit dieser Überzeugung gelassen.

Wenn Krieg kein Mittel der Politik mehr sein kann, muß sich daraus ein Wandel in der sowjetischen Außenpolitik ableiten und spürbar werden. Nur eine gute Verfassung der Weltwirtschaft kann den Westen in die Lage versetzen, der Sowjetunion auf dem Weg zu einer wirklich liberalen Politik als Gegenleistung für einen Wandel in der sowjetischen Außen- und Rüstungspolitik auf breiter Basis Angebote zu einer umfassenden Zusammenarbeit auf wissenschaftlichem und kulturellem Gebiet zu unterbreiten, aber keine Vorleistungen zu erbringen. Weder abgrundtiefer Pessimismus noch überzogener Optimismus sind die richtigen Orientierungspunkte, diese neue Entwicklung zu beobachten. Realitätssinn, Gelassenheit und Wachsamkeit sind gefragt und gefordert.

Weil eine Lösung der deutschen Frage erst in einem größeren zeitlichen Zusammenhang zu erwarten ist, müssen wir die rechtlichen Grundlagen unserer deutschlandpolitischen Ansprüche erhalten. Ich habe deshalb auch in Moskau keinen Zweifel an meiner Haltung aufkommen lassen, sondern mit allem Nachdruck betont, daß ich von der Einheit der deutschen Nation ausgehe, auch wenn derzeit in Deutschland zwei Staaten bestehen. Ich werte es als einen großen Erfolg, daß Generalsekretär Gorbatschow diesem Bekenntnis zur Einheit der Nation, wenn auch unter den gegebenen Umständen in zwei Staaten, nicht widersprochen hat. Niemand wollte auf das sonst übliche Gerede von den zwei Nationen, einer »kapitalistischen« und einer »sozialistischen«, zurückgreifen. Für eine mit Geduld, Ausdauer und langem Atem betriebene Deutschlandpolitik ist auch dies ein hoffnungsvolles Zeichen.

Gibt es in der Bundesrepublik Deutschland dieses nationale Interesse an der Wiedervereinigung? Wenn nein, warum nicht? Wenn ja, wer oder was steht dahinter? Was läßt sich zu diesem Punkt über die DDR sagen?

Das Interesse an der Wiederherstellung der nationalen Einheit ist in der Bundesrepublik Deutschland ohne Zweifel vorhanden. Die Aufmerksamkeit, mit der diese Fragen in der Öffentlichkeit diskutiert werden, beweist dies zur Genüge. Auch dieses Buchprojekt geht ja von einem solchen Interesse aus.

Alle Anzeichen deuten darauf hin, daß die Einheit der Nation auch unseren Landsleuten in der DDR ein erstrebenswertes Ziel ist. Gerade für sie bildet die Hoffnung, mit der Einheit zugleich die Freiheit zu gewinnen, einen zusätzlichen Anreiz, für die Einheit der Nation einzutreten.

Wird dieses nationale Interesse als vorhanden angesehen, ließe sich dann sagen, daß es diesbezüglich in der Geschichte der Bundesrepublik Deutschland eine Art »Wellenbewegung« gegeben hat? (Hier sei erinnert an »Macht das Tor auf!« oder »Schlesien ist unser«.) Lassen sich bestimmte Bedingungen – beispielsweise Veränderungen im vorparlamentarischen Raum, also in der Parteienlandschaft – dafür anführen, daß die »deutsche Frage« mal schwächer, mal stärker ritualisiert wird?

Die Beobachtung einer »Wellenbewegung« ist sicherlich zutreffend und beschreibt einen natürlichen Vorgang. Unmittelbar nach Kriegsende waren die meisten Deutschen von der Vorstellung erfüllt, daß der widernatürliche Zustand der Teilung unserer Nation keinesfalls lange andauern könne. Erst im Laufe der Zeit setzte sich dann die Einsicht durch, daß wir es bei der deutschen Frage mit einem langen historischen Prozeß zu tun haben, bei dem keine kurzatmigen Aktionen zum Ziel führen.

Mochten manche Beobachter im In- und Ausland geglaubt haben, die deutsche Frage würde sich im Laufe der Zeit von selbst erledigen, weil die nachwachsenden Generationen das Interesse daran verlieren würden, so müssen sie sich inzwischen eines Besseren belehren lassen. Der Wunsch einer Nation, soweit wie möglich in einem gemeinsamen Staat zu leben, ist so naturgegeben, daß er sich auf Dauer doch Geltung verschafft. Er mag vorübergehend verdeckt sein, aber er kommt immer wieder zum Durchbruch.

Seit der Wende in Bonn erleben wir, daß sich das Interesse an der deutschen Frage wieder deutlicher äußert und daß die damit zusammenhängenden Probleme mit größerer Breitenwirkung als vorher in der Öffentlichkeit erörtert werden. Veränderungen in der Parteienlandschaft sind dafür nicht die Ursache, sondern die Folge. Splitterparteien auf der rechten Seite des politischen Spektrums haben versucht, das wiederbelebte nationale Interesse für ihre Zwecke zu nutzen und ein paar Wähler auf ihre Seite zu ziehen. Eine ausschlaggebende Bedeutung bei der Entwicklung des politischen Klimas kommt ihnen aber nicht zu.

Sehen Sie in den Vorbehaltsrechten der Alliierten ein politisches Instrumentarium, gesamtdeutsche Initiativen abzublocken?

Für die Antwort sind drei Gesichtspunkte wichtig:

1. Die drei Westmächte haben sich im Deutschlandvertrag eindeutig verpflichtet, mit uns zusammen auf die Wiederherstellung der nationalen Einheit in Freiheit hinzuarbeiten. Es liefe unseren eigenen Interessen zuwider, wenn wir sie durch grundlose Spekulationen aus dieser Verpflichtung entlassen würden.
2. Da unsere deutschlandpolitischen Rechtspositionen, auf die wir uns im Streben nach Wiederherstellung der nationalen Einheit stützen, mit den Rechten und der Verantwortung der vier Mächte aufs engste verbunden sind, liegt es auch in unserem eigenen Interesse, daß gesamtdeutsche Initiativen stets innerhalb des bestehenden rechtlichen Rahmens entwickelt werden. Die Bundesrepublik Deutschland hat sich bisher auch streng daran gehalten.
3. Die Sowjetunion besitzt gegenüber der DDR genügend Möglichkeiten, ihrem politischen Willen Geltung zu verschaffen, ohne daß sie sich dabei auf deutschlandpolitische Rechtstitel berufen muß.

Sind geltende Bestimmungen, Berlin seitens der Alliierten als Einheit zu behandeln, durchlöchert worden, und, wenn ja, wie konnte es dazu kommen?

Die Tatsachen sind bekannt und brauchen hier nicht im einzelnen aufgelistet zu werden: Entgegen der Rechtslage wurde der östliche Teil Berlins in das Staatsgebiet der DDR einbezogen, gleichzeitig wurde die Freizügigkeit innerhalb ganz Berlins erheblich eingeschränkt.

Das spektakulärste Ereignis in diesem Zusammenhang war ohne Zweifel der Bau der Mauer. Ich habe damals als Verteidigungsminister eng mit Konrad Adenauer zusammengearbeitet. Unser vordringlichstes Ziel war es, eine bewaffnete Auseindersetzung in und um Berlin zu vermeiden. Denn ein Krieg hätte mindestens die Zerstörung Deutschlands bedeutet. Weil der Westen aber über keine anderen Druckmittel verfügte, konnte er dieser und anderen Maßnahmen, die von der Sowjetunion und der Führung in der DDR zu Stabilisierung des Regimes für notwendig gehalten wurden, nichts entgegensetzen. Andererseits konnte jedoch verhindert werden, daß die Lebensfähigkeit des freien Teils Berlins und die Rechte der westlichen Alliierten beeinträchtigt wurden.

Wie stehen Sie zu der These, daß jede Verbesserung der deutsch-deutschen Beziehungen zwangsläufig die deutsche Teilung festschreibe, weil die Voraussetzungen solcher Verbesserungen die zunehmende, auf der Selbstsicherheit beider Staaten beruhende Freiheit sei, deutsch-deutsche Probleme bilateral zu regeln? (In diesem Zusammenhang verdient Interesse, daß die Bedingungen für Genehmigungen zur Ausreise aus der DDR in die Bundesrepublik ersichtlich erleichtert werden.) Mit anderen Worten: Sollten Sie die Ansicht teilen, daß die Verbesserung der deutsch-deutschen Beziehungen die Grenze zwischen der DDR und der Bundesrepublik Deutschland immer mehr verfestigt – so daß schließlich auch die Bundesrepublik die DDR als »Ausland« wird anerkennen müssen–, ist es dann nicht erstaunlich, daß sowohl Politiker wie Medien solche Verbesserungen ausnahmslos begrüßen?

Könnte es sein, daß die enormen Vorteile, die die besonderen deutsch-deutschen Beziehungen auch in wirtschaftlicher Hinsicht bedeuten (an der EG vorbei), eine gewisse Zweigleisigkeit der Argumentation mit sich bringen?

Hier wäre auch darauf einzugehen, ob nach Ihrer Meinung der »Alleinvertretungsanspruch« mit seinen staatsrechtlichen Konsequenzen letztlich dem gesamtdeutschen Interesse mehr nutzt oder mehr schadet?

Die im ersten Teil der Frage dargestellte These teile ich überhaupt nicht. Wie ich schon in der Antwort zur zweiten Frage erklärt habe, dienen gerade möglichst enge Beziehungen dazu, das Verbindungsgeflecht zwischen den Deutschen in der Bundesrepublik Deutschland und in der DDR zu erhalten und zu verstärken und damit das Bewußtsein von der Zusammengehörigkeit der ganzen Nation und den Willen zur Widerherstellung der nationalen Einheit wachzuhalten. Zusätzlich tragen die menschlichen Erleichterungen, die seit 1983 erreicht wurden, dazu bei, daß die Folgen der Teilung Deutschlands für die unmittelbar betroffenen Menschen weniger schmerzlich sind. Es bedarf also keiner Rücksichtnahme auf vermeintliche wirtschaftliche Vorteile, wenn Politiker und Journalisten Verbesserungen im innerdeutschen Verhältnis begrüßen.

Die Verbesserung der innerdeutschen Beziehungen muß aber einhergehen mit der konsequenten Wahrung unserer deutschlandpolitischen Rechtspositionen. Darum muß die Bundesrepublik Deutschland auch an der einheitlichen deutschen Staatsbürgerschaft festhalten.

Solange es unseren Landsleuten in der DDR verwehrt ist, ihren politischen Willen frei zur Geltung zu bringen, haben diejenigen Deutschen, denen nach dem Krieg ein Neuaufbau in Freiheit ermöglicht wurde, die moralische Pflicht, auch die Interessen ihrer Landsleute zu wahren. Es geht hierbei nicht um ein politischs Kalkül, sondern um eine Grundfrage der politischen Moral. Diese Haltung ist aber nach meiner Überzeugung auch dem gesamtdeutschen Interesse dienlich. Solange wir von der Einheit der deutschen Nation ausgehen, können wir nicht einen Teil unserer Landsleute als Ausländer ansehen und aus der Gemeinschaft der Nation ausgrenzen.

Es zeichnet sich bei den jungen »neuen Linken« ein emotionales Engagement an der »deutschen Frage« ab. Wie beurteilen Sie dieses Phänomen? Worauf ist es nach Ihrer Meinung zurückzuführen?

Ein neutralistischer Materialismus mag da oder dort durchscheinen und zu einem emotionalen Engagement führen. Aber das gewachsene Interesse an der deutschen Frage umfaßt die verschiedensten Bevölkerungsschichten und Angehörige der unterschiedlichsten politischen Richtungen. Der sogenannten »neuen Linken« kommt dabei keine Sonderstellung zu.

Die Wiedererweckung von Patriotismus oder Nationalgefühl und -stolz wird offenbar auf mancherlei Weise versucht. Warum jetzt? Der amtierende Bundespräsident hat ein »vernünftiges Nationalgefühl« gefordert.

Deutsches Nationalgefühl, das die Massen eingebunden hat, gibt es frühestens seit den Befreiungskriegen gegen Napoleon. Es ist eine Geburt auf dem Schlachtfeld. Kennen Sie Phasen deutscher Nationalgeschichte, in denen breite Schichten national aufgeladen werden konnten, ohne daß sie gleichzeitig zur Aggression gegen wirkliche oder erfundene Gegner (Feinde) aufgerufen worden wären?

Der Wunsch, zu einer nationalen Identität zu finden, ist völlig natürlich und nirgendwo auf der Welt Anlaß zu besorgten oder gar selbstquälerischen Fragen. Die verhängnisvolle Epoche der nationalsozialistischen Gewaltherrschaft hat bewirkt, daß die Deutschen bereits seit Beginn der Naziherrschaft und dann verstärkt seit dem Ende des Zweiten Weltkrieges im Unfrieden mit ihrer eigenen Geschichte leben, daß sie an ihrem Selbstverständnis als Nation zweifeln. Es ist nicht das Werk geschickter Propagandisten, wenn seit einigen Jahren eine politische Grundstimmung um sich greift, die nach einem geläuterten Nationalgefühl strebt.

Voraussetzung dafür ist, daß wieder der Blick auf die ganze deutsche Geschichte geöffnet wird. Die deutsche Geschichte darf nicht auf die Zeit von 1933 bis 1945 oder vom Ersten Weltkrieg bis 1945 eingeengt werden. Die Deutschen sind eine normale Nation, weder die Engel noch die Verbrecher der Weltgeschichte. Sie nehmen es nicht hin, daß ihre Geschichte kriminalisiert wird als endlose Kette von Irrtümern und Untaten, die immer neue Schuldbekenntnisse erfordern.

Über vierzig Jahre nach dem Ende des Zweiten Weltkrieges sollten wir unsere Zeitbestimmung nicht dauernd auf ihn abstellen. Politische Entscheidungen dürfen nicht nur unter dem Gesichtspunkt getroffen werden, ob sie eine genügend deutliche und anerkannte Gegenposition zum Dritten Reich bilden. Gefordert ist eine mutige deutsche Politik, die sich nicht immer neue Kreidekreise aufzwingen läßt oder selbst vorschreibt.

Wir brauchen ein geläutertes Nationalbewußtsein. Die nationale Identität zu vergötzen war genauso verhängnisvoll, wie die Preisgabe der nationalen Identität für die Zukunft unseres Volkes und Europas verheerend wäre. Wir wollen weder eine Jugend von Nationalisten noch von Nihilisten. Wir sollen die Lehren aus den großen Fehlentscheidungen und Fehlwegen der deutschen Politik des 20. Jahrhunderts mit ihren katastrophalen Folgen ziehen, aber uns nicht das lähmende Stigma der gezeichneten Nation aufzwingen lassen.

Die deutsche Geschichte hat Höhen und Tiefen wie die Geschichte aller Völker. Es gibt darin nicht nur Scheitern und Versagen, sondern auch Leistungen, auf die wir alle stolz sein können, mit denen Deutsche wesentlich zur politischen, wirtschaftlichen, sozialen und kulturellen Entwicklung Europas und der Welt beigetragen haben. Darum liegt es auch im Interesse aller anderen europäischen Völker, daß die Deutschen nicht auf Dauer mit einer kriminalisierten Geschichte leben müssen.

Die Erinnerung an die positiven Leistungen darf beim Gedenken an die dunklen Zeiten der deutschen Geschichte nicht verschüttet werden. Beides zusammen legt uns eine hohe Verantwortung auf, die großen Aufgaben der Gegenwart und Zukunft zu bewältigen, damit auch an der Schwelle zum dritten Jahrtausend die Menschen in wirtschaftlicher und sozialer Sicherheit, vor allem aber in Frieden und Freiheit leben können.

Sind Ihnen Untersuchungen bekannt, mit denen der Frage nachgegangen worden ist, welcher Preis gegebenenfalls dafür anzubieten wäre, daß außer den Schutzmächten USA und UdSSR auch die europäischen Nachbarstaaten in eine Diskussion über die Wiederherstellung eines Gesamtdeutschland eintreten würden? Was würden Sie selbst politisch zu bezahlen bereit sein?

Ich habe bereits erläutert, daß die Wiederherstellung der nationalen Einheit ein langer geschichtlicher Prozeß sein wird. Es ist daher nicht zweckdienlich, zum jetzigen Zeitpunkt darüber zu spekulieren, welche politischen Gegenleistungen gegebenenfalls erbracht werden könnten. Sinn und Wert solcher Gegenleistungen sind von den politischen Rahmenbedingungen abhängig, die heute noch nicht vorhersehbar sind. Aus meinen Antworten zu den vorangegangenen Fragen ergibt sich aber eindeutig, daß der Preis der Einheit keinesfalls die Freiheit sein dürfte. Denn die Freiheit ist und bleibt der Kernpunkt unserer deutschlandpolitischen Ziele.

Horst Teltschik

geboren 1940, studierte Politikwissenschaft, Neuere Geschichte und Völkerrecht an der Freien Universität Berlin, 1968 bis 1970 wissenschaftlicher Assistent am Otto-Suhr-Institut, Freie Universität Berlin, 1970 bis 1972 Leiter der Gruppe Außen- und Deutschlandpolitik in der CDU-Bundesgeschäftsstelle, 1972 bis 1976 Referent in der Staatskanzlei Rheinland-Pfalz, 1977 bis 1982 Leiter des Büros des Vorsitzenden der CDU/CSU-Bundestagsfraktion. Seit Oktober 1982 Leiter der Abteilung für Auswärtige und Innerdeutsche Beziehungen, Entwicklungspolitik, Äußere Sicherheit im Bundeskanzleramt.

Was ist für Sie Deutschland?

Diese Frage wird interessanterweise wieder aktueller, wobei die Diskussionen aus meiner Sicht konfus verlaufen. Ich glaube, daß eine Analyse der Lage in Europa, in Ost und West, für die Frage, ob die Wiedervereinigung auf die Tagesordnung der internationalen Politik gesetzt oder Teil der operativen Außenpolitik werden kann, zu negativen Ergebnissen führt. Solche Überlegungen stimmen mit den heutigen Realitäten nicht überein. Nach wie vor können wir in der Deutschlandpolitik, operativ gesehen, nicht mehr, aber auch nicht weniger tun, als in den letzten Jahrzehnten versucht wurde: die Auswirkungen der deutschen Teilung für die betroffenen Menschen zu mildern. Zweitens müssen wir einen Prozeß fördern, der den Dialog zwischen Ost und West vorantreibt, der den Menschen vor allem in der DDR, aber auch bei uns zugute kommt. Wir dürfen die deutsche Frage nicht losgelöst sehen von der Gesamtentwicklung in Osteuropa einschließlich der Sowjetunion und nicht von der Entwicklung in Westeuropa. Wir können die deutsche Frage nicht herauslösen aus den West-Ost-Beziehungen im ganzen. Sie läßt sich nicht isolieren.

Sie haben auf operative politische Maßnahmen abge-

hoben. Aber ich habe direkt gefragt: Was ist für Sie Deutschland?

Ich gehöre einer Generation an, die aufgrund des Zweiten Weltkriegs ihre Heimat verloren hat, obwohl der Stammsitz meiner Familie in Mähren nachweisbar bis 1301 zurückreicht. Für mein Leben und für meine Arbeit habe ich daraus zwei Schlußfolgerungen gezogen: Erstens alles zu tun, damit Krieg und Vertreibung sich nicht wiederholen; zweitens mein Verständnis vom Vaterland über den deutschen Nationalstaat hinauszuführen und in die Vision eines Grenzen überwindenden, freiheitlichen und geeinten Europa einzubinden.

Politisch gesehen, gehören für mich zu Deutschland heute die Bundesrepublik und die DDR. Rechtlich gesehen, ist das wesentlich komplexer. Für mich ist Deutschland nicht vorrangig eine territoriale Frage. Ich berufe mich dabei sehr gern auf Konrad Adenauer. Ich glaube, daß wir an seiner Aussage festhalten sollten, weil sie sehr bewußt gewählt war. Adenauer sprach immer davon, daß Freiheit vor Einheit kommt. Das heißt, es muß uns zuallererst darum gehen, für alle Deutschen, wo immer sie leben, in der DDR, in Polen, in der Sowjetunion oder anderswo, immer mehr Menschenrechte zu erstreiten. Wenn das dazu führen würde, daß am Ende die Deutschen in der DDR in einer freien und geheimen Wahl sich entscheiden könnten, als eigener Staat fortexistieren zu wollen, hätten wir das natürlich zu akzeptieren. Dies wäre für mich ein Akt der Selbstbestimmung.

Derartiges wäre doch nur bei einer gründlichen Veränderung der gesellschaftspolitischen Verhältnisse zu erwarten, und es ist zu fragen, ob sich hinter dieser Argumentationsweise nicht die Vorstellung verbirgt, daß die DDR dann wie die Bundesrepublik Deutschland auszusehen habe?

Das sehe ich nicht so. Die freie Entscheidung der Bürger ist vorstellbar im Rahmen politisch-gesellschaftlicher und ökonomischer Strukturen, die zwar bestimmt anders aussehen müßten als die gegenwärtigen in der DDR, aber nicht notwendigerweise identisch sein müßten mit denen, die wir jetzt in der Bundesrepublik Deutschland haben. Diese Zielsetzung kann nur eine langfristige sein. Sie setzt einen Prozeß voraus, der vor allem in der Sowjetunion in Gang kommen und zu strukturellen Veränderungen führen muß.

Ist derartiges im Gange?

Das ist natürlich eine der jetzt meistdiskutierten Fragen. Alle verfolgen mit Aufmerksamkeit und Spannung, was sich in der Sowjetunion ereignet. Unbestreitbar gibt es Ankündigungen und Entwicklungen, die in diese Richtung weisen. Aber wie lange dieser Prozeß andauern wird, ob er verstärkt wird, das wissen wir nicht. Vieles bewegt sich noch an der Oberfläche. Falls Gorbatschow keine Strukturen verändert, wird er wie seine Vorgänger den Punkt erreichen, an dem das System erneut stagniert. Er hat erkannt, daß es eine Wechselwirkung zwischen wirtschaftlichen und politischen Reformen gibt. Als drittes kommt hinzu, und dem gilt meine besondere Aufmerksamkeit, daß er der geistigen Elite seines Landes mehr Spielraum verschaffen will. Das betrifft Medien, Theater, Film, Schriftsteller. Die politische Rolle der geistigen Elite war in der slawischen Welt immer viel größer als im Westen. Gewinnt Gorbatschow die geistige Elite, dann hat er gewissermaßen den Transmissionsriemen, über den Veränderungen tatsächlich wirksam werden könnten. Veränderungen in Rußland sind nie von Bauern und Arbeitern ausgegangen.

Von wo sonst?

Sie sind immer von oben ausgegangen. Und dazu haben häufig die geistigen Eliten, die sogenannten Intellektuellen, gehört.

Es könnte eine zweite Entwicklung hinzukommen; doch halte ich es für verfrüht, sie schon als Realität zu sehen: Strukturveränderungen in der Sowjetunion können vielleicht dazu führen, daß die DDR für die Sowjetunion längerfristig einen anderen Stellenwert erhält, als sie ihn heute hat.

Da könnte es dann auch zu einem formellen Friedensvertrag kommen, obwohl er eigentlich schon überflüssig geworden ist. Mir ist nie ganz klargeworden, warum die »Großen Drei« in Potsdam diesen Friedensvertragsvor-

behalt gemacht haben, der ja nun in die irreale Diskussion über die Oder-Neiße-Linie argumentativ eingegangen ist. Haben Sie dafür eine Erklärung?

Die Motive der »Großen Drei« zu analysieren würde hier wohl zu weit führen; für mich ist nur die Frage wichtig, welche Relevanz hat der Friedensvertragsvorbehalt heute? Für mich besteht er im wesentlichen darin, daß die Viermächteverantwortung für ganz Deutschland und für Berlin, also die alliierten Vorbehalte, noch gelten.

Eines Tages wird und muß der Zeitpunkt kommen, an dem für Deutschland der normale Status eines souveränen Landes wiederhergestellt wird. Es muß einen formalen Akt geben, der diese alliierten Sonderregelungen beziehungsweise die Viermächteverantwortung aufhebt, wenn das Selbstbestimmungsrecht für die Deutschen verwirklicht werden soll.

Das berührt meine dritte Frage. Wenn man die deutsche Frage etwas gewaltsam reduziert auf Oder-Neiße-Linie, Teilung, Berlinstatus, Vorbehaltsrechte, ließe sich dann sagen, daß sich vierzig Jahre nach dem Krieg erkennen läßt, daß diese Basisfakten überprüft werden oder überprüft werden sollen?

Es vollziehen sich Veränderungen schon einmal dadurch, daß die DDR im Einvernehmen mit der Sowjetunion Statusveränderungen vollzieht. Das betrifft Ost-Berlin. Dennoch zeigen die Erfahrungen, daß die Sowjetunion sehr bewußt gewisse Rechte unangetastet läßt, weil sie weiß, daß sie damit über ein Instrumentarium der Kontrolle und Diszplinierung verfügt. Wenn zum Beispiel im letzten Jahr in der *Prawda* ein Artikel erschienen ist, in dem über die deutsche Nation nachgedacht worden ist, so hat ein solcher Beitrag zwei Adressen, die Bundesrepublik Deutschland und auch die DDR als Bündnispartner, dem man immer wieder aufzeigen kann, welche Möglichkeiten zur Disziplinierung vorhanden wären. Für uns hat der Viermächtestatus zwei Seiten: Die eine ist die, daß er einen Anspruch darauf enthält, diesen künstlichen Zustand der Teilung eines Tages doch überwinden zu können, und zweitens hat er eine

Schutzfunktion, weil sie die drei Westmächte gegenüber uns verpflichtet. Das heißt, wir können diese Statusfragen nicht in Frage stellen. Wichtig ist und bleibt die Rolle, die West-Berlin in diesem Konzept spielt, wenn sich die West-Ost-Beziehungen, insbesondere die innerdeutschen Beziehungen, entwickeln. Es kann für uns nicht die alleinige Frage sein, wie wir diesen Status sichern, sondern wie können wir die West-Ost-Beziehungen mitgestalten, damit sie auch Berlin zugute kommen. Das ist etwas anderes als nur Status-quo-Denken. Daß man sich hierbei immer auf einer Gratwanderung befindet, ist auch klar. Ich habe bei Vorträgen, die ich gelegentlich halte, einmal sowjetischen Zuhörern in Moskau gesagt, wenn man sich die Geschichte der Deutschen ansieht, die Geschichte eines dynamischen, kreativen Volkes – ich bin überzeugt, auch unsere Nachbarn sehen das so –, dann weiß man, daß sich ein solches Volk nicht mit einem so künstlichen Zustand der Teilung auf die Dauer abfinden wird. Die Aufgabe, die sich uns stellt, ist es, den Status quo so zu überwinden, und zwar gemeinsam mit unseren Nachbarn, daß dabei kein neues Unheil in Europa angerichtet wird.

Was dahintersteht, sind nationalstaatliche Vorstellungen, die in vieler Hinsicht nicht mehr die Realität treffen.

Nicht zwangsläufig. Konrad Adenauer hat einmal gesagt, daß wir zu vielem bereit wären, wenn sich gesellschaftliche und politische Veränderungen grundsätzlicher Art in Richtung von mehr Freiheit und mehr Menschenrechten in der DDR vollziehen sollten.

Die von Frau Noelle-Neumann herausgefragten Prozentzahlen sprechen dafür, daß das Interesse an der Wiedervereinigung lebhaft ist. Trifft das Ihrer Meinung nach zu?

Die Daten sprechen dafür, daß dieses Interesse vorhanden ist. Ob es sich auf die territoriale Frage bezieht oder mehr gefühlsmäßig ist, ohne damit bestimmte Vorstellungen zu verbinden, ist schwer zu entscheiden. Ich glaube, daß die Betroffenheit der Deutschen sehr unterschiedlich ist. Es gibt sehr Engagierte und andere, denen die deutsche Frage völlig gleichgültig ist. Ich sähe eine Gefahr darin, wenn sich dieses Engagement auf territoriale Fragen verengen würde. Vorrangig muß es uns um Freiheit und Menschenrechte gehen.

Wir haben aber auch zwei gegenläufige Prozesse: Einerseits wollen wir mit der Westintegration Grenzen überwinden, andererseits ist in einigen Köpfen eine gewisse Renationalisierung im Gange, die genau in die andere Richtung führen würde.

Wenn Herr von Weizsäcker von einem vernünftigen Nationalgefühl spricht, dann läßt sich das doch nur projizieren auf den Staat, in dem wir leben, die Bundesrepublik.

Ich weiß nicht, ob man das Nationalgefühl in dieser Weise verengen darf. Ich halte ein Nationalgefühl, das die DDR einschließt, für unverzichtbar, weil es Aufgabe der freien Deutschen sein muß, Anwälte der Deutschen auf der anderen Seite zu sein. Wenn wir es nicht sind, wer wäre dann Anwalt der berechtigten Ansprüche und Interessen der Bürger in der DDR? Wir bleiben in der Sache nicht glaubwürdig, wenn wir uns in Nicaragua für Menschenrechte einsetzen, in Südafrika, aber es nicht in der DDR tun. Ich habe in Berlin studiert; ich habe viele Freunde in Ost-Berlin und in der DDR, deren Schicksal ich über Jahre verfolgt habe, und ich fühle mich ihnen sehr persönlich verpflichtet. Teil meines Nationalgefühls ist es eben auch, mich für ihre Menschenrechte einzusetzen.

Worauf beruht es, daß durch die Jahrzehnte eine gewisse Wellenbewegung in diesem mal stärker, mal schwächer sich ausdrückenden Nationalgefühl feststellbar ist?

Ich glaube, das ist die Folge der politischen Entwicklungen, die sich nach dem Krieg in Europa vollzogen haben. Der Schock der Teilung hat seine Nachwirkungen gehabt, die Tatsache der massenhaften Fluchtbewegung aus der DDR in die Bundesrepublik Deutschland, die Krisen, die sich um Berlin praktisch bis 1961 kontinuierlich wiederholt haben, alles das hat das Bewußtsein geschaffen, daß hier etwas überhaupt nicht in Ordnung ist. Wenn Sie meine Generation betrachten – ich war als Wehrpflichtiger 1960/62 bei der Bundeswehr –, wir haben als Zwanzigjährige in der Zeit des Mauerbaus und der Kubakrise erlebt, daß die Bundeswehr mobilisiert wurde. Ich habe den Kennedy-Besuch 1963 in Berlin erlebt, als die ganze Stadt unterwegs war, um die stärkste westliche Schutzmacht in der Person ihres Präsidenten zu begrüßen. Damals gab es keinerlei Proteste. Kennedy konnte sich völlig frei auf dem Campus der Freien Universität bewegen. Dies ist leider heute nicht möglich, weil das Bewußtsein des ständigen Bedrohtseins gerade in der jungen Generation nicht mehr vorhanden ist. Vieles hat sich verändert. Dennoch müssen Sie eines sehen: Interessanterweise bahnt sich eine Entwicklung an, daß auch die politische Linke verstärkt die Teilung Deutschlands und die Frage der nationalen Identität diskutiert. Der Sohn von Willy Brandt hat ein Buch darüber veröffentlicht. Hinzu kommt die Tatsache, daß sich in den letzten vier Jahren die Zahl der Besucher in beiden Richtungen drastisch erhöht hat.

Eine halbe Million im letzten Jahr.

Über fünf Millionen! Ich bin überzeugt, daß dies dazu beiträgt, daß die deutsche Frage wieder virulenter wird. Dieses neue Interesse der politischen Linken an der deutschen Frage und die Forderungen der politischen Rechten stehen in einer Wechselwirkung. Das ist für mich bedenklich, weil wir im Augenblick in der Bundesrepublik eine Tendenz des wechselseitigen Hochschaukelns erleben. Von rechten Gruppen, das erfahren wir aus Zeitschriften und Veröffentlichungen, kommt die Forderung, die deutsche Frage operativ in die internationale Politik einzubringen. Sie kündigen ihre Bereitschaft an, für die deutsche Einheit den Preis der Neutralisierung zahlen zu wollen. Genau in diesem Punkt treffen sich die Rechte und die Linke.

Demgegenüber gibt es für mich keinen Zweifel, daß sich die Bundesrepublik immer stärker der internationalen Verantwortung stellen muß. Wir sind mehr denn je auf internationale Zusammenarbeit angewiesen. Dabei erleben wir gegenläufige Trends. Bei den Grünen findet

Westeuropa überhaupt nicht statt. Sie wollen aus der Bündnisverpflichtung der Nato heraus. Eine ähnliche Tendenz zeichnet sich bei Teilen der SPD ab. Beim Kanzlerkandidaten Rau kam in seinen programmatischen Reden Europa gar nicht vor. Ein wichtiges SPD-Mitglied sagte mir dazu, warum hätte Rau in seinen Reden darauf eingehen sollen, Europa sei doch kein populäres Thema. Interessanterweise gibt es jetzt auch immer mehr Leute, die darüber spekulieren, daß die Sowjetunion bereit sein könnte, in den nächsten Jahren konkrete Angebote in der deutschen Frage zu unterbreiten. Eine realistische Analyse der sowjetischen Interessenlage beweist jedoch, daß die Sowjetunion derzeit kein Interesse daran haben kann, uns substantielle Angebote zu machen. Es liegt jedoch in ihrem Interesse, daß solche Diskussionen in der Bundesrepublik Deutschland stattfinden, weil sie die Zugehörigkeit der Deutschen zum Westen nach innen wie nach außen in Zweifel ziehen. Uns aber aus internationalen Verpflichtungen herauslösen zu wollen steht im totalen Widerspruch zu unseren eigenen Interessen.

Eine erhebliche Verstärkung des Selbstbewußtseins der DDR glaube ich zu sehen. Heißt das nicht, daß damit eine Abwertung der »deutschen Frage« im Sinne der Wiedervereingiung verbunden ist? Und noch mehr: Die fortschreitende Verbesserung ihrer gegenseitigen Beziehungen der Bundesrepublik Deutschland und der DDR hat ja zur Voraussetzung die Stabilisierung der Zweistaatlichkeit. Daß an dieser Verbesserung bedingungslos auch diejenigen mitarbeiten, die gleichzeitig die Wiedervereinigung propagieren, das ist eigentlich schwer zu verstehen.

Ja und nein. Sicher deutet diese Stabilisierung darauf hin, daß die Lösung der deutschen Frage auch darin bestehen könnte, daß es auf Dauer zwei deutsche Staaten gibt. Aber man kann auch ganz anders argumentieren: Je enger die Kontakte werden und je stärker die Rolle der Ideologie in den kommunistischen Staaten relativiert wird, wenn Gorbatschow davon spricht, die Partei erhebe keineswegs den Anspruch, ein Monopol auf die Wahrheit zu haben, und in Prag sagte, die Kommunistische

Partei der UdSSR könne nicht für ihre Bündnispartner die Antworten auf alle Probleme vorschreiben, wenn wir also daraus schließen dürften, daß die Rolle der Ideologie in den Hintergrund tritt, dann hieße das, daß gesellschaftliche und politische Konflikte innerhalb der kommunistischen Systeme, aber auch zwischen Ost und West kompromißfähiger werden. Da könnte etwas in Gang kommen, was ganz andere Überlegungen zuließe: Es ist doch interessant, daß Herr von Berg im *Spiegel* über Konföderationspläne nachdenkt; wir lesen in der *FAZ* Äußerungen von französischen Diplomaten, die in diese Richtung denken; die Phantasie von Nachbarn regt sich, ob nicht Konföderationsmodelle Lösungen für die deutsche Frage anbieten. Das heißt also nicht: Vertiefung der Spaltung. Es ist aber viel zu früh, Aussagen darüber zu machen, auf welche Weise der Status quo schließlich überwunden werden kann.

Sind Ihnen Überlegungen bekannt, welchen Preis wir gegebenenfalls für die Überwindung des Status quo zu bezahlen bereit wären, das heißt, wie groß unsere Kompromißbereitschaft sein könnte?

Da gibt es keine einfache Antwort in dem Sinne, wir müssen die und die Konzessionen machen. Zwei Industriestaaten wie die Bundesrepublik Deutschland und die DDR, die zu den ersten zehn der Welt zählen, vereinigt zu einem Staat, das würde weder bei den osteuropäischen noch den westeuropäischen Nachbarn nur eitel Freude auslösen. Wir sehen doch die Sensibilität, mit der Frankreich die Grünen und gewisse Positionen in der SPD beobachtet oder die der Friedensbewegung: Alles deutet in Richtung Sonderweg Deutschlands. Allein schon die Vorstellung eines Sonderwegs der Bundesrepublik bereitet Kopfschmerzen, erst recht die eines geeinten Deutschland. Das heißt, eine Herauslösung der Bundesrepublik aus dem westlichen Integrationsprozeß ist für unsere westeuropäischen Nachbarn nicht akzeptabel. Deren Interesse zu gewinnen, sich an der Überwindung der Teilung, die ja nicht nur die Deutschlands, sondern auch die Europas ist, zu beteiligen, setzt voraus, daß wir eindeutig Bestandteil des freien Westens bleiben, daß wir

Partner sind und Freunde bleiben. Was Osteuropa betrifft, so ist es für die Polen, die Tschechen, die Ungarn auch leichter, mit uns zu reden, wenn wir eingebunden bleiben in die Allianz unserer westlichen Partner. Was an Kompromissen und Zusammenarbeit zwischen West und Ost möglich sein könnte, wurde eingeleitet mit dem KSZE-Prozeß. Die Großmächte sehen darin so etwas wie eine Spielwiese der kleinen Europäer. Er könnte aber doch dazu beitragen, daß sich zwischen Ost und West in Europa ein dynamischer Prozeß des Ausgleichs entwikkelt. Der Antagonismus könnte abgebaut und erträglicher werden.

Noch ein Wort zu der Problematik, die der sogenannte Historikerstreit, der ja viel mehr ist, aufgerissen hat und der sich ja nicht nur in der FAZ *abspielt. Nach meiner Meinung hätte er noch vor vier Jahren so nicht ausbrechen können. Woher kommt seine merkwürdige Durchschlagskraft, die gewiß nicht die breiten Schichten erreicht, aber doch einen großen Kreis der Intellektuellen?*

Die Frage wird immer wieder gerade von Ausländern gestellt, die darüber überrascht sind. Es ist in der Tat keine Kathederangelegenheit. Wir müssen davon ausgehen, daß siebzig Prozent der heutigen Bevölkerung nach dem Zweiten Weltkrieg geboren sind. Die Beschäftigung mit dem Dritten Reich und wie es dazu kommen konnte, erfolgt heute »unbefangener«, auch umfassender, was aber auch heißt, daß die größere »Unbefangenheit« auch zu einer wesentlich größeren Betroffenheit führt. Es übersteigt ja gerade die Vorstellungen derjenigen, die von dem millionenfachen Leid und Entsetzen des Naziregimes und des Krieges nichts mehr mitbekommen haben.

Das kann aber auch dazu führen, und es führt ersichtlich dazu, daß viele sagen: Das geht mich nichts mehr an, damit habe ich nichts zu tun gehabt.

Ich bin Jahrgang 40 und eigentlich mehr von der unmittelbaren Nachkriegszeit geprägt. Ich sehe es an mir selbst, daß ich durch diese Diskussion, die zu meiner Schulzeit nicht stattgefunden hat, eindringlicher vor die Frage gestellt bin: Wie konnten Menschen solche Verbrechen begehen? Das übersteigt in der Tat jede Vorstellungskraft. Der »Historikerstreit« facht diese Diskussion neu an. Es bleibt gar nicht aus, daß sich junge Menschen die Frage stellen: Welche Rolle spielen wir heute in der internationalen Politik, in Westeuropa, angesichts dieser Vergangenheit? Daraus resultiert unter anderem ein hoher moralischer Anspruch, aber auch ein Bedürfnis, sich soweit wie möglich aus internationalen Verwicklungen herauszuhalten. In meiner jetzigen Tätigkeit mache ich hingegen die Erfahrung, daß die Erwartungen im Ausland zunehmen, daß wir Deutsche uns wieder stärker engagieren und mehr internationale Verantwortung übernehmen. Tatsächlich wächst ja auch der Zwang aufgrund unserer eigenen Interessen, es zu tun. Es gibt zunehmend Probleme, die nur noch international zu lösen sind, und dabei denke ich gar nicht zuallererst an Rüstungs- und Abrüstungsprobleme, sondern an Umweltschutz, Energieversorgung, Terrorismus, um nur einige zu nennen. Auch die Arbeitslosigkeit können wir bei einer Exportquote von 35 Prozent nicht mehr national lösen. Dazu kommt, daß viele Staaten gerade in der Dritten Welt nach Partnern suchen, die nicht beherrschend sind. Sie knüpfen gerade an Europa und an uns im besonderen Erwartungen, die viel größer sind als die, die wir erfüllen könnten. Aber selbst jene, die wir erfüllen könnten, erfüllen wir häufig nicht, weil es an Problembewußtsein fehlt. Ich sehe eine meiner Aufgaben darin, dieses Bewußtsein zu stärken, daß wir wieder mehr internationale Verantwortung übernehmen müssen.

Deutsche Konstanten

Es soll hier versucht werden, das einzigartige Auf und Ab der kurzen Geschichte unseres Volkes als Nation verständlich zu machen, indem sie auf eindeutige, unveränderliche »einfache« Motive zurückgeführt wird, was bedeutet, das im Quellenmaterial nachweisbare, aktenkundige Geschehen, das sich dem Historiker höchst widersprüchlich und alles andere als »einfach« darbietet, in einen tieferen Zusammenhang zu stellen. Mit diesem Ansatz an das heranzugehen, was nicht selten pathetisch »das Schicksal der Deutschen« genannt wird, wodurch das kollektive politische Handeln einer höheren Macht angelastet wird, heißt die Abfolge des Ereignishaften als vorbestimmt, als unausweichlich ansehen.

Dem gelernten Historiker wird die Anerkennung eines monokausalen Prinzips in der Geschichte absurd erscheinen, sofern es sich nicht gerade um Jünger der Spenglerschen Auffassung von geschichtlichen Abläufen handelt. Daß etwa aus der Reichsgründung von 1871 der Erste Weltkrieg folgerichtig hervorgehen mußte, dafür fehlt ihm jeder Beweis. Er rekonstruiert die Entwicklung aus Quellen und trifft dabei immer wieder auf Konstellationen, die für Alternativen offen zu sein scheinen. Ihm wird die Annahme der Berechenbarkeit von Entwicklungen zwischen zeitlich auseinanderliegenden Sachverhalten als eine Art Sterndeuterei erscheinen. Er wird zum Beispiel die Ansicht vertreten, die Geschichte hätte vermutlich einen ganz anderen Verlauf genommen, wäre Friedrich nicht 1888 nach 99 Tagen Regierung gestorben und Wilhelm II. vielleicht erst mit fünfzig Jahren auf den Thron gekommen. Wäre dann der Erste Weltkrieg nicht am 1. August 1914 ausgebrochen? Wirklich nicht? War nicht ein Innendruck entstanden, der nach Explosion verlangte – unabhängig von imperialistischen Wunschvorstellungen der Wirtschaftsführer und von Kriegsruhmträumen eines Offizierskorps, das einen fast fünfzigjährigen Frieden nicht mehr ertrug?

Die Explosion im voraus zu datieren war freilich auch demjenigen nicht möglich, der den Ablauf der Geschichte von dominierenden, sich unveränderlichen, offenbar durch nichts außer Kraft zu setzenden Tendenzen bestimmt sieht. Aber er glaubt nicht, es sei etwa nur deshalb zum Ersten Weltkrieg gekommen, weil durch den frühen Tod eines Kaisers von Deutschland und Königs von Preußen die Lotterfigur dieses Wilhelm II. an die Spitze des brandneuen Reiches gelangt ist; und er sieht überhaupt nicht im Zusammenwirken mehr oder weniger zufälliger Personal- und Sachentscheidungen die eigentlichen »Triebkräfte« der Geschichte. Anders gesagt: Nach seiner Überzeugung wäre es auf dem Territorium des Deutschen Reiches nur dann nicht zum Ersten Weltkrieg, zum Nationalsozialismus, zum Zweiten Weltkrieg, zur Teilung des Reiches gekommen, wenn wir Deutsche nicht wir Deutsche wären.

An unserer kurzen Nationalgeschichte ist abzulesen, daß wir nicht die Freiheit haben, über unsere Zukunft nach vernünftiger Abschätzung unserer Möglichkeiten zu entscheiden. Wäre es seit 1877 nur einmal vorgekommen, daß wir uns – wie 1914 – selbstverschuldet ins Unglück gestürzt haben, so ließe sich daraus noch nicht auf eine Disposition zur Selbstzerstörung schließen. Eine unfähige Regierung wäre verantwortlich zu machen, und unfähige Regierungen treffen falsche Entscheidungen: Auf diese Weise entstehen Kriege – auch der Weltkrieg, der 1914 begann? Wer das glaubt, wer die Details wie ein Puzzle zusammensetzt, der macht aus deutscher Geschichte eine seltsame Anhäufung von »Betriebsunfällen«, die aus immer ganz neuen Konstellationen entstanden sind, ohne Zusammenhang untereinander. In dieser Sicht ist es nicht zu 1914, 1918, 1933, 1939, 1945 und schließlich zur Auflösung des Reiches gekommen, entwickelte sich die Bundesrepublik Deutschland, deren Geburtsurkunde ein leidlich liberales Grundgesetz ist, nicht zum Polizei- und Kontrollstaat, der Minderheiten kriminalisiert, weil wir Deutsche Deutsche sind, sondern weil die jeweiligen Verhältnisse entweder ungünstig gewesen seien oder bessere Lösungen nicht zugelassen hätten. Diese absichtliche Verfälschung der Geschichte des deutschen Nationalstaates, diese Ableugnung der mit Händen zu greifenden Kontinuität erlaubt, das deutsche Volk für ein Volk wie jedes andere anzusehen, was dann in letzter Konsequenz dazu führt, sogar die »Erfolge« seiner kriminellen Energie für ganz normal zu halten; wobei sich freilich gewisse Schwierigkeiten ergeben, aus denen man herauszukommen hofft, indem man ihnen eine spezifische Qualität abspricht oder sie, noch leichter, als eine böswillige Erfindung hinstellt. Das französische Pendant zur deutschen »Auschwitzlüge«, die ein konstitutives Element der öffentlichen Meinung bildet, bestünde darin, Napoleon I. zu einer erfundenen, allein in der Literatur vorkommenden Figur zu erklären.

Unser Freiraum für grundsätzliche Entscheidungen scheint von vorgegebenen Determinanten derart eingegrenzt zu sein, daß wir prinzipiell von der Möglichkeit, im wohlverstandenen Eigeninteresse vorausschauend vernünftig zu handeln, abgeschnitten sind. Wenn hier vom Bewegungsspielraum des Volkes gesprochen wird, so ist damit nicht die etwa in Volkszählungen ausgewiesene Gesamtbevölkerung gemeint, sondern eine Mehrheit in diesem Volk, die sich über Parteigrenzen hinweg unter einem ideologischen Dach zusammenfindet, wenn sogenannte Schicksalsfragen der Nation zur Entscheidung anstehen. Nur scheinbar werden sie von den Inhabern der Macht, von den Verfügungsberechtigten über das Gewaltmonopol des Staates, entschieden – im Extremfall in der Form einer Kriegserklärung –, könnten jedoch so nicht getroffen werden, wäre die Mehrheit nicht damit einverstanden.

Ihr Einverständnis bedarf nicht einer ausdrücklichen Bestätigung durch plebiszitäre Akte; es kommt in der Regel nicht durch Abstimmungen, sondern durch Stimmungen zum Ausdruck, in der öffentlichen und in der veröffentlichten Meinung, neuerdings auch in den Ergebnissen demoskopischer Erhebungen, die allerdings in allen wirklich entscheidenden Fragen fundamental irren, weil die Antworten tabuisiert sind. In dramatischen Situationen – nennen wir den Kriegsausbruch 1914 oder den Sieg über Frankreich Ende Juni 1940 – kommt es zu stürmischen Entladungen des Zustimmungspotentials, aber es ist eben so, daß das, was wir jubelnd feierten, der jeweils erste oder ein weiterer Schritt hin auf die nächste Krise war, wenn nicht gar auf die nächste Katastrophe.

Das Gewicht der Mehrheit reguliert den Gang der Geschichte, was voraussetzt, daß sich die Mehrheit selbst als politisches Subjekt zu erkennen vermag. In Deutschland sind die Zeiten, in denen das Volk nichts weiter war als das Ausführungsorgan, der Erfüllungsgehilfe der willkürlichen Befehle seines Souveräns (der es sogar wie Vieh an einen fremden Staat verkaufen konnte), erst seit den Befreiungskriegen vorbei. Seither kam es zu einem schrittweisen Rollentausch. Die im internationalen Vergleich als erheblich verspätet anzusehende Ausformung nationaler Identität, über die Gewißheit weder erlangt wurde noch wird, ließ operative Politik gegen die Mehrheit nicht mehr zu, unabhängig davon, ob es sich um eine Monarchie, eine Demokratie oder eine Diktatur handelt. Die irrtümliche Annahme, vom Einverständnis einer stumm gebliebenen Mehrheit ausgehen zu dürfen, wird von ihr immer schnell korrigiert – es war das Problem Bismarcks in den beiden letzten Jahrzehnten seiner Herrschaft –, aber es bleibt auch nicht die nachträgliche Zustimmung aus, wenn die Regierungen sozusagen ins Schwarze getroffen, das heißt die Stimmung der Mehrheit richtig eingeschätzt haben. Demoskopische Temperaturmessungen sind in der Bundesrepublik Deutschland eine Art pseudodemokratischer Sport geworden, Wahlkampfprogramme und -parolen werden den Wahlprognosen angepaßt.

Die Macht der Mehrheit, von der wir sprechen, ist nicht jene, die, in Demokratien parlamentarisch ausgeübt, die Vorhaben der Regierung legalisieren oder auch unterbinden kann. Sie übt politische Wirkungen aus, ist aber nicht reproduziert in Überzeugungen, die sich politisch irgendwo zwischen links und rechts vermessen ließen. Diese Macht ist die Projektion der psychologischen Befindlichkeit der Mehrheit ins Politische, im Identitätsbewußtsein reflektiert. Es könnte die Grundlage eines politischen Verhaltens und einer Umweltbeziehung sein, worin sich Stolz auf das eigene Volk und tolerante Weltoffenheit die Waage halten. Das Ergebnis wäre ein ruhiges Sichabfinden mit der gegebenen Situation, aber gerade dazu haben wir kein Talent.

Als Staatsnation sind wir rund hundert Jahre alt; zu einem Identitätsbewußtsein sind wir ein gutes halbes Jahrhundert früher gelangt. Beziehen wir es in unsere nationale Rechnung mit ein, so hat es nur zwei kurze Phasen gegeben, in denen wir ein gewisses Maß von Selbstbescheidung und Vernunft an den Tag legten. Die erste Phase liegt zwischen 1820 und 1848; sie war erfüllt vom Pathos der Humanität. Die zweite liegt uns weit näher. Sie kann sich seit 1945 nur noch auf die Mehrheit der bundesrepublikanischen Bevölkerung beziehen (wie die Dinge in der DDR liegen, wird uns noch beschäftigen) und zeigte diese vorübergehend in einem Zustand der Selbstzufriedenheit, der weniger auf ein gewandeltes Nationalbewußtsein, sondern eher darauf zurückzuführen ist, daß kein Gebrauch davon gemacht wurde. Das deutsche Nationalbewußtsein war nicht verschwunden, es schlief, war von dem Erlebnis eines Wohlstandes verdrängt worden, der sich erstmals auch über die Mehrheit, wenn auch nicht über die Gesamtheit, ausbreitete. Daß die Nation zwischen 1950 und Ende der sechziger Jahre friedfertig geworden zu sein, ihre spezifische »Normalität« als aggressiver Unruhestifter aufgegeben zu haben schien zugunsten einer Haltung, die sich in der Ohne-mich-Bewegung, den Ostermärschen, in der Opposition gegen Wiederaufrüstung und die geplante Ausrüstung der Bundeswehr mit Atomwaffen ausdrückte, war dennoch keine Rückkehr in den Zustand, in dem sie sich vor 1848 befunden hatte. Der Unterschied lag darin, daß es damals eine politische Volksbewegung gab, die auf die Gründung eines »guten« Staates gerichtet war, den Schlachtfeldfanatismus der Befreiungskriege anscheinend überwunden hatte und immerhin die

Kraft für den Versuch einer Revolution entwickelte; während die Scheindemokratisierung der Mehrheit in der BRD sich in gewaltlosen, das System tolerierenden Demonstrationen erschöpfte, die bei der Regierung und den Parteiführungen allenfalls ein gewisses Unbehagen erzeugen, sie aber nicht davon abhalten konnten, einen Staat aufzubauen, der im kalten Krieg eine führende Rolle übernahm. Solange an der Meßlatte des Sozialprodukts befriedigende Steigerungsprozente abgelesen werden konnten, hatten die Regierungen der diversen Koalitionen freie Hand, den privaten Freiheitsraum der Bürger zuzumauern, das Staatsgebiet zu einer Festung ausbauen zu lassen. Die antidemokratische Verachtung Adenauers für das Volk, das er als den lästigen Lieferanten erwünschter Mehrheiten im Parlament zur Kenntnis nahm, wurde nur von ein paar liberalen Intellektuellen kritisiert. Die von Freß-, Kleider-, Möbel- und Reisewellen überspülte Bevölkerung war es hoch zufrieden, sich sagen zu können: Der Alte macht's ja! Der Slogan »Ökonomisch ein Riese, politisch ein Zwerg« traf den Zustand genau, wenn er auch insofern falsch interpretiert wurde, als mit der politischen Schwäche die außenpolitische gemeint war, die gerade überwunden wurde (soweit es die Besatzungsmächte erlaubten), während die eigentliche politische Zwergenhaftigkeit eine innenpolitische gewesen ist.

Daß es jene erste Epoche gegeben hatte, in dem der Ruf nach dem Vaterland von den Rufen nach Ehre und Freiheit begleitet worden war, hatte Grillparzer die prophetische Formulierung eingegeben: von der Humanität über die Nationalität zur Bestialität. Ihm stand eine in drei Epochen aufzugliedernde Nationalgeschichte vor dem seherischen Auge. Die bestialische hat er nicht mehr erlebt. Es erscheint jedoch richtiger, nur zwischen zwei Epochen in einem Jahrhundert zu unterscheiden, die humane abzusetzen gegen die ganze Entwicklung zwischen 1848 und 1945, weil die nationale fließend in die bestialische übergegangen ist. Die tragenden Elemente dieses derart manifest werdenden Nationalgefühls beziehungsweise des nationalen Selbstverständnisses waren der Antisemitismus und die geradezu manische Unzufriedenheit mit dem jeweiligen Status quo, also auch mit Bismarcks Staat. (Die Russen als tradiertes Feindbild spielten im Integrationsprozeß bereits eine Rolle, sie war aber noch bescheiden im Vergleich zu der Dynamik, die der Antikommunismus freisetzte.) Was der beim Ausbruch des Ersten Weltkrieges amtierende Reichskanzler rückblickend über die kaiserliche Politik schrieb, ist das Kondensat deutscher Politik schlechthin: »Der brutalen Tatsache mußte die deutsche Politik ins Gesicht sehen, daß kein großer Menschheitsgedanke die Politik der Kabinette bestimmte, daß vielmehr die Staatskunst nichts anderes vermochte oder nichts anderes wollte, als die Verwirklichung ihrer Aspirationen von dem Glück der Waffen abhängig zu machen.«[1] So gesehen war die Weimarer Republik nur ein »Durchhänger«, die Mehrheit sah im demokratischen Staat nicht ein besseres Deutschland, sondern eine Zwangsjacke, die es abzuwerfen galt.

Das Reich war dank der auf den Schlachtfeldern bewährten Volkskraft, war aus dem dort erhärteten Volkswillen entstanden, von Bismarck entfesselt, vom Franzosenhaß potenziert. Zum erstenmal in ihrer ganzen Geschichte hatten sich alle deutschen Stämme zu einer gemeinsamen Aktion im Dienst des Vaterlandes vereinigt. Es kämpften bei Weißenburg die Schlesier, die Posener, die Thüringer, die Franken, die Pfälzer; bei Wörth ergänzt durch die Württemberger und Badener, bei Forbach die Westfalen, die Hannoveraner, die Brandenburger und die vom Niederrhein, bei Metz die Ost- und Westpreußen, die Oldenburger, die Schleswig-Holsteiner; bei Sedan schließlich die Sachsen und die Bayern, die sich durch Kampfesmut und -wut besonders hervortaten. Das war schon die Reichsbevölkerung, bevor es ein Reich gab. Das Erlebnis blutiger Siege blieb für immer ein prägendes Element des Nationalbewußtseins; und die Abschlachtung der Pariser Kommune gab dem Eroberungskrieg zusätzlich den Charakter eines Klassenkampfes, an dem sich dann die Sozialdemokraten auf der Seite der Imperialisten beteiligten. Wer wie Karl Liebknecht mitten im Ersten Weltkrieg, 1915, schrieb, der eigentliche Feind stehe im eigenen Land, wurde im Zuchthaus zum Schweigen gebracht.

Bismarck war vor Hitler der prominenteste Exponent der nach Gewaltanwendung süchtigen Mehrheit, kein Revolutionär, ein Erfüllungspolitiker. Es bleibt verwunderlich, daß die Reichsgründung, die am Anfang des Weges zur Staatsnation steht, von der Mehrheit zunächst als Endpunkt empfunden wurde. Viel schneller als erwartet waren die Länder unter ein Reichsdach gekommen. Ein Überraschungseffekt war erzielt worden, sowohl militärisch wie politisch. Das öffentliche Bewußtsein hinkte dem Ereignis hinterher. Staunende Bewunderung verhinderte für eine Weile zu erkennen, daß diese Lösung der »deutschen Frage« mit schwerwiegenden Verzichtleistungen verbunden war. Bis kritische Einwendungen gegen Bismarcks Schöpfung breitere Kreise erreichten, dauerte es einige Jahre. Zunächst wurde sie als ideale Erfüllung langgehegter Reichsträume empfunden. Der Spruch Richard Wagners auf der Fassade seines Bayreuther Hauses: »Hier, wo mein Wähnen Frieden fand [...]« hätte im Versailler Schloß auf die Wand des Saales gepinselt werden können, in dem Wilhelm I. zum Kaiser proklamiert wurde. Dieses Reich »von der Maaß bis an die Memel, von der Etsch bis an den Belt« blieb bis 1914, also 43 Jahre lang, der Topf, in dem die Deutschen im eigenen Saft schmorten, ohne überzukochen. Das ist heute (1988) dieselbe Zeitspanne, die uns vom Ende des letzten Weltkriegs trennt. Wenn es uns in diesen zweiten 43 Jahren auch nicht beschieden war, wenigstens in einem, wenn auch wesentlich verkleinerten Topf verbleiben zu dürfen, so sind sie gleichfalls Friedensjahre. Dennoch ziehen wir daraus keineswegs den Schluß, es könne uns gar nichts Besseres passieren, als daß der bestehende Zustand auf unabsehbare Zeit verlängert werde. Gewiß ist nicht daran zu zweifeln, dem werde so sein, aber es gefällt uns immer weniger. Das nicht mehr existierende Reich von 1871 hat sich in eine geographische und ideologische Obsession verwandelt. Ich wiederhole: Unter »uns« soll nicht das ganze Volk, sondern seine Mehrheit verstanden werden.

Wir wollen uns einige Stationen des deutschen »Sonderweges« vergegenwärtigen, der im Einverständnis mit, ja unter dem Druck der Mehrheit zu einer Blutspur geworden ist. Die geradezu rabiate Entschlossenheit, jede Chance, aus der geographischen Mittellage eine Politik der Verständigung zu entwickeln, in den Wind zu schlagen, und die nicht minder große, gegen die eigenen Interessen zu handeln und existenzgefährdende Risiken einzugehen, wären im Hinblick auf den jähen Wechsel innen- wie außenpolitischer Bedingungen und insbesondere auf die an den Ersten Weltkrieg zu knüpfenden Erfahrungen gar nicht zu begreifen (wollte man nicht unterstellen, es mit einem mental gestörten Volk zu tun zu haben, das für seine Handlungen nicht verantwortlich gemacht werden könnte), wenn man sich nicht zu der Einsicht durchringt, das politische Wähnen und Wollen dieser Mehrheit sei nur oberflächlich von diesen wechselnden Bedingungen bestimmt worden, in der Generalrichtung aber von einer gleichbleibenden Grundströmung. Mit diesem Begriff »Grundströmung« rufen wir die Historiker auf den Plan, die zu Recht vorbringen könnten, er sei politisch nicht dingfest zu machen. So ist es. Was hier »Grundströmung« genannt wird und sogleich noch einen anderen Namen bekommen wird, ist ein psychisches Phänomen: Wir sind ein von Angst gesteuertes Volk. Diese Angst läßt sich nicht auf historische Erfahrungen zurückführen, sie ist irrational. Sich über diese Angst Gedanken zu machen, bestand erst Anlaß, nachdem das Volk durch die Entdeckung seiner nationalen Identität zum Subjekt geworden war. Die Mehrheit entwickelte eine politische Dynamik, die alsbald Zweifel aufkommen ließ, ob sie vernunftgelenkt sei. Im Glutofen einer schwierigen nationalistischen Identitätssuche und -findung wurde die tradierte, durch Erziehung, Umwelteinflüsse und Propaganda jeweils an die nächste Generation weitergegebene Angst zu einem Gift, das die Europäisierung der Deutschen als Nation verhinderte, ihren schließlich pur kriminellen Aktionismus möglich werden ließ. Es läge nahe, auf »Volkscharakter« abzuheben, wäre mit diesem Ausdruck nicht der populäre Irrtum verbunden, ein Deutscher käme als Deutscher zur Welt. Sprechen wir statt dessen von deutschen *Konstanten*; von ihnen sehen wir den deutschen »Sonderweg« bestimmt.

Aus der Angst haben sich im Zusammenwirken von Eigenschaften, derer wir uns selbst rühmen und die auch von der Umwelt bewundert werden, mit anderen, um deretwillen uns die Umwelt teils fürchtet, teils verachtet, jene Konstanten gebildet, die unseren Weg in Unglück und Verdammnis programmiert haben. Daß diese Methode, das Chaos der Geschichte durch Herausarbeiten und Anerkennen von spezifischen nationalen Konstanten durchsichtig zu machen, auf jedes Volk anzuwenden wäre, versteht sich. Ziehen wir aber die Geschichte anderer Völker in Betracht, wobei wir uns nicht auf die unserer europäischen Nachbarn zu beschränken brauchen, dann können wir uns nicht gegen die bittere Erkenntnis verschließen, daß sich unsere Konstanten ganz grundsätzlich von denen anderer Nationen unterscheiden. Wir finden kein zweites Volk, das sich mit derartiger Beharrlichkeit der Selbstentmachtung, ja der Selbstzerstörung verschrieben hätte.

Die Annahme, Konstanten seien wirksam, läßt die Darstellung dessen, was geschehen ist, zurücktreten hinter der Frage: Warum ist es geschehen? Da die deutsche Geschichte der letzten hundert Jahre sich aus steilen Aufschwüngen und jähen Abstürzen zusammensetzt, die einen wie die anderen sozusagen hausgemacht, selbst verursacht, selbst verschuldet sind, und sich bei näherem Hinsehen zeigt, daß die Mehrheit unseres Volkes in der Erfolgs- und Siegesposition ein völlig anderes Erscheinungsbild zeigt als im Zustand der Machtlosigkeit nach einer Niederlage, so drängt sich der Verdacht auf, es müsse zwei deutsche Systeme von Konstanten geben. Das eine reguliert Vorstellungen und Tendenzen einer Mehrheit im Glück. Darin addieren sich Überheblichkeit, Selbstvergottung, Realitätsverlust, Brutalität, Fremdenhaß mit zynisch sich äußernder Verachtung für Recht, Freiheit, Gerechtigkeit, die als Schwächezeichen interpretiert werden. Das andere tritt in Funktion, wenn wir machtlos und geschlagen sind. Es findet ein Umschlag in Feigheit, Verlogenheit, Kriechertum statt, verbunden mit politischem Gedächtnisschwund, mindestens einem vorgetäuschten; dazu tritt Selbstmitleid mit der Gestik der verfolgten Unschuld. So präsentierten wir uns den Siegern 1945. Wir schwanken je nach Sieg oder Niederlage zwischen Extremen hin und her, zwischen den in sich stabilen Quersummen aus den Konstanten. Deren Wirksamkeit anerkennen bedingt, ein Volk für unbelehrbar einzuschätzen, und zwar nicht, weil es aus der Geschichte nichts lernen, sondern weil es die Grundmotive seines Handelns sich unter keinen Umständen bewußt machen will. Es fürchtet vor allem sich selbst.

Der Verfasser ist sich darüber im klaren, daß nichts leichter ist, als ihm vorzuwerfen, er sei faschistisch infiziert; hat doch die antisemitische Propaganda der Nationalsozialisten mit der These gearbeitet, die Juden seien die Juden seien die Juden und als solche »Untermenschen«. Wird hier nicht in ähnlicher, von ideologischen Vorurteilen ausgehender Weise behauptet, die Deutschen seien die Deutschen seien die Deutschen? Sie werden zwar gewiß nicht zu »Untermenschen« gemacht, sondern zu einem Volk, dessen Mehrheit das Gängelband der Vernunft als Fessel empfindet, sich von unerfüllbaren Träumen nationaler Größe und Herrlichkeit leiten läßt und seine Kräfte ständig überspannt.

Wo ist da der prinzipielle Unterschied? Er liegt darin, daß die nationalsozialistischen Deutschen die Juden zu einem nichtexistierenden rassischen Kollektiv machten und diesem Eigenschaften, Verhaltensweisen, Absichten angedichtet haben, die nichts als eine heimtückische Erfindung waren – für die Hitler gewiß keinen Patentschutz anmelden konnte. Diese Erfindung ist durch die Jahrhunderte in vielen Völkern mitgeschleppt worden und diente dazu, das latente Feindbildbedürfnis der Machthaber wie der Massen zu kanalisieren, auf eine wehrlose Minderheit abzulenken, die sich leicht identifizieren ließ. Das hat nirgendwo so fabelhaft funktioniert wie im Deutschen Reich, wo aus Pogromen Völkermord geworden ist.

Nein, die deutschen Konstanten sind keine tückische Erfindung, sind festzumachen an einem Jahrhundert deutscher Nationalgeschichte; sie werden nicht dazu verwendet, ein armes, wehrloses Volk zu denunzieren. Sie anzuerkennen ist die unabdingbare Voraussetzung des Versuchs, der Mehrheit begreiflich zu machen, daß ihr politisches Handeln nicht von außen, sondern von innen bestimmt wird.

Das Reich, über das Bismarck autokratisch achtzehn Jahre lang herrschte, war eben nicht der Hafen, in dem die Mehrheit zur Ruhe gekommen wäre. Generalstabschef Helmuth von Moltke sagte im Reichstag am 14. Mai 1890: »Meine Herren, wenn der Krieg, der jetzt schon mehr als zehn Jahre lang wie ein Damoklesschwert über unseren Häuptern hängt – wenn dieser Krieg zum Ausbruch kommt, so ist seine Dauer und sein Ende nicht abzusehen.«[2]

Krieg oder Frieden? Wer den Details nachgeht, wird sich hüten zu schreiben: 1890 wußte die Nation, es werde Krieg geben. Die Nation »wußte« es nicht. Doch der Frieden war ihr nicht das kostbarste Gut, für dessen Erhaltung sie auf die Barrikaden gegangen wäre.

Krieg oder Frieden? Was zählte? Die Friedensbeteuerungen oder die maßlose Aufrüstung zu Land und zur See? Der Historiker ist zu dem Schluß gekommen, auch nachdem Bismarck entlassen worden war, habe noch die Möglichkeit bestanden, den Krieg zu vermeiden. Gab es da nicht außer der Reichsgründung ein zweites Hauptereignis – das Aufkommen der Arbeiterbewegung? Gab es da nicht einen Karl Marx, Wissenschaftler und Agitator in einer Person, der das Proletariat darauf hinwies, es könne durch solidarisches Handeln seine Lage verbessern – wirtschaftlich und politisch? Wurde die Arbeiterbewegung nicht rasch zu einer politischen Kraft, an der auch Bismarcks verzweifelter Versuch scheiterte, sie zu unterdrücken? Durfte nicht vermutet werden, sie werde die Nation auf einen neuen Weg lenken, das heißt die Konstanten außer Wirkung setzen?

Die tiefer blickten, teilten diesen Optimismus nicht. Sie wurden Zeuge, wie das Geschrei nach dem »Platz an der Sonne« immer lauter erklang. Sie schauten auf ein Jahrhundert zurück, in dem liberale Aktivitäten im Ansatz steckengeblieben waren. Sie beobachteten tagtäglich den Kadavergehorsam der Bürger gegenüber Staat und Militär, lasen die schneidigen Reden des Kaisers in den Zeitungen, konnten sich den chauvinistischen Flottenkalender beschaffen, eine Art laizistischer Bibel im Kaiserreich, erlebten alljährlich das militaristische Affentheater der Feiern zum Sedantag – nein, sie mißtrauten der Standfestigkeit der Sozialdemokratie gegen die Mehrheit. Den Krieg als die deutsche Lösung aller aufgestauten sozialen und außenpolitischen Probleme vorauszusehen und vorauszusagen, bedurfte es prophetischer Gaben nicht, wohl aber der sowohl intellektuellen wie moralischen Kraft, sich von opportunistischem Patriotismus loszusagen. Selbst jene, die bezüglich der Erhaltung des Friedens à la baisse spekuliert hatten, wurden von den Modalitäten des Kriegsausbruchs dann doch überrascht. Noch Ende Juli 1914, als die Würfel für den Krieg schon gefallen waren, hatte es nicht den Anschein erweckt, als könne der Kaiser nur ein paar Tage später verkünden: »Ich kenne keine Parteien und auch keine Konfessionen mehr, wir sind heute alle deutsche Brüder und nur noch deutsche Brüder.«[3] Diese Versöhnungsrede hielt er vom Balkon des Berliner Schlosses aus, dessen Ruinen nach dem Zweiten Weltkrieg von den Kommunisten weggesprengt worden sind – eine Handlungsweise, die im Westen als Wandalismus angeprangert worden war mit jener Empfindlichkeit, die immer nur dann zutage tritt, wenn versucht wird, gegen die Konstanten zu handeln. »Der Kaiser und die Kaiserin erschienen. Wie ein Orkan schwillt der Jubel zum Herrscherpaar empor. Die Leute sind gar nicht zu beruhigen. Wer das Meer jubelnd geschwenkter Hüte und Tücher sieht [...], spürt, daß er so etwas noch nie geschaut hat und so leicht nicht wieder schauen wird.«[4] (Knapp zwanzig Jahre vergingen, bis sich eine solche Szene wiederholte. Dann war nicht mehr Wilhelm II., sondern Hitler der Hauptdarsteller.)

Warum haben sich die Sozialdemokraten nicht geweigert, die betrügerische Behauptung hinzunehmen, eine kriegsentschlossene Koalition von Feinden habe das Reich eingekreist und werde es zerstören? In Treue zu sich selbst, zu ihrer historischen Rolle im neuen Reich hätten sie im Parlament und notfalls auf der Straße die Kriegspolitik unterlaufen müssen, wie sie von zwei Kaisern, dem österreichischen und dem deutschen, betrieben wurde, die sich zu Werkzeugen imperialistischer, chauvinistischer, großkapitalistischer Cliquen hatten machen lassen. In dieser Lage schwenkte die Sozialdemokratie, die schon zuvor wankelmütig geworden war, endgültig auf die nationalen Konstanten ein, die gerade in sogenannten Schicksalsstunden dominant hervortreten. Gleich den bürgerlichen Parteien sahen sie nun auch in der Nation eine Schicksalsgemeinschaft. In der Geschichte der SPD, die mit 110 Sitzen die stärkste Fraktion bildete, steht als unauslöschliches Schandmal die Reichstagsrede Hugo Haases vom 4. August 1914, der als Führer des radikalen Flügels galt. Er nannte den Kriegsausbruch tatsächlich »eine Schicksalsstunde«, als habe eine höhere Macht die Mobilmachung beschlossen, und beteuerte, seine Partei werde allen Kriegsvorlagen zustimmen, denn »wir lassen in der Stunde der Gefahr das eigene Vaterland nicht im Stich!«[5] Er leistete den politischen Offenbarungseid einerseits aus Feigheit, andererseits unter dem Eindruck der Isolierung innerhalb einer Mehrheit kriegstrunkener Patrioten. Im Volk gab es nur die Grundströmung, deren Exponent der verblendete Narr auf dem Thron war. Es gibt Augenblicke in der Nationalgeschichte der Deutschen, in denen der Durchbruch der Konstanten auch mit dem »anderen Deutschland« aufräumt. So war es im August 1914, so im Sommer des Sieges in Frankreich 1940. Und es gibt Augenblicke, sie sind gefährlich, sie lullen das »andere Deutschland« ein, in denen dieses die Mehrheit hinter sich zu haben glaubt oder wenigstens annimmt, sie bestimme die Zukunft nicht mehr. So war es 1945.

Ein halbes Jahrhundert der Arbeiterbewegung wurde von ihren Führern verraten. Hatten sie sich auf diese Weise wenigstens ein für allemal dagegen abgesichert, »vaterlandslose Gesellen« genannt zu werden? Weit gefehlt! Schumacher fürchtete noch nach dem Zweiten Weltkrieg diesen Vorwurf und hielt es für notwendig, mit nationalistischen Reden gegen eine Verleumdung anzukämpfen, die aus dem 19. Jahrhundert stammte und von Hitler in die zehnte Potenz gesteigert worden war: das Trauma der SPD, mit dem sie nicht fertig wird. Ein Helmut Schmidt, ein Jochen Vogel, ein Glotz, die ganze SPD sind am Ende des 20. Jahrhunderts immer noch in seinem Schatten. Ganz grundlos? Kaum zu glauben, aber wahr – fast fünfzig Jahre nach dem Ausbruch des Ersten Weltkriegs war es riskant zu versuchen, dem Mythos, er sei eine Präventivmaßnahme gewesen (auf gleiche Weise rechtfertigte Hitler seinen Überfall auf die Sowjetunion!), den Garaus zu machen.

Hatte der Kaiser 1914 die »Sozen« einsperren lassen wollen, so hätten die als Historiker tätigen nationalen Weißwäscher Anfang der sechziger Jahre gern einen Kollegen wegen Vaterlandverrates bestrafen lassen, der es gewagt hatte, mit einem neunhundert Seiten starken Werk, *Der Griff nach der Weltmacht*, den Beweis vorzulegen, das Reich habe sich 1914 nicht in einer existenzbedrohenden Gefahr befunden, keinen Verteidigungskrieg geführt, sondern den Augenblick für günstig angesehen loszuschlagen, um eine imperiale Stellung in Europa zu gewinnen. Der sich Anfang der sechziger Jahre gegen den Generaltrend nationaler Geschichtsschreibung auflehnende Historiker ist der 1988 achtzigjährige Fritz Fischer. Er machte aus der »Kriegsschuldlüge«, dieser Vorläuferin der »Auschwitzlüge«, die Kriegsschuldwahrheit. Er entzündete mehr als einen Streit zwischen Fachkollegen; es wurde fast ein innenpolitischer Krieg in einem Augenblick, in dem sich Adenauers »Politik der Stärke« als Windei erwiesen hatte und die CDU/CSU in eine innere Krise geraten war, die sie unter anderem mit der Aktion gegen den *Spiegel* zu entschärfen hoffte – eine Rechnung, die allerdings nicht aufging. »Verrat« war das modische Stichwort.

Der konservative Historiker Gerhard Ritter sah in Fischers Entlarvung der Motive, welche die Reichsregierung bestimmt hatten, den Krieg vom serbisch-österreichischen Zaun zu brechen, »Verräterei«. Es fehlte nicht viel, und Fischers Buch wäre zu einem marxistischen, subversiven Machwerk erklärt worden. Seine Gegner hätten den Kampf, der einer jüngeren Generation kritischer Historiker Platz geschaffen hat, vielleicht nicht ganz so vehement geführt – wofür sie Politiker und Großindustrielle zu Hilfe riefen! –, hätte er sich streng auf sein Thema beschränkt. Er aber schrieb in seinem Vorwort, sein Buch zeige »gewisse Denkformen und Zielsetzungen für die deutsche Politik im Ersten Weltkrieg, *die weiterhin wirksam geblieben sind«.*[6]

Wir haben es mit dem seltenen Fall zu tun, daß ein im Grunde konservativer Historiker – er war einige Jahre lang Mitglied der erzreaktionären, von ehemaligen NS-Kollaborateuren beherrschten Ranke-Gesellschaft – sein Quellenmaterial nicht tendenziös verwendete, um deutsche Politik zu vergolden, sondern auf neunhundert Seiten sagte, was Sache war. Nach Ansicht seiner Kollegen hatte er damit den »Monolog eines Irrsinnigen«[7] abgeliefert und die bundesdeutsche Historikerzunft mit dem »Ungeheuer einer neuen Geschichtslegende«[8] herausgefordert.

Sein eigentliches Verbrechen bestand darin, mit ein paar Sätzen anzudeuten, in deutscher Politik ließen sich unabhängig von der Staatsform Koninuitäten feststellen. Was Fischer »weiterhin wirksame Denkformen und Zielsetzungen« nennt, sind die Konstanten. Damit geht der Fall »Fischer« über seinen Anlaß hinaus, gewinnt deshalb allgemeine Bedeutung für die deutschen Geschichtsschreiber, weil er den Verdacht bestätigt, ihre Arbeit sei von ideologischer Vorgefaßtheit bestimmt, die dafür blind macht, die deutsche Nationalgeschichte sei von negativen Konstanten gesteuert. Um diese Einsicht kann man sich herumdrücken, wenn man bestreitet, »Volk« sei kein konform reagierendes und agierendes Kollektiv, es bestehe aus Millionen Einzelwesen – richtig! – und politische Entscheidungen kämen unter dem Druck bestimmter Machtkonstellationen zustande, für die ein kausaler Zusammenhang nur im Bereich des Ereignishaften zu konstruieren sei. Danach dürfte beispielsweise zwischen Houston Stewart Chamberlain als einem politischen Mentor des nationalen Bürgertums und Auschwitz keine Verbindung hergestellt werden. Dergestalt bliebe »das Volk« und sogar seine Mehrheit außen vor, und das Individuum wäre nur insoweit verantwortlich, als ihm ein persönliches schuldhaftes Verhalten nachgewiesen werden könnte.

Nichts leichter in solcher Sicht, als die Deutschen gegen Hitler auszuwechseln, Anbetung in erzwungene Gehorsamspflicht umzufälschen. So vorzugehen macht Geschichte zu einer Märchenerzählung. Gewiß ist bei einigen Historikern eine zunehmende Bereitschaft zu erkennen, politische Generallinien herauszuarbeiten. Ohnehin verhindert es der Weltzustand, die Geschichtsmächtigkeit der Ideologien en bagatelle zu behandeln. Doch alles in allem macht die Geschichtsschreibung in der BRD den Eindruck, sie sei auf einer höheren Ebene des erkenntnistheoretischen Instrumentariums eine Art *Spiegel,* dessen journalistisches Prinzip es ist und dessen Erfolg darauf beruht, Fakten mit Wirklichkeit zu verwechseln oder, anders gesagt, anzunehmen, die Aufreihung von Fakten vermittle Wirklichkeit.

Historiker haben uns glauben machen wollen, Männer machten Geschichte, und dabei auf die Egozentriker Bismarck und Hitler, gegebenenfalls auch auf Stalin verwiesen. Ferner: Die NS-Propaganda habe aus den Deutschen Nationalsozialisten gemacht – und nicht einmal das wurde anerkannt, denn es hätte zugleich bedeutet, die Wahrheit anzuerkennen, daß die Mehrheit die »Endlösung« gewollt habe. Es war aber gerade umgekehrt: Auf die NS-Propaganda hat die Mehrheit reagiert wie der Kavalleriegaul auf das vertraute Trompetensignal.

Es kann durchaus ein redliches aufklärerisches Beginnen sein, Adolf Hitler aus Fakten, aus politischen und sozialen Konstellationen »erklären« zu wollen, wozu dann üblicherweise der Vertrag von Versailles gehört, die Arbeitslosenquote von 1932, der Schwarze Freitag an der New Yorker Börse und außerdem die Herren Papen, Schleicher und Hindenburg als des »Führers« Patenonkel.[9]

Selbst wenn in solchen Bemühungen, dem Phänomen Hitler nahezukommen, nichts falsch wäre, falsch im Sinne zeitgeschichtlicher Fehler, ist im ganzen nichts richtig. Der vergessene Buchtitel *Hitler in uns selbst* trifft den wahren Sachverhalt: Hitler war eine Projektion deutscher Konstanten. Wäre er es nicht gewesen, wie hätte ein Mann zum Reichskanzler aufsteigen können, der sich vom ersten Augenblick seines öffentlichen Auftretens an zu seiner Mordlust bekannt hat? Innenpolitisch war er sowohl in seinen Reden wie in *Mein Kampf* von beispielloser Aufrichtigkeit. Schadete es ihm, oder nützte es ihm? Eine längst beantwortete Frage! Nicht beantwortet ist: *Warum* konnte er sich im Volk bewegen wie der Fisch im Wasser?

Die Konstanten nicht zu sehen verleiht deutscher Geschichtsschreibung einen apologetischen Charakter. Er wird rundherum bestritten. Der Historiker sollte sich aber »mit Sicherheit nicht erlauben: dem Wunschtraum, der Illusion oder dem Aberglauben anzuhängen, daß eine keimfrei sterilisierte, gänzlich neutrale, ›reine Wissenschaft‹ in seiner Disziplin der Humanwissenschaften (oder irgendeiner anderen) möglich sei. Wenn dem aber so ist, sollte er sich so klar wie nur möglich zu seinen – im weitesten Sinn – politischen Prämissen bekennen, ihre Diskussion erleichtern und im Lichte seiner politischen, normativen Vorentscheidung über Geschichte schreiben und reden, ohne gegen jene wissenschaftlichen Standards zu verstoßen, die eine Verbiegung, Beschönigung, Verketzerung vergangener Wirklichkeiten verbieten. Kurzum: Wenn schon politische Entscheidungen und Folgen unumgängliche Bestandteile seiner Tätigkeit sind, dann so bewußt und freimütig wie nur möglich! Aus der Einsicht in diese Unvermeidbarkeit der politischen Wirkungen [...] hat Theodor Mommsen [...] den Schluß gezogen, der Historiker solle ›die Pflicht politischer Pädagogik‹ bewußt akzeptieren.«[10]

Die Ausübung der »Pflicht politischer Pädagogik« wird von Historikern, die »reine Wissenschaft« zu betreiben behaupten, nur bei denen wahrgenommen und verworfen, die die deutsche Katze gegen den Strich bürsten. Was sie selbst in dieser Richtung leisten, um die Katze zu streicheln, wollen sie nicht wahrhaben.

Der große Historiker Heinrich von Sybel hielt auf den großen Historiker Leopold von Ranke 1886 in der Akademie der Wissenschaften zu Berlin eine Gedächtnisrede. Sybel schildert unter anderem, wie es ihm bei der Lektüre von Rankes Werk *Deutsche Geschichte im Zeitalter der Reformation* ergangen sei: »Die Erforschung der Quellen ist hier ebenso unbefangen, die Darstellung des einzelnen ebenso unparteiisch wie irgendwo sonst. Aber der ganze Untergrund des Werkes [...] ist durchtränkt von der Begeisterung des deutschen Patrioten für die höchste Tat des deutschen Geistes«,[11] womit vermutlich die Reformation gemeint gewesen ist. Es wäre zu billig, sich über einen Text nur zu amüsieren, in dem die unbefangene Erforschung der Quellen und die unparteiische Darstellung des einzelnen nicht dadurch beeinträchtigt werden, daß ihr Untergrund von der Begeisterung des deutschen Patrioten durchtränkt ist. Es wäre deshalb zu billig, weil die nationale Geschichtsschreibung mit wenigen Ausnahmen durchtränkte Patrioten zu Verfassern hat. Was wir bisher skizziert haben, könnte etwa einen angesehenen Professor für Neuere Geschichte, Walter Bußmann (und nicht nur seinesgleichen), zu empörtem Widerspruch reizen, der 1983 (!) über »Das deutsche Nationalbewußtsein im 19. Jahrhundert« unter anderem geschrieben hat: »Mag die Reichsgründung unter und durch Bismarck vielen Erwartungen widersprochen haben, so kann doch der Sachverhalt nicht in Frage gestellt werden, daß aus ihr das Bewußtsein einer geschichtlich zusammengewachsenen nationalen Gemeinschaft, ja eine Staatsnation hervorgegangen ist [...]« Soweit kein Einwand, aber dann geht es weiter: »[...] die im Gegensatz zu den Befürchtungen des Kanzlers Bismarck auch die herbe Probe des Ersten Weltkrieges bestanden hat. Im begrenzten Nationalstaat lagen nicht die Keime für künftige Katastrophen. Die Idee des Nationalbewußtseins behielt ihre soziale Integrationskraft.«[12]

Man hofft vergeblich, nicht richtig gelesen zu haben. Der Erste Weltkrieg sei eine »herbe Probe« gewesen –

Probe auf was, angestellt von wem und wozu? Um herauszufinden, wie viele Millionen Tote (im Ersten Weltkrieg waren es zehn, im Zweiten fünfzig) die »zusammengewachsene nationale Gemeinschaft« ertragen könne, ohne zu zerbrechen? Ist sie 1933 nicht verschwunden, ersetzt worden durch die NS-Volksgemeinschaft, dic mittels Ausgrenzung oder Vernichtung von ein paar hunderttausend Staatsbürgern, die jüdischen nicht gezählt, homogenisiert wurde? Sprossen die Keime für künftige Katastrophen nicht spätestens im Mistbeet des Ersten Weltkriegs, gedüngt mit dem Blut der Bismarckschen Kriege? Bis wann behielt die »Idee des Nationalbewußtseins ihre soziale Integrationskraft«? Ist die Weimarer Republik nicht vor allem daran zugrunde gegangen, daß das Nationalbewußtsein einseitig den Konservativen, den Reaktionären und den Nationalsozialisten ausgeliefert worden ist?

Das Zitat ist exakter Ausdruck jenes angeblich an der Geschichte festgemachten, quellenbezogenen Selbstbetrugs, der als psychische Disposition ein konstitutives Element im System I deutscher Konstanten bildet. Die Mehrheit wird bestätigt, gestreichelt, in die Verantwortungslosigkeit entlassen. Nicht nur Auschwitz war das Werk von Marsmenschen, von diesem Professor der Geschichte erfahren wir, der Nationalstaat per se sei nicht an »künftigen Katastrophen« beteiligt gewesen. In welchem Staat ist Hitler zur Macht gekommen? Auch auf dem Mars?

Zugegeben, man kann es bei einem anderen Autor auch anders lesen; er heißt Reinhard Kühnl, darf immerhin als Professor für Politikwissenschaft an einer westdeutschen Universität lehren, darf veröffentlichen, gilt jedoch als linksextremer Außenseiter, dem mehr Mißtrauen als Achtung entgegengebracht wird. Er schreibt: »Der deutsche Nationalstaat wurde also deshalb begrüßt, weil er gewisse unerläßliche Voraussetzungen dafür bereitstellte, daß sich die progressiven Tendenzen organisieren und entfalten konnten. Allerdings waren diese durch die reaktionäre politisch-ideologische Verfassung dieses Nationalstaates in sehr starkem Maße geknebelt und deformiert. Und die Knebelung blieb dann politisch bestimmend – nicht nur für das Kaiserreich, sondern auch für die Weimarer Republik.«[13] Dank seiner reaktionären politisch-ideologischen Verfassung konnte das Reich dieser »herben Probe des Ersten Weltkrieges« ausgesetzt werden.

Das Erlebnis eines nationalistischen Orgasmus, den die Mehrheit den herrlichen Siegen im ersten Drittel des Ersten Weltkrieges verdankt hatte, wiederholte sich auf bis dahin unvorstellbare Weise zwischen 1939 und 1942. Dann ging es leider schon wieder schief, schlimmer noch als beim ersten Mal. Nun schaltete die Mehrheit auf das System II ihrer Konstanten um. Wenn wir uns überlegen, was 1918 geschehen beziehungsweise nicht geschehen war, weil die Sieger den fürchterlichen Fehler begangen hatten, die Mehrheit zu demütigen, ohne sie unter Kuratel zu stellen, müssen wir uns sagen, daß die Verwandlung der Herrenrasse in eine Schafherde in solcher Kraßheit zum erstenmal stattgefunden hat. Optimisten, zu denen sich der Verfasser zählen muß, hielten diese Verwandlung nicht für eine Episode, statt dessen die Schafherde für die Vorform einer deutschen Mehrheit, die nun bereit und fähig sei, einen Weg einzuschlagen, der nicht zum anderen Male in Wolkenkuckucksheime führte – ein freilich ganz unpassender Ausdruck, wenn man bedenkt, worauf er historisch abzielt. Wie dem auch sei, das »andere Deutschland« von 1945, das für eine kurze Weile repräsentativ für ein erhofftes neues Deutschland zu sein schien, ging die für notwendig erachtete Erziehung, von den Siegern »Umerziehung« genannt, moralisch an und gab sich damit idealistischen Vorstellungen hin: Dem geschlagenen Volk sei moralisch beizukommen, weil es eine kriminelle Vergangenheit zu »bewältigen« habe; und: Aus der Anerkennung eines moralisch zu definierenden Verhaltenskodex ergebe sich ein danach ausgerichtetes politisches Verhalten von selbst. Daß die Deutschen die Deutschen die Deutschen geblieben seien, sollte sich erst mit erheblicher Verzögerung herausstellen.

Carl Zuckmayer hat einmal gesagt, die Mehrheit »sind halt einfach Menschen, die mit ihrer Zeit gehen und die auf irgendeine Weise leben müssen, und so sind sie halt, und so geschehen die Dinge«.[14] Und so sind die Dinge geschehen: »[...] sind besonders die Westdeutschen die psychischen Sieger des 2. Weltkrieges [...]; sie hatten das größte Schlachtopferfest mit Erfolg hinter sich gebracht: die Juden weg, die Kommunisten weg, Arbeiterbewegung kaputt, sexueller Umbruch der zwanziger Jahre gestoppt, mit Kraft durch Freude voll in die Adenauerzeit, 20 Millionen getötete Russen im Rücken (die meisten davon nicht in Schlachten getötet, sondern als Zivilisten umgebracht, aber die Armee war, wie wir alle wissen, sauber geblieben), und ganze Jahrgänge der eigenen Jugend lagen, den Göttern zum Gefallen, auf den Feldern und verfaulten. [...] Erst der Zweite Weltkrieg war wirklich befriedigend und eröffnete Zukunftsperspektiven. Und daher, allein daher war die psychische Kraft zum ›Wiederaufbau‹ so reichlich vorhanden und konnte sich der Wiederaufbau von all dem Morden so ungerührt geben, weil es seine Voraussetzung war – das Opfer war erfolgreich gewesen und alles Böse im ›anderen Staat‹. Ein saubereres Staatswesen als die BRD nach 1949 hatte es auf der ganzen Welt noch nicht gegeben. [...] Eine ›Unfähigkeit‹ der Deutschen in ihrem Verhalten nach dem Krieg ausfindig zu machen (die Unfähigkeit ›zu trauern‹) ist wohl weniger angebracht als ihre Fähigkeit hervorzuheben, ihre sagenhafte Fähigkeit, die Feste zu feiern, wie sie fallen. [...] Demselben Umstand verdanken wir unseren relativ sozialen ›Frieden‹ seit 1949.«[15]

Alles in allem ließe sich von der Bundesrepublik 1988, verglichen mit dieser Zustandsbeschreibung, sagen, das politische Innenleben sei lebhafter geworden und es entwickle sich außerhalb der Parteien, deren Funktion abwertend, eine außerparlamentarische politische Kultur. In ihrem neuesten Buch *Die verletzte Nation* schreibt Elisabeth Noelle-Neumann in dem Kapitel »Nationalgefühl und Glück«: »Äußerlich sieht alles ganz normal aus. Kämen nicht so viele Symptome der Abweichung der

Deutschen von den anderen Europäern bei den internationalen Umfragen zutage [dafür werden unter anderem das Zurückbleiben im Nationalstolz und familiäre Disharmonien erwähnt], käme man gar nicht auf den Gedanken, daß so etwas wie innere Verletzungen vorliegen können.«[16]

Ob das heraus- oder hineingefragte Verhältnis der Bevölkerung zur Nation als »Verletzung« diagnostiziert werden muß, weil sie nur zu 21 Prozent sehr stolz darauf ist, deutsch zu sein (79 Prozent der Amerikaner sind sehr stolz, Amerikaner zu sein), und nur 35 Prozent bereit wären, in einem Krieg für das eigene Land zu kämpfen, 41 Prozent nicht und 24 Prozent dazu weder ja noch nein zu sagen bereit sind (was darauf schließen läßt, daß diese 24 Prozent den 41 Prozent zuzurechnen sind) – das muß als eine kühne Behauptung angesehen werden, der eine Vorstellung von Normalität zugrunde zu liegen scheint, die deutsche Geschichte als europäischen Normalfall mißversteht. Daß es im privaten Bereich ganz erhebliche Verwerfungen und Spannungen gibt, die allenfalls »Verletzungen« genannt werden könnten, sei nicht bestritten; sie entstehen aus dem Autoritätsverlust der Eltern, aus den hoffnungslosen Berufsaussichten der jungen Menschen, aus unerfüllbaren, von der Werbung hervorgerufenen materiellen Wünschen und anderem mehr. (Fragen, die sich hierauf beziehen, dürften im Durchschnitt auch aufrichtiger beantwortet werden als andere, die politische Komplexe berühren.) Hingegen läßt das Verhalten der Mehrheit als Nation wohl nicht auf einen verletzten Zustand schließen, es sei denn, man nenne »Verletzung«, was ihre Regungen, Interessen, Aktivitäten, ihr Nationalbewußtsein so weit herabgesetzt hat, daß dadurch der Eindruck sich aufdrängen kann, sie befinde sich in einem Dämmerzustand, im Halbschlaf.

Eine Quantifizierung demokratischer Initiativen, angefangen von der Friedensbewegung über die Grünen bis zu Anti-Atom-Demonstrationen, liefert keinen Beweis, jene fünf Prozent, die in der Sicht des Verfassers jeweils das »andere Deutschland« mit seinen Idealen und seiner politischen Impotenz ausgemacht haben, seien überschritten. Mögen die Grünen irgendwo zehn Prozent oder mehr der Wählerstimmen auf sich vereinigen, so wird dadurch das Protestpotential der Gesamtbevölkerung nicht über die Fünf-Prozent-Marke hinaufgedrückt. Fünf Prozent von rund sechzig Millionen sind drei Millionen. Es sieht nur so aus, als habe sich die liberale, radikaldemokratische Minderheit vergrößert, weil sie dank des hohen Anteils an Jugendlichen lebhaft (und mediengerecht!) in Erscheinung tritt.

Was ist von der 95-Prozent-Mehrheit zu sagen? Sie träumt die deutschen Träume nicht mehr. Sie hat nicht vergessen, was sie auf den Kopf bekommen hat. Doch sie war auch nicht einen Augenblick lang bereit, der Frage nachzugehen, warum es zu 1945 und 1949 gekommen ist. In die Grundlagen der Bundesrepublik ist ein politisch und moralisch aufgearbeiteter Nationalsozialismus nicht eingegangen, und das heißt, er ist in sie unreflektiert eingegangen, oder er wird rundheraus abgeleugnet. Der Nationalsozialismus ist eingesargt worden ins Schweigen der Beteiligten, aber er lebt.

Es ließe sich der Halbschlaf der Mehrheit als Opportunismus deuten, als Konsequenz von Schuldgefühlen und eines historisch bedingten Verdrängungsprozesses, zu dem das Grundgesetz als der verdichtete Ausdruck des Systemwandels viel beigetragen hat, weil darin der Nationalsozialismus nicht vorkommt, es sei denn indirekt durch die behauptete Reichsfortsetzung. Politische Motive für die Flucht in die totale Unverbindlichkeit setzten jedoch Schuldgefühle hinsichtlich der NS-Verbindlichkeit voraus, die aber sind nicht festzustellen. Vielleicht bringt es mehr, die historischen Bezüge als das Rahmenwerk anzusehen, innerhalb dessen der deutsche Alltag sich als die Hohe Schule der Wirklichkeitsentwöhnung erweist.

Das Private ist zur Erlebnisform der Gesamtsituation geworden, die entsprechend gefiltert wird. Nur das unmittelbar Erlebbare und Erlebte wird wahrgenommen und verursacht kurze Turbulenzen. (Der im Ruhrgebiet im Frühjahr 1988 drohende Verlust von etwa 20 000 Arbeitsplätzen durch Schließung eines unrentablen

Stahlwerkes mobilisierte die Betroffenen, veranlaßte sogar die Führung des Gewerkschaftsbundes auf den Tisch zu hauen, die mehr als zwei Millionen Arbeitslosen reagierten wie ein hypnotisiertes Huhn, nämlich gar nicht.)

Die Mehrheit hat aufgehört, sich selbst zu produzieren. Sie ist sich uninteressant geworden, nachdem sie die Möglichkeit verloren hatte, die Selbstdarstellung so weit zu treiben, daß diese den Sinn einer Demonstration ihrer politischen Kraft verlor und zu ästhetischen Inszenierungen des Faschismus verkam, die genossen wurden. Eine Mehrheit, die sich selbst nicht mehr wahrnimmt und ihre Interessen auf die Befriedigung ihrer materiellen Bedürfnisse einschränkt, erlebt sich allenfalls noch in Fußballstadien, aus denen sie zu den Fernsehprogrammen zurückkehrt. Diesen Zustand zu beklagen und ihn grundfalsch dahin zu interpretieren, auf dem bedauernswerten deutschen Volk laste der Nationalsozialismus als eingetragene Hypothek, weshalb es noch immer nicht aufrechten Ganges selbstbewußt durch die Welt schreite, war bei national fühlenden Rechten und Ultrarechten schon vor der Staatsgründung Usus. In den letzten zehn Jahren hat die Neigung zugenommen, darin ein Defizit zu sehen, das unbedingt durch die Aktualisierung nationalstaatlicher Ideen aufgefüllt werden müsse. Damit geht, wie könnte es anders sein, da es sich um eine Wiederbelebung historischer Zusammenhänge handelt, eine Aktualisierung des Nationalsozialismus einher, der nun nicht mehr schlicht abgeleugnet werden kann und deshalb der Verharmlosung bedarf, was am einfachsten durch Geschichtsfälschung geschieht: Die anderen auch!

Solche Bestrebungen brauchten nicht zu beunruhigen, wäre es realistisch, aus der nun schon über vier Jahrzehnte von der Mehrheit durchgehaltenen politischen Abstinenz auf eine endgültige Absage an tradierte aggressive Zielsetzungen zu schließen, auf eine Überwindung des Systems I der Konstanten. Dürfen wir uns der Hoffnung hingeben (die für die weitaus meisten Akteure auf der politischen Szene eine Horrorvision ist!), der politische Halbschlaf der Mehrheit, die Aufkündigung des Unterwerfungskontraktes mit dem deutschen

»Schicksal« sei mehr als eine Episode? Es wäre ein Wunder, und wie wir wissen, ist das Wunderbare an Wundern, daß sie zuweilen geschehen. Wende hin, Wende her, noch wagt kein in Führungsgremien installierter Politiker offen revisionistische Ansprüche anzumelden, und selbst jene, die sich und uns vormachen wollen, sie seien noch die Wortführer der dritten Generation der Vertriebenen und Flüchtlinge, lassen die Katze nicht aus dem Sack.

Könnte die politische Krankheit »Antikommunismus« geheilt werden, etwa durch die neue Linie der sowjetischen Außen- und Innenpolitik, so wäre es nicht ausgeschlossen, daß wir das nächste Jahrtausend noch erreichen, ohne daß die westdeutsche Mehrheit nationalistisch »erwacht«. Darf uns die Rezeption, die Gorbatschow als Person und als Autor gefunden hat, verleiten zu glauben, dieses Feuer unter der Oberfläche, der Antikommunismus, das Feindbild »die Russen«, sei am Erlöschen? Wäre dem so, es hätte ein ganz neues, ein unerwartetes Erwachen der Mehrheit bereits stattfinden und in gravierenden Veränderungen der Parteienlandschaft und der Mehrheitsverhältnisse Ausdruck finden müssen. Nichts Derartiges ist geschehen.

Während die Herren im Kreml unter Anleitung des Generalsekretärs im Begriff sind, eine Weltmacht politisch und gesellschaftlich umzubauen, wird man im Mittelstaat Bundesrepublik nicht mit der »Kostendämpfung im Gesundheitswesen« fertig, getraut man sich nicht, mit Geschwindigkeitsbeschränkungen gegen den Straßenmord vorzugehen, geschweige denn die Arbeitslosigkeit wirkungsvoll zu verringern. Nur dort, wo sich Regierung, Parlament und Parteien auf dem sicheren Grund tradierter Konstanten fühlen, entwickeln sie Energie zwecks Verwirklichung sinnloser, ruinöser Programme wie Plutoniumfabrikation, hausgemachte Raumfahrt, politische Vorbereitung eigener Atomrüstung.

Nach dem Ende des Moskauer Parteikongresses Ende Juni 1988 überdeckten sich die Schlagzeilen aller italienischen Zeitungen nahezu wörtlich: »Gorbaciov ha vinto!«

(Gorbatschow hat gesiegt) Hingegen schrieb die *FAZ*: »Gorbatschow wirbt noch einmal leidenschaftlich für sein Programm der Veränderungen.« Die *Süddeutsche Zeitung* erwähnt am selben Tag (2. Juli 1988) den Kongreß auf der ersten Seite überhaupt nicht. Ihre Schlagzeile hieß: »Zustimmung Albrechts zur Steuerreform im Bundestag scheint sicher zu sein«. Zuvor hatte sie ebenfalls in der Aufmachung gemeldet, irgend jemand habe Gromykos Rücktritt verlangt – auf westdeutsche Verhältnisse übertragen: Der Bürgermeister von Hinterweigelsbach fordere den Rücktritt des Bundespräsidenten. Am 30. Juni lautete die Schlagzeile: »Streit über Gorbatschows Reformvorschläge«. Damit hat die journalistische Korruption eine angesehene Zeitung erreicht, der man noch ein gewisses Vertrauen entgegengebracht hatte. Der westdeutsche Blick auf die Weltpolitik hat sich derart provinziell verengt, daß man sich an die Berichterstattung der NS-Presse erinnert fühlt.

Vom Wirklichkeitsverlust der Mehrheit ist die sogenannte Realpolitik in ihrer weltpolitischen wie in ihrer Bonner Dimension betroffen. Die Beschlüsse über die Verringerung von Atomwaffen haben das politische Klima in der Bundesrepublik weder so noch so verändert, erst recht nicht ihren Sicherheitswahn gebändigt. Es ist bemerkenswert, daß auf den vierhundert Seiten demoskopischer Fragen und Antworten des Buches von der »verletzten Nation« der Komplex der Beziehungen zwischen dem eigenen Staat und der Sowjetunion überhaupt nicht angesprochen wird. »Das Interesse der Bevölkerung an Ostpolitik geht zurück, selbst ein periodisches Hochspielen der Frage der Oder-Neiße-Linie bleibt ohne Wirkung. Und wenn sich die große Mehrheit weiterhin für das verfassungsmäßige Gebot einer Wiedervereinigung ausspricht, identifiziert sie sich doch gleichzeitig mit der Bundesrepublik als Staat.«[17] »Mit der entschlossenen Westorientierung der deutschen Politik und des politisch-gesellschaftlichen Bewußtseins in den 50er und den 60er Jahren, die die Begründung der Bundesrepublik und ihre staatliche Konsolidierung begleitete, optierten die Deutschen zugleich für eine Neuorientierung auch ihres historisch-politischen Bewußtseins, nämlich einer bewußten Abwendung von Teilen der deutschen historischen Tradition, nicht im Sinne einer Verdrängung, sondern der Option für politische Vorbilder, wie sie uns in Westeuropa und namentlich in den Vereinigten Staaten vor Augen standen.«[18] »Niemand macht sich so wenig Gedanken über die ehedem ›Wiedervereinigung‹ wie die Deutschen in Ost und West. Zwar, meint Günter Gaus, ›sagen die Westdeutschen den Allensbachern, sie hätten Deutschland lieber wieder zusammen, sie fühlten sich mit den Deutschen in der DDR verbunden, aber tatsächlich ist es ihnen doch ziemlich egal‹.«[19] »Statt weiterer Definitionsversuche und Ausflüge in die Geschichte scheint es wichtiger zu prüfen, was denn im neunten Jahrzehnt des 20. Jahrhunderts die ›Deutsche Nation‹ noch zum Inhalt hat. Unverkennbar ist, daß in Bundesrepublik wie DDR die Deutschen wieder deutscher werden.«[20]

Diese leicht auf den Umfang mehrerer Bände zu verlängernden Zitate aus der Literatur über die »deutsche Frage« scheinen die Behauptung, die Mehrheit verschliefe ihre wichtigsten Probleme, zu widerlegen. Bemerken wir nicht eine geradezu manische Fixierung auf »die deutsche Frage«? Wo aber findet die Diskussion statt?

Die Bundesrepublik läßt sich, was ihr politisches Innenleben angeht, mit einem zehn Stockwerke hohen Haus vergleichen. Zu ebener Erde wohnt die Mehrheit. Im achten und neunten Stock haben sich Regierung und Parteiführungen niedergelassen. Im zehnten die Medien. Darüber, unterm Dach, auf dem Speicher, bekämpfen sich die Kontrahenten des »Historikerstreits«. Das erste, zweite, dritte, vierte, fünfte, sechste, siebte Stockwerk sind unbewohnt. Einen Lift gibt es in diesem Haus nicht, die Treppen sind unbequem und werden ungern benützt.

Das kann doch so nicht sein, wird jeder einwenden, der das simple Bild zutreffend deutet. Vermitteln nicht die großen Tageszeitungen, millionenfach verbreitet, den Eindruck, für sie sei die »deutsche Frage« ein zentrales

Thema, neuerdings aufgeheizt durch den »Historikerstreit«? Gewiß, aber mit welcher Wirkung? Gibt es wenigstens eine gebildete gesamtdeutsch orientierte Oberschicht, von der die Regierung und die Parteiführungen bedrängt werden, nicht nur den Mund zu spitzen, sondern zu pfeifen? Es gibt sie nicht. Wer zwei und zwei zu vier addiert, weiß, daß es zwei stabilisierte deutsche Staaten gibt. Die Mehrheit im Parterre liest ohnehin nur die *Bild*-Zeitung, die *Bunte* und die *Frau im Spiegel*. Ihre Stummheit und ihre Teilnahmslosigkeit an den nationalen »Anliegen« korrespondieren mit der Machtlosigkeit der Politiker in all den Fragen, über die sie mit besonderem Pathos reden. Von Kohl über Brandt bis Strauß will jeder die Wiedervereinigung, aber dieses Wollen kostet nichts und bringt nichts. Auch jene, die meinen, die Staatsnation müsse wiederhergestellt werden, bleibt nichts als Geduld, stilles Zuwarten und die Einsicht, daß es ausgesprochen schwierig, ja unmöglich ist, nach Auschwitz wieder Patriotismus alter Art zu entfachen. Die Wartezeit – ein halbes Jahrhundert? – überbrücken sie mit Geschwätz.

Damit ist schon angedeutet, warum gewisse Historiker alles versuchen, aus dem Gebirge Nationalsozialismus einen Hügel zu machen. Sie manipulieren die Fakten. Ihre Gegner werfen ihnen nicht nur ein wissenschaftlich unredliches Vorgehen, sondern auch den Verlust von Moral vor. Sie haben sich zu einseitig darauf kapriziert, mit Zitaten aus den Büchern und Aufsätzen dieser Historiker nachzuweisen, daß geschichtliche Aufhellung durch politische Indoktrination ersetzt wird. Das ist in solcher Ausführlichkeit geschehen, daß wir Eulen nach Athen trügen, wollten wir darin fortfahren. Wer glaubt, er müsse ein Informationsdefizit ausgleichen, sei auf vier Veröffentlichungen hingewiesen: *»Historiker-Streit«. Die Dokumentation der Kontroverse um die Einzigartigkeit der nationalsozialistischen Judenvernichtung.* (Texte von 27 Autoren) München 1987; Gerhard Stuby *Die »gefesselte« Souveränität der Bundesrepublik. Zur Entwicklung der BRD im Rahmen der US-Globalstrategie.* Heilbronn 1987; Hans-Ulrich Wehler *Entsorgung* *der deutschen Vergangenheit? Ein polemischer Essay zum »Historikerstreit«.* München 1988; Werner Weidenfeld (Hg.) *Die Identität der Deutschen. Fragen, Positionen, Perspektiven.* München 1983, 1984.

Uns auf die gleiche Methode des Zitierens einzulassen wäre nur dann ratsam, wenn die Mehrheit sich irgendwie davon beeindruckt zeigte, daß der Nationalsozialismus mit Samthandschuhen angefaßt wird. Davon kann keine Rede sein, obwohl die Medien sich hurtig in diesen Sumpf politisierter Geschichtswissenschaft gestürzt haben. Hätten wir es wirklich schon mit einem Aufbruch der Mehrheit zu tun, statt mit Sonntagspredigern – zum Beispiel: »Meine Damen und Herren, in der Geschichte der Völker gibt es Beispiele dafür, daß beharrliches und unbeirrtes Festhalten an der Zusammengehörigkeit eines Volkes und an seiner gemeinsamen Geschichte am Ende alle Widerstände überwindet. [...] Die deutsche Nation behält ihre geschichtliche Chance in *einem* Deutschland Staat zu sein«[21] –, dann wäre die Wiederholung der Gegenargumente, das weitere Zerpflücken haarsträubender Texte geboten. Verfälscher wären Verfälscher zu nennen, wieder und wieder. Das ist nicht die Lage. Es herrscht Ruhe im Parterre.

So wollen wir uns nur auf drei Punkte beschränken, die, wie wir meinen, in der kritischen Auseinandersetzung mit den Gesundbetern zu kurz gekommen sind:

1. Was hat sie, die zunächst als Einzelkämpfer auftraten und erst, seitdem sie angegriffen worden sind, zu einem Gruppenbild ohne Dame geworden sind – ja, was hat sie unabhängig voneinander und doch fast synchron veranlaßt, innerhalb weniger Jahre mit einer derartigen Chuzpe loszuschlagen? Sollte an der »Wende« doch mehr dran sein, als ihr die enttäuschten Kohl-Wähler vorrechnen können, nachdem in der Gesellschafts- und in der Außenpolitik die reaktionären Scharfmacher doch nicht so recht zum Zuge gekommen sind und sich herausgestellt hat, daß für eine alternative Politik der Bewegungsraum fehlt? Sollte auf der politischen Szene ein neues Wertesystem Anerkennung gefunden haben, das der Abstützung durch eine vom Nationalsozialismus be-

reinigten Geschichte bedarf? Es kann so sein, aber damit ist noch nicht geklärt, *warum* Historiker wie Nolte, Hillgruber, Stürmer, Fest, Hildebrandt zu nationalen Fahnenschwingern geworden sind.

Habermas, der als erster den Fehdehandschuh aufgegriffen hatte, schrieb, »die politischen Absichten, die sich unverhohlen mit einer für die Öffentlichkeit angestrebten normalisierenden und distanzierenden Vergeschichtlichung der NS-Periode verbinden, bedürfen keiner Motivforschung«.[22] Wenn diese Vergangenheit nicht länger ausgeklammert bleiben könne, käme es zu ihrer »forschen Entproblematisierung«.[23] Der Historiker Hans Mommsen, ein Mitstreiter von Habermas, meint, der »Revisionismus neokonservativen Zuschnittes sei als solcher nicht neu«. Es fänden sich »seit langem aufgestaute und in marginaler Literatur sichtbar hervortretende nationale Ressentiments und eine zu neuen Ufern drängende Geschichtsschreibung in einer unheiligen Allianz wieder zusammen«.[24]

Wehler geht auf die berufliche Laufbahn dieser selbsternannten Erzieher der Nation ein: Was haben sie wann geschrieben? Man lernt ihre Spezialgebiete kennen, blickt auf in sich konsequente Entwicklungen, aber auch daraus wird nicht ausreichend klar, was sie plötzlich antrieb, ihre Forschungsergebnisse politischen Absichten unterzuordnen.

Ihr Auftreten, so gehäuft wie rabiat, so jeder wissenschaftlichen Diskretion bar, ist nach wie vor schwer zu begreifen. Vielleicht sollte ihren Kindheitserfahrungen und ihrem Herkunftsmilieu Aufmerksamkeit geschenkt werden. Es ist daran zu erinnern, daß im Falle der RAF-Täter der Weg vom bürgerlichen Elternhaus bis zur kriminellen Tat verfolgt worden ist und sich daraus Erkenntnisse über soziologische Motivationen ergeben haben, die weit über die Personen hinausgegangen sind. Auch an Stürmer, Fest, Nolte und anderen ließe sich wahrscheinlich eine sozialpolitische Analyse der BRD in ihren fünfziger und sechziger Jahren festmachen.

2. Habermas hat das Bedürfnis empfunden, den Kritisierten nicht allein seine persönliche, gesinnungsbe-

stimmte Sicht auf den Nationalsozialismus, auf den Krieg, auf die deutschen Verbrechen entgegenzustellen, sondern ihnen auch klarzumachen, daß er im demokratischen Staat BRD auf einem Boden stünde, den er für tragfähig hält. Er sieht in der Westintegration der BRD den Beweis dafür, es habe einen antifaschistischen Konsens gegeben (wörtlich: »ein doppelter antitotalitärer Konsens«[25]) und es habe von Anfang an eine prowestliche Grundstimmung in der Bevölkerung geherrscht. Unzweifelhaft gab es sie, aber sie verlangte von dieser gerade nicht, den Nationalsozialismus als deutsche Ideologie und Herrschaftspraxis schlechthin aufzuarbeiten. Wie prowestlich auch die weithin von materiellen Interessen und vom Antikommunismus beeinflußte »Grundstimmung« gewesen sein mag (und immer noch ist), ein antifaschistischer Konsens stand bei der Staatsgründung nicht Pate. Wer das annimmt, wie es Habermas unbegreiflicherweise tut, der begibt sich gegenüber der neokonservativen Position seines stärksten Argumentes: daß nämlich die Noltes und Konsorten nicht nur den Nationalsozialismus geschichtlich einplanieren, sondern dadurch auch einer realistischen Analyse seines Fortwirkens in der Bundesrepublik das Wasser abgraben. »Verfassungspatriotismus« (Habermas) kann sich auf das Grundgesetz in seiner Fassung von 1949 beziehen, bleibt etwas ganz und gar Theoretisches, kann allenfalls den Verfassungspatrioten als guten Demokraten erkennen lassen – der Habermas ist –, es steht aber dieser Verfassung die Verfassungswirklichkeit entgegen, die sich schon zu Adenauers Zeiten vom liberalen Staats- und Gesellschaftsentwurf (in dem es an Hinweisen auf die erwünschte Sozialstruktur fehlt) weit entfernt hatte. Ihr ist die Verfassung mit Veränderungen und Ergänzungen atemlos hinterhergelaufen, und heute ist vom Geist des Grundgesetzes so gut wie nichts übriggeblieben. Den Boden, auf dem Habermas zu stehen glaubt, so daß vermutet werden muß, er bedürfe seiner als Schutz und Schirm gegenüber der Realität, die er wie kaum ein anderer soziologisch erforscht hat – diesen Boden gibt es nicht, er ist eine »verfassungspatriotische« Fiktion.

3. Für Nolte ist der Nationalsozialismus eine spiegelbildliche Folge der Russischen Revolution und in gewisser Weise auch des Marxismus. Mittels vergleichender Geschichtswissenschaft, von der aus die stalinistischen »Massendeportationen und -erschießungen, Folterungen, Todeslager, Ausrottung ganzer Gruppen nach bloß objektiven Kriterien, öffentliche Forderung nach Vernichtung von Millionen schuldloser, aber als ›feindlich‹ erachteter Menschen«[26] zum Vorbild der »Endlösung« erklärt werden »mit alleiniger Ausnahme des technischen Vorgangs der Vergasung«. Mit dieser Wendung gibt Nolte zu erkennen, daß seine Parallelismustheorie Stalin – Hitler, Rußland – Deutschland auf angelesener Tendenzliteratur beruht und daß er offenbar die nationalsozialistische Vernichtungspraxis auf die Quantität der Ermordeten reduziert, auf den »technischen Vorgang«. Weil es ihm nicht um Aufklärung zu tun ist, sondern um antikommunistische Propaganda einerseits, Entdeutschung des Nationalsozialismus andererseits, ist ihm der Unterschied zwischen stalinistischen Verbrechen und deutschen Verbrechen gegen die Menschlichkeit entgangen. (Wir sprechen bewußt von stalinistischen und deutschen Verbrechen, weil die sowjetische Bevölkerung Stalin erst als den Sieger des Zweiten Weltkrieges zu verehren begann, den Stalin der dreißiger Jahre fürchtete und verabscheute, er also nicht der Beauftragte, das Vollzugsorgan des Volkes gewesen ist, als den wir Hitler agieren sahen.)

Die sowjetischen Straflager waren furchtbar, die sowjetischen Strafmethoden nicht minder, aber die als »›feindlich‹ erachteten Menschen« blieben auch im Lager, blieben auch in den Augen der Wächter und Henker Menschen, russische Menschen. Sie wurden nicht mehr als Genossen angesehen, nicht mehr als Staatsbürger, aber ihre Behandlung und Mißhandlung war nicht darauf angelegt, daß sie es aufgeben mußten, sich selbst zu den Menschen zu zählen. Auf nichts anderes war die Behandlung der KZ-Häftlinge, sofern sie dem millionenfachen Normalfall entsprachen, gerichtet. Die Methode der Ausstoßung aus der menschlichen Gesellschaft bis zu dem Grad, daß der Häftling, zum »Muselmann« geworden, sich selbst nicht mehr dazurechnete und in seinen Reaktionen, in diesem entsetzlichen Kampf ums kreatürliche Überleben, den moralischen, den sittlichen, den intellektuellen Halt verlor und damit seelisch und geistig zu einer Kopie seiner raffinierten Peiniger wurde. Diese Methode der Vernichtung Lebender ist ohne Vorbild in allen Jahrhunderten und auf der ganzen Welt.

Als das Lager Buchenwald befreit wurde, gehörten zu den Häftlingen tausend Kinder. Viele starben in den folgenden Tagen an der Nahrung, mit der die ausgemergelten Körper nicht fertig wurden. Von den Überlebenden wurden kleine Gruppen in französische Schlösser gebracht. Bei manchen dauerte es zwei Jahre, bis sie zu ihren Betreuern so viel Vertrauen faßten, daß sie wieder zu sprechen anfingen.

Statt die Gaskammern als KZ-Spezialität hervorzuheben, um zu sagen, damit seien die Deutschen leider über die sowjetische Lagerpraxis hinausgegangen, hätte Nolte wissen müssen, daß Millionen, indem sie von der Rampe weg in den Tod gingen, das Schlimmste erspart wurde. Zwar waren auch die Gaskammern eine rein deutsche Erfindung, aber viel fürchterlicher war die Praxis der Vernichtung von Menschen durch ihre Behandlung im Lager. Inhumaner als Nolte hat sich noch kein Wissenschaftler zur »Endlösung« geäußert.

Ein Schlußwort? Ein Schlußwort!

Die um die »deutsche Frage« betriebenen Schattenspiele entbehren deshalb nicht der Komik, weil sie so ernsthaft, so pathetisch aufgeführt werden. Schattenspiele dienen üblicherweise der Unterhaltung. Da es sich aber um politische Schattenspiele handelt, von Politikern auf der Bühne Westdeutschland vor dem Hintergrund deutscher Nationalgeschichte inszeniert, öffnen sie die Sicht auf beängstigende Perspektiven.

Es ist nicht ausgeschlossen, daß die Propaganda für ein neues, nein, für ein erneuertes Nationalgefühl irgendwann auf die Mehrheit durchschlägt, was einen politischen Klimasturz in der Bundesrepublik bewirken würde, seiner Intensität, wenn auch nicht in seinen Konsequenzen, dem vom 30. Januar 1933 vergleichbar.

Es kann aber auch sein, daß die reale politische Entwicklung der Bundesrepublik Deutschland, zielbewußt verbohrt, Illusionen nährend, die Propaganda in ihrer Wirkung überholt. Nach dem Ende des Atomsperrvertrages wird Bonn Mittel und Wege finden, die Bundeswehr mit Atomwaffen auszurüsten. Vieles spricht dafür, daß sie über Frankreich durch eine bilaterale Hintertür auf leisen Sohlen in die BRD kommen, vielleicht zunächst geliehen sind, bis man in Wackersdorf soweit ist, sie selbst herzustellen. Ob die erste Atomwaffeneinheit vom bayerischen Ministerpräsidenten in Dienst gestellt wird, der hierfür der Erstberechtigte wäre, und sich damit die Träume des ehemaligen Verteidigungsministers erfüllten, kann ihm niemand garantieren. Sicher ist, daß die mit Atomwaffen ausgestattete BRD, ungeachtet sie davon im Rahmen ihrer Bündnisfesselung nur einen politischen Gebrauch machen könnte, auch durch sie einen Klimasturz durch Zunahme der Intoleranz und weiteren Ausbau des Überwachungsstaats erlebte. Möglicherweise kommt es zu einem Zusammenwirken des militärischen Ausbaus von »Souveränität« mit der ideologischen Propaganda.

Wir sagten, diesem ganzen Treiben hafte auch Komik an. Komisch ist auch, daß nationalstaatliche Phantasien inmitten eines Europas gehegt und gepflegt werden, das an weltpolitischen Entscheidungen nicht mehr als Subjekt beteiligt ist. Deutschland ist Gott sei Dank auf doppelte Weise endgültig degradiert: erstens durch die bedingungslose Kapitulation und ihre Folgen, zweitens, weil es als Teil Europas dessen Talfahrt in die weltpolitische Bedeutungslosigkeit mitmachen muß. Der Trick, vorzugeben, die Lösung der »deutschen Frage« werde über ein vereinigtes Europa möglich sein, heißt sie durch den Eintritt in eine in Liquidation befindliche Firma erreichen wollen. Daß wir Deutsche das eigene Reich zerstört und zugleich die USA und die UdSSR hinaufkatapultiert haben in die einsame Höhe, von der aus sie für lange Zeit im Mit- oder Gegeneinander die weltpolitische

Entwicklung bestimmen werden, ist zwar keine bewunderungswürdige, aber doch eine einzigartige Leistung, bedenkt man das Mißverhältnis zwischen Ursache und Wirkung.

Das ist jedoch ein anderes Thema. Es müßte sich damit befassen, warum Europas Verlust seiner ehemaligen führenden Stellung in der Weltpolitik, die es durch den Ersten Weltkrieg noch nicht eingebüßt hatte, keinen westeuropäischen Staatsmann dazu bringt, sich einzugestehen, daß er über einen Satellitenstaat gebietet und die dennoch zur Schau gestellte »Souveränität« längst verbraucht ist.

Der Autor dankt

Die Entstehung dieses Buches zog sich unter nicht immer einfachen Bedingungen zwei Jahre hin. Soweit dabei ein erzwungener Verlagswechsel mitspielte, handelte es sich nicht nur um einen erheblichen Zeitverlust. Gewohnt, an eine Bucharbeit zu gehen, für die ein Verlagsvertrag vorliegt, sah ich mich einer gewissen Lähmung ausgesetzt, bis das Buch wieder unter einem – sehr erwünschten – Dach war. Ich war zwischendurch dem Punkt nahe, das Projekt aufzugeben. Dem stand entgegen, daß bereits eine ganze Anzahl der Interviews vorlag, die schließlich nicht im Papierkorb landen durften. Den »Opfern« meiner Jagd mit dem Tonband sei Dank gesagt erstens dafür, daß sie sich zur Verfügung stellten, zweitens, daß sie ihren Terminkalendern, den immer überfüllten, die erforderliche Zeit ablisteten.

Die Rücksicht auf die vorliegenden Interviewtexte allein hätte mich vielleicht nicht ausreichend motiviert, wieder konzentriert an die Arbeit zu gehen (zu lesen, zu lesen, zu lesen!). Hier habe ich meiner Frau Susanna zu danken, die mithalf, daß das nunmehr überfällige Manuskript endlich entstehen konnte. Und mehr als das: Da sie sich im Rahmen ihrer wissenschaftlichen Tätigkeit mit der deutschen Nachkriegsentwicklung beschäftigt hatte, gab es einen Fundus von analytischen Erkenntnissen, aus dem ich zuhörend und lesend schöpfen konnte.

Ohne große Bibliotheken keine neuen Bücher! Besonderer Dank gebührt dem Institut für Zeitgeschichte in München, dem Archiv für Gesamtdeutsche Fragen in

Bonn, dem Archiv der *Süddeutschen Zeitung* und der Staatsbibliothek in München. Nicht zuletzt den Professoren Ulrich K. Preuß und Gerhard Stuby von der Universität Bremen.

Autoren haben einen Verlag und, wenn sie Glück haben – sie und der Leser –, auch einen sorgfältigen Lektor. Die Personalunion von Verleger und Lektor kommt verhältnismäßig selten vor. Sie hat sich aus Gründen ergeben, die mit den erwähnten Machinationen des ursprünglich vertraglich gebundenen Verlages zusammenhängen. So ist nun aus Herrn Wolfgang Schuler, dem langjährigen Betreuer meiner Arbeiten, auch mein Verleger geworden, was nur dadurch möglich wurde, daß er in Frau Rosemarie von dem Knesebeck die richtige und wichtige Geschäftspartnerin gefunden hat. Ihr wie ihm meinen Dank!

München, im Juni 1988 E. K.

Anmerkungen

Es war einmal (9–46)

1 *Das Buch deutscher Reden und Rufe. Aus vier Jahrhunderten.* Hg. v. Anton Kippenberg u. Friedrich von der Leyen. Leipzig 1942, S. 11f
2 *Die Befreiungskriege in Augenzeugenberichten.* Hg. u. eingel. v. Eckart Kleßmann. Düsseldorf 1966, S. 129
3 Ebd., S. 215f
4 Ebd., S. 218
5 Heinz Kamnitzer *Wider die Fremdherrschaft. Betrachtungen zur Geschichte der Befreiungskriege.* Hg. v. Zentralvorstand der Liberal-Demokratischen Partei Deutschlands. Berlin (DDR) 1962, S. 122
6 *Befreiungskriege*, a. a. O., S. 11
7 Ebd., S. 11f
8 Ebd., S. 207
9 Günter Steiger *Aufbruch. Urburschenschaft und Wartburgfest.* Leipzig, Jena, Berlin (DDR) 1967, S. 107
10 Ebd., S. 211
11 Hellmut G. Haasis *Volksfest, sozialer Protest und Verschwörung. 150 Jahre Hambacher Fest.* Heidelberg 1981, S. 54
12 Ebd., S. 57
13 Ebd., S. 81f
14 Ebd., S. 232f
15 Karl August Varnhagen von Ense *Journal einer Revolution. Tagesblätter 1848/49.* Nördlingen 1986
16 Ebd., S. 7
17 Ebd., S. 11
18 Ebd., S. 67
19 Ebd., S. 269
20 Ebd., S. 286
21 Ebd., S. 303
22 Ebd., S. 296
23 Heinz Wolter (Hg.) *Otto von Bismarck. Dokumente seines Lebens.* Frankfurt a. M. 1986, S. 110
24 Ebd., S. 94
25 *Buch deutscher Reden*, a. a. O., S. 365f

[26] Friedrich Nietzsche *Werke in drei Bänden.* Hg. v. Karl Schlechta. München 1966, S. 137
[27] *Buch deutscher Reden*, a. a. O., S. 465
[28] Ebd., S. 470
[29] Walther Hubatsch *Die Ära Tirpitz. Studien zur deutschen Marinepolitik 1890–1918.* Göttingen 1955, S. 83f
[30] Imanuel Geiss *Das Deutsche Reich und die Vorgeschichte des Ersten Weltkrieges.* München 1978, S. 115f
[31] Imanuel Geiss *Das Deutsche Reich und der Erste Weltkrieg.* München 1978, S. 221
[32] Albert Linel *Das neue deutsche Kaiserreich, seine Entwicklung, Ziele und Culturbedeutung.* Frankfurt a. M. 1873, Bd. 1, S. 1
[33] »Nationale Kundgebung deutscher u. österreichischer Historiker«, in: *Süddeutsche Monatshefte* (München) 9/1914, S. 821
[34] Sebastian Haffner *Die sieben Todsünden des deutschen Reiches im Ersten Weltkrieg.* Bergisch Gladbach 1981, S. 56
[35] Houston Stewart Chamberlain *Der Wille zum Sieg und andere Aufsätze.* München 1918, S. 51
[36] Geiss *Das Deutsche Reich und der Erste Weltkrieg*, a.a.O., S. 223
[37] Eberhard Kolb (Hg.) *Vom Kaiserreich zur Weimarer Republik.* Köln 1972, S. 51
[38] Erich Matthias »Zur Geschichte der Weimarer Republik«, in: *Die Neue Gesellschaft* 3/XXXX, S. 312ff
[39] Erich Matthias »Die Sozialdemokratie und die Macht im Staate«, in: *Der Weg in die Diktatur.* München 1962
[40] Kolb, a. a. O., S. 103ff
[41] Ebd., S. 26
[42] Franz Schauwecker *Deutsche allein. Schnitt durch die Zeit.* Berlin 1931, S. 317f
[43] Hermann Göring in: Wulf Bley *Das Jahr I.* Berlin 1934, S. 5
[44] Walter Eggestein, Erich Meyer *Ein Jahr Hitler-Regierung. Das Werden der deutschen Reichseinheit.* Langensalza 1934, S. 13
[45] Werner Weidenfeld (Hg.) *Die Identität der Deutschen. Fragen, Positionen, Perspektiven.* München 1983
[46] Linel, a. a. O., S. 272f
[47] Ebd., S. 273
[48] *Die Potsdamer Konferenz 1945.* Köln 1986, S. 51ff

1945: Reichstrauer wurde nicht getragen (49–75)

[1] Dieter Lattmann »Die Stunde Null, die keine war: Ein Volk war zu gehorsam«, in: Ulrich Albrecht, Elmar Altvater, Ekkehart Krippendorf (Hg.) *Zusammenbruch oder Befreiung?* Berlin 1986

2 Tami Oelfken *Fahrt durch das Chaos. Logbuch von Mai 1939 bis Mai 1945*. Überlingen 1946, S. 418

3 Elisabeth Gerth »Eine Untersuchung über Rasse, Volk und Umwelt im Nibelungenlied«, in: *Frankfurter Quellen und Forschungen zur germanischen und romanischen Philologie*. Frankfurt a. M. 1938, S. 99f

4 Joachim Fernau *Disteln für Hagen. Bestandsaufnahme der deutschen Seele*. München 1978, S. 195

5 Zum Beispiel: Friedrich Neumann *Das Nibelungenlied in seiner Zeit*. Göttingen 1967

6 J. P. Stern *Hitler. Der Führer und das Volk*. München 1981, S. 216f

7 *Meldungen aus dem Reich. Die geheimen Lageberichte des Sicherheitsdienstes der SS aus dem Reichssicherheitshauptamt 1938–1944*. Bd. 17, S. 2458f, 30. Juni 1941

8 Aus Hitlers Rede im Berliner Sportpalast am 3. Oktober 1941, in: Max Domarus *Hitler. Reden und Proklamationen 1932–1945*. Würzburg 1962, Bd. 2, S. 1766

9 Von Thomas Mann 1942 in der Emigration zitiert; als Quelle hier der *Jüdische Kalender 1987/88*, dort am 30. Januar

10 Heinrich G. Ritzel *Kurt Schumacher*. Hamburg 1972, S. 48

Die Preisgabe der Einheit (79–129)

1 Wolfgang Abendroth »Bilanz der Sozialistischen Idee in der Bundesrepublik Deutschland«, in: *Bestandsaufnahme*. München 1961, S. 333f

2 Rolf Steininger *Deutsche Geschichte 1945–1961*. 2 Bde. Frankfurt a. M. 1983, Bd. 1, S. 117f

3 Ossip K. Flechtheim (Hg.) *Dokumente zur parteipolitischen Entwicklung in Deutschland seit 1945*. 9 Bde. Berlin 1962/71, Bd. 2, S. 30f

4 Ebd., S. 36f

5 Wladimir Iljitsch Lenin *Ausgewählte Werke in sechs Bänden*. Hg. v. Institut für Marxismus-Leninismus beim ZK der SED. Berlin (DDR) 1970, Bd. 1, S. 208

6 Rolf Badstübner, Siegfried Thomas *Restauration und Spaltung. Entstehung und Entwicklung der BRD 1945–1955*. Köln 1975, S. 41

7 *Dokumente und Materialien zur Geschichte der deutschen Arbeiterbewegung*. Reihe III, Bd. 1, Berlin 1959, S. 267

8 Hermann Brill »Gegen den Strom«, in: *Wege zum Sozialismus*. Offenbach 1960, Bd. 1, S. 98ff

[9] Ebd., S. 96
[10] Auf die sechsteilige *Spiegel*-Serie »Das schwierige Vaterland«, *Der Spiegel*, 3–9/1979 sei hingewiesen.
[11] Peter Brandt, Herbert Ammon *Die Linke und die nationale Frage. Dokumente zur deutschen Einheit seit 1945*. Hamburg 1981, S. 69
[12] Klaus Mammach *Widerstand 1939–1945*. Berlin (DDR), Köln 1987
[13] Ebd., S. 348
[14] Arnold Sywottek *Deutsche Volksdemokratie. Studien zur politischen Konzeption der KPD 1935–46*. Düsseldorf 1971, S. 200ff
[15] *Dokumente und Materialien zur Geschichte der deutschen Arbeiterbewegung*, a. a. O., S. 60f
[16] Steininger *Deutsche Geschichte*, S. 116
[17] Reinhard Opitz in: Ulrich Albrecht, Frank Deppe, Jörg Huffschmid u. a. *Beiträge zu einer Geschichte der Bundesrepublik*. Köln 1979, S. 17f
[18] Steininger *Deutsche Geschichte*, Bd. 1, S. 101ff
[19] *Deutsche Geschichte seit dem Ersten Weltkrieg*. Stuttgart 1973, Bd. 2, S. 389, hier zitiert nach Hermann Graml *Die Alliierten und die Teilung Deutschlands. Konflikte und Entscheidungen 1941–1948*. Frankfurt a. M. 1985, S. 54
[20] Vgl. dazu Graml, ebd., S. 82ff
[21] Ebd., S. 97
[22] Wortlaut des Potsdamer Abkommens: Ernst Deuerlein (Hg.) *Potsdam 1945. Quellen zur Konferenz der »Großen Drei«*. München 1963, S. 349ff
[23] Ebd., S. 103f
[24] Gerhard Stuby *Die »gefesselte« Souveränität der Bundesrepublik. Zur Entwicklung der BRD im Rahmen der US-Globalstrategie*. Heilbronn 1987, S. 63f
[25] Deuerlein, a. a. O., S. 353, 356
[26] Dietrich Staritz »Gesamtdeutsche Parteien im Kalkül der Siegermächte«, in: Josef Foschepoth (Hg.) *Kalter Krieg und Deutsche Frage. Deutschland im Widerstreit der Mächte 1945–1952*. Göttingen, Zürich 1985, S. 203
[27] Staritz räumt ein (ebd.), in einer 1976 vorgelegten in Ost-Berlin erschienenen sowjetischen Arbeit werde betont, die sowjetischen Vertreter im Kontrollrat hätten in Verfolgung ihrer Deutschlandpolitik beharrlich die Zulassung der Parteienarbeit im gesamtdeutschen Maßstab gefordert.
[28] Dietrich Geyer »Deutschland als Problem der sowjetischen Europapolitik am Ende des Zweiten Weltkrieges«, in: Foschepoth, a. a. O., S. 55

29 Lore Wolf, Rudi Kaske »Einheit der Arbeiterklasse – hergestellt und verspielt«, in: Erasmus Schäfer (Hg.) *Die Kinder des roten Großvaters erzählen.* Frankfurt a. M. 1976, S. 154 (Faksimile des Abkommens)
30 Emil Carlebach *Zensur ohne Schere. Die Gründerjahre der »Frankfurter Rundschau« 1945/47.* Frankfurt a. M. 1985, S. 56ff
31 Albrecht, Deppe, Huffschmid u. a., a. a. O., S. 21
32 Ritzel, a. a. O., S. 37
33 Ebd., S. 48
34 Theo Pirker *Die SPD nach Hitler. Die Geschichte der Sozialdemokratischen Partei Deutschlands 1945–1964.* München 1965, S. 52
35 Zitiert nach Geyer/Foschepoth, a. a. O., S. 54
36 Ritzel, a. a. O., S. 50
37 Originale im Gropiusbau anläßlich der 750-Jahr-Feier Berlins ausgestellt.
38 Pirker, a. a. O., S. 37
39 Ebd., S. 37
40 Carlebach, a. a. O., S. 25f

Der unnötige National-Schwindel (133–171)

1 *Adenauer, Rhöndorfer Ausgabe.* Hg. v. Rudolf Morsey, Hans-Peter Schwarz im Auftrag der Stiftung Bundeskanzler-Adenauer-Haus: *Briefe 1945–1947.* Bearb. v. Hans P. Mensing. Berlin 1983, S. 218f
2 Ebd., S. 230f
3 Ebd., S. 273
4 Ebd., S. 130f
5 Ebd., S. 280f
6 Konrad Adenauer *Reden 1917–1967. Eine Auswahl.* Hg. v. Hans-Peter Schwarz. Stuttgart 1975, S. 263
7 Pirker, a. a. O., S. 155f
8 Ernst Reuter *Schriften. Reden.* Hg. v. H. E. Hirschfeld, H. J. Reichardt. Vorwort von Willy Brandt. 4 Bde. Berlin 1972–1975, Bd. 3, S. 425f
9 Adenauer *Reden,* a. a. O., S. 268f
10 Ernst Zander *Die Kampagne gegen die Remilitarisierung in Deutschland.* London o. J., S. 244f
11 Gustav W. Heinemann *Verfehlte Deutschlandpolitik. Irreführung und Selbsttäuschung.* Frankfurt a. M. 1966, S. 18
12 Rudolf Augstein »Waffen statt Politik«, in: *Bilanz der Bundesrepublik* (Magnum-Sonderheft). Köln 1961, S. 48

[13] Golo Mann in: *Blätter für deutsche und internationale Politik* 3/1964, S. 257
[14] Adenauer *Reden*, a. a. O., S. 189f
[15] *Archiv der Gegenwart* 1950, S. 2275
[16] dpa, 9. 12. 1948
[17] Zitiert im: *Sonderheft der »Blätter für deutsche und internationale Politik« zur Geschichte der Wiederaufrüstung.* Köln 1962, S. 10
[18] Norbert Tönnies *Der Weg zu den Waffen. Die Geschichte der deutschen Wiederbewaffnung 1949 bis 1957.* Köln 1957, S. 37
[19] Konrad Adenauer *Erinnerungen.* 4 Bde. Stuttgart 1965–68, Bd. 3, S. 281
[20] Günter Franz (Hg.) *Teilung und Wiedervereinigung. Eine weltgeschichtliche Übersicht.* Göttingen 1963, S. 209
[21] Adenauer *Reden*, a. a. O. S. 187
[22] Ebd., S. 191
[23] Ebd., S. 192
[24] Richard Meyer von Achenbach *Gedanken über eine konstruktive deutsche Ostpolitik. Eine unterdrückte Denkschrift aus dem Jahr 1953.* Hg. v. Julius H. Schoeps. Frankfurt a. M. 1986, S. 23
[25] Ebd., S. 72
[26] Adenauer *Reden*, a. a. O., S. 236
[27] Die neueste, umfassendste Veröffentlichung dazu ist: Rolf Steininger *Eine Chance zur Wiedervereinigung? Die Stalin-Note vom 10. März 1953. Darstellung und Dokumentation auf der Grundlage unveröffentlichter britischer und amerikanischer Akten.* Bonn 1985, im folgenden zitiert: Steininger *Stalin-Note.*
[28] Ebd., S. 59
[29] Ebd.
[30] Ebd.
[31] Zum Beispiel: Klaus Gotto »Adenauers Deutschland- und Ostpolitik 1954–1963«, in: *Adenauer-Studien III. Untersuchungen und Dokumente zur Ostpolitik und Biographie.* Hg. v. Rudolf Morsey und Konrad Repgen. Mainz 1974, S. 3ff; Arnulf Baring *Außenpolitik in Adenauers Kanzlerdemokratie.* München 1971, Bd. 1, 257–262
[32] Hein Hoebink *Westdeutsche Wiedervereinigungspolitik 1949–1961.* Meisenheim am Glan 1978, S. 4
[33] Institut für Demoskopie Allensbach *Jahrbuch der öffentlichen Meinung 1958–1964.* S. 482
[34] Ebd.

[1] Samuel von Pufendorf *Die Verfassung des Deutschen Reiches.* 1667; deutsche Ausgabe des lateinischen Originaltextes: 1976, S. 106f, zitiert nach Jochen A. Frowein »Die Rechtslage Deutschlands und der Status Berlins«, in: *Handbuch des Verfassungsrechts der Bundesrepublik Deutschland.* Hg. v. Ernst Benda, Werner Maihofer, Hans-Jochen Vogel und Konrad Hesse. Berlin, New York 1983, S. 31 (künftig zitiert: Frowein)

[2] Rede des Bundespräsidenten Richard von Weizsäcker vor dem Bundestag am 8. Mai 1985, abgedruckt in der *Süddeutschen Zeitung* vom 9. Mai 1985, S. 11

[3] Dietrich Rauschning »Der Fortbestand des deutschen Staates und die Verträge von Bonn und Paris«, in: *Deutschlandvertrag, westliches Bündnis und Wiedervereinigung.* (Bd. 9 der *Studien zur Deutschlandfrage*) Hg. v. Göttinger Arbeitskreis. Berlin 1985, S. 25

[4] Ebd., S. 23ff

[5] Ulrich K. Preuß (Universität Bremen) »Verfassungsrecht I«. Unveröffentlichtes Manuskript (1987) S. 12

[6] Zitiert bei Frowein, a. a. O., S. 35

[7] Hans Jürgen Küsters (Hg.) *Adenauers Teegespräche.* Berlin 1984, S. 257

[8] In einem Diensttelegramm Cummings an D. Acheson vom 28. 3. 1953. Das Dokument ist in englisch abgedruck bei Steininger *Stalin-Note,* a. a. O., S. 175

[9] Wolfgang Benz »Versuche zur Reform des öffentlichen Dienstes in Deutschland 1945–1952. Deutsche Opposition gegen alliierte Initiativen«, in: *Vierteljahreshefte für Zeitgeschichte* 29/1981, S. 216–245

[10] Rauschning, a. a. O., S. 31

[11] Ebd., S. 32

[12] Konrad Hesse *Grundzüge des Verfassungsrechts der Bundesrepublik Deutschland.* Heidelberg 1985, S. 37

[13] »Vertrag über Freundschaft, gegenseitigen Beistand und Zusammenarbeit zwischen der Deutschen Demokratischen Republik und der Union der Sozialistischen Sowjetrepubliken vom 12. Juni 1964«, zitiert aus: *Aktuelle Dokumente. Ostverträge.* Hg. v. Ingo von Münch. Berlin, New York 1971, Bd. 1, S. 234 (Art. 2/2 in diesem Vertrag)

[14] Ebd., S. 236

[15] *Völkerrecht. Dokumente.* Teil 3 (1970–1979). Berlin (DDR) 1980, S. 63

[16] Erklärung der drei westlichen Außenminister vom 13. 5. 1950, zitiert nach Steininger *Deutsche Geschichte,* a. a. O., Bd. 2, S. 429

17 Ebd., S. 432

18 Frowein, a. a. O., S. 44, Fn

19 *Der Spiegel* 18 vom 18. April 1988, S. 40ff

20 *Der Spiegel* 19 vom 9. Mai 1988, S. 93 (außerdem in der ganzen Presse)

Deutsche Konstanten (315–350)

1 Theobald von Bethmann Hollweg *Betrachtungen zum Weltkriege*. Berlin 1919 Bd. 1, S. 131

2 *Buch deutscher Reden*, a. a. O., S. 435

3 *Kriegs-Rundschau*. Herausgegeben von der *Täglichen Rundschau*. Berlin 1914, Bd. 1, S. 43. Die Rede wurde mit einem Phonographen aufgenommen und ist erhalten geblieben.

4 Ebd., S. 29

5 *Stenographische Reichstagsprotokolle 1914/16*. Bd. 306, S. 8 C

6 Fritz Fischer *Griff nach der Weltmacht. Die Kriegspolitik des kaiserlichen Deutschland*. Neuauflage: Düsseldorf 1984, S. 12

7 Erwin Hölzle »Griff nach der Weltmacht?«, in: *Das historisch-politische Buch* (eine Zeitschrift der Ranke-Gesellschaft) 10/1962, S. 69

8 Klaus Schwabe, Rolf Reichardt, Reinhard Hauf *Gerhard Ritter. Ein politischer Historiker in seinen Briefen*. Hg. v. Bundesarchiv, Koblenz. Boppard 1984, S. 567

9 Die Hitler-Literatur ist unübersehbar. Die früheste umfassende Hitler-Biographie erschien in New York 1962: Alan Bullock *Hitler. A Study in Tyranny*. Schon der Titel sagt, der Autor gehe davon aus, Hitler habe sich das deutsche Volk durch Gewalt unterworfen. Die vermutlich bekannteste Biographie ist: Joachim C. Fest *Hitler* (Berlin 1973; auch in einen Film übertragen). Wie viele andere erlag der Autor seinem Gegenstand und unterscheidet zwischen dem Staatsmann der Friedensjahre und dem Mörder der »Endlösung«. In dem heftig kritisierten Buch von J. und S. Pool *Hitlers Wegbereiter zur Macht* (Bern, München 1979) wird einseitig der Frage nachgegangen, wer Hitler und seine Bewegung finanziert habe. Eugene Davidsons Buch *Wie war Hitler möglich* (Rastatt 1987) läßt vermuten, hier habe ein Autor einmal tiefer geschürft, aber er erfüllt diese Erwartung nicht. Wie die meisten motiviert auch er Hitlers Aufstieg zur Macht mit dem Ereignishaften. Wer sich rasch und zuverlässig über die äußeren Umstände der Machtergreifung orientieren will, möge Karl-Heinz Janßen lesen: *30. Januar. Der Tag, der die Welt veränderte* (Rastatt 1987; ursprünglich eine *Zeit*-Serie)

[10] Hans-Ulrich Wehler *Entsorgung der deutschen Vergangenheit? Ein polemischer Essay zum »Historikerstreit«.* München 1988, S. 141f

[11] *Buch deutscher Reden,* a. a. O., S. 394

[12] Walter Bußmann »Das deutsche Nationalbewußtsein im 19. Jahrhundert«, in: Weidenfeld, a. a. O., S. 78f

[13] Reinhard Kühnl *Nation, Nationalismus, Nationale Frage – was ist das und was soll das?* Köln 1986, S. 78

[14] Carl Zuckmayer »Wiedersehen mit einer Stadt«, in: Ders. *Auf einem Weg im Frühling.* München 1979

[15] Klaus Theweleit in: Lloyd De Mause *Reagans Amerika. Eine psychohistorische Studie.* Frankfurt a. M. 1984, S. 162f (Fn)

[16] Elisabeth Noelle-Neumann und Renate Köcher *Die verletzte Nation. Über den Versuch der Deutschen, ihren Charakter zu ändern.* Stuttgart 1988, S. 27

[17] Karl Dietrich Bracher »Das Modewort Identität und die deutsche Frage«, in: *Frankfurter Allgemeine Zeitung* vom 9. 8. 1986 (»Bilder und Zeiten«, S. 1)

[18] Wolfgang J. Mommsen »Weder Leugnen noch Vergessen befreit von der Vergangenheit. Die ›Harmonisierung‹ des Geschichtsbildes gefährdet die Freiheit«, in: *Frankfurter Rundschau* vom 1. 12. 1986, S. 19

[19] Rudolf Augstein »Wer brüllt, wer reckt, wer schläft«, in: *Der Spiegel* vom 2. 1. 1984, S. 22

[20] Peter Bender »Geisterkampf um die Nation«, in: *Der Spiegel* 9/1981, S. 48

[21] Friedrich Vogel in einer Rede anläßlich der Tagung der Hanns-Seidel-Stiftung im ehemaligen Reichstag in Berlin am 29. Mai 1984, zitiert aus: *Bulletin* des Presse- und Informationsamtes 63/1984, S. 562

[22] Jürgen Habermas *Eine Art Schadensabwicklung.* Frankfurt a. M. 1987, S. 178

[23] Ebd.

[24] Hans Mommsen »Neues Geschichtsbewußtsein und Relativierung des Nationalsozialismus«, in: *Blätter für deutsche und internationale Politik* 10/1986, zitiert nach dem Sonderdruck, S. 7

[25] Habermas, a. a. O., S. 176

[26] Wehler, a. a. O., S. 42, zitiert Nolte

Personenregister

Die Seitenzahlen der Interviews sind kursiv gesetzt

Sachregister